南方传媒绿皮书

谢　毅　王玉玮　主编

年度音视频经典案例选粹

暨南大学出版社
JINAN UNIVERSITY PRESS

中国·广州

图书在版编目（CIP）数据

年度音视频经典案例选粹／谢毅，王玉玮主编．—广州：暨南大学出版社，2014.5

（南方传媒绿皮书）

ISBN 978-7-5668-0889-9

Ⅰ．①年…　Ⅱ．①谢…②王…　Ⅲ．①　新闻学—传播学—研究
Ⅳ．①G210

中国版本图书馆 CIP 数据核字（2013）第 298730 号

………………………………………………………………………………………

年度音视频经典案例选粹

主　　编：谢　毅　王玉玮

策划编辑：杜小陆　史学英
责任编辑：刘晓婷
责任校对：黄　斯　梁嘉韵

地　　址：中国广州暨南大学
电　　话：总编室（8620）85221601
　　　　　营销部（8620）85225284　85228291　85228292（邮购）
传　　真：（8620）85221583（办公室）　85223774（营销部）
邮　　编：510630
网　　址：http：//www.jnupress.com　http：//press.jnu.edu.cn
排　　版：广州良弓广告有限公司
印　　刷：佛山市浩文彩色印刷有限公司
开　　本：787mm × 1092mm　1/16
印　　张：20.625
字　　数：370 千
版　　次：2014 年 5 月第 1 版
印　　次：2014 年 5 月第 1 次
定　　价：42.00 元

作者简介

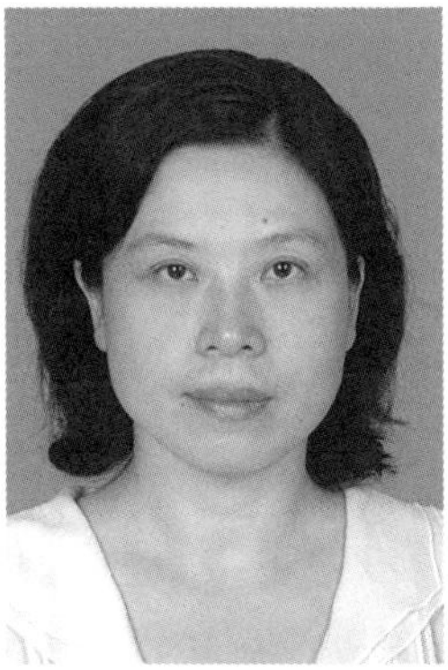

谢毅，暨南大学新闻与传播学院广播电视系教授，硕士研究生导师。毕业于北京广播学院（现中国传媒大学），拥有10年电视编辑制作从业经历和18年“电视节目制作”教学经验。近年来主持省部级项目5项，出版专著与教材9部，发表专业学术论文30多篇。

王玉玮，暨南大学新闻与传播学院副教授，硕士研究生导师，广播电视艺术学方向博士、新闻传播学博士后。出版专著《电视剧城市意象研究》、《民族主义话语与中国电视文化》。主持国家广电总局社科项目“全媒体电视新闻报道模式研究”，参与国家社科基金项目以及教育部人文社会科学项目等课题研究。

目　录

第一部分　年度视觉

《画皮Ⅱ》系列电影海报视觉传播效果分析 …………………………（2）
那些年,我们一起拍的毕业照
——大学争议毕业照盘点分析 …………………………………（16）
7·21 特大暴雨灾难新闻图片报道及视觉传播分析
——以《新京报》为例 ………………………………………（26）
钓鱼岛事件中的民间保钓游行照片赏析 ………………………（40）
宁波反 PX 事件中的图片传播…………………………………（52）

第二部分　年度音频

中国乡村之声:对农广播公益性的全面回归 ………………………（66）
凤凰优悦广播 ……………………………………………………（84）
北京交通广播“最长假期”直播节目分析 ………………………（92）
中国之声 2012“新春走基层”系列报道分析 ……………………（104）

第三部分　年度新媒体

视频网站整合道路上的挑战与对策
——以优酷与土豆的合并为例 …………………………………（117）
党报官媒的微博“标杆”:《人民日报》微博 ………………………（130）
“表哥”微笑
——自媒体时代的“网络反腐”事件分析………………………（145）

指尖上的奥运
——以伦敦奥运会手机移动媒体的报道为例 …………………… (155)
主流媒体在十八大报道中的新媒体运用 …………………………… (167)
杜甫是怎样忙起来的
——非新闻性网络流行语案例解析 ……………………………… (176)
“活熊取胆”事件中网络媒体的应用与特点
——以新浪微博为例 ……………………………………………… (186)
微信新特性的传播力研究 ……………………………………………… (198)

第四部分　年度视频

《你幸福吗?》
——《新闻联播》民生报道改革新动作 …………………………… (211)
思想好声音　传递正能量
——对央视“青年公开课”《开讲啦》的节目分析 ………………… (224)
《舌尖上的中国》的成功要素简析 ………………………………………… (238)
农民工模仿外交部发言人讨薪视频解读 ………………………………… (246)
《中国好声音》的现状与发展 ……………………………………………… (258)
“航母 Style”为什么这样红 ………………………………………………… (269)
《屌丝男士》及其背后的“屌丝文化”探析 ……………………………… (279)
《那些年,我们一起追的女孩》
——台湾青春电影的文化探索 …………………………………… (292)
限娱时代的新型娱乐节目:《谢天谢地,你来啦》 ………………………… (306)
优酷网自制节目剖析
——以《晓说 Morning Call》为例 ………………………………… (318)

第一部分　年度视觉

《画皮Ⅱ》系列电影海报视觉传播效果分析

2012年6月28日上映的3D东方魔幻电影《画皮Ⅱ》一举刷新了国产电影15项票房纪录，让2012年上半年低迷的国产电影为之一振。《画皮Ⅱ》7.3亿元的惊人票房为中国电影贡献的不仅仅是高票房，还有其率先在中国实行好莱坞的制片方式——“制作人中心制”，首创了东方魔幻电影新类型并且成功创造了这类影片的制作模式，探索了中国商业片的工业化模式。另外，《画皮Ⅱ》整合媒体营销的新思路也值得国产电影借鉴。《画皮Ⅱ》犹如一针强心剂，为2012年中国电影行业注入新鲜血液和原动力，让中国电影人和观众看到中国商业片工业化的希望之光和迎战好莱坞大片的可能。《画皮Ⅱ》成功的要诀之一就是其创新的宣传营销手段，而其中电影的宣传海报可谓是吸引观众眼球的功臣之一，本文将从符号学的角度以文字符号、色彩符号和图像符号三个维度来分析《画皮Ⅱ》系列宣传海报，从而窥见《画皮Ⅱ》整部电影的视觉传达效果，解密其取胜之道。

一、案例简介及背景介绍

2012年上半年，全国电影票房收入80.71亿元，较去年同期上涨41.7%，国产影片票房28.05亿元，约占总票房的1/3。上映的140部影片中，进口片38部，14部为分账大片，12部票房过亿，6部票房过3亿元。[①] 这组数据无疑让电影从业人员感到沮丧和失望，并且认为在“中美电影合作协议”签订后国产电影的境遇愈发尴尬并且前途未卜。然而电影《画皮Ⅱ》的横空出世却让业界和学界再次看到中国电影希望的曙光，使影迷和电影从业人员都为之一振。

6月28日上映的《画皮Ⅱ》刷新华语电影15项纪录，包括零点点映票房纪录（600万元）、首日票房纪录（7 000万元）、单日票房纪录（9 000万元）、最快过两亿元纪录（3天）、最快过3亿元纪录（4天）、最

① 杜思梦.《画皮Ⅱ》给中国商业类型电影的启示. 中国电影报，2012-09-06.

快过4亿元纪录（7天）、最快过5亿元纪录（11天）、最快过6亿元纪录（17天）等。据不完全统计，截至目前（7月21日）该片票房为7.3亿元。① 下面图1就是《画皮Ⅱ》刷新中国票房的9项纪录。

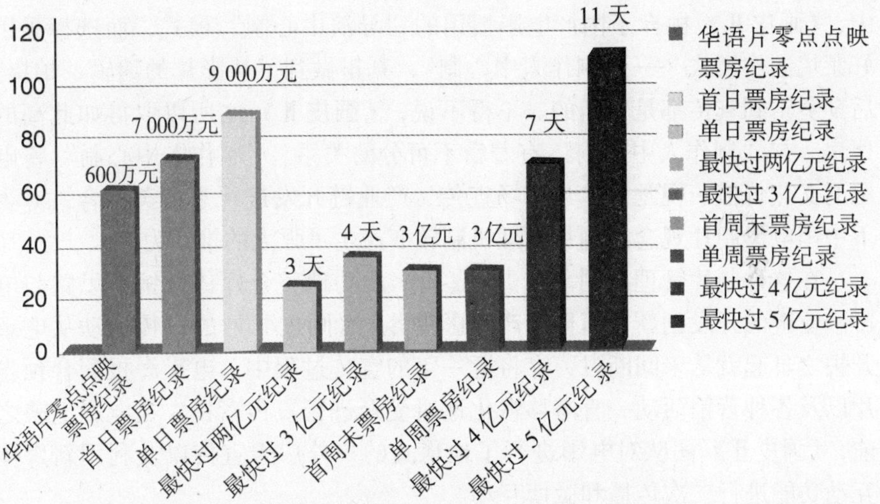

图1　《画皮Ⅱ》刷新9项票房纪录

《画皮》能够成功地拍摄第二部，实现类型化电影的工业化，接连刷新中国电影15项纪录，这在国产电影史上是十分罕见的。《画皮》系列电影已经不再是单纯的电影，它俨然已经成为一个成功的品牌运作案例，一个颇具借鉴意义的产业开发案例，一个对中国电影业具有里程碑意义的类型电影案例。因此，电影《画皮Ⅱ》成功要诀的各个因子都是值得我们去研究、探讨、学习和借鉴的，它虽是一部商业片，但它也具有艺术审美价值和案例研究价值。它给观众带来了强烈的视觉冲击，凭借导演成熟的拍摄技巧、对色彩的完美演绎、运用韩国的CG技术和后期的3D转制，其视觉效果更是达到了同类国产影片的最高峰。这得益于它的制作团队对影片画面质感严苛的要求，这点从电影的剧照、海报、预告片以及最终电影画面和3D效果都可以得到验证。为了给观众呈现超现实魔幻世界，电影应用白、蓝、黑、青、紫几种颜色为观众打造了一个五彩世界，一个色彩鲜

① 杜思梦.《画皮Ⅱ》给中国商业类型电影的启示. 中国电影报，2012-09-06.

艳、纯粹的边关世界，使观众在观影过程中享受极致而空灵的完美体验。

《画皮Ⅱ》从开拍之日起就被定位为东方新魔幻电影，它开创了中国魔幻类型电影的先河，为魔幻类型片提供了一条可复制、可模仿、可批量生产的商业电影工业化道路，并且试图从艺术、市场、产业等方面为中国商业电影摸索出一条具有较强可操作性的运作模式。在影片的筹划过程中，《画皮Ⅱ》抛弃了国产电影惯用的“导演中心制”模式，而选择采用好莱坞制作模式——“制作人中心制”，真正做到了从影片的编辑、拍摄、后期剪辑到宣传都是创新的。不得不说，《画皮Ⅱ》之所以取得如此高的票房，与“制作人中心制”有着密不可分的关系。“制作人中心制”将电影的文化价值、视觉艺术与市场宣传、产业链开发进行了完美结合，对当下中国电影制片观念与制片管理机制转变产生了强大的推动力。

在这种制片管理机制下，《画皮Ⅱ》成功地整合媒体营销新思路与电影产业链的开发创新也值得国产电影借鉴。《画皮Ⅱ》的宣传活动从电影开拍之日起就从未间断过，在将近一年的宣传过程中，电影海报配合预告片以及各种营销活动一直潜移默化地对受众进行宣传营销。在电影上映之前，《画皮Ⅱ》团队对电影进行了地毯式的户外广告宣传以及利用新媒体互动功能进行二次传播和微博互动。

总之，研究《画皮Ⅱ》成功经验的各个要素对国产电影产品营销和产业链开发都具有重要意义和借鉴价值。而《画皮Ⅱ》的成功要诀之一就是其创新的宣传营销手段，其中电影海报的陆续曝光贯穿整个影片的宣传过程，并且根据影片各个宣传阶段目的的不同，电影海报所担负的电影宣传使命也不尽相同。海报是整部电影视觉的浓缩，是电影的名片，是吸引观众眼球的功臣之一。

二、案例过程记叙

电影海报是整部电影浓缩的精华，属于招贴设计的一种，具有传递电影信息、吸引观众注意、刺激电影票房收入的作用。电影海报作为电影的平面广告，商业宣传作用、吸引观众注意力是其根本使命。《画皮Ⅱ》的制作团队也相当重视电影海报所承载的艺术价值以及商业宣传的使命，为了在海报的设计上将艺术与商业宣传完美结合，制作团队对海报物料质量的要求近乎苛刻，其中每款海报平均制作周期长达一个月。

为了配合整部电影的营销宣传策略，《画皮Ⅱ》电影海报分四个阶段陆续曝光，分别为“概念海报”、“人物海报”、“剧情海报”和“终极海报”。

1. 第一阶段：概念海报——东方新魔幻电影的定位

2011 年 11 月 8 日，《画皮Ⅱ》片方赴美参加美国电影市场交易大会，并在当地发布首款概念预告片及概念海报，并首次曝光了周迅狐妖造型。电影海报具有商业价值和宣传使命。如果将海报作为平面广告的一个类别的话，按照广告心理理论 AIDMA 理论——认为广告的功能在于引起受众心理的变化，这种“心理变化”被视为受众“认知”与“行为”之间的中间环节，通过有目的的诉求，广告使受众产生从未知—认识（attention）—兴趣（interest）—欲望（desire）—记忆（memory）—行动（action）等一系列的变化。

图 2　概念海报

从这个角度分析，《画皮Ⅱ》概念海报成功地引起了国内外受众及电影人的注意，使观众产生了从未知到注意的心理变化，完成了作为首发海报的使命。海报中，周迅白发紫唇，精致面孔下暗藏杀机，而舔着唇角的红舌代表着一种致命的诱惑，与影片“如果野兽的心隐藏在美貌之下”的主题相得益彰，而“THE RESURRECTION”更是点明了影片围绕“复活”与“重生”这一主要线索展开。

由于概念海报主要用于海外宣传，在中国具有粉丝号召力的当红明星在国际上并不具有很高的知名度，加之电影海报作为电影的先行军，在国际环境中不仅要介绍电影信息，在一定程度上还担负着传播民族文化和国民形象的重任，这就对中国电影在跨文化传播中提出了更高的要求，因此《画皮Ⅱ》的概念海报并没有大打“明星牌”而是着眼于传达“东方新魔幻”这个定位上，营造东方神秘色彩，立足于民族文化与电影主题思想结合的角度。

2. 第二阶段：人物海报——明星制胜

图3　人物海报之霍心

图4　人物海报之天狼国女王

图5　人物海报之庞郎

图6　人物海报之雀儿

图7　人物海报之靖公主

图8　人物海报之小唯

《画皮Ⅱ》片方于3月5日在京举办“三屏合一·新视觉暨电影角色海报发布会”，正式发布了七位主角的人物海报，以人物角色海报引出故事的大致剧情，并将主演角色公布于众。海报是以明星角色形象为主的传统构图方式。此时的人物海报主要是配合电影前期宣传造势的需要，借用明星的粉丝凝聚力和号召力，提高电影的知名度和含金量。毕竟在中国，电影的成功一半都要归功于明星强大的号召力。

《画皮Ⅱ》沿袭了《画皮》“吸金魔幻三人组”赵薇、周迅和陈坤的超高票房号召力，而且制作人极具慧眼地以超低价签约冯绍峰和杨幂，两人是当时凭借《宫》迅速蹿红的当红小生、花旦及最新荧幕情侣，而费翔在年纪稍长的观众心目中代表永恒的经典，号称“师奶杀手”，加上新人陈廷嘉，由这七个人组成的主演阵容横扫老中青三代人，受众面广，为之后电影的高票房奠定了受众基础。如果说之前的概念海报所起到的是AIDMA理论中引起受众注意的作用，那么此时的人物海报则起着引起兴趣(interest)的作用，它成功地引起了观众对电影的兴趣和提高了观众对电影的期待值。

3. 第三阶段：剧情海报——揭秘电影核心概念“三惑五劫”和七大主角关系

4月22日片方曝光《画皮Ⅱ》的剧情海报，影片七大主角关系曝光，揭秘了影片“三惑五劫”的核心概念。在电影上映前两个月曝光电影的剧情海报，为电影宣传进行预热，进一步曝光电影剧情的细节。在宣传技巧上，此时的剧情海报完成了AIDMA理论中引发欲望(desire)的作用，进一步引起受众对电影的好奇心和观影欲望，从而加深受众对电影的记忆和期待值，并促使潜在受众走进影院观看电影。

图9　人物海报之天狼巫师

“三惑”分别为：小唯之“命惑”，海报中蓝衣白发的小唯双手伸向不断下沉的靖公主，整个影片的线索之一就是围绕小唯想要重获新生寻找热血之心变成人，在与靖公主的纠葛中，小唯之“命惑”在于究竟是成全他人还是遵从自我；霍心之“心惑”，海报中霍心从背后深情拥抱着靖公主，而此时的背景是靖公主即将作为政治联姻远嫁天狼国，从海报中不难看出，霍心是深爱着靖公主的，然而在这份深情中充斥着挣扎与矛盾，这种挣扎和矛盾是源于贫贱侍卫与高贵公主之间的阶级差异还是公主面具背后所隐藏的惊天秘事呢？霍心之“心惑”在于试图选择却放不下往事的阴影、过不去心中自己设置的那道坎和爱而不得；公主之“情惑”，海报中是与小唯换皮之后的公主与一心求而不得的霍心缠绵的画面。

这一组海报再次引发人们的深思：美貌的力量到底有多大？心灵与皮相究竟何者为重？一心求爱的靖公主在得与不得之间痛苦不已，而在狐妖小唯的引诱下开始将缘由归咎于皮相之上，关于皮相的争论是《画皮Ⅱ》力图折射出的一个社会现象，这个困惑不仅困扰着公主，同时也困惑着古往今来的大多女性，公主之“情惑”在于皮相与爱情的关系，而公主之“情惑”也正是当今大多数人之惑。

与“三惑”海报主打角色的命运走向不同，“五劫”交织演绎的海报更主要的是为了体现电影所要表达的文化价值和皮与心的辩证。在“色劫”海报中，半张脸上布满疤痕、眼神犀利的公主手拿铜镜，镜中反射出

图 10　剧情海报集合

小唯那略带惊讶而又绝美的容颜，似乎暗示着容貌正是公主感情的最大障碍，与“三惑”中公主的“情惑”相呼应。然而在“心劫”海报中，与小唯换皮后的公主不仅显露了狐妖的真身，全身清晰可见的裂纹也让她毫无光彩可言，但是霍心却深情地注视着她，这与饱受心之惑所困的霍心大相径庭，与“三惑”中霍心的“心惑”相交织。在“生劫”海报中的小唯距离死亡的深渊仿佛更近了一步，全身被冰冻的她已经失去知觉并再次被靖公主环抱，公主与小唯的关系暧昧不清，也隐含着二者的命运交织在一起，这与“三惑”中小唯之“命惑”相照应。而影片中邪恶力量的源泉，以天狼国大巫师为主题的“死劫”海报诠释再合适不过。在“情劫”

海报中，呈现的是影片的一个副线——庞郎与雀儿，看似天敌却是一对欢喜冤家的两人在爱情萌芽时期的懵懂情愫，展现了与公主、小唯和霍心三者之间截然不同的爱情之路。①

4. 第四阶段：终极海报——七大主演首次“魔聚一堂”

6月10日《画皮Ⅱ》片方发布影片的终极海报。随着电影宣传进入冲刺阶段，强化受众对电影的记忆、确保观众最终走进电影院成为此时电影宣传最核心的任务，终极海报配合电影的宣传进度也必然承载了这个“终极任务”。在终极海报中，影片的七大主演首次“魔聚一堂”，将七大主演的粉丝号召力聚集起来，形成一股强大的票房号召势力，“吸金魔幻组合”、时下最热的“峰幂组合”以及师奶杀手费翔，受众覆盖面横扫老中青，给受众注入最后一剂强心针，达到AIDMA理论中记忆（memory）和行动（action）的最终效果，促使观众掏腰包走进电影院，成就《画皮Ⅱ》的超高票房。

图11 终极海报

《画皮Ⅱ》这种循序渐进的宣传营销策略是其成功的秘诀之一。从2011年5月29日开机发布会到2012年6月28日电影正式上映，《画皮Ⅱ》做足了一年的宣传。从概念海报的曝光到终极海报的正式发布，电影的宣传步步深入，从最初的润物细无声到电影上映前期地毯式的户外广告投放和新媒体与传统媒体线上线下紧锣密鼓地互动传播。《画皮Ⅱ》海报宣传是整个电影整合营销的一部分，也是电影整合营销的核心和贯穿电影宣传始末的线索。

① 网易娱乐.《画皮Ⅱ》发主题海报 七大角色关系曝光. http://ent.163.com/12/0422/23/7VNVBMAI000300B1.html.

三、分析及评价

电影海报肩负着宣传电影商业价值的任务，然而随着电影海报制作技术的提高以及日益苛刻的受众审美标准，设计者开始试图在实现电影海报宣传功能的前提下追求艺术表达效果。电影海报的审美价值和艺术价值在当前得到了充分的体现，电影海报也开始作为一种视觉表现符号被受众和电影人所接受、理解和重视。

电影海报设计者将电影海报要传达的信息符号化，通过图像、文字以及色彩等符号的组合来表现电影的情节、人物性格和电影基调，并且通过这些富有象征意义的符号来传达电影深层次的内涵、价值观和文化价值。在这种编码和译码的过程中，编码者（海报设计者）和译码者（受众）对这些符号有共同的理解和认知，两者之间不存在文化隔阂和显著的传播障碍。受众通过一张海报就明白一部电影，这在很大程度上依赖于译码者和编码者对电影海报上的符号的象征意义拥有共通的意义空间，即学者所说的符号互动或者说是意义互动。

瑞士语言学泰斗索绪尔在他的教学讲稿《普通语言学教程》中将符号分为意符（signifier）和意指（signified）两个互补从属的部分，奠定了现代符号学的基础理论，由此基本理论衍生出符号学在其他领域的运用。"符号功能包括能指和所指两方面的内涵。能指，指的是一种直觉的声音与图像，属于感性的物质世界，是一种感观效应。如海报中的色彩、图案装饰以及文字等。所指，指的是一种概念性的定义，属于一种抽象的心理意念，是一种上升为理性的精神理念。它一般属于次语言，但同时具有语言和超语言层次的内涵。因而能够完整展现海报所蕴含的深层次的含义。"①

因此，本文将从符号学能指和所指基本理论的角度分析为《画皮Ⅱ》的高票房立下汗马功劳的系列电影海报，并从海报的文字符号、色彩符号和图像符号三个组成要素的角度，由要素到意境层面对《画皮Ⅱ》系列宣传海报进行理性、系统的解读和分析。

（一）文字符号透露电影深层寓意

《画皮Ⅱ》系列海报采用的文字符号都是在方正姚体字体的基础上进

---

① 王思琪．符号学中的能指和所指在服装设计中的体现．美术之友，2008（2）：98～99．

行艺术设计加工而成的。作为一部东方新魔幻巨制，其朝代虽没有明确指出，但可以根据人物衣着找到中国古代汉朝的痕迹。因此，为配合影片朝代背景而使用的繁体字符合电影的整体格调。以方正姚体为基础字体的“画皮”二字给受众一种高科技感，与电影所追求的超视听盛宴不谋而合，并且在一定程度上将文字图像化会产生更强的视觉传达效果。海报将“画皮”二字进行图像化处理，在方正姚体的基础上进行装饰、变化和加工，将“画”字尾端向下拉伸，造成一种泪痕或者血痕的视觉效果，再将文字的笔锋变得犀利和尖锐，这种处理使得“画皮”二字营造出海报以及电影神秘诡异和魔幻的氛围。另外，电影海报在文字质感方面运用了十足的金属质感作为协调整体感的装饰，这种金属质感的文字符号象征着影片高科技含量，同时也是影片中靖公主高贵身份的象征。

文字符号表达的并不仅是其字面意思，文字符号的能指是所指的一个载体，电影海报不仅是通过文字符号传达影片最基本的信息，更重要的是通过这些文字符号所指的深层寓意来表现海报及影片的风格基调和东方新魔幻影片的定位。

（二）色彩符号传达人物性格和奠定影片基调

“色彩是打开和吸引视觉的钥匙，色彩产生的视觉效果是招贴作品引人注目的第一步，也是引起受众注意的关键。色彩表现是招贴设计中的重要环节，也是加强招贴视觉传达功能的有效手段。通常设计师在创造招贴作品的时候都先注重色彩对人的心理影响和情感反映，了解人们对色彩的感受，反复总结色彩设计、色彩搭配运用的经验，并在实践中加以运用和表现，从而创造出精彩的招贴作品。”① 在文字符号、色彩符号和图像符号这三种海报的组成要素中，可以说色彩符号给人带来的视觉冲击力是最强烈的，它直接影响观众对海报的整体感观。

在《画皮Ⅱ》系列海报中，可以看出海报的整体色彩基调都是沉重的，背景颜色以黑色等冷色系为主，较少出现暖色系的颜色。黑色的肃穆与电影整体压抑的基调是一致的，海报也正是利用色彩符号象征性意义来表达电影主题的，几乎每一种色彩的背后都有其特殊的寓意，金色靖公主、白色小唯、红色霍心、绿色雀儿、黄色庞郎、黑色巫师和银色天狼国女王，可以说，《画皮Ⅱ》将色彩与电影融合成一体，色彩的运用达到了炉火纯青的地步。

---

① 李文辉，朱泉威．浅谈色彩在招贴设计中的重要作用．中国包装工业，2012（11）：50～53.

在人物海报中，靖公主脸带金色面具，身穿金色盔甲。在中国传统文化中，金色是皇权的象征，寓意着皇族，这种象征意义使得观众马上就能获知隐藏在色彩下面的深意——赵薇所饰的靖公主身份不凡。同时，金色是一种暖色调，也象征着靖公主心之炽热。小唯深受千年寒冰之苦，使用冰蓝色和白色等冷色调，给人一种距离感以及冰冷之气。但在小唯的衣着上使用红色和紫色，红色寓意着小唯尚有一丝人性并不是完全冷漠的，为影片结尾小唯牺牲自己成全他人的抉择埋下伏笔；而紫色有着优雅神秘女性化的感觉，因此，紫色经常被用来表现女性的优美、端庄、华贵，小唯作为迷倒众生的狐妖，是中国女性一切外在美的集合体，用紫色来表现小唯的唯美和神秘再适合不过了。

霍心、天狼国女王以及天狼国巫师都用黑色和红色，黑色是整个系列海报的基本色调，我们暂且不提，而红色在中国文化中除了喜庆之外还有一种战火的寓意，这也是这三位主角之间的共性，常年的战火将两个国家人物的命运联系在一起，而这场战争也是影片所力求的视觉盛宴的重头戏之一，观众可以通过这三张人物海报感受到电影那宏大的战争场面以及窥见这三位主角之间的关系。庞郎和雀儿的人物海报主要运用橙色这种暖色调，在中国观众的思想里，橙色给人一种积极、欢喜、温暖的感觉，能够使人心头感受到暖意，这与庞郎和雀儿在影片中的“欢喜冤家”的形象是相符的，两人是影片严肃基调之下的调和剂，两人柔软而天真，虽有点游离于影片之外，但是也调节了影片压抑的气氛，用同一种颜色表现二人，使得观众能够立马知晓二者的暧昧关系以及在影片的形象和作用。

“色彩的对比关系是制造画面的有效手段，色彩的刺激无论在人的心理或生理上都有重要的影响。色彩对比是招贴设计常用的表现手法之一，其目的在于尽可能使主题形象鲜明夺目，在瞬间快速传递给广大观众，并留下深刻印象。”① 如果说人物海报主要是通过冷暖色调的视觉感来体现人物身份、性格和命运的话，那么剧情海报则是通过色彩的对比关系来体现人物内心的挣扎与电影剧情的跌宕起伏。和影片给观众呈现的绚烂的五彩世界一样，《画皮Ⅱ》的电影系列海报也运用这五色的对比反差来传达文字符号和图像符号无法传达的人物内心色彩。

在剧情“命惑”海报中，拥有炽热刚硬性格的靖公主却被澄澈的湛蓝湖水包围，蓝色是冷色调的代表，这与靖公主代表的金色暖色调形成鲜明的对比。象征着宁静和浓郁忧伤的、澄澈的湛蓝色将金色靖公主炽热之心

---

① ［日］淹本孝雄，藤迟英昭．色彩心理学．成同社译．北京：科学技术文献出版社，1989.

掩盖了，宁静的湛蓝色与靖公主悲痛的火热内心形成极大的反差，这种破碎的完美更容易引起观众心灵上的共鸣，同时也与海报“命惑”这个主题相呼应。这种色彩的对比在每幅剧情海报中都有应用，在剧情海报“情惑”中，小唯身披黄色被褥与霍心缠绵，黄色在中国不仅代表着温暖和快乐，同时也象征着情色，这与代表小唯的白色和冰蓝色等冷色调是格格不入的，这种冷暖色调的碰撞产生了矛盾和疑惑，这种矛盾和疑惑在影片中得到了解答，原来此时的小唯并非狐妖而是换皮之后的靖公主。这种色彩的对比使得“情惑”这个主题更加鲜明突出，再结合文字符号与图形符号，使得观众能够更详细地了解电影背后的爱恨纠缠。

（三）图形符号兼并具象和抽象共同体现电影主题

图形符号有具象图形和抽象图形两种。“具象图形的特点是写实性，是电影海报设计师喜爱使用的一种表现方式，它可以使人在较短的时间内理解海报中所要表现的重点和内涵……在电影海报中，抽象图形的特点是写意性。这种海报的处理方法比较隐喻，也就是说海报上面可能并没有完整的故事情节或者角色形象，只是一个概念性的图形，或一个和电影内容有关的元素，或是具有象征意义的抽象图形。电影海报通过象征、联想、比喻、夸张等手法隐喻地再现电影的主题。观者可以从精神和心理的角度来体验电影的内涵，以达到心灵上的共鸣。”①《画皮Ⅱ》系列海报囊括了这两种形式，并结合具象图形与抽象图形的特点和寓意充分发挥了电影海报的主旨以及完成了海报的商业价值和宣传使命。

《画皮Ⅱ》系列海报中，概念海报运用的是抽象图形，人物海报、剧情海报和终极海报运用的都是具象图形，这与电影每个阶段的宣传目的以及观众的文化差异是密不可分的。

《画皮Ⅱ》概念海报只是一个狐妖的图形，甚至连原型周迅都看不出来，这是一个明显具有象征意义的抽象图形。海报中，狐妖白发紫唇，精致的面孔下暗藏杀机，而舔着唇角的红舌代表着一种致命的诱惑。狐妖在中国文化中象征着诱惑与美丽的陷阱，观众能够通过这种符号的象征意义领悟到海报所要传达出来的主旨和内涵，从而与电影海报产生共鸣。另外，概念海报之所以运用抽象图形，是因为概念海报正式曝光的地点是在美国电影市场交易大会上，海报的受众是一些对中国文化以及中国当红明星略知一二却不非常熟悉的美国电影人，因此在这里以明星为卖点的人物

---

① 林峰．电影海报的艺术魅力．艺术教育，2012（8）：145.

海报和以“三惑五劫”为核心的剧情海报找不到任何与受众的共鸣，但是狐妖鬼魅的形象更加具有视觉冲击力和感染力，而且最重要的是能够使美国电影人一目了然并产生文化差异上的认同，从而使美国电影人打开了通往东方古老神秘魔幻世界的大门，达到其在交易大会上销售电影海外版权的商业目的。

人物海报、剧情海报和之后的终极海报运用的都是具象图形，即以人物形象为主。终极海报采用中国电影海报惯用的满版型的排版方式，以七大主角为主，各主角人物从中对称并按角色的戏份由前向后依次变小变淡。这种以人物图像充满整个版面、以人物图像为诉求中心的排版方式给人大方、舒展的感觉，视觉传达直观而强烈。由于电影即将上映，终极海报必须将受众的心理欲望变成最终的实际行动，“七魔头”聚首一堂的具象符号让观众再次感受到以及确认电影主角阵容的豪华、视觉冲击力的强烈和故事情节的跌宕起伏。而这种运用具体图像的方式也符合中国受众的审美方式和观影心态，从而使海报更容易被受众理解、接受并转换为实际的票房收入。

四、结语

电影海报是电影的一张名片，是连接电影与观众的窗口，是二者交流沟通的先行者。电影海报要通过其二维空间来传达三维电影需要传达的文化价值和电影内涵，这就对电影海报提出了极高的要求。从实用艺术来看，《画皮Ⅱ》电影系列海报通过对文字符号、色彩符号和图像符号的灵活运用以及对观众心理的洞悉显示出海报的多维性特征，突破了二维空间单调的信息传达方式，各阶段海报不仅能使观众从不同的角度了解电影，而且能够通过象征符号使得观众更深层次地体验电影所传达出来的文化价值。观众只有在了解电影并与电影产生认同的基础上才会走进电影院观看电影，而电影海报则贯穿了这个最初环节和最终环节。

（撰稿人　赵萍）

那些年，我们一起拍的毕业照

——大学争议毕业照盘点分析

六月份是毕业季，回忆起这一段时光一定有蓝天白云、绿荫校道、白衬衫、学士帽和毕业照。但如果所有的场景都是一样的，未免有些无趣。在网络文化如此发达的时代，雷同很可怕，个性才是王道。一生也许仅此一次毕业照，每个人都希望自己的照片能够别出心裁，值得纪念。

近年来，人人网、微博等社交媒体的飞速发展，为视觉传播提供了前所未有的迅速传播的条件。个性毕业照一旦夺人眼球，快速的传播、火热的讨论便随之而来。然而，如果这些毕业照的创意碰触了大众的底线，讨论就演变成争论，本应皆大欢喜的毕业照顿时横生波澜。这两年争议较多的毕业照案例包括华南师范大学的“美腿”毕业照，暨南大学广告系的“重口味”标语毕业照等。

一、争议毕业照：是创意，还是随意

1. 华南师范大学“美腿”毕业照

最早在网上引发广泛争论的高校毕业照是2011年华南师范大学毕业班的一组照片。在这组照片里，所有的女生除了个别穿着西裤外，其他清一色着西装短裙和高跟鞋，佩戴红色领带和“六道杠”袖标，坐在拍摄毕业照的道具阶梯上，对着镜头微笑。

图1 整齐的装扮、"美腿"引来"低俗"的争议

毕业照发布到网上之后，引发了网民围观，负面评论占据了主流。有网民说这不是毕业照，是选美照。有人批评她们在庄重的毕业照时刻穿着暴露，显得不自尊自爱。也有人说，大学教育应该注重学生内在美的修为，而不是一味看重外在的表露。

另外，也有网民为她们辩护。有网民认为，毕业照是个人行为，不必上纲上线。有人反驳"内在美"言论道："勇于表现外在美难道就能说明她们没有内在美吗?"一时间，舆论集中在这些还没踏出校门就被社会质疑的女生身上。

据《广州日报》报道，此照片是华南师范大学教育信息技术学院2007级传播学系六班的毕业照，摄于2011年5月19日。

一位微博ID为"波波大人"的同学参与了合影，她在微博上写道："妆容一个比一个精致、魅惑，裙子一个比一个短、贴身，高跟鞋一个比一个高挺、霸气。"

也有一些同学对突然的传播浪潮有所担心，接受《广州日报》采访时，她们说：

图2 原本的创意点"六道杠"并没有引发太多讨论

“我们不想‘被走红’，所以那些无端的攻击和下流的臆想都让我们很害怕。”

一位微博 ID 为“蜡笔小昕 Parvati”的当事女生在微博上表明，班上一共有 44 名女生、6 名男生，照片只有其中 36 名女生，照片纯粹是自娱自乐，别着“六道杠”也只是一时好玩。

许多当事人也表态，这只是个人娱乐，希望媒体和网民不要过度解读。①

2. 暨南大学广告系“重口味”标语毕业照

一年之后，即 2012 年 5 月 26 日，一张来自暨南大学新闻与传播学院广告系 2008 级本科毕业生的毕业照又在网上引发了一段争议。

拍摄班级毕业照时，广告系毕业生在第一排拉起一条横幅，上书：“暨大广告，你 FUCK 了我的青春!!”后排的同学几乎每人手中都拿着一张 A4 大小的小标语，标语内容五花八门，其中包含“重口味”措辞。照片被发上微博后，引发了网民的疯狂转载。

在众多争论中，以作家刘仰对照片的评论最为突出。他认为这种标语是大学生品位低俗、缺乏文化素养的表现。刘仰在微博上写道：“我若招人，此大学毕业生一个都不要，此大学将被列为黑名单。”此话一出，引发网络混战，有网友觉得刘仰一竿子打翻一船人，有失偏颇。有人认为大学生面对社会压力，用一种恶搞的方式呈现并无不妥，是刘仰过于守旧迂腐。也有人认为，这个毕业照在学校正门拍摄，一定程度上代表了母校形象，同学们的做法的确有待商榷，但并不至于遭受这么严重的抨击。

网络上你来我往言语几日后，刘仰在博客发表文章《从低俗到堕落有多远》细数他发表这些评论的前因后果，他在文中写道：“大学生应该与此类低俗保持距离，因为很多大学生将来要成为社会的栋梁，要肩负社会责任，要成为社会精英。因此，今天的大学生有必要警惕低俗对自己的侵袭。人们从来不指望芙蓉、凤姐、冠希、兽兽、露露等承担社会责任，但社会绝对希望大学生日后能成为有用的栋梁之材。古话说‘上梁不正下梁歪’，如果社会栋梁与道德低俗分不清界限，整个社会的道德缺失乃至道德沦丧不就是必然吗？”②

除了刘仰，其他媒体也就暨南大学广告系的这张“重口味”毕业照刊发了报道与评论。

“博客中国”的一段评论写道：“每个经历过大学的人都有毕业照，当

① 采访内容来自《广州日报》报道。

② 原文来自刘仰博客文章：http：//blog. sina. com. cn/s/blog_ 4134ba900102e62z. html.

暨南大学的那班学生在照片中为他们的恶搞而嘻嘻一笑时，若干年后，有多少人会跳出《蜗居》、《蚁族》、《老男孩》中主人公们的轨迹？在感知了最现实的社会和生活压力后，有多少人还会觉得自己是个有尊严的‘人’？还依然会看着照片中的自己，而暗暗得意？”①

面对媒体报道的升温，这张毕业照的策划人没有接受采访，暨南大学的老师也没有公开发表任何评论。

3. 华中师范大学“文革”毕业照

同一年，即2012年6月6日，华中师范大学社会学院的毕业照也引发了巨大争议。图片中，49名毕业生身穿军装，手拿“红宝书”，摆出“忠字舞”动作。

网络上对这一系列有争议的毕业照的讨论主要集中在“文革”的历史认识以及大学教育问题的反思上。有学者痛心批评：“这些孩子对‘文革’时期发生了什么根本没有认识，竟然把这当做一个玩笑！”有网友说，这些同学只是被人利用，不明就里，不应该太责难他们。也有人认为，正因为不明就里才应当被批评，历史教育不是让学生亵渎历史，亵渎生命的。在这一系列照片里，这些行为是否过于随意，以至于触碰了严肃议题的底线，成为辩驳的中心议题。

华中师范大学社会学院和拍照学生在第二天接受了媒体采访，在《京华时报》的采访中，组织拍摄这组照片的任新悦同学介绍了照片的拍摄经过：6月4日左右，几名同学提出想要拍摄一组红色主题毕业照的想法，我们是穿着军装开始大学时代的，也想穿着军装离开母校。任新悦的想法得到了华中师范大学社会学院49名在校毕业生的一致赞同。6月6日下午2点，同学们租借来49套65式军装，换好衣服来到学校图书馆门前拍摄毕业照，照片中具有争议的造型动作是一个持相机的中年男子让他们摆拍的。6月6日晚上9点多，参与了照片拍摄的贺光耀同学接到电话，才知道这几张照片“火了”。同学们一再强调，照片中所穿的只是租借的军装，手捧“红宝书”的造型也是应他人要求做出的。

华中师范大学社会学院梅志罡教授接受采访时认为，学生想要表达对母校的怀念，模仿军人敬个礼，没有觉得和“文革”有什么联系，这些孩子是被人误导了。发出照片的国际在线和财新网没有采访当事人就给学生打上了这样的标签。学院官方没有出面，我建议学生们追责，这也是学院的态度。

---

① 原文来自博客中国网文章，作者何青青：http://chenyonglin3333.blogchina.com/1280665.html.

很快，国际在线就将华中师范大学学生军装照片删除。①

除了这些具有争议的毕业照外，其他地区如苏州的高校，也曾因“自杀式”毕业照进入舆论风暴的中心。这些大大小小，或有心或无意的毕业照之所以成为争议的焦点，都是因为他们发挥的创意与社会普遍的价值评判标准有所冲撞，其中的原因和应当思考的问题是多方面的。

二、多角度分析：创意无边界，传播有规则

对这些创意毕业照引发的争议，不应单纯停留在“合不合适”的阶段，而应该从文化研究的角度深入分析它出现的原因，从传播学研究的角度解读它引发的传播“意外”。

1. 追求个性表达的心理特征

大学毕业生年龄都在20多岁，他们的成长伴随着互联网的极速发展和社会价值观的变迁。从20世纪到21世纪，中国走过了一个从追求“大同”到追求“个性”的转变期。社会发展不再要求同一化，而是依据不同的个性特征追求个性发展。这种个性发展引入校园教育，表现在大学生不再满足成为学校规模化生产的众多“砖块”中的一块，而希望通过自身的价值判断与选择，成为独一无二的个体。这种个性化的价值诉求成为当代社会的共同价值趋向，也是当代大学生的一个普遍特征。

在这种价值导向下，几乎是全国性的大学毕业照活动就成为他们施展个性的舞台。对于这些大学生来说，创意毕业照行为的初衷非常简单：求异，希望自己的毕业仪式能够与众不同，并希望通过求异来寻求更多的认同。

个性化的心理特征表现在行为上，就是选取特定的视觉元素将自己的毕业照个性化。这些视觉元素可以是服装、道具、姿势、动态、标语、表情或特定地点等，并且这些元素往往服从于特定的主题。

华南师范大学的毕业生选择了当年大热的网络话题“五道杠”少先队员作为主题，给自己配上了“六道杠”的袖标道具；暨南大学的毕业生选择了最直接的横幅和标语来进行话语表达；而华中师范大学的毕业生则采取了特定的服装和姿势来切合军旅风格的主题。

在追求个性的心理导向下，大学生往往不会对创意的影响进行全面的考虑。有个性对他们来说已经足够，至于这种个性是否符合大众审美，是

---

① 采访来自《京华时报》文章：http://epaper.jinghua.cn/html/2012-06/08/content_805715.htm.

否会引发偏激情绪，是否会碰触敏感议题，他们可能不会多加考量。最直接的证明就是，几乎所有这些有争议的毕业照的主人公都表示没有想到自己的创意毕业照会“火”，并且会造成后来的舆论风暴。

2. 社会压力的出口

毕业是大学生最重要的人生转折点之一。毕业照除了保存美好的青葱回忆外，还饱含他们对未来的无限展望。

在进入大学以前，刚刚经过高考打磨的大学新生的经历都是相似的。于是，大学四年成了培养个性、走出新路的关键时期。学生活动、社会交流、学术培养等可供选择的东西多了，选择的结果令每个人逐渐变得不一样，其中变化较大的就是对社会的认知。从象牙塔走出来的过程中，以前不必担心的生存问题赤裸裸地摆在每个大学生面前；就业率、平均薪资等这些与从前无关的数字变成了自我担忧的源泉；招聘会、宣讲会从纸上的名词变成毕业生日程表上的主要部分。

另外，从社会大环境而言，现代大学生面对的压力比以往更大。据统计，大学扩招以来，高校录取人数逐年增长，从扩招前1998年的108万人增长到2008年的599万人。近600万人在2012年迎来毕业，毕业生大军的就业压力可想而知。

在就业形势严峻、个人期待走高、物价上涨、房价居高不下等多重压力下，毕业生的心情是可想而知的。一方面，他们怀念校园生活的美好，又想表达对未来的期待；另一方面，也难免对各种不可知因素有无止境的担忧。这种复杂的心情需要发泄的出口，略带调侃和恶搞性质的毕业照就是其中之一。

暨南大学广告系的“重口味”标语毕业照中，类似“求包养”、“求富婆”等词汇，其实可理解为对社会不公现象的反向表达，有人走捷径获得成功的方式侵犯了年轻一代脚踏实地一心向上的理想，他们是在拷问这个社会：“不走捷径，我们还有机会吗?”

华南师范大学有争议的毕业照中的“六道杠”道具是模仿当年“五道杠”少先大队长这一网络热点事件。我们可从中解读出对权力的一丝反讽。

而华中师范大学的军装毕业照，则通过“角色扮演”和军装本身的军旅生活的象征意义来表达对淳朴简单生活状态的褒扬。

这些正面的意义未必是创意毕业照策划人主动策划的，但仍客观存在。至于为什么创意中好的含义无法表达，而负面信息引发热议，编者认为是这些正面意义在整个创意毕业照的意义表达系统中没有占据主流，或者说正面的意义不是其主要的意图。

3. 网络“恶搞文化”的入侵

Web 2.0时代的到来，BBS、博客、人人网和微博等社交媒体的兴起带动了一种新的网络文化——“恶搞”。“恶搞”一词最早源于日本的网络游戏，被引入中国后，成了网络另类文化的代表。2006年，一段视频《一个馒头引发的血案》在互联网掀起热潮，成为“恶搞文化”的鼻祖。

“恶搞”行为是指通过用戏谑、反逻辑、反传统、草根甚至低俗的表达语言来表现严肃正经的主题内容，它利用表达方式本身的荒谬与恶俗来完成对表达内容的嬉笑讽刺。一方面，它的表现具有张力，有幽默娱乐的色彩，体现了大众狂欢；另一方面，它的表意方式具有文化突破阶级的深层含义。有学者认为：“从内在维度看，恶搞运用戏仿的技巧，体现了浓厚的狂欢色彩；从外在维度看，恶搞运用了拼贴的手法，表现的是青年亚文化对主流文化的抵抗。但是，无论狂欢还是抵抗，都仅仅是一种仪式而已，网络恶搞的实质是在解放的旗帜下宣泄生命的冲动。”①

学者对恶搞文化的分析并无优劣判定。然而，当这种文化从线上延续到线下，它的表现场合、对象不同了，表达方式本身也成了值得商榷的问题。同样的语言，在网络世界中是娱乐大众，在现实生活中就可能表达出对他人的不尊重。

暨南大学广告系的“重口味”标语的毕业照最有争议的一点就是他们拍摄的地点，学校正门口具有地标的代表意义，而且还面对着车水马龙的交通主干线黄埔大道。这时候用带有恶搞性质的语言就产生了不合时宜的负面影响。

4. “自娱自乐”与大众传播的界限

这些创意毕业照的策划人都没有预见到后来发生的网络热议，他们认为小群体的自娱自乐不应该被上升到社会问题和教育问题的宏大层面，觉得媒体与网民有过度解读、上纲上线的嫌疑。这个矛盾的产生有传播的意外因素，也有他们对创意表达和大众传播缺乏认识的原因。

创意这个词本身包含“不合理”和“意外”的语意，通过创意的开发和表达，创意者应该带给受众一种意想不到的惊喜感。创意表达本身是无限开阔、拒绝边界的，但当创意表达从小群体交流扩散到大众传播的环境中，它就需要承担相应的传播责任。要知道，自娱自乐和大众传播有着明显的界限。

---

① 余建清．网络恶搞：狂欢与抵抗．兰州学刊，2007（9）．

网民看到某一条信息可以发表意见，也可以将它转给另一个人，通过无数个点的扩散，形成最终的传播网络。从理论上说，大众传播是客观的，在没有刻意引导的自然传播条件下，这一条信息一旦进入了网络传播的轨道，它的扩散是不以某个人的意志为转移的，除非信息发布者自行把它删除。不过，在现代网络技术和网民智慧的包围下，彻底有效的删除很难实现。因此，这条信息很可能违背发布者的最初意愿，最终传播给不合适的受众。

这个道理与电影的分级制度类似，特定的传播内容不一定适合所有观众，出于保护和尊重的原因，我们需要对电影内容进行分级，以防止它的内容对一些观众产生负面影响，这是对传播负责的体现。

以上具有争议的毕业照，出现争议的关键转折点是照片被发布到网上。在他们之前，也许有过更出格的创意，只是因为未进入大众传播的视野，也就未受到广泛争议。这些创意毕业照有的甚至是参与者自己发布到网上的，在目前社交媒体无孔不入、大众传播拥有巨大覆盖性力量的时候，任何的个人行为和“自娱自乐”都应该有所警醒：社交媒体是一个开放平台，类似微博这种公开平台更是如此，任何发布的内容都没有隐私可言。曾经只对公众人物的包围性监督，现在也出现在所有人身边，只是我们没有意识到或者不够重视。因此，误将公共平台当作自家后花园，还反击别人说“这是我的自娱自乐，与公共责任无关”是典型对传播效力认识不足的表现，也是对传播行为不负责的表现。

5. 符号表意的失误

前文在对个性表达心理特征的阐述中已经提到，创意策划人会通过一定的主题和元素进行个性表达。对主题和元素的选择就是选择表达符号的过程，这里涉及传播中符号的相关概念。

在传播学中，符号是指负载或传递信息的基本元素，表现为有意义的代码及代码系统，如声音、图形、姿态、表情等。符号有语言符号和非语言符号两种。在传播中，信息首先表现为符号，或者说一种信息的外在形式就是某一种符号。

人类文化和文化传播经过长久的发展，某些符号已经具有了固定的表达意义。有时候根本不需要特定情景，某个符号就代表某个固定的意思。可以说，符号表达是一种通行全球的语言。

创意毕业照的符号具体表现为视觉符号，包括服装、动作、道具、标语、表情等。其中一些视觉符号有特定含义，一些含义或是与毕业照的特定情景不符合，或是与大众传播的规则不符合，于是便产生了后来的一系列理解上的矛盾。

例如，华中师范大学的“文革”毕业照之所以引发轩然大波，其中一个重要原因是“军装”、“忠字舞”和“红宝书”等这些特定符号直接表达了严肃且沉重的文化大革命的历史事实，这与毕业照快乐欢庆的氛围相抵触，因此网民会给予“不尊重历史”的批评。

6. 不可控制的过度解读

从符号学和传播学角度来看，网络上对创意毕业照的争吵是有理由和根据的。但是这些批评和解读并不都是正确的，里面还出现了一些传播的意外，导致事情的发展偏离了预想的方向。

在网络时代，人们的意见表达变得更加容易，微博转发、博客评论、BBS发帖，甚至在某条消息下按个“赞”，轻而易举便把自己的意见表达了出去。这种自由的氛围激发了网民对事件进行分析解读的热情，每件事都可以从无穷个角度展开讨论，或认真讨论，或戏谑玩笑，或借机宣泄情绪……在漫无边界的语言海洋中，偏离作者本意的过度解读是不可控制的，甚至是不可避免的。

在华南师范大学“美腿”毕业照这个案例中，就出现了一些被过度解读的现象。许多高校在组织拍摄毕业照的时候，都有统一的服装要求，毕业生大多会选择正装与学士服。女生毕业照正装的标准为：白衬衫、黑色西装裙及统一的红色领带。应该说，争议毕业照上所有女生的着装都是符合要求的，不管从着装的适宜度或是整齐度来看，与一般上班的女性白领无异。这样普通的着装，被网友解读为“有伤风俗”，这样的分析其实欠缺一些理性认识，显得解读过度了。

7. 话题操纵的负面影响

网络不是一个理想化的传播环境。在国内，网络水军的兴起，团队推手的幕后操纵，在传播过程中植入了一些人为因素。这些人为因素有时候会左右传播行为，它也许有扩大宣传的正面意义，但也有一定的负面影响。

新浪微博的用户对“每日话题”应该都不陌生，新浪编辑团队每天会将微博上的热门话题发布在用户个人主页的右侧，以及微博发布栏的右上角。这些话题有些是通过点击率筛选出来的，有些是通过话题策划被有意“制造”出来的，后者通常被称作“话题操纵”。

话题操纵通常有两个结果，一个是原本不是话题的事件被炒成了话题；另一个是原本关注度较低的话题被炒热。话题操纵行为本身其实是对传播规律的干涉，在信息饱和、受众注意力有限和媒体竞争激烈的环境下，它和“策划新闻”一样，旨在博得受众的眼球和赢得关注。因此，虽然这种方式具有争议，但总是有人踏入争议的边缘地带。

每年的毕业照时期，社交媒体都会出现一大批相关信息，将这些信息做成选题成为媒体单位的不二选择。与同学们拍毕业照追求个性一样，媒体报道更需要兴奋点来吸引受众，于是略有不同的毕业照就会成为媒体争相渲染的对象。在这种传播链条下，很难说清是因为创意毕业照本身引发了争议，还是因为媒体加温激化了矛盾。

毕业照的本质是纪念，它是带有公众性质的活动，不是行为艺术的舞台。毕业生应该认识到，毕业照最大的价值在于它个人的情感意义，而不是广泛的传播意义。我们可以分享美妙时刻，但不必通过他人赞赏来获得认可，做一个合格的毕业生，懂得承担责任、理解社会，在共同的欢庆时刻发挥积极向上的创意，将自娱自乐限制在可控制的范围内。只有这样，毕业季的美景才能摆脱不必要的灰色地带，留下六月骄阳下最灿烂的笑容。

（撰稿人　蒋沁）

7·21特大暴雨灾难新闻图片报道及视觉传播分析
——以《新京报》为例

2012年7月21日，一场突如其来的特大暴雨袭击了北京城，让全北京城的百姓、政府部门和新闻媒体都经受了巨大的考验。在这次报道中，《新京报》及时反映、深度挖掘，还运用大量的新闻图片，以直观立体的方式快速地向读者传递了这次特大灾害的相关消息，向全国人民展现了北京城“守望相助”的精神并表现了自身的报道特色，赢得了业界和受众的一致认同。

一、案例简介及背景阐述

2012年7月21、22日，一场特大暴雨肆虐北京城整整20个小时，导致北京城内交通瘫痪、79人死亡、31处路面塌方、5.7万群众转移、8万人被困机场。暴雨引发房山地区山洪暴发及拒马河上游洪峰下泄。这场特大暴雨在短短的一天时间内造成北京市房山、通州、石景山等11区（县）12.4万人受灾，5.7万人被迫紧急转移安置。全市受灾人口达190万人，其中房山区80万人。此次特大暴雨灾害导致北京市人民的生命财产安全蒙受巨大的损失。然而，通过媒体的报道，我们了解到在灾害发生的同时，北京市人民和各政府部门全力投入救灾，群众自发组织救援，全城进入应急防汛状态，交通、公安、消防、防汛、排水和急救等多部门的10万名干部连续奋战、全力救灾，万千群众彻夜难眠、守望互助，演绎出最令人动容的“北京精神”。

面对灾难，新闻媒体都争取在第一时间抵达灾区，获取最新、最全的现场资料，并发挥新闻媒体的专业精神向受众反映他们最关心的问题。在这次北京特大暴雨的灾难报道中，北京地方报纸——《新京报》，积极组织人力物力全面报道这次发生在家门口的灾难。在整个报道过程中，《新京报》发挥了地区优势，第一时间赶赴灾难现场，发回了许多震撼人心的现场报道。灾情不断加重的同时，《新京报》也密切关注着整个灾情的发展，在第一时间派出记者，第一时间赶到京港澳高速南岗洼桥、野三坡以及房山的多处重灾区，从那里发回许多震撼人心、图文并茂的新闻报道。

“读图时代”的到来，“图文并重，两翼齐飞”的报道理念引起了业界和学界的关注，很多纸媒在报道中越来越注重新闻图片的运用。而在众多新闻题材的报道中，突发性新闻，特别是灾难性新闻的图片报道始终存在很多争议。如2008年汶川地震的报道，新闻图片占据大量篇幅，虽然其中有很多震撼人心、真实反映地震灾难的优秀摄影作品，但也不乏一些过于惨烈、恐怖的作品被刊登在报纸上，这是一种缺乏人文关怀的表现。而这次北京特大暴雨灾害中，《新京报》的报道发挥了自己的特色，出彩的新闻图片和制图，加上有深度的报道，挖掘了灾难中的人情故事，体现了灾难报道中少有但又十分重要的人文关怀。广渠门桥下积水，五辆车被困，救援画面被《新京报》独家拍下并在7月22日的报纸进行了报道，标题为“水淹广渠门桥　一人丧生”。7月23日，在房山韩村河镇，一个从上游冲下的巨型油罐突然发生爆燃，浓烟遮蔽了天空，正在附近采访的摄影记者立即拍下了浓烟下人们惊恐奔逃的情景。另外，《新京报》还利用新闻仿真图对相关信息进行整理，将受灾最重的地点、救援进展、遇难者信息等在地图上标注，方便读者以最快、最简明的方式了解整个灾区的情况。《新京报》对7·21特大自然灾害的报道，新闻图片题材广泛、主体突出、视角平民化和整体特色鲜明，给观众一种直观、鲜活的视觉感受。

二、案例过程记叙

2012年7月21日的北京，暴雨疯狂肆虐，雨量历史罕见。暴雨引发房山地区山洪暴发，拒马河上游洪峰下泄。全市受灾人口达190万，其中79人遇难，经济损失近百亿元。这场天灾给首都人民带来了巨大的生命和财产损失。这些遇难者或正值青春年华，或处于事业发展的黄金时期，而突如其来的灾难中断了他们未走的前路，未来的种种美好化为幻影，生命的陨落令人叹息。面对大自然，或许我们都是渺小的，但在这样一个气象灾害日益多发、灾情日益严重的时代，建立一个“政府主导、部门联动、社会参与”的气象防灾减灾体系，提高每个人防灾减灾的意识和能力是可行且刻不容缓的。

根据媒体报道，2012 年 7 月 20 日晚上 9 点，北京市防汛指挥部电子地图幕墙上的红色亮点此起彼伏。当班工作人员介绍，只要每小时降雨量超过 30 毫米，电子地图上的预警灯就会立即亮起。当晚，北京西南部张坊、西部卢沟桥、东部大孙各庄和北部张家坟等区域几乎一片红色。在暴雨来临前一天，也就是 7 月 20 日，北京市防汛办依据上级指示下发了有关通知，向相关部门作了必要的工作指示和要求。21 日上午 9 点 30 分，北京市气象台和中央气象台均发布了暴雨蓝色预警，预报北京市将在中午前后开始降雨，强降雨集中在晚间，提醒各部门防范城市内涝和暴雨引起的山洪、泥石流等灾害。21 日上午 11 点 40 分，北京市国土资源局与气象局联合发布地质灾害黄色预警，这是北京城入汛后首次发布的地质灾害黄色预警。下午两点之后气象台又接连发布了暴雨黄色预警信号、雷电黄色预警信号和暴雨橙色预警信号。据报道，在发布蓝色预警之后，市委宣传部也及时启动了防汛应急宣传机制，在北京电视台开通直播节目，以确保实时地对汛情和各部门的工作动态进行报道。

北京城的降雨是从 21 日上午 9 点多开始的，随着雨势的不断增大，北京城内和其他市县都遭受到不同程度的灾害。北京城内主要是内涝，城市下水道的水倒灌，部分中小河流和水库出现汛情，北京城内多处路段因为积水导致交通瘫痪。市内广渠门桥下积水严重，根据《南方周末》的报道，广渠门桥下窨井盖被冲翻，下水道里喷泉一样的水柱开始往地面倒灌，桥下的水有 4 米深。34 岁的年轻杂志编辑丁志健的车就是被淹没在这里，他最终也没能从车里出来。而京港澳高速公路上同样积水严重，导致机场 8 万人被困。就在机场群众被困时，救援信息在网络上迅速传开，微博名为“菠菜 X6”的网友率先发布组织救援车队去接送机场滞留的群众。同样发布求助信息的还有贴吧，21 日晚上 8 点 03 分，有线民发帖说，山洪暴发导致百余名小学生被困在北京房山青龙湖少年军校基地。北京消防在网上监测到这一消息后，立即调派 50 人的消防攻坚组前往现场救助。在整场灾害受灾最严重的房山地区，由于暴雨引发山洪，多处居民房、农田被冲毁，农民圈养的牲畜也被大量淹死，房山地区人民的生命财产遭受巨大损失，其中仅房山地区的伤亡人员就有 42 人。另一个受灾严重的地区通州，在经历龙卷风和暴雨之后也是一片狼藉。

对于这样一场突如其来、损失严重的特大自然灾害，各家新闻媒体都将其作为重大事件加以报道。但相对而言，《新京报》对整个暴雨灾情的报道反应快速，推出了大量全景式、立体性的报道。《新京报》负责人在“零点民生金铃奖”颁奖时说：“《新京报》彰显了媒体的责任，展示了媒体的风骨。更重要的是，《新京报》对灾害报道没有流于表面，而是在第一时间挖掘灾害发生的原因和背景，为政府改进决策提供了第一手材料和深入民意的角度。”《新京报》是北京地区的日报，因此对于家门口发生的重大新闻势必具有地区优势以及重点报道的义务。暴雨灾情在7月21日晚上进入白热化阶段。凭着职业的敏感，《新京报》的摄影记者在暴雨开始时就迅速出动，前往各个可能积水的地点。《新京报》摄影部主任在事后的“记者手记”中回忆，当天晚上7点多的时候，他意识到这不是一场普通的暴雨，并开始逐一给摄影记者打电话，而电话里的声音表明摄影记者早就出动了。可见《新京报》的摄影记者们具备良好的专业素质和新闻敏感度。这使得《新京报》在7月22日早上就刊发了大量的相关报道，抓住了报道先机，拍摄并发布了很多重要的独家新闻图片。22日的报纸就以广渠门桥严重积水一人丧生的巨幅图片作为头版头条，标题是“61年来最大暴雨袭京”。头版照片上看到的是广渠门桥下严重的积水，积水区中央的一辆轿车已然快没顶，4名救援人员身着雨衣，正在奋力地用绳子试图将困在水中的轿车拉上岸。从照片的内容和标题就可以看出此次暴雨的强度。除了头版，《新京报》用了7个版面来介绍此次特大暴雨灾害的相关情况。其中除了“社论版”没有用图片之外，其他6个重点版面都用了大幅的图片来配合报道7月21日的受灾情况。

从《新京报》电子版回顾可以看到，《新京报》对北京暴雨的报道从7月22日持续到8月份，其中在7月22日，《新京报》就进入了对北京特大暴雨全方位报道的阶段。在7月22—31日之间，除了29日因伦敦奥运会中国代表队获得第一块金牌，《新京报》予以了头版头条并配以易思玲的大幅照片外，整整十天，《新京报》的头版头条都是北京暴雨的相关报道和大幅新闻照片，相当醒目。除了头版头条，《新京报》对北京暴雨的报道还予以多个版面全方位报道。从22日起，《新京报》的重点版面都是对北京暴雨的新闻报道，其中各种新闻图片占据了很大的比重，并以各种方式出现。除了摄影记者拍摄的新闻图片外，《新京报》还合理地利用了各种仿真图对北京暴雨的受灾范围、群众遇害地点等有关消息进行了详细报道。通过图片的标示，用更加直观易懂的方式向读者展示了此次特大自然灾害的信息。

随着暴雨灾情的不断变化，《新京报》新闻报道的重心、内容和主体也在不断地发生变化，相对的，新闻图片关注的内容、角度和表达的中心也在发生变化，这一点从22日《新京报》的头版头条就可以看出来。能放上头版头条的新闻一定是该报的重头稿，也一定是短时间内读者最关心的问题。在对7·21特大暴雨灾害进行报道期间，从7月22日到8月1日，也就是《新京报》对此次灾害报道最频繁的一段时间，除了29日外，其余每天的头版头条都是北京特大暴雨的相关新闻，但其关注的重心在不断变化。从暴雨开始变成灾难，引发房山地区山洪，导致城内低洼处积水围困车辆，交通瘫痪；到政府部门组织救援、群众自发救援的现场；再到暴雨过后各受灾地点的现场情况，群众的灾后生活以及领导人视察等情况；一直到灾后重建，《新京报》都使用了大量符合主题、表现力强的新闻图片和恰当的文字进行了报道。

三、分析及评价

英国现代美术史学家E.H.贡布里曾在他的著作《图像与眼睛》中说："我们的时代是一个视觉时代，我们从早到晚都受到图片的侵袭。图像的唤起能力优于语言。"[①] 随着科学技术的不断发展，文字的描绘早就满足不了人们的需求，视觉上的享受和冲击已经渐渐地将人们带入"读图时代"。新兴媒体带来的冲击让纸媒开始重视新闻图片的运用。新闻图片有现场感强、真实性高的优势，增强了报道的说服力、感染力和冲击力。

（一）图片选取及依据

灾难新闻的概念是有争议的，有许多人将灾难报道和灾害报道的概念等同。事实上，按照对灾难一词的理解就可以看出灾害报道显然是属于灾难报道的。所以灾难新闻应该是指对自然灾害和人为灾祸等各种灾难事件的报道。[②] 因此，灾难新闻的报道主要是为了传播相关信息，满足受众的信息需求，更重要的是公布灾难事实，防止小道消息和非事实信息的传播造成社会动乱，灾难新闻报道必须充分体现其真实性。而新闻图片在视觉上的直观性、表达上的清晰度都使得其在灾难新闻的报道中占据着重要的地位。

在《新京报》对7·21灾害的报道中，除了连续发表有深度、有价值的社论之外，更多的是新闻图片报道。据笔者粗略统计，截至7月31日，《新京报》所用的新闻图片近220张。其中除了摄影记者拍摄的新闻照片，还有美术编辑从23日起开始制作的灾难地图以及介绍灾情原因的一些仿真制图。纵观《新京报》自7月22日起开始的7·21报道，其新闻图片数

---

① 周家群．图像时代——新闻摄影传播学．合肥：安徽大学出版社，2001．6.

② 白薇，丁楠．灾难新闻的采写与解读．北京：中国广播电视出版社，2011.5.

量之多、内容之全，使得该报在此次特大暴雨灾害中脱颖而出。《新京报》对北京特大暴雨的报道从 7 月下旬一直持续到 8 月份，但其中新闻图片的报道主要集中在 7 月 22—31 日这 10 天。之后的报道虽然也有新闻图片，但其使用密度和重要性都大大降低了。因此，此次的分析主要截取《新京报》在 7 月 22—31 日之间的新闻图片作为分析对象。

另外，新闻摄影的报道形式有单幅图片新闻和专题图片新闻两种。其中单幅图片新闻是用一幅图片配合简单的文字来说明报道的新闻事件。单幅图片新闻中的图片往往简洁、精练、概括性强、瞬间形象个性鲜明和有强烈的视觉冲击力。《新京报》在 7 · 21 事件报道中，连续一周报纸的头版都是单幅的新闻图片报道，无论是图片本身还是版面，都有强烈的视觉冲击力。因此此次分析会重点对单幅新闻图片进行分析。

（二）视觉传播分析

1. 视觉主体——以人为主

灾难新闻图片最大的作用在于用纪实的手法将关乎人类生命与财产的重大事件真实地向社会大众传达。为了最真实、最详尽地将灾难事件信息直观地呈现在受众面前，灾难新闻图片的关注主体一般有：灾难现场遭到破坏的建筑和事物，灾难中遭受生命财产损失的生命体以及现场救援的情况。所以，在灾难报道中除了报道灾情现场的真实情况，最重要的还是报道与人相关的新闻。挖掘灾难背后人的故事才能保证新闻报道不流于表面，从而形成深刻有价值的新闻报道。出于此，《新京报》所刊出的新闻图片始终以人物为主，主要涉及的人群有受灾群众、救援人员、领导干部等，并且新闻图片对这三类主体的表现形式和关注程度有所不同。

首先是受灾群众。《新京报》在这次的灾害报道中对受灾群众的报道主要集中在灾后的生命财产损失上。因此，在报道受灾群众的情况时，多数照片都是人物与所在环境的结合，以此体现灾难给群众带来的损失。比如，《新京报》7 月 22 日 A09 重点版题为“疑似‘龙卷风’彩钢板漫天飞”的报道，其中的组图（图 1）反映的是通州张家湾镇枣林庄村的受灾场景，暴雨中大风掀起了房屋顶棚，致 2 死 3 伤。组图都是暴雨大风后群众家园受到严重损害的场景。尽管文字报道中提到了“2 死 3 伤”，但是死伤群众并没有在图片上有明显体现。

其次是救援人员。从《新京报》报道所刊发的新闻图片中不难发现，此次特大暴雨灾害报道的一个突出点就是现场的救援人员。从 21 日当晚，《新京报》讨论撰写的社论，确立“守望相助”的主题开始就决定了在这

图1　通州张家湾镇枣林庄村的受灾场景

次特大暴雨灾害报道中，救援人员将会是报道的重点。新闻图片的主体也体现了这一点。有关救援的新闻图片体现的救援人员主要有两种，一种是政府部门组织的救援人员，如消防、防汛等部门的救援队伍；另一种则是北京城普通的老百姓。在这两支救援队伍中，《新京报》显然更看重的是普通群众自发的救援。政府部门组织的救援是职责所在，他们的救援让读者看到的是政府在干实事，有助于提高百姓对党和政府的信心，有利于稳定民心。当然对政府个别救援人员的奋力救援进行报道同样也会打动群众，但是对群众自发救援的报道则在很大程度上体现了一个城市的人文风貌，反映了一个时代的精神风貌。也正是媒体对水灾救援中群众自发救援的报道，使得守望相助的北京精神得到了很好的宣扬。

7月22日的新闻头版头条就是著名的广渠门桥事件的救援现场。从巨幅的救援图片可以看到暴雨中广渠门桥积水严重，越野车几乎没顶，救援人员正全力拉扯绳索试图将轿车拉出积水区。另外一张是救援人员下水查看的画面，画面上的雨点说明当时还在下雨。看到救援人员这样奋力救援的画面，受众心中定会感到社会的温暖。另一张广渠门桥事发现场的照片却更让人感动——救援人员在无法拉动水中的轿车时向围观的群众发起帮忙的号召，当即就有很多群众加入救援的队伍中（图2）。

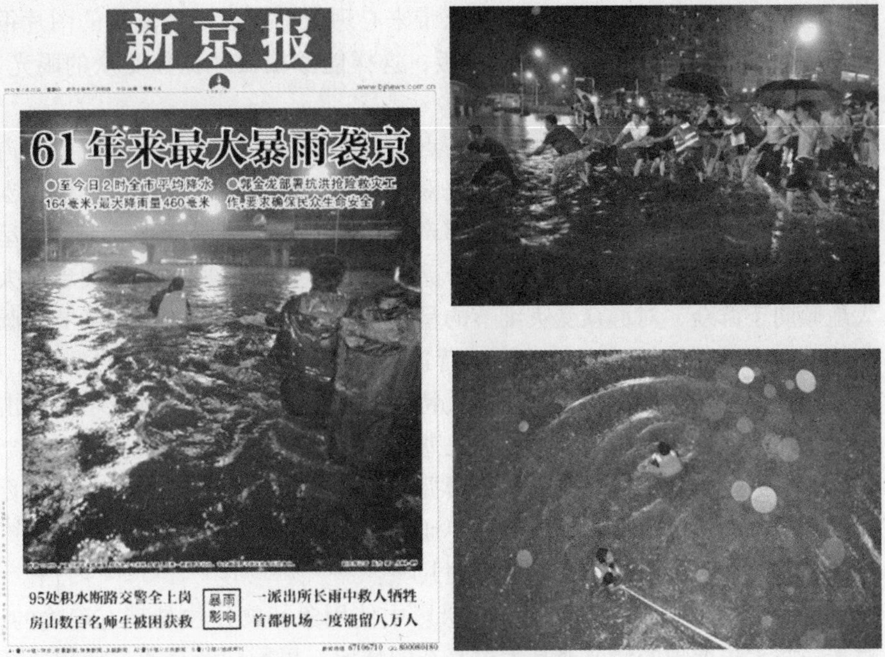
新京报

www.bjnews.com.cn

61年来最大暴雨袭京

●至今日2时全市平均降水164毫米，最大降雨量460毫米　●郭金龙部署抗洪抢险救灾工作，要求确保民众生命安全

95处积水断路交警全上岗

房山数百名师生被困获救

暴雨影响

一派出所长雨中救人牺牲

首都机场一度滞留八万人

图2　广渠门桥的救援现场

最后是领导干部。在这次报道中，领导干部视察的照片相对来说是不多的。以前，新闻媒体总是热衷报道领导干部的动态，领导到哪里，新闻就出在哪里。但是这次报道，领导干部的图片报道明显减少。北京市委书记郭金龙和副书记王安顺的新闻图片屈指可数。只在7月24日郭金龙视察京港澳高速公路的情况时，以图片新闻登上了头版头条。在接下来的报道中，只有几张郭金龙到房山灾区探访的照片。所以，救援人员和受灾群众的新闻图片始终是报道的重点。

2. 视觉表现形态——细节制造意境

成功的灾难新闻报道要能够将事件的发展过程完整地呈现给受众，这就需要新闻图片有多样化的表现形态将事件的起因、过程及结果等因素详细地呈现出来，用直观简洁的画面给受众传达最有价值的信息。在这次7·21特大灾害的新闻报道中，《新京报》新闻图片的表现形式主要有以下三种，并且作用各异。

首先是灾害现场大场景的呈现。对灾难现场宏观场景的呈现能够让受众对此次灾害形成宏观的印象，能从整体上看到灾害所造成的影响。而且由于很多大场景的图片都是经过记者精心选址和构图进行拍摄的，所以具有很强烈的视觉冲击力，能够给受众带来心理上的震撼。大场景的图片很容易因为其冲击力和震撼力登上头版，这样能够很快地抓住受众的眼光，从而吸引受众对事件的关注。

其次是对灾难细节的抓拍。这一点在《新京报》此次的新闻图片中占据很大的比例。细节的抓拍一般都是对灾难中细小环节的捕捉，相比于宏观的大场景的呈现，细节的抓拍能够产生更强烈的真实感，并且细节的呈现往往就是打动受众的关键所在。《新京报》的新闻图片在主体表现上大大地倾向于群众，对群众受灾细节的呈现和救援人员奋力救援的细节刻画都能够产生强烈的情感上的冲击，营造出感人的意境。在细节的呈现上，很多摄影记者选择用特写，甚至是大特写来表达，将细节放大以增强冲击力。在这次报道的新闻图片中，灾民悲伤的脸、因大雨被困伏在母亲身上睡眼惺忪的孩子和受灾老人与亲人紧握的手等细节展现了灾难中群众的百态，有的让人心疼，有的让人悲痛。通过细节的表现为新闻报道增添了更多情感上的冲击，引发了受众的心理共鸣。

最后是象征物的使用。在新闻摄影中使用象征物往往是带有隐喻的。对于一些无法展现的情节或是太过复杂的情感，摄影记者会通过使用象征物的形式来表达。像灾难中的植物、残破的建筑等都能够用来表达某些特定的寓意。在《新京报》的新闻图片中出现的废墟中的塑料花、墙上坏掉的钟，都是用象征的形式表达了一定的寓意，都是摄影记者以一种静默的方式表达着对无情灾难的控诉。这样无声的语言往往比直白的语言更能打动人。

3. 视觉传播的特点

（1）新闻图片的无声叙事。

哈罗德·埃文斯曾认为照片对于我们理解所不能亲眼见到的世界具有独特的贡献，而文字不足以完全表达“我们见不到的世界”①。对于这些“我们看不见的世界”，图片往往能够帮助我们进行想象并理解它。在灾难新闻的报道中，必定涉及一些人物故事的叙述。文字可以对故事的情节进行叙述和描绘，而对一些隐晦、暗藏的故事情节，太多直白的文字叙述则会削弱其传播力和感染力。这时，简洁明了的新闻图片就可以以一种无声胜有声的方式让受众从视觉上感受、想象某些故事情节。这一点，在7·21事件的新闻图片中也得到了证明。例如，7月27日A22重点版题为

① 周家群. 图像时代——新闻摄影传播学. 合肥：安徽大学出版社，2001.

“妞妞生日这天　她爸再也没回来”的报道配有一张溺水死亡的房山王建生的妻子靠在床边哭泣，床头是一张巨幅的结婚照的图片（图3）。因失去丈夫而哭泣的妻子和幸福的结婚照形成强烈的对比，这两个视觉元素放在一起很容易让人想到妻子听到噩耗时的悲恸，这张图片也可让人想象到曾经的家庭幸福与今后的悲痛和艰难。

（2）色彩区分情感。

图3　房山王建生的妻子

色彩是图片重要的视觉元素，在信息传递上有着重要的作用。特定的色彩有着特定的象征性，并且可以与特殊的感受结合，像爱情、死亡等。而正是色彩的象征性，使得色彩的表现通常与情感和情绪的表达联系在一起。比如，一些欢乐的场景通常会用鲜艳饱满的色彩，悲痛或者沉重的主题则用黑白色调或者灰色调。色彩的不同表达还能够给事件的表达注入兴奋和戏剧的效果。

在灾难报道中，新闻图片也运用不同的色彩来表达不同的情感和情绪。《新京报》这次报道的新闻图片，黑白色调图片的运用对情感的表达起到了积极作用。随着技术的进步，彩色的影像似乎运用得更为广泛。在某些情形下，黑白照片的效果比彩色照片甚至是彩色电视的效果都要好。灾难性事件对人们的生命财产造成了巨大的损失，这类新闻的报道难免沉重，情感上以悲为主。因此，灾难新闻的新闻图片要能够表达对灾难中逝者的哀思，对生者的缅怀，根据中国的传统习俗，黑白色调最恰当不过。《新京报》在报道灾难中逝者的故事时，启用的图片都为黑白色调。当然，并不只是黑白色调的图片才能够传递感情，彩照也能传达特定的感情。在《新京报》所采用的彩色照片中，很多表现灾难现场的照片都是彩色的，在这种情况下，彩照能够传递给受众一种真实的现场感。同时，灾难现场的色彩一般都很丰富，但凌乱不堪，这时会让人产生一种对灾难的无声控诉：都是因为这场灾难才让这原本多彩的世界变得凌乱不堪。另外，在报道灾后重建时，《新京报》也用到了彩色的照片，表达一种新生的希望。可见，色彩的合理运用在新闻图片报道中也是很重要的。

（3）特定符号的视觉说服。

视觉元素的传播是信息的传递，是与受众进行信息交流，其传播信息的有效性是新闻图片报道成功的关键。在传播学研究中，这是一种对受众的说服性传播。媒体在报道新闻时要遵循真实性和客观性，在言辞上不能太过主观，但是新闻记者可以通过对真实场景和物体的纪实来引导受众思考。新闻图片则可以通过具有象征性的视觉符号来隐含信息和情感，间接地引发人们的联想，指示某种事物的存在或者诱发某种情感上的共鸣。

图4 洪流过后房间墙上的旧日历

在灾难报道中，对人性的尊重、隐私的保护以及受众心理的接受程度，使新闻摄影有很多的限制，但是要能够有效地传播信息和情感，象征性视觉符号的运用是很有必要的。《新京报》的报道整体上充满人性化、人情味的部分原因就是其对特定视觉符号的运用有很好的视觉说服效果。比如，洪流过后房间墙上的旧日历（图4），房间内的物品能够引发人们对屋主命运的联想；因泥石流而坍塌的小店门前盛开的月季是店主的标记（图5），如今花在人却不在了。这些具有象征性特点的视觉符号都能够引发读者对灾难中人与事的联想，慨叹灾难的无情。图片能够引起读者的思考和联想并诱发其情感上的共鸣，就说明图片在视

图5 坍塌的小店门前盛开的月季

觉上达到了说服的效果，实现了信息的有效传达。

（三）新闻图片的报道特色

1. 视角平民化

《新京报》此次报道，大量运用直观的图片来配合，叙述灾难进展和其中的故事。从它报道的形式和图片的主体就可以明显感觉到，这次特大灾害新闻报道的视角转向了普通群众，从普通百姓的角度展现整个灾难的情况，从更平民化的视角来进行报道和拍摄，这使得整个报道趋向民生化。灾难报道追随领导人、干部脚步的现象已经被民生化的报道所取代。首先，从前面对新闻图片主体的分析可以知道，在《新京报》的图片报道中，受灾群众和救援人员才是整场报道的重心，这点从这两个群体在图片中的出镜率就可以看出；其次，新闻图片的内容多为反映受灾群众生命财产损失的情况，救援人员现场救援的情况，并借助新闻仿真图对暴雨造成重大损失的原因进行深入的剖析，这些都是普通大众对一场重大自然灾害所关心的信息；再者，在进行深度报道时，大量新闻图片的运用能够取得更好的效果，更直接地向群众传递最真实的信息。这些细节都表明，《新京报》在此次报道中，其新闻图片的运用充分地表现了平民化的视角，符合新闻报道“三贴近原则”中的“贴近群众”原则。

2. 良好的舆论导向

突发性灾难事件一旦发生，如果没有及时有效的舆论导向就很容易造成不真实的信息的传播，从而引发社会动荡。因此，在对突发性事件的应对上，大众媒体扮演着不可替代的角色。大众媒体应该及时地报道突发性灾难事件的真实情况，正确引导大众舆论，稳定民心。在这次特大暴雨灾害中，《新京报》扮演好了舆论导向的角色，不仅是通过文字讲解，更通过纪实性更强的图片不动声色地引导着大众舆论，维护了社会的稳定。《新京报》的新闻图片向大众展示了受灾群众真实的情况，无论是悲惨的，还是幸运的。救援工作展开的图片真实而直观地向大众反映了救援的情况和进展，这就在很大程度上稳定了受众的情绪。最重要的是，新闻图片中反映的北京市民自发的救援，比如“双闪车队”的救援、群众帮助消防官兵下水救人等图片都反映了北京城的人文风貌和时代精神风貌，起到了很好的道德宣传作用。更出彩的是《新京报》对暴雨灾难原因的挖掘，在用到仿真图进行解析的同时也引导了受众思考。

3. 人情味浓厚

人文关怀一直是灾难报道中颇难做到的一点。为了新闻的煽动性和冲击力，很多摄影记者和编辑会舍弃人文关怀，刊登一些过于血腥暴力或者不尊重人性的图片来博取眼球。在“5·12汶川地震”的新闻报道中，就有很多媒体对人文关怀欠缺考虑，对死亡的报道过于赤裸裸，如直接反映受害人尸体，这会让受众感到不安甚至恐惧。对灾难新闻的报道最重要的是反映事实的真实情况，但是同时也要考虑对被报道者的尊重以及受众的接受程度和对社会的影响。反观此次《新京报》的新闻图片，则体现了更多的人情味。在重现受灾场面时，《新京报》并没有类似尸体之类的死亡图片，对灾难严重性的体现更多的是通过对环境的介绍，类似农田、建筑等事物的刻画，并且在后续报道中，挖掘了很多有关自救与被救的人情故事并配以一些细节的图片来引起受众情感上的共鸣。涉及比较沉重的话题时，新闻图片也是侧面表现灾难所带来的伤痛。在7月27日报纸A18重点版题为“伤痕”的图片报道中（图6），文字介绍有一家三口在这次灾害中丧生，但是图片的主体只是一个时间被定格的时钟。从这幅充满隐喻的照片中，表面上看不到任何直观的悲伤，但内在充满着对无情灾害的控诉，不禁令人感到痛心。整体上，《新京报》对新闻图片的处理是温和的，报道的内容也体现了浓浓的人情味，让人在为灾难痛心的同时也深深感受到了人间真情的温暖。

图6 被定格的时钟

四、结语

《新京报》在这次特大暴雨灾害的报道中，快速反应、深度挖掘、不流于表面。大量新闻图片的报道更是全面直观地反映了灾难现场的真实情况，纪实性强，且正确地引导了舆论，展现了北京人民守望相助的北京精神，反映了灾难面前的时代精神。更难得的是，在对逝者哀悼和对生者安慰的报道中，表现了新闻媒体的人文关怀，人情味浓厚，更从视觉上给受众的情感带来冲击，展现了纸媒在视觉传播上的能力。对于《新京报》这次报道，除了受众的良好反映外，业界也给予了高度评价。凭借对此次灾难成功的报道，《新京报》获得由国内民调机构零点研究咨询集团主办的

“第二届零点民声金铃奖”的“传递金声媒体奖”，被誉为传递最具时效性、最具人文关怀的媒体。而《新京报》社会新闻部主编胡杰在总结此次报道时，认为《新京报》发出了传达理性、负责任的声音。相信这次的灾害报道能够为今后的灾难新闻报道提供有价值的借鉴。

（撰稿人　曹喻兰）

钓鱼岛事件中的民间保钓游行照片赏析

2012年，钓鱼岛事件引起国内媒体的广泛关注，此次事件在国内多地引发民间保钓游行运动，新闻摄影图片是一个很好的让百姓直观了解这些新闻事件的方式。在众多新闻摄影图片中，腾讯网名为“中国多地爆发反日示威游行”图片中的第12张尤为突出，故选入本书2012年度视觉部分，本文从内容、主题、拍摄手法、取景构图、色彩等方面对该照片进行深入剖析。该组照片选题重大，视角独到，作者用俯拍夸张的拍摄手法，表现了游行的纪实影像，一方面唤起了读者的爱国情绪，另一方面激发读者对游行的冷静思考。

一、引言

钓鱼岛列屿主权问题是就钓鱼岛列屿之主权归属中华人民共和国、日本国或中国台湾的争议。中华人民共和国政府和中国台湾政府皆主张钓鱼岛列屿依历史、法理及地理是台湾附属岛屿，分别宣称主权；而日本官方主张该列岛是日本依“无主地先占”原则领有，应附属冲绳（琉球）群岛。三方政府和民间也因此而发生一系列的矛盾和冲突，并多次爆发游行示威活动。

关于钓鱼岛主权归属争议所引发的民间冲突以及保钓行动最早要追溯到1968年，当时张俊宏和陈鼓应等人在台湾创立了改革派杂志《大学》，是台湾最早的保钓运动发声管道之一，曾刊登学者邱宏达的相关文章。后来在20世纪70年代，国内外爱国之士也发起过不同规模的保钓行动：在1970年9月，《中国时报》董事长余季中与总编辑臧远侯决定指派记者登上“钓鱼台”（钓鱼岛，港澳称“钓鱼台”）采访；同年11月美国普林斯顿大学的台湾留学生组成“保卫‘钓鱼台’行动委员会”；1970年1月，2 000多名台湾及香港留美学生在联合国总部外示威，高呼“保卫‘钓鱼台’”；同年3月包括赵元任、余英时、李远哲、张系国在内的500多位华裔学生上书蒋介石，呼吁政府抵抗日本新侵略，并主张拒绝“中日韩联合开发海底资源协定"；1978 年 8 月，中华人民共和国与日本签署《和平友好条约》；在 20 世纪 90 年代，香港和台湾民间多次组织了保钓行动。

进入 21 世纪后，中日双方无论是政府还是民间关于钓鱼岛主权的争议日趋激烈，双方对钓鱼岛及其附属岛屿的主权归属各持己见。2003 年 12 月 26 日，"中国 918 爱国网"、"爱国者同盟网"在厦门举行全球华人保钓论坛，汇集了海内外华人代表 30 多人，并决定成立"中国民间保钓联合会"，推选童增为会长。2004 年 3 月 24 日，中国保钓人士冯锦华等 7 人成功登陆钓鱼岛，这是中华人民共和国成立后中国大陆人民首次登陆钓鱼岛。2008 年 6 月 10 日，台湾"联合号"渔船在钓鱼岛海域遭日本巡逻船撞沉，船上 16 人平安获救，但船长何鸿义和两名船员则被日本当局扣留 2～3天后才获释返抵台湾；12 名台湾保钓人士在同年 6 月 15 日搭乘"全家福号"渔船前往钓鱼岛宣示主权，并由台湾海巡署派出巡防舰保护，后来在钓鱼岛海域顺利绕岛一周后返航，之后日本发表声明，对台湾侵犯领海表示遗憾。2009 年，中国台湾和大陆以及香港、澳门的保钓团体曾计划进行新一轮联合保钓行动，计划 5 月上旬乘船前往有争议的钓鱼岛。2010 年 9 月 7 日，日本巡逻船在钓鱼岛海域两度冲撞中国渔船，并扣押了中国船长。当日，中国大陆民间保钓人士在北京日本驻华使馆前发起抗议示威活动；香港的保钓人士在日本领事馆外焚烧日本国旗，手举抗议标语，并向日方递交请愿书要求释放被扣押的中国船长。同时，又有香港的政党代表前往日本领事馆进行请愿，游行负责人表示，将会根据事态的发展制订进一步的行动计划。2010 年 9 月 18 日，来自中国台湾、大陆和港澳的华人在日本驻纽约总领事馆前集会，这是当地 20 年来最大规模的保钓示威活动。2010 年 9 月 13 日，台湾的两位保钓人士中华保钓协会执行长黄锡麟及理事殷必雄等人乘坐渔船，前往钓鱼岛宣示主权途中，驶至距离钓鱼岛约 40 海里水域时遭到日本舰只拦阻。随行的海岸巡防署舰艇以探照灯、LED 跑马灯和广播向日方宣示："'钓鱼台'为中华民国海域，请勿干扰本国渔民活动，海巡署有保护渔民活动的义务。"在厦门的保钓人士原先准备 13 日出海到钓鱼岛海域，但因当地有关部门阻挠而无法成行。2011 年 1 月 2 日，"世界华人保钓联盟"在香港成立。

2012 年 4 月开始，双方就钓鱼岛主权问题的矛盾进一步激化。4 月 16 日，日本东京都知事石原慎太郎表示东京政府决定从私人手中购买钓鱼岛。7 月 3 日，中华保钓协会执行长黄锡麟等人从新北市出发乘坐"全家福号"渔船在"中华民国"海巡署船只的保护下前往钓鱼岛海域宣示主权。但由于未能成功登岛，他最终将此行所带的五星红旗丢在海上。日本方面对此行动向台湾表示抗议，但台湾政府拒绝接受抗议。7月6日，日本政府计划年内实现钓鱼岛国有化。7月24日，日本首相称争取明年4月将钓鱼岛国有化。日本的做法引起了中华人民共和国政府和民间爱国人士的强烈不满。

日本国家战略大臣前原诚司在2012年10月12日接受朝日电视台专访时指出，8月19日，日本首相野田佳彦与东京都知事石原慎太郎在首相官邸会谈时，石原提及购买钓鱼岛的计划，并说就算要与中国开战也在所不惜。

有分析指出，东京都虽不拥有自卫队和海上保安厅，但若拥有钓鱼岛土地权，则在法律上可能开发钓鱼岛，如建旅游设施等，并可能以受中国威胁等理由要求政府派驻自卫队保护。野田佳彦认为事态严重，担心强硬派的石原所代表的东京都政府如果成功购岛，后果会不堪设想。为了防止石原慎太郎“闹事”，野田佳彦下定决心加快钓鱼岛国有化的进程。前原又批评石原说，如果没有石原这样的言论，问题就不会发生，并指东京都连自卫队都没有却态度强硬，令政府为难。

2012年8月15日，香港保钓行动委员会一行共14名保钓人士（包括1名大陆人士、1名澳门人士、2名凤凰卫视记者）从香港乘坐“启丰二号”保钓船前往钓鱼岛海域宣示主权。在接近钓鱼岛列岛时渔船不断遭到日方阻拦，其间日本海上保安厅曾发射水炮，渔船船头、船身和导航仪被损坏。最终有7名成员成功登陆钓鱼岛，并挥舞五星红旗与青天白日满地红旗，高唱中华人民共和国国歌并试图插上旗帜，但因遭阻挠未能成功。日方扣押了14名保钓成员，将他们押送至石垣岛和冲绳县那霸市。此次登岛事件是继2004年中国大陆保钓人士登岛及1996年香港保钓人士登岛后，再次有华人登上钓鱼岛。事件也触发了中日外交风波，但相关人员及船只最终得以全部安全返回。8月19日上午7时许，10名日本右翼人士登陆钓鱼岛，并于9时许离开。9月10日，日本政府正式“购买”钓鱼岛，引起中国政府和民众的强烈抗议。

2012年6月14日，因东京都知事石原慎太郎企图“购岛”的种种举动，为应对该危机，保钓联盟决定于该月16日乘保钓船赴钓鱼岛，以宣示和捍卫中国主权和东海利益。但是，出发当日，中国大陆的参与人士被中华人民共和国政府请回，行动被迫取消。而选择大陆作为出发点是因为前几次皆从香港和台湾出发，香港海事部门宣布“去钓鱼岛捕鱼非法”，随后出兵阻止；在台湾，海巡署也阻止他们出海。2012年9月24日起，以宜兰渔民为主举行“为生存、护渔权”的民间保钓活动，24日下午3时集结75艘渔船，从南方澳渔港出发前往钓鱼岛海域。海巡署出动超过10艘舰艇护航，并成立紧急应变中心和指挥所以全程掌握状况。这次应是历年最大规模的民间保钓行动，经过10多个小时的漫长航程与海上颠簸，台湾渔船次日清晨5时进入钓鱼岛海域，在距离钓鱼岛约18里处集结，准备绕岛。日本保安厅出动10多艘巡逻艇以扩音器与字灯劝离，随行护航台湾渔船的海巡署巡逻艇则向日本喊话："这是台湾领土海域，请不要干扰台湾渔民作业。"台日双方舰艇一度对峙，海巡署态度坚决，持续护航台湾渔船，让台湾渔船可以继续向钓鱼岛前进。日方在驱赶过程中，包括日舰"PS18舰"以水柱驱离渔船，并一度吊放小型快艇冲撞台湾渔船，台湾海巡署舰艇则同样以水柱还击。最后，宜兰渔民在凌晨驶向钓鱼岛，一度逼近距岛3里左右，途中数度遭日方舰艇阻挠及喷水。对峙直到上午9时，渔民认为抗议目的已达成，故决定返回南方澳渔港。

二、2012年抗日游行的活动概况

2012年8月中旬开始，中国各地发生了不同规模的抗日游行示威活动，游行第一阶段主要抗议日本将钓鱼岛国有化、扣押香港保钓人士以及日本右翼登陆钓鱼岛。9月10日，日本政府正式"购买"钓鱼岛以后，中国大陆民众发起第二轮游行抗议活动，此间发生了多起打砸抢事件。发生抗日游行活动的城市包括北京、上海、深圳、济南、青岛、广州、太原、沈阳、长春、哈尔滨、成都、郑州、长沙、贵阳、临沂、杭州、苏州、淄博、济宁、西安以及中国台湾和香港。

具体而言，民间保钓游行抗议的形式有以下几种：游行者举着"还我钓鱼岛"等标语、喊着"捍卫钓鱼岛"等口号、唱着国歌、静坐或到日本大使馆门前示威；部分城市还出现激进者将日产车推翻，打砸抢日货，破坏日本店铺及其广告，焚烧日旗，向大使馆内抛塑料瓶、扔鸡蛋，甚至还出现日系车车主被暴徒用钢索袭击导致重伤等过激事件。

众多媒体对港澳台及大陆的民间保钓游行示威活动进行了报道，腾讯新闻网在2012年8月1日12点34分发布了"中国多地爆发反日示威游行"组图，其中，有一张图片的内容是关于台湾民众在"日本交流协会"外高呼反日口号的图片（图1）。该图片入选本年度视觉案例库，下节将进行具体阐述。

图 1　中国多地爆发反日示威游行①

三、图片新闻原文

台湾多个团体到台北日本交流协会抗议②

中新社台北 8 月 15 日电（记者 黄少华）　中国统一联盟、劳动党及妇女救援基金会等多个台湾团体，15 日相继到台北日本交流协会递交抗议信，并高喊口号，要求日本反省战争责任、停止侵占钓鱼岛，向当年台籍“慰安妇”受害者道歉赔偿等。

15 日上午，中国统一联盟、劳动党、中华保钓协会等数十人率先抵达现场，高喊“记取 8·15 历史教训，侵略必败，悬崖勒马”、“停止侵占钓鱼岛”、“停止参拜靖国神社、反省侵略战争责任”、“反对美日安保条约、反对日本帝国主义”、“日本要为战时强制劳动道歉、谢罪”和“日本要对慰安妇道歉、赔偿”等口号。

劳动党主席吴荣元、中国统一联盟主席纪欣发表声明说：“8 月 15 日是第二次世界大战结束，日本接受《波茨坦公告》宣布无条件投降 67 周年的日子。作为世界反法西斯战争的重要组成部分，中国对日抗战期间，承受了至少 3 500 万的军民伤亡和惨重的物质代价，才得以战胜日本帝国主义，其间有不少台湾人赴大陆参加抗战。”

---

① 腾讯网，2012－08－1

② 黄少华．台湾多个团体到台北日本交流协会抗议．中国新闻网，2013－08－15

声明指出，世人无法忘记这段历史，原因不只是战争期间各国人民所饱受的灾难，更是因为人类必须铭记“二战”的原因与教训，才能避免毁灭文明的灾难再次发生，才能更好地维护历史正义与世界和平。而日本作为当年发动侵略战争的国家，更应以史为鉴，彻底地反省战争责任，才能诚实面对未来。特别是当前，日本应立即停止侵占中国的领土钓鱼岛及其附属列屿，停止参拜供奉战犯的靖国神社，对于包括日本在侵略战争期间所犯下的性犯罪、强制劳工、毒气弹等罪行及强制“慰安妇”问题，日本政府也不能继续推卸及逃避责任。

声明表示，再次清算日本侵略战争遗留的历史问题，并非要挑起民族仇恨，而是为了珍惜东亚的和平与发展。

随后，妇女救援基金会、妇女新知基金会等团体到场。她们拉出“日本向阿嬷（阿婆）道歉认错”横幅，高举“还我正义”、“道歉赔偿”牌子以及“阿嬷的眼睛”的图像，推着五辆空轮椅，代表卧病无法前来的慰安妇阿嬷对当年日军罪行的见证和对日本政府的愤怒；诉求日本尽快以清楚、不暧昧的态度，公开正式地向慰安妇受害者道歉，还给慰安妇应得的正义与尊严；对过去所有的侵犯慰安妇受害者的犯罪行为展开调查和公开事实；公开史实、抛弃扭曲事实的历史教科书；推动及通过“战时强制被害者问题解决促进法案”或相关法律等。最后，抗议妇女们还撕毁了象征日本军国主义的旗子。

据悉，今年是台籍慰安妇对日求偿运动20周年。曾勇敢揭露历史、为争公道而站出来的慰安妇阿嬷们近年已相继离世，目前在台湾剩下不到10人，平均年龄88岁。

四、入选理由

欣赏评价摄影作品，应从这一作品是否能使读者通过视觉感受获悉身边发生的新鲜事，在获得美的享受的同时，从新闻图片中获取新闻信息，从而增长知识、开阔眼界，形象地了解国内外大事，使其更加切身地感受到新闻图片中的事件甚至引起共鸣来分析。好的新闻照片能使读者感动振奋，受到鼓舞、启发和教育。诚然，优秀的新闻照片不仅仅以新闻事实为主，还应该既有新闻性又有艺术性。其中，新闻性是第一位，艺术性是第二位。就是说，一张优秀的新闻照片，首先必须具备新闻价值，能使读者获悉最新发生的国内外大小事，同时，一张优秀的新闻照片也需要具备艺术性，甚至可称为艺术照片。反之，一张好的艺术照片，并不一定具有新闻价值，更不一定有史料价值。

首先，入选的案例图片（图 1）具有信息性，为读者带来了丰富的新闻信息，让读者从图片中便能直观地了解这次钓鱼岛事件中民间保钓游行的实况，从图中不仅能理性地感受到自身必须具备的爱国情操，还能感性地体味到这次钓鱼岛事件中民众的反日情绪与抗日态度，激发读者的爱国主义情操。

其次，入选案例图片（图 1）在艺术层面表现突出，拍摄手法、构图及色彩表现优秀，并做到有所创新。

五、内容及主题分析

此新闻摄影表达的信息量丰富，画面为台湾民众在“日本交流协会”外高举着拳头呼喊口号。该图片所选取的主体和背景能折射出在爱国主义精神这一层面上，台湾同胞与大陆同胞是站在统一战线上的，都具有浓厚的爱国主义精神，坚决拥护国家主权和领土完整，为祖国的和平安定作贡献。

图片的前景是四位高举着示威标语的台湾民众，他们是这张图片的“主角”，他们分别是两位年迈的老人、一位女青年和一位中年妇女。图片主角的选取体现了台湾各界各年龄层次的人士对保卫钓鱼岛、捍卫国家主权的爱国情操是一致的。图片正中央一位年迈的老人高举右手、紧握拳头、咬紧牙关、神情激昂。岁月的洗礼丝毫没有洗褪他爱国的热情，高举的右手使他的马甲有些歪，但他也顾不上形象，毫无保留地抒发着自己的爱国情怀和对日方行为的愤怒与不满，其行为代表了全球华人保卫钓鱼岛的决心。此外，作为图片背景的还有一位男青年和一位戴眼镜的中年男士，戴眼镜的中年男士也神情激昂地呐喊着口号。其他的游行者则有不同程度的遮挡，这表现了当时示威的人群汹涌，相机无法将所有人的行为细节捕捉下来。

图中示威人士高举的示威标牌分别写着“‘钓鱼台’我们的”、“反对美日安保条约”、“日本道歉赔偿战时强制劳动”，其中“反对美日安保条约”的牌子有两个，这四个标牌很好地介绍了新闻事件以及民众的态度。美日安保条约，即美利坚合众国与日本国之安全保障条约（Treaty of Mutual Cooperation and Security between the United States and Japan），是美国与日本在华盛顿于 1960 年 1 月 19 日签订，此条约宣示两国将会共同维持与发展武力以抵抗武装攻击，同时也将日本领土内一国受到的攻击认定为对另一国的危害，也包括美军驻日的条文和后来进一步的国际合作与经济合作的条款。此条约在冷战时期强化了美日关系。由于美日安保条约，美国即可伺机介入中日钓鱼岛纷争中，从而干预别国外交事务，此举引发国内外华人的严重不满，因此，伴随着保钓行动的还有对美帝国主义的抵触情绪。关于强制劳动是指二战期间日本占领中国时，为其实施“以战供战”政策和扩充军备生产的举措，中国沦陷区作为“二战”期间日本最大的占领区，是“强制劳动”暴行的最大受害者。这三个牌子反映了当代民众对日本曾经所犯下的罪行深恶痛绝，对日本不承认历史的错误态度的强烈抗议。一个“‘钓鱼台’我们的”的示威标语就可以表达出示威人士代表海内外华人对钓鱼岛主权归属的坚决立场，并且唾弃和反对日本军国主义与美帝国主义的蛮横霸道。

该图片表达的主题清晰明了，能让读者毫不费劲地从举着的标牌与横幅以及人物的表情动作中获得新闻事件的主题及其信息。一张看似普通的新闻图片，里面就包含了大量的新闻信息，蕴含着丰富的新闻价值，不仅回顾了历史事件，也客观地呈现了当下发生的新闻事件；此外，主体人物、摄影角度、静止背景的选取也可反映摄影师主观的政治立场，他是和广大的人们群众站在同一战线，坚决反对日本非法侵占钓鱼岛的。

六、艺术层面分析

（一）拍摄手法层面分析

拍摄手法方面，该图片运用非正常的视觉，从较高高度俯拍。这样有利于记录宽广的场面，表现出宏伟的气势，使整个视觉更有冲击力。此外，这种拍摄方式会增强被摄主体的立体感，使画面更加饱满。

（二）构图层面分析

所谓构图，就是把摄影中的各部分通过配制、结合和组成并加以整理得出一个具有艺术性的画面，同时它还具有对画面的安排功能，并且是确定摄影画面各个组成部分相互关系的重要保证，最终就可以构成一个完整的画面，同时包括了线条与色调、光与影等方面的造型要素的组合。但是在中国的传统绘画作品中，我们把构图的形式称之为布局和章法。总而言之，构图就是把人、景、物这三方面安排到画面当中以获取最佳的摄影布局的方法，是把影像相结合的方法，也是揭示影像的全部手段的总和，同时构图除了作为在造型艺术上的专业术语之外，还被称为画面的总要。

从构图层面而言，所选取的图片乍看凌乱，实则暗藏玄机。

1. 巧妙地运用了倒三角的构图方式（图2）

四张大字标牌构成了三角形的一条底边，视觉主体（最前方的浅蓝马甲老年男士）成为三角形的顶点，其高举的右手成为斜边与"'钓鱼台'我们的"粉色大字牌相连，另一条斜边则是图片右边两位女士以及两个隐约可见的手臂。正三角形由于其结构的缘故，往往带给人一种稳固、不可动摇的感觉。而倒三角形构图则给人一种不稳定、倾危、动荡、紧张不安、惊险、难受和痛苦的感觉（相仿的例子有十字架上的基督，见附录1中的图1）。这种构图是与主题相符的，其新鲜的构图方式打破了均衡感，所表现出来的张力和压迫感能够很好地抓住读者的情绪，其视觉冲击力也是新闻摄影图片里少有的。

图2　倒三角构图

2. 实现了混沌性与规整性的有机结合

乍眼看去，整幅图片里的人和物排列都相当混沌，事实上当时的情景也是如此，从客观上分析，一场示威游行的场面往往都是混乱的，参加示威游行的人、手上所举的标语、他们的着装等元素的不规整排列都构成了整幅图片的混沌性，使读者一眼看去便能感受到当时场面的浩大与混乱。但是，我们分析图中的游行者的朝向（图3），会发现游行者像是有安排似的发散性向四周散开，并且一致向前，这样的组合朝向方式会形成一种带有侵略性的气势，这种隐含的规整性使看似凌乱的构图有了秩序美，能给人乱中有序的美感。而离镜头稍远的两位游行者目光指向了图片的前景人物（最接近镜头的浅蓝马甲老年游行者），作为背景的两位男士的视线具有引导作用，使前景人物的地位更突出。总体而言，该图片带有混沌的凌乱美，同时乱中有序，暗含着规整性，使整幅图看起来井然有序。

研究此图，会让人联想起同类的艺术作品，比如商业广告中的演唱会海报（附录1中的图2），可见此则新闻图片与商业海报中的排版及构图效果有异曲同工之妙。

图3　游行者朝向分析图

七、不足之处

照片的标题应能帮助人们去理解作者的创作意图，揭示作者的创作思想。一般来说，新闻照片的标题有如下几种：

a）直接体现照片主题的标题；

b）隐喻的标题；

c）用画面里主人公的一句话作标题；

d）比喻的标题；

e）标语口号式的标题；

f）诗意的标题。

此张入选的新闻图片，使用了第一种“直接体现照片主题的标题”的方法，把图片命名为“中国多地爆发反日示威游行”。笔者认为，这样的图片标题虽然直截了当地揭示了图片摄影的主题，用一句话说明白了整个新闻事件，但是，在信息泛滥的新媒体时代，这样的大众化标题很容易淹没在浩瀚的网络信息中，易使图片的传播及扩散失去竞争力。鉴于此，笔者建议此新闻摄影者搜集新闻现场群众的游行示威口号，发挥灵感，以游行者口号为图片标题蓝本，创作更有创意的标题，此新闻摄影必定会锦上添花。

附录1：

图1　十字架上的基督（倒三角示例）　　图2　《音乐盛典》演唱会海报

附录2：同一事件的其他摄影作品简析

图1　本事件其他优秀新闻摄影①

---

① 凤凰网．台湾爆发反日游行（1/8）．http：//news. ifeng. com/photo/hdnews/detail_ 2012_ 08/17/16881268_ 0. shtml#p =1，2012 -08 -17.

此作品优点在于主体表现清晰，人物神态表现突出，作为主体的两位男士神情具有感染力，并且适当留白突显了主体的绝对地位。不足之处在于内容表现较少，深度不够，构图普通缺乏创意。

图2　本事件中其他优秀新闻摄影

此作品优点在于精准地捕捉了人物神态，感染力强，主体清晰，新闻摄影的对角线构图有创新性，摄影手法具有艺术感。不足之处在于主题内容表达欠清晰，图中的标题版上并无标志性地显示“反日”等信息，另外此图的独特摄影手法使新闻的感召力大大增强，容易煽动游行情绪，无益于读者冷静思考和理性爱国。

（撰稿人　林逸康）

宁波反 PX 事件中的图片传播

图片传播具有推动事件发展的作用，作为新媒体和“读图”时代的产物，图片新闻对公共事件的作用不容小觑。在宁波反 PX 事件中，微博图片传播对事件的发生和事态的扩大都起到重要作用。借助新媒体的图片信息传播是事件扩大的导火索；意见领袖在图片转发过程中起到推动舆情的作用；由微博产生和扩散的图片也为传统新闻媒体的报道提供了资源；政务微博一定程度上为此次事件的解决提供了助力。网络媒体引发事件，传统新闻媒体跟进报道，如今这已经是许多新闻事件报道的共有模式。

一、案例简介及背景阐述

2012 年 10 月，镇海区部分村民因镇海“炼化一体化”项目拆迁集体上访，后因该项目中包含对二甲苯（英文名缩写 PX）生产装置，在 10 月 25、26 日，镇海区发生大规模封路抗议事件，有报道称警方使用催泪瓦斯清场。① 此后的 27、28 日，抗议活动蔓延至宁波市中心的天一广场和宁波市政府，最终宁波市政府承诺不再建设 PX 项目并停止推进整个“炼化一体化”项目。②

这不禁让人联想起 2007 年的厦门 PX 风波以及 2011 年大连市爆发的反 PX 游行，宁波已经是第三个抵制 PX 的城市。早在 2007 年，厦门市就曾因为 PX 项目发生过大规模群众游行抗议，最后以 PX 项目暂停并迁址至漳州而告终；2011 年 8 月，大连市民也因反对福佳大化 PX 项目举行示威游行，大连市委市政府最终也做出 PX 项目停产和搬迁的决定。其实这三次公共事件具有许多共性。

第一，都是由关于 PX 炼化项目的环境类议题引发；第二，新的传播手

---

① 亚太外汇网．宁波抗化工项目爆骚乱警催泪弹清场．http：//www.ytwhw.com/cn/2012/1027/134429.html，2012－12－21.

② 宁波市镇海区政府网站．关于炼化一体化项目快讯．http：//zh.ningbo.gov.cn/zwgk/zhyw/jrzh/201210/t20121028_49587.htm，2012－12－21.

段和工具对事态扩大起到推动作用；第三，事件的起因都源于相关部门在早期的信息管理方面出现失误，没有及时公开发布相关信息，从而导致民众不满；第四，新媒体平台大量传播图片，是事件快速蔓延的重要原因。

二、案例过程记叙

此次宁波市民反 PX 项目事件持续时间大约为一周，事件的发展概况大致如下图所示：

10 月 22 日，宁波镇海湾塘等村数百名村民以该市一化工企业（PX 项目）距离村庄太近为由到区政府集体上访。

↓

10 月 24 日，宁波市镇海区政府发表声明称，该化工项目执行最严格的排放标准，环保总投入约 36 亿元。

↓

10 月 25 日，镇海区政府负责人表示，项目目前尚处在前期阶段，下一步将充分听取各方意见，严格执行审查程序。

↓

10 月 26 日，镇海区部分路段发生人员非法聚集、拦路堵车现象，并与警方发生冲突。

↓

10 月 27 日早晨，有超过 1 000 位的民众在宁波市中心聚集，警方带走部分民众。同日，镇海区政府发表《告全区市民书》。

↓

10 月 28 日，宁波市政府发布通知称，坚决不上 PX 项目："炼化一体化"项目前期工作停止推进并再作科学论证。

↓

10 月 29 日，宁波公安就"特警打死一大学生"一事进行辟谣，对散布谣言的史某依法进行处理。

↓

10 月 29 日，镇海区区长发表电视讲话，并于当天接受群众信访，倾听群众意见。

↓

10 月 29 日，宁波市政府召开新闻发布会称，此次事件中公安机关 26 日晚扣留的 51 人中绝对没有人员死亡。

图 1　宁波反 PX 事件发展概况

从事件的发展脉络来看，2012 年 10 月 22—25 日是公共危机事件的潜伏期，26 日是事件的爆发期，27—28 日是事件的高潮期，29 日是事件的解决期。

三、分析及影响

对于宁波这次突发的公共事件，根据对事件阶段的划分，可以得出以下结论：

第一，在事件潜伏期，相关信息已经在民间充分发酵，尤其是网络空间给信息传播提供绝佳的条件，加之 2007 年的厦门 PX 运动和 2011 年的大连 PX 风波给宁波市民提供了可以效仿的“蓝本”，示威游行一触即发。

第二，在事件的爆发期，微博、论坛、贴吧及个人博客是信息快速扩散的平台，事件参与者借助新媒体平台，充分向外界披露信息，寻求社会舆论支持，从而为自己的反抗行为提供助力。其间，图片作为视觉传达的主要信息，在传播过程中能达到言简意赅、直观有力的效果，颇受网民欢迎，此时的照片以陈述事件为主。

第三，在事件的高潮期，矛盾和冲突激化，舆论因此开始充斥不实信息甚至谣言，一些煽动性强的图片开始出现，照片内容情绪化加重，与各种不实信息鱼龙混杂，进一步激化矛盾，民间信息与官方信息进入博弈期。

第四，在事件的解决期，政府出面发布权威信息，并配合相应措施平息事端，但网络舆情还在扩散后期，由于网络平台的自由开放，以及政府在危机处理中的滞后性，网民对事件的关注度和热度一时没有消退，需要官方真诚、循序渐进地公布信息、安抚民心，最终解决危机。

以下是宁波此次公共危机事件的舆论关注度走势图①（单位：篇）：

① 图片来源：人民网 · 舆情频道 . http：//yq. people. com. cn/HtmlArt/Event535s1. htm，2012 - 11 - 02.

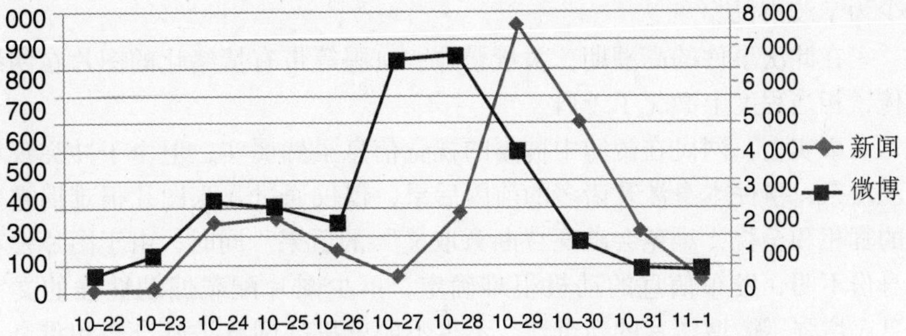

图 2 宁波镇海 PX 项目群众聚集事件舆论关注度走势图

从上图可以得出，社会舆论关注度曲线稍滞后于事件发展进程，这是公共事件发生过程中的常态。同时，新闻媒体的关注度走势曲线又稍滞后于微博舆论走势曲线，并且在 29 日之前，微博舆论信息量大于新闻媒体。这反映了在当今时代，网络和新媒体已经成为最大舆论场，网民通过微博成为“公民记者”，实现个体化的舆论监督。

网络媒体引发事件，传统新闻媒体跟进报道，这是如今许多新闻事件报道的共有模式，微博等新媒体越来越成为专业新闻从业者的信息来源。尤其是很多图片、视频资料，往往是不在现场的记者难以获取的“第一手资料”。新媒体终端在技术上的进步，使“现场直播”的难度降低，很大程度上促进了新旧媒体的联动，实现了信息更快速、更公开、更广泛的传播。

四、微博上的图片传播具有重要探讨意义

（一）借助新媒体的图片信息传播是事件扩大的导火索

在网络搜索引擎中搜索“宁波 PX”等关键词，大量相关新闻图片就会出现，其中不少附有微博水印，可见微博是这些图片的重要出处之一。

虽然网易、凤凰等新闻网站以图片新闻的方式报道过宁波反 PX 事件，但这些只是网络上流传的图片的“冰山一角”。不少来自新浪微博的图片印有发布者的水印，例如“@牛儿不呆”、“@慈溪的胡涂”、“@农夫_NingBo”、“@旭烈不做大哥好多年”、“@二月的假想敌”、“@小杨警官110”、“@二丫头小可和”、“@夏褚的时光”等人的微博。查询这些网友的新浪微博账号，他们的所在地大多数为浙江宁波，可以判断他们中有不

少为宁波市民。

在此次事件的高潮期，大量暴力、血腥等带有情绪化的图片在网络流传，相当程度上激化了矛盾。

事实上，网民在微博中披露的视觉信息虽然属实，但由于冲突现场情况复杂，事件本身涉及诸多的前因后果，仅仅通过几张图片很难揭露事件的真相和全貌，难免会出现"断章取义"的后果。同时，由于图片发布者身份不明，发布信息的动机很难确定，不少图片配载煽动性强的文字信息，增强了微博图片的新奇性，不少不明就里的网友被好奇心和猎奇心驱使，盲目跟帖转发，才将事态推向高潮。

（二）意见领袖在图片转发过程中起到推动舆情的作用

美国传播学家罗杰斯曾根据人们接受新事物的快慢提出"创新扩散理论"，该理论把人群划分为5个类别：创新者、早期采用者、中期采用者、晚期采用者和落后者。在新观念的传播扩散中，创新者和早期使用者为创新事物的普及起到了带头示范作用。在卡茨和拉扎斯菲尔德等人所建立的"二级传播论"中，舆论领袖也是一个核心概念，该理论认为大众传播只有通过"意见领袖"的中介作用才能发挥影响。这些理论虽然在大众传播时代针对传统媒体提出，但其传播特点仍然适用于当今新媒体时代。

微博已经成为举足轻重的舆论场，微博中充斥着大量舆论领袖，他们在微博平台中"施展拳脚"。宁波反PX事件中，微博中的舆论领袖对图片信息的转发和评论，增强了不少微博内容的可信度和影响力。一些需要舆论支持的滋事者直接利用微博中的"@"功能，实现对意见领袖的呼唤。

许多知名传统媒体的微博账号也扮演了意见领袖的角色，例如"@人民日报"、"@新华网"、"@南方都市报"等。

与社会意见领袖不同，知名传统媒体的微博作为意见领袖并不贸然转发和评论情绪化图片，而是更注重对事件本身的反思和提倡网民理性处置，对危机的平息有一定帮助。

图3　人民日报微博截图

（三）微博产生和扩散的图片为传统新闻媒体的报道提供资源

除了微博图片，不少专业网站和知名媒体网站也特地派摄影记者奔赴现场拍摄新闻图片。网易新闻网、凤凰资讯网、南报网、浙江在线、中国经营网、中国时刻网和前瞻网等网站都发布了有关宁波反 PX 事件的图片。这些网站的图片重复率高，其中不少仍然来自网民的微博，网易、凤凰两大网站基本囊括了其他网站的图片内容。

例如，网易新闻网的图片中心频道在 2012 年 10 月 24 日发布了 9 张图片，这组图片的标题是“宁波镇海 PX 项目引发群体事件　官方发布回应”①，图片附有简短的文字介绍，交代新闻事件的概况，并在其后注明“图片来自微博”。这是一组反映 10 月 22 日湾塘等村近 200 名村民以居住点离化工厂近为由，集体到区政府上访的现场照片，而这些图片又被国内外多家网站以及媒体引用过。

---

①　网易新闻．宁波镇海 PX 项目引发群体事件　官方发布回应．http：//news.163.com/photoview/00AN0001/28559.html，2012－10－24.

图4　网易新闻·图片中心的网页截图

（四）政务微博一定程度上为此次事件的解决提供助力

宁波政府的官方微博“宁波发布”在此次事件爆发后，开始针对微博中的疑问和异议做出回应，尤其对网络中热传的“催泪弹”图片、市民头部受伤流血图片，宁波官方微博给予了文字上的回应。同时，宁波政府通过“宁波发布”与“宁波公安”等微博互动发布相关公告和处置决定的权威图片，也为可靠信息的传播提供渠道，一定程度上打压了谣言，缓解了舆论压力。

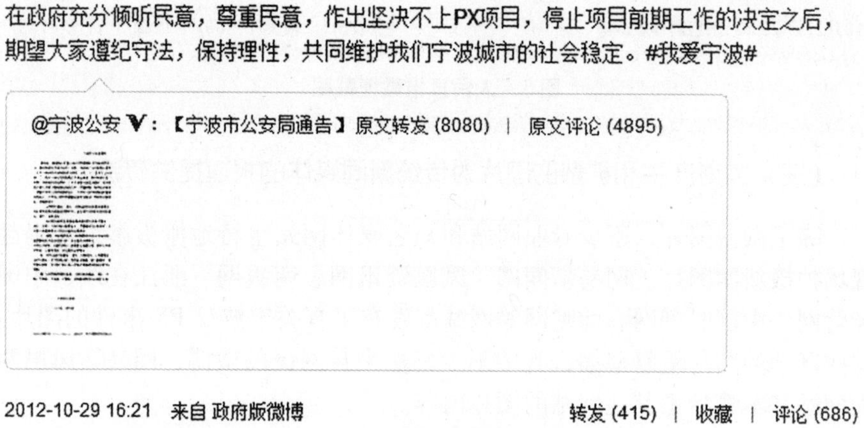

图5　宁波发布微博截图

综上所述，此次宁波反PX事件中，微博图片是图片传播的“始作俑者”，亦是危机解决的“终结者”。微博图片伴随着整个事件的始终。海德格尔曾在19世纪30年代说过：“我们正进入一个世界图像时代，世界图像并非指一幅关于世界的图像，而是指世界被把握为图像了。”[①] 19世纪30

① 苗艳丽．新闻图片影响力研究．山东大学硕士学位论文，2008.

年代是商业报刊兴起、图片新闻滥觞的时代，图像技术的发展可谓日新月异，当今的我们早已进入读图时代。

五、宁波反 PX 事件中的图片传播引发的思考

（一）图片新闻的特点：真相与煽动性

新闻图片具有纪实性、感染力和视觉冲击力强的特点，图片文本往往能让看图者产生身临其境的感觉。现代都市人快节奏的生活导致“速食文化”、“快餐文化”的概念不再令人陌生，图片新闻由于其直观明了、简单易懂和视觉感强等特点越来越受到大众欢迎。图片作为一种视觉传播符号，开始占据新闻传播的半壁江山，形成强劲的竞争力。然而，由于图片呈现的信息存在静止性和具象化等特点，仅仅通过视觉感官来承担信息，对受众的想象力和抽象力的要求不及文字文本。因此，图片所传达的信息量通常较小，往往需要和文字配合解读才能传达出较为完整和深刻的内容。

由于图片自身具有这些特点，因此新闻图片有时能直观再现真相，有时却会造成断章取义或者偏“听”偏信的后果。自 19 世纪 30 年代西方商业报刊和“黄色新闻”出现以来，新闻信息的商业化、娱乐化就一直是人们争议不断的问题。网络和新媒体时代，图片的特性被扩大化，“速读时代”衍生的标题新闻、图片新闻流行于传统媒体竞争浪潮中，而图片的“分享”也成为新媒体的重要注脚之一。图片是一把双刃剑，它既是记录真相的最佳手段，也时常扮演煽动民意、制造事端的角色。随着图像数字技术的发展，篡改、伪造图片的现象更是屡见不鲜。这便是有些人所说的“客观的镜头，主观的意识”。

在这次宁波反 PX 事件中，图片的这些特点仍然十分突出。一方面，网友利用身处现场的优势拍摄游行的画面，第一时间向人们呈现真实的现场情况，在传统媒体无法靠近新闻源以及发布渠道受阻的时候，新媒体的力量是伟大和值得称赞的；另一方面，出于拍摄者的表现欲以及顺应读者猎奇的心理，人们在拍摄和发布照片时，更倾向于“冲突”画面和“吸引眼球”的画面。“狗咬人不是新闻，人咬狗才是新闻”的曝光标准，冲突类的图片再配上渲染情绪的文字，便很容易夸大事实，产生煽动效应，造成在事件真相还未明了的情况下就引发舆论一边倒的现象。“眼见”不一定就“为实”，是真相还是有预谋的煽动，需要民众更理性地甄别。事实上，网络上流传的关于此次事件的图片掺杂了不少“偷梁换柱”的内容，

一些信息发布者借用过去其他事件的图片来混淆视听，传播虚假信息，蓄意激怒网民和引起社会恐慌。

（二）网络图片新闻的伦理探讨

图片充当了网络媒体眼球争夺战的重要角色，由于目前针对网络媒体的监管力度不及传统媒体，因此网络图片的质量也良莠不齐，既存在大量纪实性和新闻性的图片，丰富了我们的视野和认知，补充了传统媒体的不足，也不乏涉及视觉暴力的不良图片，后者对社会良好风尚和道德价值观的形成造成阻力，一定程度上冲击和误导了受众的伦理道德观。网络媒体作为一种开放平台，使新闻信息的传播绕过了传统媒体的“议程设置”和“把关人”等程序①。

此次宁波市民反 PX 事件的始末，多个细节具有不同版本，网络上曾广泛流传宁波大学工程学院一名叫郑春平的学生在游行中死亡的消息，网友以市民举着花圈游街开追悼会的图片为证，一时间舆论哗然。随后在信息传播过程中不断有网友添油加醋，质疑郑春平的性别、年龄、家庭住址和成员、死因等。后经证实这一系列消息均属谣言。那么为什么漏洞百出的谣言会让大众深信不疑呢？如果追溯信息发布过程，可以发现不少网友在发布信息时都附有“悼念”图片，并擅自对图片进行解释，有些网友还在微博中愤怒地表示自己“就在现场”。

图6　网友“@小杨警官110”微博截图

① ［美］麦考姆斯．制造舆论：新闻媒介的议题设置作用．顾晓方译．国际新闻界，1997（5）．

图片信息增强了新闻内容的可信度。很少有民众会深入调查这些举着花圈游街的人是谁，为什么这么做，与被悼念者是什么关系，悼念发生的时间，“死者”死亡的时间等细节问题，随意转发和解释图片是对社会大众不负责任的一种表现，很有可能被不良企图者利用。

观察网易、凤凰等网站中关于此次宁波事件的图片，较少出现冲突和流血画面，而论坛、个人主页和微博上则流传着大量冲突甚至流血画面的图片。分析其中的原因，可以推测相关网站受外在的媒体管制、政治压力等因素影响，所以在图片发布上相对谨慎，同时由于这些网络上流传的图片未经权威人士或机构证实，真实性不可考证，社会影响力大，一旦发布不实图片，对媒体自身和受众的破坏力都较大。这是以上网站职业操守和社会责任感的体现。

然而，对于流传在网络中的各色新闻图片，也不应当被完全否定。

首先，网民有言论自由的权利，这是任何人都不能剥夺的基本人权。只要网民发布的信息真实，不对社会造成危害，都应当被接受。也有一些观点认为网友发布的信息也应客观公正，这种要求标准不免有些痴人说梦，“公民记者”只是一种修辞，将公民比作记者并不代表公民就真的能代替记者，记者作为一项职业，具有自身的职业操守和从业标准，记者经过专业训练，遵守职业道德规范，很难将这些强加于普通民众。

其次，鱼龙混杂、良莠不齐的信息环境虽然忧患重重，但从另一方面又给大众提供了一个立体、多元的信息环境，丰富了人们看待事件和问题的视角，有利于形成一个较为健康、文明和民主的社会。在宁波市民反抗PX事件没有被定性之前，所有声音和画面都能为外界了解事件动向提供线索和判断的依据，而不同信息渠道发布的信息吸引了更多人来关注事件本身，对推动事件和真相又具有促进作用。

此外，现代公民社会的形成，不仅需要管制信息发布的监督力量，同时也需要具有理性和辨别力的民众基础，任何一个高级阶段的形成都要经过初级阶段的积累，大众的媒介素养也不例外，复杂的网络信息环境是虚假信息滋生的温床，也是淘汰和最终净化真理的场所。俗话说“人民的眼睛是雪亮的”，正是由于网络是一个兼容并蓄、海纳百川的平台，真理才在其中自明。

（三）公民媒介素养与民意渠道

媒体为大众提供一个公共领域去审度社会、监督政府以及获得娱乐。在美国，新闻媒体被奉为“三权”之外的“第四权”，强调的是新闻媒体的社会责任，世界各国的媒体都被赋予了“社会公器”的使命。过去，人们期待通过媒体自由地发表言论，行使公民的社会权利和义务，公民社会与媒体两者相辅相成。如今“媒体”的概念被扩大，言论自由的平台和领域也更宽阔，网络给予了民众更加自由的空间，也提供了更加便捷的途径，新媒体成为公共事件的重要舆论平台，可以说民意渠道在一定意义上也得到了拓展。然而，舆论平台的拓宽并未带动公民媒介素养的提升，仿佛一时间大家都从狭小的屋子里放出，赤裸裸地暴露于外反而无所适从。1982 年 1 月，联合国教科文组织在德国慕尼黑召开了国际媒介教育会议，19 个国家的代表参加。会议公布的《媒介教育宣言》指出：我们生活在一个媒介无处不在的社会，与其单纯谴责媒介的强大权力，不如接受媒介对世界产生巨大影响这一事实，承认媒介作为文化要素的重要性①。20 世纪 80 年代以后，一场全球性的媒介素养教育运动开始从英国、加拿大、澳大利亚、美国等发达国家向全世界蔓延。“媒介素养”的概念开始进入人们的视野。

有一种观点认为公民素质与媒介素养之间存在着共生关系，“公民素质的提升，媒介素养的提高，对中国民主政治建设来说，是一剂强心剂，为民主政治建设做好了充分的人的准备”②。

从“读图时代”出发，也有学者提出了公众“视觉素养”问题。如今的时代是视觉影像与形象占据主导地位的“读图时代”，相应地对大众视觉素养的培养和教育也是时代变迁的召唤。③

回顾本次宁波反 PX 事件的图片传播，人们不禁为公众对公共事件的参与度大大提高而感到欣慰，但公众对于风险传播表现出的敏感性并不强，一些人捕捉暴力和冲突镜头，目的可能仅仅是想发布独家信息，却由于公众普遍“视觉素养”不高，造成相当程度的谣言讹传和社会恐慌。譬如强化标注“PX 致癌”的标语图片、扩散不明来历和目的的“悼念”花圈的图片等，正是由于读图者本身对视觉信息不加甄别就予以接受并二次传播，导致了事件影响扩大化。

（四）突发公共事件的危机公关与媒介化社会

哈贝马斯曾提出“公共领域”的概念，通常来说公共领域具备三个要素：（同质或异质的）参与者、（沟通或非沟通的）媒介和（辩论或非辩

---

① 张艳秋．国外媒介教育发展探析．国际新闻界，2005（2）．

② 尹婧．公民媒介素养与中国民主政治的构建．复旦大学硕士学位论文，2008.

③ 王帆，张舒予．读图时代的大众素养：媒介素养或视觉素养．中国电化研究，2008（2）．

论的）共识。它们的协同作用决定着公共领域的性质与类型[①]。随着信息时代的到来，网络传播技术的发展将公共领域的机制从传统媒体扩展到了网络媒体。

本次宁波市民反 PX 事件，可以被划定为典型的网络公共领域建构的有益尝试。从公共领域的三要素出发，第一，此次事件的参与者中出现理性的公众，舆论领袖在微博中活跃，并不断呼吁网民保持理性；第二，媒介的参与度较高，且多媒介形式都展开报道，传统媒体《宁波日报》、《人民日报》等一直持续跟进事件进展，网络媒体中的信息发布更呈现多元立体的特点，如果要保证公共领域这张桌子能够最大限度地将个人联系起来，那就必须具有畅通的媒介渠道，在事件的进程中，畅通的媒介交往保障了整个事件的顺利进行；[②] 第三，共识——舆论成果最终达成，宁波市政府在面对强大的民意过程中进行了解释、疏导以及妥协，公众也在最终获得较满意的答复后进行了退让。5 年前，不少人就厦门市民反 PX 事件展开过关于公共领域的讨论，尤其是其中网络公共领域的探讨。对比两次事件，事件经过和解决方案有众多雷同点，皆可谓我国公共话语空间建构的典型案例。但两者又有一些细微差别，其中显著的一点即图片作为视觉传播在舆论形成过程中所起到的作用扩大，这一方面得益于新媒体技术的发展；另一方面也体现了公民思维和行为方式的变化以及在对待公共事件中策略的进步。

然而，真正的公共领域要求检验个人是否为政治群体的充分成员，是否行使公民责任和义务，也要求相应的政治制度方面的资源支持。公民不仅仅是一个身份问题，首先是一个社会结构问题和社会意识问题，即公民社会和公民文化。[③]

在现阶段，我国公民的民主意识尚未完全普及，作为政治群体的充分成员还未成熟。一方面，网络媒体中的社区网站、个人空间以及微博等虚拟的身份设置容易导致责任意识的缺位，使参与者偏离理性和客观的轨道。宁波市民反 PX 的图片在社区网站中泛滥，不实信息四处流传，都给网络公共话语造成了很大冲击；另一方面，网络媒体中的知名或大型新闻网站，又由于商业化运作以及不可避免的准入门槛等问题又削弱了媒介本应具有的批判性功能。各大新闻媒体网站对宁波 PX 事件前后报道不具有连

① 杨仁忠．公共领域论．北京：人民出版社，2009.

② 徐文婷．网络公共领域形成的三要素分析——以“厦门 PX”事件为例．新闻世界，2011（5）．

③ 陈卫星．传播的观念．北京：人民出版社，2004.

贯性，且信息不全面，图片信息相对滞后等原因，客观上助长了不实信息的传播，也不利于提高网站自身的竞争优势。因此，要构建一个良性的网络公共领域，还有很长的一段路要走。

宁波反 PX 事件过去已有数月，但关于此类事件的探讨仍在继续。图片传播在本次事件中起到的作用不容小觑，这些拍摄于“公民记者”手中的图片，对事件的发展起到一个怎样的推动作用，又是如何影响我国公民社会的形成与发展的，“读图时代”的利弊与新媒体时代的特征，这些议题都将是备受关注的内容。陈丹青说过这样一句话：“我认为在中国，发生总比不发生好。”也许这句话也受用于我们当下的媒体环境，从厦门到大连，从什邡到启东，不少人悲观地叹息中国社会环境的境况，也有不少人感叹民意力量的扩大和新媒体的魔力。发生总比不发生好。当视觉受到冲击之后，人们总要静下来想一想，除了眼球受到震撼之外，我们还能想到些什么和做些什么。

（撰稿人　郭翼）

第二部分　年度音频

中国乡村之声：对农广播公益性的全面回归

在城市广播大跃进、国内广播“重城市、轻农村”趋势持续蔓延的大背景下，当前对农广播的发展存在诸多问题，如频率设置、节目定位不合理、听众细分不到位和收听率偏低等，这些问题都使对农广播的公益性和公共服务功能大打折扣。以此为背景，2012 年 9 月 26 日，中国第一个全国性对农频率——中央人民广播电台“中国乡村之声”（AM720）正式开播。本文从对农广播现状入手，探讨“中国乡村之声”开播的时代背景和现实意义，认为它的开播不仅仅体现了中央对“三农”问题的特别关注，也意味着对农广播公益性的全面回归。最后，本文还对“中国乡村之声”的不足进行了探讨与反思，也对其未来发展进行了展望。

一、案例简介

对农广播，是指“广播媒介走进农村，为‘三农’服务”[①]。提供公共服务，是对农广播的时代责任。

2012 年 9 月 26 日，我国第一套全国性对农广播频率——中央人民广播电台“中国乡村之声”（AM720）正式开播。它是全国唯一一个对农专业频率，也是中央人民广播电台仅次于“中国之声”的第二大频率。它作为国家农村应急广播体系和公共服务体系的重要组成部分，是当今党和国家大力扶持“三农”的重要举措。开播仪式上，温家宝总理亲自发来贺电。

全新亮相的“中国乡村之声”是我国第一套全国性的对象性、公益性和综合性对农广播频率，立足大农业，面向新农村，将为农村受众提供全方位的新闻、信息、娱乐及其他服务，节目 100% 适合农村受众收听。

播出内容：节目类型主要有谈话、信息、专题和文娱四类节目共 16 档。信息类的节目有《三农早报》和《三农信息》；专题类的节目有《科

① 张冰冰．中国对农广播的问题与对策．新闻界，2012（9）：27.

图 1　“中国乡村之声”官方网站

技直通车》、《致富天地》和《乡土乡情》等 8 个；文娱类的节目有《乡村音乐》、《乡村大戏台》等 4 个。

收听方式：“中国乡村之声”以全媒体平台为传播方式，通过直播卫星、中波、农村大喇叭、互联网以及移动终端客户端等渠道覆盖全国，全天 24 小时播出。

二、案例背景

对农广播作为一项公共事业，理应具备十足的公益性和公共服务功能。截至 2011 年底，我国共开通省级对农广播频率 15 个，经过不懈努力，它们在市场中争得了一席之地。然而，随着城市化进程的加快和媒介生态环境的变化，加上经济利益的驱使，城市居民成为广播受众的主体，城市广播节目逐渐向精细化发展，交通、音乐、生活等频率强势崛起。相比之下，对农广播则要弱势许多，它面临频率设置、节目定位不合理和听众细分不到位等诸多问题，此外，收听率偏低也是不争的事实，这些都使对农广播的公益性和公共服务功能大打折扣。

（一）现实考量——党和国家高度重视“三农”问题

“三农”问题自始至终得到党和国家的高度重视。当今中国有 13 亿多人口，其中农村人口约占70%，为9.6亿人，农村土地面积则约占全国领土总面积的60%。“三农”问题的重要性足以让它上升到政治的高度：农业、农村和农民问题不仅仅牵动着党和国家全面事业发展的脉搏，更关系到和谐社会的发展与社会的进步，有牵一发而动全身的作用。因此，胡锦涛总书记曾经强调：要更多地关注农村、关注农民和支持农业，把解决农业、农村和农民问题作为全党工作的重中之重。自2004—2013年，中央一号文件连续9年剑指“三农”问题，其重要性可见一斑。

遗憾的是，一直以来，作为我国农村公共服务重要组成部分的对农广播频率、电视频道及节目总量偏少。据统计，截至2012年9月，对农广播电视专业频率频道占全国广播电视频率频道总量的比例分别只有0.94%和0.69%，与农民占中国人口近三分之二的比例存在严重反差。

（二）公共服务——对农广播的时代责任

威尔伯·施拉姆曾在“传媒与社会发展”这一时代命题中作出过重要的学术贡献，他把大众传媒在发展中国家的作用概括为四个方面：推广农业新技术、普及卫生知识、扫除文盲、实施正规教育。[①] 总的来说，这四点作用可以归结到“公共服务”上面来，这也是对农广播在农村中最基本的作用体现。

广播在信息传播方面具有其他媒体无法取代的独特作用，在农村更具价值，因此成为农村公共文化服务体系的重要内容。在城乡居民收入差距越来越大的今天，农村居民需要更多途径来提高生活水平，其中，国家公共服务是重要一环。发展对农广播，既是在日益激烈媒介竞争中的明智选择，也是农村发展乃至我国农村现代化建设的重要推动力。对农广播提供的公共服务是解决“三农”问题的重要抓手，也是对农广播的时代责任。

（三）公益性缺失，经营困难——对农广播的现实困境

在国内广播“重城市、轻农村”的大环境下，对农广播频率被远远甩在了后面。当前，我国对农广播面临的以下问题，主要体现在公益性缺失和经营困难上。

首先，由于对农广播经济效益低导致农业节目不受重视，农民利益受到损害。农村居民购买力相对低下，广告主为了抓住更有购买力的受众，显然更愿意将资金投往非农业节目。公益性很强的农业节目受到“理所当

① 张国良．新闻媒介与社会，上海：上海人民出版社，2001.310.

然”的忽视。

其次，节目设置缺陷。首先表现在新闻节目设置偏少上，这从各农村节目时间表中可以发现。其实现在的农民不仅仅满足于收听科技、娱乐信息，他们更希望了解外面的世界。此外，致富信息缺失也是当前对农广播节目的问题所在。然后是节目听众细分不够，就目前来看，对农广播节目设置主要是以农业劳动者为受众定位，对于农村其他阶层关注较少。

再次，是农民主体性不够。“农民更多的时候被当成了一个完完全全的受众，较少成为媒体报道的主体，更少意识到自己应当成为对农新闻报道的主人公。”①

此外，当前对农广播节目仍然偏少、信息传播的效率低、广告市场的混乱也是当前对农广播频率面临的主要问题。当然，更大的问题还在于对农广播收听率的尴尬。

（四）收听率低——对农广播的尴尬处境

我国对农广播专业频率是在近几年才发展起来的。2003 年 3 月，陕西农村广播频率开播，这是我国第一个农村专业频率。从此，以“关注百姓服务三农”的对农频率开始兴起。随后，江西、河南、河北、山东、安徽、湖北等地也逐渐开始办起专业对农广播，一些地级市农村广播也相继涌现。当对农广播在神州大地上遍地开花时，它们的反应究竟如何呢？下面是一组数据。

表 1　全国对农广播频率在当地收听市场反应②

频率名称	所属电台	平均收听率	平均占有率
南宁乡村生活广播	市级	0.54%	15.37%
长春乡村戏曲广播	市级	0.47%	7.86%
陕西农村广播	省级	0.25%	3.90%
河北农村广播	省级	0.19%	1.97%
河南农村广播	省级	0.16%	2.67%
吉林乡村广播	省级	0.13%	2.16%
甘肃农村广播乡村之音	省级	0.13%	1.91%

① 陈力丹，陈俊妮．论传媒在新农村建设中作用的发挥．当代传播，2006（3）：5～6.

② 数据来源：SMR 赛立信媒介研究，2011 年。

（续上表）

频率名称	所属电台	平均收听率	平均占有率
石家庄农村广播	市级	0.12%	1.18%
湖南乡村之声广播	省级	0.11%	3.11%
安徽农村广播	省级	0.11%	2.34%
内蒙古绿野之声广播	省级	0.10%	2.38%
江西科教农村广播	省级	0.05%	1.93%
山东乡村广播	省级	0.03%	0.70%

通过这组数据可以看出，对农广播频率在当地市场是相当弱势的。以陕西农村广播为例，它被业界称为国内对农广播频率的标杆，在陕西本土市场也不过只有3.9%的占有率和0.25%的收听率，在西安城区广播市场中仅排名中下游。但即使是这样的成绩，在整个国内对农广播频率里面也是数一数二的。不得不说对农广播频率在整个国内广播市场中的地位是尴尬的。收听率低意味着收入来源有限，在收入来源有限的情况下，许多对农电台不得不"开源节流"，不难想象"坐台广告"兴盛的原因。由于当下对农广播中"坐台"卖药广告盛行，农民经常被骗，也损害了对农广播的公信力，公共服务缺失，反而让农民利益受损。

三、案例过程记叙

中央人民广播电台从新中国成立初起，就与"农"结缘。1957年，最早的对农广播节目——《对农村广播》就是那个时候兴办的，单从节目名称就可看出，它是一档单向度传播的宣传教育式节目。随着时代的变迁，经济社会状况和农民需求都发生了很大的变化，在这样一个背景下，《今日农村》节目应运而生。2004年1月，伴随着中国之声的开播，《今日农村》更名为《中国农村报道》，"力图客观、全面、真实地展现中国农村现状，从农民的视角观察社会"①。《中国农村报道》以全新风格推出，报道内容更侧重新闻性，关注农村的最新动态、热点和难点问题。

① 吴紫芳．中央台对农节目调整的思考．中国广播，2005（6）：7～8.

（一）“中国乡村之声”成立大事记①（2012年3月15日—12月23日）

2012年3月15日，央广对农频率调研筹办工作正式启动。由王求台长亲自主持。8月3日，国家广电总局批复同意中央人民广播电台开办第十六套广播频率，播出呼号为“中央人民广播电台中国乡村之声”。8月9日，“中国乡村之声”新浪官方微博正式开通，截至2012年12月25日晚9点，已发布1 735条微博。9月25日，“中国乡村之声”网页（http：//zgxczs. cnr. cn/）在中国广播正式上线，设立网络电台入口，十余个网络版块呈现其中，为听众们带来第一手农业资讯的同时，也为他们的日常农作提供重要的服务与参考。9月26日上午，“中国乡村之声”开播仪式在中央人民广播电台音乐厅举行，温家宝总理致贺信。12月10—23日，短短半月，“中国乡村之声”就走进了北京、山东等地的农村，至此，以其为平台在全国各地开展的广播惠农公益活动正式拉开帷幕。

图2　“中国乡村之声”开播仪式现场②

（二）“中国乡村之声”节目简介

“中国乡村之声”的节目定位为服务“三农”的公益性、对象性广播频率。为适应广大农村地区居民早睡早起的生活习惯，“中国乡村之声”从每天清晨5点钟开始新一轮的播音。内容涵盖信息、专题、谈话和文娱四大类广播节目。

---

①　国家广播电视总局网站．http：//www. sarft. gov. cn/；中国广播网．http：//www. cnr. cn/，2012－12－24.

②　图片来源：中国广播网。

如下表，信息类的节目有《三农早报》和《三农信息》。值得一提的是《三农信息》在全天的整点和半点时段进行36次的滚动播出，把最新鲜的农业资讯即时即刻传达给受众。专题类的节目有《科技直通车》、《致富天地》、《乡土乡情》、《乡村保健站》、《农博士在线》、《全国对农节目荟萃》、《乡村大课堂》、《乡村少年》等，为听众提供农业科技、致富信息、医药卫生等方面的专业服务。谈话类的节目有《乡村谈话》和《乡村夜话》，为听众详细解释涉农政策，评点农村的新鲜事。文娱类的节目有《乡村音乐》、《乡村书场》、《乐在乡村》和《乡村大戏台》，有音乐、评书、相声和戏曲，满足农民在农忙之余的文化需求。

表2　中国乡村之声节目时间表（每周一三五六执行）①

时　间	节目名称	节目属性	时　间	节目名称	节目属性
00：00～01：00	乡村保健站	录播	11：00～12：00	乡村保健站	直播
01：00～02：00	乡村书场	录播	12：00～13：00	乡村谈话（午间）	直播
02：00～03：00	乡村大戏台	录播	13：00～14：00	农博士在线	直播
03：00～04：00	乐在乡村	录播	14：00～15：00	全国对农节目荟萃	直播
04：00～05：00	乡村音乐	录播	15：00～16：00	乡村大戏台	直播
05：00～05：30	三农早报	录播	16：00～17：00	乡村音乐	直播
05：30～06：00	科技直通车	录播	17：00～18：00	乡村谈话（晚间）	直播
06：00～06：30	乡村少年	录播	18：00～18：30	乡村少年	录播
06：30～07：00	新闻和报纸摘要	转播	18：30～19：00	全国新闻联播	转播
07：00～08：00	致富天地	直播	19：00～20：00	致富天地	录播
08：00～09：00	乡村书场	直播	20：00～22：30	乡村夜话	直播
09：00～10：00	乡土乡情	直播	22：30～23：00	乡村大课堂	录播
10：00～11：00	乐在乡村	直播	23：00～24：00	乡村谈话	录播

四、对农广播公益性的回归——“中国乡村之声”开播的现实意义探讨

（一）频率特色：立足“三农”，突出公益性

1. 频率定位：立足大农业和服务好“三农”

“中国乡村之声”是全国性的对农频率，它不同于具有浓厚地域风格

① 中国广播网．中国乡村之声节目表．http：//www.cnr.cn/tyzj/，2012－12－24.

的地方电台频率，也不是电视台的农村教育类节目，国家电台的公益背景决定了它准确、鲜明的栏目定位：立足大农业，面向新农村的对象性、公益性、综合性的对农广播频率。根据广电总局的要求，“中国乡村之声”的节目定位为服务“三农”的公益性、对象性广播频率，为农民朋友提供的都是权威可靠的专业服务，拒绝从中谋利，因此，从根源上杜绝了“坑农、欺农、害农”的可能。

它的准确定位主要体现在：首先，各栏目定位贴近、针对广大农村受众，满足他们对有关科技、政府政策和致富经信息的渴求的同时，也丰富他们的精神世界。如在开办《乡村谈话》、《三农信息》等政策解析、信息服务栏目的同时，也开办《乡土乡情》、《乡村夜话》等丰富他们精神文化生活的栏目。其次，在传播信息的价值取向上，秉持“把关人”的重要职责，精心挑选、制作广大农民欲知、乐知的内容。

2. 节目内容突出公益性、实用性

在城乡差距日益扩大的今天，农民增收成了首要问题。武汉大学新闻与传播学院傅海博士曾做过有关“大众传媒与乡村经济”的调查[①]，调查数据显示，在“您期待媒介为乡村经济建设做些什么”这一问题中，关注农民的社会保障、医疗保健等问题和及时准确地向农民介绍新的、有效的致富途径这两个选项名列前茅，分别占到被调查者的41%和39.6%。由此可见，广大农民对“致富”的重视程度。

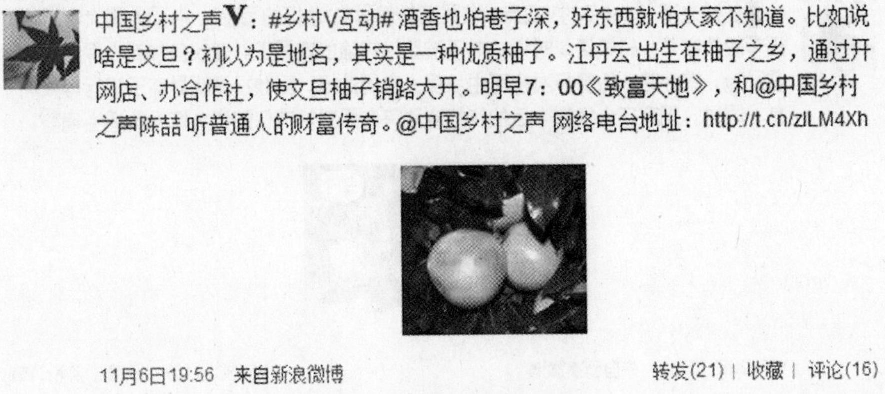

图3　《致富天地》栏目

公益性、实用性是“中国乡村之声”节目的最大亮点。“中国乡村之

① 傅海．中国农民对大众媒介的接触、评价和期待．新闻与传播研究，2011（6）：25.

声”从播出时间、栏目设立、内容编排到节目包装均作出切合农民实际的安排。例如，在2012年12月19日的《致富天地》节目中，主持人讲述的致富故事《天下大农——张玉玺》，将一名白手起家的普通农民的创业历程娓娓道来，既讲了草根创业的艰辛路，也和广大农民朋友们分享了他的创业之道。这些致富经验分享和权威消息的发布，充分体现了节目公益性和实用性的价值。

当然，“中国乡村之声”提供的不仅仅是这些实用致富经式的节目，它也关注广大农村人民的心理状况和精神世界，尤其是农村青少年的心理健康问题更是他们关注的焦点。《乡村少年》就是一档针对留守少年儿童的节目，栏目致力于关注乡村少年身心发展，帮助乡村留守少年正确认识社会，完善个人能力，走好成年之路。

3. 密切关注“三农”问题，把握农村节目关键

“三农”问题是党和国家重点关注的问题。既然如此，好的对农广播节目也应该有助于更好地解决“三农”问题。一是能将党和国家惠农政策第一时间传达给广大农民；二是农民所遇到的困难也能够得到有关部门的重视和解决。“中国乡村之声”的新闻谈话栏目《乡村谈话》就是每天邀请一位专家作为谈话嘉宾，分析政策和解答农民朋友们的疑惑，发表有指导意义的谈话与讨论。这是“中国乡村之声”的核心栏目之一。

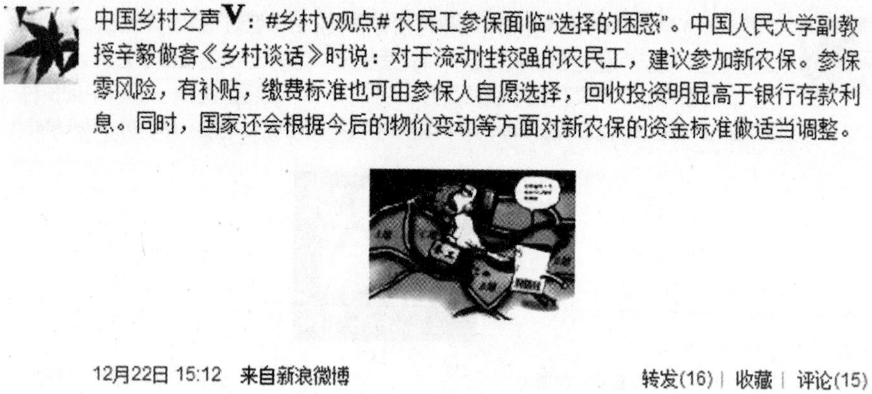

图4 《乡村谈话》栏目

“中国乡村之声”始终关注“三农”问题，接地气，深入体察民情，使农村广播节目的内容融入广大农民朋友的内心，反映他们的思想与困惑，帮助他们解决难题。密切关注三农问题，这或许也是农村广播节目成

功的关键所在。

4. 组建专家团，全面服务“三农”并提高针对性

专业权威的服务是“中国乡村之声”频率的又一特色。“中国乡村之声”发起组建了规模庞大的专家顾问团，至今吸引了2 000多位专家学者“入团”，涵盖了农业、经济、心理、医药卫生、社会和法律等诸多领域，能为广大农民朋友们提供更加权威、专业的服务。

图5　“中国乡村之声”专家团成员袁隆平

在“中国乡村之声”的专家团队中，有许多知名专家学者。如，杂交水稻之父、中国工程院院士袁隆平；中国农科院副院长、博士生导师和国家973重大基础研究项目首席科学家唐华俊；中国人民大学农业与农村发展学院教授孔祥智等重量级专家学者。他们为“中国乡村之声”千千万万的农村听众提供了权威、有力的农业科技指导、政策解读和信息咨询。

5. 全媒体传播平台公益活动贴近“三农”

随着全媒体时代的到来，传统媒体纷纷转变发展路径，作为传统主流媒体的广播，在发扬自身优势的同时，也不断汲取其他媒体的精华，走融合发展之路。“中国乡村之声”在这些方面也做了有效的探索，它借助网络媒体、手机媒体等新兴媒体进行跨媒体传播，提高了自身影响力。

如前所述，“中国乡村之声”以全媒体平台为传播方式，通过直播卫星、中波、农村大喇叭、互联网以及移动终端客户端等渠道覆盖全国，全天24小时播出。

具体来说，首先是开通官方网站http：//zgxczs. cnr. cn/和新浪官方微博weibo. com/zgxczs，首页有“中国乡村之声”的网络广播连接入口和微电台链接，同时有手机、PC客户端可供下载，使农民能在线和移动收听节目。当然这绝不仅仅意味着简单地将广播节目搬上网，而是全方位多角度地“惠农”——在其官网首页上，最上方是《乡村谈话》、《致富天地》、《农博士在线》等品牌栏目，其余栏目分布在网站的各个角落，点击进去即可看到每天节目的文字版内容，这就克服了广播媒体稍纵即逝的弱点。此外，还有“京郊京韵”、“中国乡村之声助农行动”等公益活动的网络链接。

图6 中国乡村之声“助农行动”页面

举办各类公益活动，拉近与农民之间的距离，也是“中国乡村之声”的特色之一。开播三个多月以来，“中国乡村之声”的工作人员走进田间地头，至今已开展“爱在乡村”公益演出4场，分别于北京门头沟镇、山东汶上县等4地农村举行。央广“中国乡村之声”总监毛才桃表示，在新的一年（2013年）里，以“公益性、服务性、实用性”定位的“中国乡村之声”将以农民需求出发，加大节目推广宣传，拟开展数十场系列公益下乡活动，丰富农民文化生活，助推十八大提出的文化惠民工程建设。

（二）中国乡村之声开播的现实意义探讨

1. 平衡媒介生态，弥合城乡差距

“媒介生态，是指在一定社会环境中媒介的各构成要素之间、媒介之间、媒介与外部环境之间关联互动而达到的一种相对平衡的状态。”[①] 按媒介生态学的观点，现代社会中，大众传播媒介是信息流、资金流和物流的重要节点，影响着整个媒介生态，只顾一种媒介的发展而忽视另外一种媒介，就会导致媒介环境的畸变，阻碍经济社会发展。因此，我们在将市场竞争机制逐渐引入大众传媒的过程中，应当大力扶持弱势媒介——对农广播，保持媒介生态平衡，否则，片面追求收听率和经济效益的做法终将自

① 邵培仁．媒介生态学．北京：中国传媒大学出版社，2008. 5 ~7.

食其果。

国内广播“重城市、轻农村”是长期以来的一种趋势。近年来，城市广播经历了频率专业化、类型化的洗礼，也充分享受了“汽车时代”所带来的红利，重新焕发出新的活力。据 SMR 赛立信数据显示，2011 年，我国城市听众规模已达 4.2 亿人，约是农村 2.4 亿听众的 1.8 倍。新闻、交通、音乐频率依然保持着其在国内市场的主导地位，共占据 80.2% 的市场份额。由于巨大的经济利益的吸引，广告主更愿意将资金投往城市广播，在某种程度上也推动了城市广播节目向专业化、精细化发展，它们也就能在创造经济价值的同时，更好地为城市居民服务。

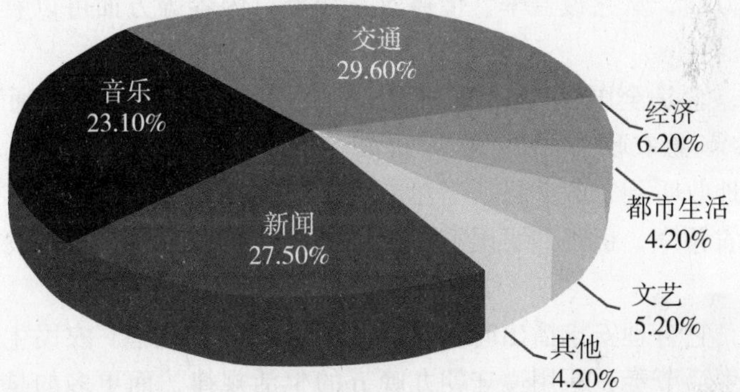

图 7　2011 年全国广播市场各类型频率市场份额①

反观对农专业频率，市场份额非常小，占比不到 4.2%，是相当弱势的一类广播频率。随着城市化进程的加快和媒介生态的变化，加上经济利益的驱使，导致了这种轻重有别的局面。从理论上来讲，这种城乡媒介生态的不平衡性导致的是二者之间“信息沟”的进一步扩大。从现实来看，这不利于城乡经济的协调发展。

在这样一种背景下，央广“中国乡村之声”应运而生。它的诞生也和近几年对农传播政策环境改善有很大关系。近年来，大众传播媒介在农村迅速普及，农村广播“村村通”工程也开展得如火如荼，这就为大规模开展对农传播攻势提供了极其有利的条件。“中国乡村之声”这一全国性对农公益频率恰逢此时诞生，天时地利人和，对改善城乡间由于信息不对称所导致的社会经济发展不均衡状况大有裨益。

---

① 数据来源：SMR 赛立信媒介研究，2011 年。

2. 构建农村广播电视公共服务体系和国家应急体系的重要一环

近年来，我国广播电视产业发展一方面取得了长足进步，但另一方面，国内公共服务体系的建设却显得相对迟缓。当前，我国农村广播公共服务还存在不少问题。“截至2007年3月，全国地级市以上的播出机构共开办对农专业广播频率23套，对农专业电视频道9套，对农服务频率频道供给严重不足。对农服务频率频道还存在覆盖范围小、播出时间短、边缘化和针对性不强等问题，使本来就稀缺的内容服务供需错位，农民实际接受程度偏低。”①

“中国乡村之声”的建立为完善农村广播电视公共服务体系作了重要贡献。一方面它携惠农政策优势之勇，通过其覆盖率和服务性产生巨大影响；另一方面，从它覆盖率、传播效率和节目内容等方面可以看出其具有巨大作用。

第一，它是全国性的对农广播频率，携广播电视“村村通”工程和“家电下乡”惠农政策之勇，大大提高了频率的覆盖率，使广大农村受众能随时随地收听到它的节目。当然，“中国乡村之声”作为国家电台纯公益性的惠农频率，也得到了国家财政的大力支持，具备进一步发展壮大的条件。

第二，它合理安排播出时段，提高了信息传播效率。农民生活节奏不同于城市生活节奏，不用遵守朝九晚五的生活规律，而更多的是按照农令时节来安排作息。因此对农广播应该量体裁衣，根据农村生活习惯来安排广播时间。“中国乡村之声”采用24小时滚动播出的方式推出16档节目，从早上5点就开始播音，在早中晚饭和晚间这四个农民收听频率较高的点安排《三农早报》、《科技直通车》、《乡村谈话》（午间版、晚间版）等新闻资讯、政策解读类节目，在20：00播出《致富天地》，手把手向农民朋友们传授致富法宝。

此外，“中国乡村之声”的开播，也体现出国家为完善应急体系所作出的努力。2010年12月26日，国务院总理温家宝考察中央人民广播电台时指出：“广播在抗击自然灾害时所起的作用是不可替代的，要尽快建立国家应急广播体系，它应该是整个国家应急体制的一部分。”②

“中国乡村之声”倚靠央广这一国家级电台，具有得天独厚的优势。

---

① 朱梅．农村广播影视公共服务的总结与前瞻——评《中国农村广播影视公共服务》．中国广播电视学刊，2008（5）：94.

② 中国广播网．温家宝：国家应急广播是国家应急体制的重要部分．http：//www. cnr. cn/zg-zb/wjbkc，2012－12－24.

首先，央广的技术全国领先，具有强大的传播优势；其次，围绕公共事件成立了央广应急管理中心，建立起良好的应急管理机制，不管是抗击暴风雪、应对抢盐事件，还是地震抗灾救援，都发挥了积极作用。“中国乡村之声”开播后，将成为我国政府及相关职能部门突发信息的发布平台，在全国应急事件处理中发挥更加重要的作用，更好地为“三农”服务。

3. 打通“两个舆论场”的切实努力

随着新媒体尤其是微博时代的来临，网络舆论常常抢占先机，官媒话语权下滑已成不争的事实。打通两个舆论场之间的隔阂是官媒的当务之急。“中国乡村之声”也顺应时代潮流，与网民直接交流互动，在打通两个舆论场上作出了行之有效的努力，下面以其新浪官方微博为例进行分析。

图 8 “中国乡村之声”官方微博

“中国乡村之声”的新浪官方微博于 2012 年 8 月 9 日正式开通，至 12 月底，共发出微博 1 850 条，累计粉丝达 35 000 余人，逐渐站稳脚跟并大踏步前进。其具备以下几个特点：

第一，设置议题，发起微活动，与农民朋友们深度互动。“中国乡村之声”设置议题，吸引农民朋友们参与热门话题讨论，与他们进行深层次互动。具体来说，有“乡村 V 观察”、“乡村 V 观点”、“乡村 V 知识”等十多个话题和“#我的父老乡亲#”、“#最美乡村#”等 5 个类型的微活动。这些活动吸引农民朋友们热情参与，收到了积极的效果。例如，“最美乡村”是其发起的一个微活动，鼓励包括农村居民在内的网友拍摄自己家乡的美景与大家分享，吸引了许多网友参与其中，其中伴有持续的转发与讨论。此外“中国乡村之声”栏目组成员均开通了新浪微博，在微博上可以随时私信他们，农民通过微博能与“中国乡村之声”栏目组成员进行直接交流，反映生活中的苦恼、难事和咨询相关信息。

第二，语言亲切、平实，用农村公众喜欢的方式表达。“中国乡村之声”一改官媒古板、严肃的作风，其新浪微博语言平实、亲切，贴近农民日常生活，口语化的内容比较多，不会给农民朋友造成陌生与疏离感。下面是两个例子。

@中国乡村之声：每天9：00～10：00，中央人民广播电台“@中国乡村之声”将推出《乡土乡情》栏目。聊乡音、叙乡情，讲述家乡变化。栏目旨在成为连接乡村与城市的空中桥梁，农村优质资源的推介阵地。推荐推荐你的家乡吧，有啥好吃的、好玩的、好风景？让我们共同分享吧！

@中国乡村之声白中华：经过三个月筹备，中国乡村之声各档节目已见眉目。可有一档致富节目愁煞我也！什么样的节目是农民兄弟需要的、喜欢的呢？通过故事讲致富秘籍，有点俗；通过创业搭桥，企业家在哪？创业的农民兄弟又在哪？可持续吗？通过故事传递致富实用信息，市场千变万化谁又说得好？既省事儿又有用又好听的有吗？

图9　微活动“最美乡村”

第三，为农村社会弱势群体发声。一直以来，网络舆论是社情民意的风向标，但网络民意不一定能囊括全体国民的诉求。农村弱势群体——所谓“386199部队”（38妇女节，61儿童节，99重阳节）在很长一段时间内被舆论所忽视，这三部分人群的利益在网上得到的表达较少。“中国乡村之声”官方微博牢牢抓住这一点，做到不仅仅关注少年儿童的身心成长（设置“乡村少年”话题），还关注老年人和留守妇女的切身利益（如“乡村谈话”话题和“乡村保健站”话题），吸引网络舆论对这些弱势群体的关注，一方面提升了自己的知名度和美誉度，使自身话语权进一步提升；另一方面，也为捍卫农村社会中弱势群体的利益作出了重要贡献。

五、不足、反思与展望

"中国乡村之声"这一全国性对农频率的开播，于国于民来讲都是好事，对"三农"问题的解决和新农村建设都大有裨益。但是，其中存在的一些问题也值得我们思考。

（一）困境与对策

1. 大环境：对农传播整体困境未得到根本改善

作为公益事业的对农广播的整体困境依然未能得到根本改善，政府需大力投入。本文在前面的论述里已经提到，国内对农广播频率是相当弱势的，原因很简单，就是属公益性事业，不能产生很直接的经济效益。为什么不能产生直接经济效益？因为农民的购买力不够，广告播出未能收到很好的效果。为什么农民的购买力不够？根本原因是经济社会发展不平衡。

因此，大力发展农村经济是解决城乡差距的根本所在。再进一步推论，如何有效率地发展城乡经济？首先是要保证城乡居民在信息获取上享有平等的地位，缩小"信息沟"，这就又归结到媒介生态上来。因此，对农广播作为一种公益性事业需要财政上的大力投入，不能再让它们呈"放养"状态，这样做的意义不光在于行政命令式的"建立广播电视公共服务体系"的实现，更在于将惠民惠农政策真正落到实处，实乃得民心之举。

2. 新媒体平台动能不足

从开播之日起，"中国乡村之声"就宣称其利用"全媒体"平台进行传播。虽然其在官网上开辟了微电台入口，在新浪微博上也开通了官方微博，但是其影响仍然十分有限，新媒体平台动能不足。下面仅以"中国乡村之声"的新浪官方微博谈谈其不足与对策。

微博粉丝数量是衡量其影响力的一个重要指标。就微博影响力来看，"中国乡村之声"还处于相对弱势阶段。虽然早在"中国乡村之声"开播前一个月（2012 年 8 月）就开通了新浪官方微博，但截至 2013 年 2 月中旬，其粉丝数量也不过 4 万人，这与其"中央人民广播电台第二大频率"的头衔十分不相称，与之相比，"中国之声"的微博粉丝早已突破 300 万人大关，二者差距何止数十倍。

本文认为，造成此现象的原因主要有三点：第一，"中国乡村之声"官方微博作为一个农业性质的微博，其受众基础并不十分广泛。即使我国农村人口数量占的比例较高，但农村网民相比城市依然偏少。第二，"中国乡村之声”官方微博的内容没有足够吸引力。新浪微博作为一个新媒体平台，其海量信息足以吸引网民们更多的注意，没有新颖、有趣、实用的栏目，吸引力也无从谈起。第三，活动形式单一，与网民互动偏少。

新媒体时代，“中国乡村之声”必须紧跟时代步伐，在新媒体上有所作为，才能充分提升自身的传播力。本文认为，有两点必须注意：第一，应该重视举办线上线下活动，与粉丝充分互动。笔者观察到，在“中国乡村之声”发布的微博中，唯一称得上“受欢迎”的是一个有关转发赠收音机的活动，引来1 000余次转发，成为“中国乡村之声”迄今为止最火的微博。这说明，与粉丝进行充分交流互动可以提升其影响力。第二，在内容上创新，开辟新颖、有趣、实用的微博栏目，在微博上制造有吸引力的话题，放下“央媒”的架子，与网民亲切交流、互动。

（二）前景、机遇与挑战

1. 对农广播频率有被持续看好的理由，不能忽视

近年来，随着广播电视“村村通”工程和“家电下乡”工程等惠农政策的实施，农村广播的收听率呈有增无减的趋势，此外，“汽车时代”的到来也不仅仅是城市的福利，近年来“汽车下乡”政策的实施也为对农广播的发展提供了良好的机遇——普及率上升。另外，随着国民经济的进一步发展，农民的收入也在持续增加，购买力也随之提升，这也是吸引广告主的原因之一。因此，对农广播频率不能一味看低，其前景还是相当值得期待的。

2. 全媒体时代到来，对农广播面临机遇与挑战

2012年7月，中国互联网络信息中心（CNNIC）发布的《中国互联网络发展状况统计报告》显示，截至2012年6月底，我国农村网民规模为1.46亿人，相比2009年增长了50%。虽然和城市互联网普及率相比仍有较大差距，但其年增长率远高于城市。这就为网络广播在农村的发展提供了良好的基础。

农村网络普及率高了，收听对农广播频率的农村居民也会随之增加。然而，近年来，农村受众的心理和构成都发生了翻天覆地的变化，他们不再为从前那种单向度、宣传教育式传播方式所左右，相反他们对媒介信息有偏好与取舍。暨南大学新闻与传播学院申启武教授认为：“‘内容为王，受众为本’是广播媒体恒久不变的追求，不论广播形态如何衍变，坚持按

广播的传播规律办广播，强化内容建设都是未来广播发展的第一要务。”①对农广播频率也要坚持“内容为王”，打造农民朋友们喜闻乐见的广播节目，这样才能赢得广大农村受众的青睐。

六、结语

在城市广播大跃进、国内广播“重城市、轻农村”趋势持续蔓延、对农广播公益性缺失的大背景下，中央人民广播电台“中国乡村之声”——第一套全国性对农频率正式开播，其意义可见一斑。它立足“三农”，公益性被摆到了十分突出的位置。就节目内容来看，公益性、实用性是“中国乡村之声”节目的最大亮点。它密切关注“三农”问题，把握农村节目关键。同时它“接地气”，走进田间地头开展各种公益活动，和农民朋友打成一片。此外，我们还能看到央广这一主流媒体为打通官方民间传播“两个舆论场”所作出的努力。这是平衡媒介生态之举，也对弥合城乡差距、构建农村公共服务体系大有裨益。

总之，笔者认为，“中国乡村之声”开播的最大现实意义在于其对农广播公益性的回归，这对我国“三农”问题的解决和新农村建设的顺利进行非常有利。但是其发展过程中遇到的困境和暴露出的不足，如大环境依然不景气、新媒体平台动能不足等，依然值得我们继续关注。

（撰稿人　陈祥华）

---

① 申启武，褚俊杰．媒介融合背景下广播的发展趋势．传媒，2011（6）：17.

凤凰优悦广播

2012 年 1 月 18 日，凤凰卫视集团旗下的全新数码电台“凤凰优悦广播”正式启动，优悦广播第一个频道“U Radio 综合台”开播。“U Radio”是一个全方位的普通话频道，它用更宽广的视角看中国，为听众提供更多的普通话节目选择。改革开放以来中国大陆经济持续高速发展，国力不断增强，令世界对中国投来热切的目光，中国的崛起始终是国际关注的焦点。在当今电视媒体全球化发展的潮流下，“凤凰优悦广播”的开播，既把握了跨国传媒进军中国市场的契合点，又能加强香港地区与内地的互动和资讯交流。

一、案例简介及背景阐述

2012 年 1 月 18 日下午 4 点整，凤凰卫视集团旗下的全新数码电台“凤凰优悦广播”（Phoenix U Radio）正式启动。同时启动的还有“凤凰文创产业示范园”。香港特区行政长官曾荫权、中联办副主任黄兰发、外交部驻港特派员公署副特派员洪小勇等出席并和凤凰卫视董事局主席、行政总裁太平绅士刘长乐一起主持仪式。在政府大力发展文化创意产业，打造更好的精神文化生活环境的推动下，凤凰卫视在香港总部所在地，率先打造了一个可对外开放的“文创产业示范园”，推动文化产业的发展。

“凤凰优悦广播”是一个以普通话播出的综合频道。节目以黄金三角的方式规划，早上 7 ~ 9 点，给出行的听众第一手短、频、快的新闻，每 20 分钟一节的《优悦早新闻》，你给我 20 分钟，我给你全世界；傍晚 5 ~ 7 点，为现代人提供注重健康的《你家养生坊》，还有来自两岸三地不同视角的《3D 话新闻》；晚上 10 ~ 12 点，则强调全民互动，有为听众整理网络讯息的《BenFan. com》以及为临睡的听众注入快乐因子的《天天互动》。假日节目则展现主持人不同的特色和专长，推出 9 档极具个人特质的节目。

“U Radio”意即以“你”为中心的广播，强调的是与听众之间的互动。频道定位于学国语、听凤凰；读中国、听凤凰；看世界、听凤凰。这是一个全方位的普通话频道，它能用更宽广的视角看中国，而这些也正是“U Radio”的优势所在。优悦广播的三个频道分别在香港数码广播频道22、26、28台播出，主要目标听众为想了解中国内地和想学普通话的香港人，本地普通话居民，包括香港优才计划引进的专业人士、新移民、学生等以及普通话游客。

优悦广播第一个频道“U Radio综合台”提供时事财经、社会民生和生活娱乐类节目，力求打造一个综合资讯互动平台，用生动活泼的方式传播大中华资讯。第二个频道“U Radio音乐台”播放普通话音乐、教普通话和传播中国文化历史等，让香港人充分体验普通话生活的乐趣。第三个频道“U Radio生活台”侧重于生活资讯、大气电波，与听众一起贴近生活、走进生活。

“凤凰优悦广播”的目标是成为大中华地区目标受众最受欢迎的电台、香港最受欢迎的普通话电台以及中国内地最受欢迎的网上电台。它希望给听众带来大陆、台湾、香港的优质资讯、正能量和快乐。主要受众是20～45岁的“U世代”，优：优秀、优越、中高端；Youth：心态年轻、充满活力；U：有个性、有主张。

“U Radio”目前有9位来自大陆、台湾、香港的DJ，他们是一群有活力和创意的年轻人。“U Radio”希望用更宽广的视角给听众带来大陆、台湾、香港的优质资讯，用更多互动的方式全力打造以“你”为中心的资讯互动平台，透过“U Positive”精神，释放正能量。

二、案例过程记叙

2009年11月，凤凰集团在香港成立了全资拥有的凤凰广播有限公司，专门负责集团旗下的声音广播业务，立足香港，逐步拓展在内地及海外的声音广播业务。公司目前在内地的深圳、青岛、潍坊、武汉、海口拥有7个频道，并一直致力于形成跨地域的华语广播网。

2010年9月，凤凰广播在香港筹办了凤凰优悦广播有限公司。2011年3月，香港政府正式向四间电台批出数码声音广播牌照，并提供了18个数码声音广播频道，24小时全天候播放。凤凰卫视集团旗下的全新数码电台“凤凰优悦广播”获批准在香港开展三个数码声音广播频道。2011年12月21日，“U Radio综合台”小范围试播。2011年12月28日，“U Radio综合台”试播。2012年1月18日，“U Radio综合台”正式启播。

“U Radio 综合台”目前囊括了9位年轻有活力的主持，推出了《优悦早新闻》、《天天互动》和《优乐馆》等平日节目，以及《潮妈周刊》、《玩转九重天》和《荒岛陪读》等假日节目。

2012年10月18日，“U Radio 音乐台”试播。2012年12月5日，“U Radio 音乐台”正式启播。同时，还举行了“2012年U声夺人凤凰U Radio 音乐DJ大赛”。来自全国各地的10强选手尽显表演、音乐及主持才能，争取成为最佳音乐DJ，获得在香港凤凰“U Radio”的工作机会。“U radio”音乐台以大陆、台湾、香港互动四方为宗旨，期望为全球华人提供全方位的音乐资讯互动。

“U Radio”开播第一年的重点在于打造几档品牌节目，并培养几名受听众欢迎的主持人。1月份开播的综合台就囊括了刘珉宇、Fanny、朱鸣岐、小天、煊煊、张栋梁、李嘉、徐彦婷和小路9位年轻、有活力的主持，推出《优悦早新闻》、《你家养生坊》、《天天互动》和《优乐馆》等平日节目，以及《潮妈周刊》、《玩转九重天》、《小路看东西》和《荒岛陪读》等假日节目。第二步，“U Radio”希望通过市场活动打响频道的知名度，树立凤凰优悦的广播品牌。而成为大中华地区目标受众最受欢迎的电台、香港最受欢迎的普通话电台和中国内地最受欢迎的网上电台，将是“U Radio”不懈努力的目标。

“U Radio”采用全新的数码声音广播技术。相比传统的模拟广播，数码广播的声音更为纯净，接收也更为稳定，并可以在传播声音的同时传播文字及图片，引领电台广播跨入高清和图文并茂的时代。随着3D技术及声光电技术的快速发展，致力于打造全媒体传播平台的凤凰卫视领风气之先，以凤凰发展历史陈列馆为实验基地，进行研究、探讨、测试及实践，为日后在香港推进声光电先进科技作铺垫，为响应特区政府大力发展文化创意产业的政策，承担义不容辞的责任。

“凤凰优悦广播”的开播，以及凤凰文创产业示范园的启动，是凤凰拉近全球华人距离的又一新举措，是凤凰走向全媒体的又一新步伐。香港与内地的联系越来越紧密，媒体有很重要的功能，希望通过“U Radio”认识更多内地的情况，也希望内地的同胞通过“U Radio”知道香港的情况。

现今社会普遍充斥着负面情绪，而“U Radio ”提倡“U Positive”精神，希望释放正面能量，给听众带来大陆、台湾、香港的优质信息，帮助听众朋友们以积极的态度面对生活。

三、分析及评价

如今，全世界的传媒发生日新月异的变化，为了适应时代的发展，各个国家的媒体不断对自身进行调整和补充，这既是为了适应时代的发展，也是为了让自身在如此竞争激烈的格局下，仍保有一席之地，甚至是脱颖而出。

随着中国对外开放的不断扩大与深入，中国国力的不断增强，中国的市场吸引了越来越多跨国集团投资。特别是北京成功举办2008年奥运会之后，中华文化得到了世界更多的关注。以中国大陆13亿人口的市场、港澳台及海外5 000多万华人的市场为核心，逐渐辐射到东南亚、欧洲、美洲等世界各个角落的华人圈，中国拥有众多的人口和庞大的市场。伴随着这些巨大的变化，各国在传媒方面也开始尝试一些新的战略。

（一）华语广播电视

华语文化在世界传媒上占有很重要的地位。在2008年抗震救灾报道中，全球华语广播网第一时间汇聚海外华侨华人的爱心，为振奋灾区人民战胜地震灾害的信心发挥了突出作用。北京奥运会期间，协作网的各家成员台联合在一起对开幕式进行了直播，并对随后的奥运赛事进行了联合报道，取得了圆满成功。这一系列的联合报道得到了海外广大华侨华人的广泛关注。现在，全球化、一体化不断加深，席卷全球的金融危机对于既有的话语权格局重新调整，大中国文化圈在不断构筑当中，华文媒体的互动和整合也在迅猛地发展着。

1933年4月30日，檀香山华人播音局开始播出广州话节目，5月1日，檀香山播音社也开始播音。1939年4月，华人唐宪才在旧金山开办了美国本土的第一家华语广播电台，这是美国华人社会历史上最长的广播电台。

马来西亚在1935年开始试办华语广播，1937年正式开播。20世纪40年代初，英国人在马来西亚创办的“丽的呼声”有线广播电台也办有华语广播。40年代末，新加坡、泰国的“丽的呼声”有线广播电台也先后开始播出华语节目。

20世纪70年代以来，海外华语广播逐渐扩展，华语电视异军突起。在美国的纽约、旧金山和洛杉矶三座华侨华人聚居较多的大城市，逐渐形成了美国华语广播的三个中心，后来还成为美国华语电视的三个发源地。除这三大城市外，在芝加哥、休斯敦等地也出现了华语电视机构。

1973 年，华人刘伯纳在加拿大的温哥华开办华侨之声广播电台。此外，在加拿大还有华人之夜电视台、加国华视、国泰中文电视和中华之声有线电视台等陆续开播。澳大利亚特别服务广播电台于 1975 年开始在悉尼、墨尔本试播华语节目。70 年代末期，菲律宾华人开办的大东广播社开始播出华语节目。华侨华人在西欧创办华语广播始于 80 年代。1983 年，英国曼彻斯特东方地平线华语节目开播。此后又办起苏格兰广播电台华语节目、伦敦城市好时光华语节目。在法国有 80 年代中期开办的亚洲广播电台、华人之声广播节目等。在荷兰有中文广播电台，意大利有志同广播电台华语节目等。90 年代华语广播在大洋洲有了新的发展。1992—1994 年，澳大利亚的悉尼、墨尔本先后开办了澳大利亚多元文化广播电台华语节目。在新西兰有奥克兰华人广播电台和新西兰广播电台的华语之声等。在非洲南非政府于 1995 年初批准开办第一座华语广播电台——侨声广播电台。

据不完全统计，截至 90 年代中期，海外华语广播电台或者办有华语节目的广播电台先后有 60 多家，世界五大洲有近 20 个国家都办有面向广大华侨华人的华语广播电视台或华语广播电视节目。开播华语广播节目、开办华语广播电台成为一种趋势，既是因为中国的影响力，也是因为中国诱人的市场，更能够促进与中国更好的交流和互动。

（二）香港广播

香港一共有香港电台、商业电台和新城电台三家电台。1959 年 8 月，香港商业电台开播，由香港商业广播有限公司经营。商台有两个用广州话广播的中文台——商业一台、叱咤 903；一个英语台——豁达 864，全天 24 小时播出。商业一台是信息台，以播出新闻、时事、财经节目为主，插播广播剧、谈话和音乐节目。叱咤 903，也称商业二台，主要以学生和年轻听众为对象，播出流行音乐和轻松的谈话节目。豁达 864 台是纯音乐台，每小时播放新闻提要和天气消息。

新城电台是香港政府批准成立的第二个商业电台，在 1991 年 6 月创办。新城电台有三套节目。劲歌台又称新城 997，是以青年人为对象的广州话台，播送中西流行音乐及介绍时尚文化的信息娱乐节目。金曲台又称精选 104，用双语广播，为成年听众播放现代音乐和谈话节目，以 25 岁以上的听众为对象。采讯台是双语广播信息台，以播放英语新闻及时事节目为主，插播广州话、普通话及菲律宾语节目。

香港电台在 1997 年 7 月 1 日香港回归祖国后，成为特区政府的电台。

香港电台于1928年开办，开始用英语报道新闻。1948年正式定名“香港广播电台”。1957年中文台开始全天广播，1960年英文台开始全天广播。香港台旗下有7个台。第一、二、五台用广州话广播。第一台以新闻、信息为主；第二台是为年轻人设立的，播送轻松有趣的信息娱乐及谈话节目；第三台用英语广播，播送形形色色的新闻、娱乐节目；第四台是双语广播台，以播送古典音乐和演艺节目为主；第五台主要播送教育、文化以及非主流兴趣节目；第六台全天转播英国广播公司对外广播节目；第七台从1997年3月31日开始成为普通话台。在优悦广播开办之前，它是香港唯一的普通话频道，每天上午7点至凌晨2点广播。普通话台一直致力于为听众提供丰富的娱乐及信息，是一个音乐信息频道，同时它还肩负着推广普通话的责任。优悦广播刚刚开播，就有来自全国五湖四海的听众打来电话与主持人互动，听众对节目有着不错的评价。

香港回归已经十五年了（截至2012年），香港与内地之间的交流与融合越来越紧密。以前很多香港人听不懂普通话，现在，这样的现象越来越少见。之前香港的13个模拟广播频道里，只有一个普通话频道，香港的广播业并没有因为普通话需求的扩大而增加普通话广播台或者普通话节目。

（三）凤凰集团

凤凰卫视近几年来发展迅猛，赢得了很好的口碑。1994年，开办“凤凰”的构想产生于新加坡。当时新加坡说华语的人占了4%，英语则有94%的人会讲，而且英语电视节目内容也比较丰富。但华语电视台收视率却更高，甚至广告收入也超过了英语台。这让“凤凰”意识到分布在全球的华人最感亲切的仍然是华语。而在当时，华语电视媒体几乎是一片空白。1996年3月31日，凤凰卫视在香港成立，凤凰卫视准确地将自己定位在全球华人市场，全力为全世界华人提供高质量的华语电视节目。巨大的环球市场加上成功的传播策略，使凤凰卫视迅速地发展成为一个多频道的华语电视平台。凤凰卫视旗下有凤凰卫视中文台、凤凰卫视电影台、凤凰卫视资讯台、凤凰卫视欧洲台和美洲台5个频道，它的节目覆盖了东南亚、欧、美、北非96个国家和地区，成为华人受众最广泛的华语卫星电视。凤凰卫视立足大陆、台湾、香港，已经初步形成向欧美市场发展、覆盖全球华人社区的频道格局。凤凰卫视的诞生和近年来的成长，已经成为现代电视媒体产业发展的一个传奇范例。凤凰卫视最大的特色，或者说是成功之处，在于市场定位非常明晰、准确，它采用区别于竞争对手的创新视角，定位于全球性的华语卫星电视台，这也是其他媒体之前所没有做到的。就比如凤凰卫视的台标，凤凰是中华文化的象征，借喻凤与凰的阴阳交融，也代表着东西方文化、传统与现代文明的互补以及融合。凤凰卫视的目标受众并不仅仅以华人受众圈中某一个单独区为主，而是一个“泛中国化”的概念。中文台是开播最早、覆盖面最广的，它包括54个国家和地区。由于全世界华人集中在中国内地，能否在中国内地拥有更大的市场占有率是凤凰卫视最为关注的。凤凰卫视中文台自1996年3月31日开播以来，从一家区城电视台一步步发展成为影响全球华人的国际传媒集团，不仅成就了传媒资本的神话，也圆了华人拥有世界传媒话语权的梦想。凤凰卫视走过了十多年的风雨历程，从“娱乐立台”到“新闻立台”，“创名牌新闻栏目”到“开播准新闻频道”的凤凰资讯台，凤凰通过一系列战略性转变逐步确立了自己全球华语台的强势地位。

1997年，凤凰卫视中文台在香港特区拥有近50万户观众，是香港唯一一家全部用普通话播出的电视传媒。它的服务宗旨是：立足香港，以沟通祖国大陆、香港特区和台湾地区及亚洲至全世界的华人，将历史悠久、博大精深的中华文明传播给世界。节目类型包括综艺节目、信息节目和体育节目等。

2006年6月起，凤凰卫视资讯台和凤凰卫视美洲台在中南美洲落地。凤凰卫视美洲台在2000年11月22日洛杉矶时间下午5点成功试播。这是凤凰卫视继中文台、电影台、欧洲台之后推出的又一新频道。凤凰卫视美洲台以香港为运作基地，将卫星讯号传送到大西洋彼岸，通过其网络向北美洲超过百万名华人观众提供立足于大陆、台湾、香港的24小时全普通话综合节目。凤凰卫视美洲台在美国成功落地，标志着凤凰卫视已经在相当程度上完成了对全球的覆盖，这大大提高了凤凰卫视在国际传媒舞台上的影响力和竞争力。

凤凰卫视资讯台于2001年1月1日开播，是目前世界上唯一全天24小时滚动播出时事、财经新闻的华语卫星电视频道，是唯一覆盖大陆、台湾、香港的华语信息频道，也是大中华地区唯一的24小时全普通话报道财经新闻和时政新闻的频道。资讯台成立的初衷，是为了改变长期以来世界舆论严重西方化而几乎没有华人的声音的局面，这也填补了世界上华人媒体的一个空白。

凤凰卫视确确实实用行动在“拉近全球华人的距离”，向华人提供世界的资讯，向世界发出华人的声音。而在凤凰卫视资讯台推出的时候，通过推广会的形式，用“掌握资讯，拥有未来”的口号把“24小时华语新闻报道”的概念传达给大家。目前的“凤凰”，已经在华人中成为一个响亮的声音，凤凰的品牌形象也已经在全球华人心目中根深蒂固。

凤凰卫视的主持人、记者和评论员来自大陆、台湾、香港及海外。凤凰20%的人来自大陆，70%左右的人来自香港，10%是中国台湾人和国际人士。这样的氛围使成员之间能够取长补短，观念得到融合，也顺应了现在电视媒体全球化与本土化相互作用的发展潮流，这也是跨国传媒进军中国市场的最好体现。凤凰卫视节目的内容表现形式紧紧贴合自己的定位，体现了内地文化与港台文化的融合，体现了南北方之间的融合，体现了中华文化与西方文化的融合。1999年，《财富》杂志刊登的盖洛普“中国消费观念和生活方式”调查中，凤凰卫视作为唯一入选的传媒机构，当选为国人最知名的国际品牌之一；2000年，凤凰卫视跻身“2000年国际华商500强排行榜”；由央视调查咨询中心进行的观众满意度调查报告显示，2001年第二季度，凤凰卫视在中国大陆拥有420多万收视户，合1.6亿观众，是中国境内收视率最高的海外电视台。获得这一切的成功，凤凰卫视仅仅花了五年的时间，并且在之后的时间里，持续地发展着。

凤凰卫视在观众中已经确立了它自己特有的地位和品牌，在英语一统天下的传媒事业中打造出一片华语天空。凤凰卫视以“传播中华文化，团结世界华人，沟通大陆、台湾、香港”为办台宗旨，拉近全球华人距离，构建起大陆、台湾、香港之间的桥梁。凤凰卫视给大陆观众带来了丰富的有关台湾、香港地区的信息资讯，满足了受众的信息需求，也给世界范围内的华人带来了华语节目。

推出普通话广播是凤凰卫视传播战略的一个部分，它是凤凰卫视真正实现沟通两岸三地、团结全球华人很重要的一步。它可以丰富香港现有广播的内容，为听众提供更多的普通话节目选择，也可以加强香港地区与大陆的互动和资讯交流。香港人可以通过广播听普通话、学普通话和了解大陆，在香港的内地人也不用再担心听不懂香港的广播。这既符合政府普及普通话的政策，也有助于香港人领悟本国的语言文化。

基于以上三个方面，凤凰优悦广播的开办是有意义、有必要的。它顺应了全球媒体发展的趋势，补充了香港广播业的空缺，有助于凤凰更好地进行传播，更重要的是，它可以促进内地与香港的交流和互动，团结各地中国人民。

（撰稿人　刘雅琪）

北京交通广播“最长假期”直播节目分析

北京交通广播电台是北京人民广播电台的系列台之一，该台与北京市公安交通管理局合办，于1993年12月18日开台。北京交通台全天节目主要由以下几大板块构成：新闻类、服务类、知识类、娱乐类、专题类等。2012年10月份，因为中秋节连着国庆节，所以被称作“史上最长假期”。面对长达8天的假期，再加上2012年国庆节作为高速公路首次免费通行的节假日，免费通行时间从9月30日0时开始至10月7日24时结束。这无论对交管部门还是各大交通广播媒体，都是一个不小的挑战。在这次大考中，北京交通广播的记者、编辑和播音员等不仅全天候对交通状况进行了实时报道，还推出多档特别节目，为出行的广大听众提供方便快捷的出行方案，真正发挥了交通广播媒体应有的服务职能。本案例分析将先对国庆期间北京交通广播全天候节目的编排进行简单介绍，对国庆期间相关节目的背景资料进行简要概括，然后详细叙述某一具体节目的运作流程，最后从节目内容、节目形式、节目互动性、媒体应急力和节目品牌构建等多角度分析该案例对广播媒体改进直播节目所起到的启发作用。

一、背景阐述及案例简介

1. 背景阐述

北京交通广播电台开播于1993年12月18日，播出频率为FM103.9兆赫，每个星期除周二的00：00～05：30机器检修外，其余时间不间断地24小时播音。开播以来，北京交通广播以创新、科学和以人为本的理念办台，人员管理严谨、规范，频率定位明确、专业，节目风格本土化特征明显，经营发展高效快速，走出了一条社会效益和经济效益“双管齐下”的成功道路。

北京交通广播电台不仅发展成为京城最受关注和欢迎的广播媒体，而且在全国广播电视行业，尤其是各大城市交通广播中担当领头羊的角色。随着移动互联终端的高速发展，该台节目在移动人群中的收听率不降反升，始终保持在80%以上。2001年，该台在全国广电系统首开质量管理体系先河，率先通过ISO9001质量管理体系认证。从2000年起，北京交通广播电台连续12年在全国广播单频率广告创收中名列第一。多年来，北京交通广播屡获国家广电系统、北京市的各项荣誉：开播以来，先后四次获得“全国广播电影电视系统先进集体”称号；2010年，被北京市政府授予“北京市模范集体”殊荣；2011年，被中华全国总工会授予“工人先锋号”荣誉；中宣部等六部委还曾授予北京交通广播“全国新闻工作先进集体”称号。

2. 案例简介

2012年中秋、国庆黄金周撞在了一起，假期长达8天，被戏称为“史上最长假期”。国家相关部委在假期前联合发布《重大节假日免收小型客车通行费实施方案》（以下简称《方案》），在春节、清明节、劳动节、国庆节四个国家法定节假日期间，对行驶在收费公路的七座及以下载客车辆实行免费通行。该《方案》一经公布，就立即引起了社会各界的广泛关注。作为高速公路首次免费通行的节假日，2012年国庆黄金周免费通行时间从9月30日0时开始至10月7日24时结束。大考来临，全国各地的道路交通运输部门紧急部署，严阵以待。各大交通广播媒体也不敢怠慢，北京交通广播电台已经提前半个月策划并制订了报道的方案。

北京作为全国政治、文化中心，也是一座享誉国内外的旅游名城，所面临的考验更加严峻。由于全国高速公路首次对七座及七座以下小轿车实施免费通行，吸引了大批北京人驾车出游和大批外地游客进京旅行。各条高速公路和城区联络线迎来前所未有的通行压力，北京各旅游景区客流爆满，公交地铁系统运量大增。

9月29日到10月7日，20多位编辑记者、主持人在台长李秀磊和副台长罗霄兵、延安的带领下，轮班坚守岗位，抽出早晚黄金时段集中直播“‘中秋’、‘国庆’两节交通特别节目”，时间总长度达60个小时，在全天各个时段集中播出或动态插播北京交通广播及外地兄弟电台记者现场连线报道424条，采制录音消息24条、“走转改”深度专题报道6篇，动态插播京津冀晋四省区高速公路路况信息近634条。北京交通广播电台在“两节”前、中、后期都发挥了媒体带头作用：

（1）“两节”之前。北京交通广播从“两节”前的半个月开始对各大时段节目进行预编排，以确保听众及时接收来自交通路面的行车信息，并及时推出多档“‘两节’交通特别节目”，重点为计划出门旅游的听众提供交通提示，规划便利、快速的出行方案。

（2）“两节”之中。为了在大考面前更好地为出行听众提供一切与交通相关的路面信息，北京交通广播重点推出“关注‘两节’高速公路免费通行特别直播节目”，全天候实时播报交通路况动态，同时加强与行车听众的互动沟通关系，尽心尽力做到为听众朋友排忧解难，为出行公众提供交通旅游等行车引导的服务。

（3）“两节”之后。中秋、国庆之后，北京交通广播深入基层“走转改”，记录了各行业一线值守人员的工作状态，对“两节”期间自身直播节目进行总结的同时，也对“两节”期间各行业的值守人员进行详细、客观、真实的报道，为听众呈现“最长假期”背后的一个个动人故事。

二、案例过程记叙

1. 前期准备

北京交通广播为迎接2012年“两节”最长假期，及时推出多档“‘两节’交通特别节目”，把节目的内容重点放在为计划出门旅游的公众提供交通提示上，对公众制订各种出行方案起到重大帮助。

从9月17日起到9月28日，该台《交通新闻热线》节目先期策划并连续播出了10期“两节”交通特别节目，为即将到来的大考练兵。与此同时，台里多路精英记者深入交通主干道一线，亲身体验京港澳、京藏、京承和机场快速干线等高速公路绕行路线的场景；再在此基础上对交通、交管、旅游、高速路管理、铁路和民航等部门工作人员进行专访，详细记录并连续播出各类有关假期出行的提示，为公众提前送上一整套“两节”交通出行全攻略，得到听众一致好评。

9月28、29日两天，从早上的《1039新闻早报》、《交通新闻》、《交通新闻热线》开始，到上、下午的《一路畅通》，再到晚间的《新闻直通车》，北京交通广播连续播出了12档“‘两节’交通特别提示节目”，可谓做到全天候服务。这12档节目的重点都放在预测节日期间高速路、联络线和各大景区可能出现的车流、客流拥挤状况等，24小时动态发布各交管部门提供的交通指引，提前给出行听众打预防针，适度降低大家因高速公路免费而引发的畅通预期。

这期间，北京交通广播路况信息部首次启动刚刚搭建起的京津冀晋高速公路路况信息交换平台，成功试播跨省区高速公路信息60余条。期间北京交通广播派出3名记者到北京市交通委、北京市交管局和北京市旅游委假日办三个指挥中心试点驻点，试播交通旅游实时资讯20多条，以确保直播期间能够做到万无一失。

2. 中期直播

“两节”期间，北京交通广播开始面临直播的挑战，正式推出“关注‘两节’高速公路免费通行特别直播节目”，全天候实时播报交通旅游动态，为公众提供交通旅游引导服务。

（1）抓住高速公路“收费”转“免费”重要时间节点，开播多档直播连线节目，实时引导进出京交通流。高速公路由“收费”转向“免费”的时间节点对交管部门、司机以及各大交通电台来说都是一个关键点，只有在这个节点开始之前做好保障工作，才能有效引导车流畅通无阻地通行。如果在这一节点没有把握住主动权，就很有可能引发“多米诺骨牌”效应，为后续工作带来不可想象的恶性循环。

从2012年9月29日深夜11点起到10月1日下午8点，北京交通广播将几大黄金收听板块连缀起来，开播“关注‘两节’高速公路免费通行特别直播节目”。这几大板块总播出时长近15个小时。

9月30日凌晨，交通台记者黄河已到达京港澳高速开展采访。当天早上早高峰期间，记者孙刚到达昌平西关收费站对一夜未合眼的高速工作人员进行采访。然而到了上午，京沪高速天津段因发生事故导致了大规模堵车，各档节目均对此进行了及时的报道，并呼吁广大出行游客绕道而行。

10月1日，记者赶到交管局采访北京市公安局局长傅政华，为听众传达更多来自上层的声音，做好沟通工作。在交管部门指挥大厅内，记者看到本市各主要高速公路通行情况，首发集团工作人员正在忙碌着。

（2）抓住各地高速公路“爆堵”、各大旅游景区游客“爆棚”等抢眼新闻点，密集发布疏导资讯，纵深探讨国民休闲模式。

10月2日起到10月6日上午，客流主要集中在北京各大景区，车流主要集中在京承、京藏、机场等高速公路的城郊联络线段。北京交通广播记者连续6天驻守市旅游委假日办、市交通委交通指挥协调中心和市交管局指挥中心，每半小时插播一条实时交通旅游动态，对各旅游热点的交通状况进行及时播报。

与此同时，新闻采编部每天还派出一到两名记者轮班赶赴一些重点旅游景区和交通点段，现场调查行车、停车和客流状况。

（3）紧扣高速路“免费”转“收费”重要事件节点，开播多档特别直播节目，实时引导返京交通流。假期结束之际，高速路由“免费”转回“收费”，在这一节点做好路况直播，能有效引导出游听众顺利返家。

10月6日和7日，北京各条高速公路开始迎来返程车流的高峰，铁路、民航、长途客运也迎来了返京客流高峰。北京交通广播从下午的《一路畅通》到《新闻直通车》，再到晚上10：00开播的《有我陪着你》均播出特别策划节目，紧贴交通状况。其中，10月7日的直播时长达到了6个小时。

10月7日22点，京港澳高速杜家坎收费站出京方向开始发卡，记者孙潇连线现场介绍了发卡状况和路面情况。到了22点20分，全市路网呈绿色状态，证明各主要路段全都畅通。

直到8日零点过后，高速公路顺利完成“免费”模式到“收费”模式的转换，北京市政府副秘书长周正宇在京港澳杜家坎收费站现场接受了交通广播记者孙潇的专访，并通过电波总结了长假8天的交通总体情况：长途车站发完最后一班车；火车站候车室里客流渐少；首都机场最后一大批到达旅客搭乘民航大巴和出租车离开。至此，直播节目宣告结束。以下是直播期间北京交通广播各路记者驻守各站点情况的简要介绍：

免费通行第一天，记者婉乔在交通委TOCC大厅仔细记录拥堵路段；记者朱艳婷采访了929京沪高速大羊坊收费站工作人员；记者孙刚在居庸关长城附近高速路边进行了现场报道；记者曾珊连续8天值守市旅游委假日办，发回连线报道近百条。

3. *后期跟进*

中秋、国庆假日，北京交通广播除了应对昼夜直播之外，也不忘深入基层“走转改”，详尽记录各行业一线值守人员的工作状态。8天长假期间，北京交通广播的记者们除了连线报道交通和旅游动态外，还深入交通、交管、高速路、环卫等岗位，切身体验一线值班人员的工作，采制出一批内容丰富、情感细腻和感染力较强的深度报道，在《交通新闻热线》节目播出后，反响良好。

8天长假过去后，北京交通广播的编辑、记者和主持人亦一鼓作气，高质量地完成了对“黄金周”直播的综合盘点报道，为这套跨度超长的“中秋”、“国庆”特别交通节目画上了一个圆满的句号。

三、分析及评价

北京交通广播在2012年国庆、中秋“最长假期”期间对北京市内外各大交通干道路面状况进行的昼夜直播，无论在前期筹备、直播期间的各项统筹，还是后期的后续跟进，其一系列的直播节目都具有典型的代表意义。北京交通广播此次昼夜直播的节目编排符合科学、合理的原则，各档节目无论从内容还是形式上都尽量做到了“为听众服务”的宗旨，节目的互动性强，节目、主持人、记者等在构建北京交通广播这一品牌的过程中都贡献巨大，对其他广播媒体，尤其是城市交通广播媒体的内容生产、经营管理都产生了示范效应。基于此，特评为2012年年度音频（直播节目总体）。由于节目众多，未能一一详述，现特撷取节目《一路畅通》为例，详细剖析该档节目的节目形态、制作流程及其社会影响。

1. 节目简介

北京交通广播的《一路畅通》节目是该台于2000年1月1日开播的一档集路况信息、新闻资讯、生活提示和话题交流为一体的大型互动直播节目。开播以来，节目的主创人员以“三贴近”为基本原则，将移动人群作为节目的目标受众，以鲜明的贴近性、反应的快速性和服务的伴随性成为政府与群众沟通的有效渠道与移动人群获取即时资讯的交流平台，是深受北京城百姓喜爱的广播节目。据相关统计数据显示，《一路畅通》节目稳居北京广播市场收听率及市场占有率首位。

在机动车保有量已超过500万辆的北京，实时报告道路出行状态已成为移动人群不可或缺的重要信息。《一路畅通》节目的直播间设在北京市公安交通管理局的指挥中心，可以为广大出行者提供最及时、最权威的路况信息。将节目定名为《一路畅通》，不但是每一个出行者的心愿，也是城市道路服务管理的终极目标。

《一路畅通》采取的是主持人对播的形式，除了传递最及时、最有效的出行信息和最新、最快的新闻资讯外，每天都有一个贴近百姓生活的互动话题，内容涉及现代生活的方方面面。开播以来，《一路畅通》节目已经有一个深入人心的理念——“大家帮助大家”，它有一个响亮的口号：“心路畅通，一路畅通”。通过手机短信互动，让封闭的车厢变得开阔起来；通过资讯、音乐、短信等多种形式让大家把堵车这样一段无聊的时光变得有意义起来。《一路畅通》力求通过电波在空中疏通大家的心路。《一路畅通》节目以创新的理念，加强与听众的互动交流，并以节目为主体举办多项活动。例如“一路畅通、从我做起”的大型公益活动，征集车标，推出“路德日”；“实心实意”十大评选，包括“一路畅想——十大对北京交通的展望”、“一路自律——十大路上不文明行为”等，都是结合交通生活中的现象及提炼出创新思路来举办的，是听众有热情参与、有影响力的活动。

《一路畅通》节目先后荣获国家广电总局颁发的中国广播电视新闻奖“十佳”公共栏目奖、入选中国广播电视学会“新中国60年有影响的60

个广播电视栏目”。主持人王佳一、顾峰、李莉、杨洋、郭炜先后获得中国播音主持政府奖金话筒奖。

2. 节目形态

《一路畅通》节目自2002年1月1日以全新的组合亮相新建成的北京市交管局指挥调度中心直播间以来，其节目形态和语言传播方式就开始发生了重大转变。改版后的《一路畅通》主要呈现以下特点，这些特点在2012年“最长假期”的昼夜直播中都有鲜明的体现。

（1）打破局限，包罗万象，突破节目形态的束缚。

从《一路畅通》在此次长假期间的播出时间来看，早晚的收听高峰正是各频率主打早晚新闻报道的时段，《一路畅通》在节目定位上加以调整，把各类时政热点、各方重大新闻囊括进节目里面，为堵在路上的司机朋友带来第一手的热点信息。因为在“最长假期”期间，北京交通广播的主要听众群还是各位行驶在路上或者堵在路上的司机及其乘客，《一路畅通》这一节目形态突破原有界限，以服务信息为主，但其定位并不是新闻节目。《一路畅通》相对于其他频率的新闻来说更关注民生，凡是老百姓用得着的信息，不怕琐碎，无论大小，都尽量编辑播出，这也是很多城市交通台新闻编播值得借鉴的地方。比如，在此次直播期间，节目除了播报实时交通状况之外，也对背景及其周边的旅游热点进行了详细点评，让听众对旅游地的游客数量、好玩指数及行车状况等都有一个初步的判断，减少不必要的麻烦。这“一大一小”的关注使《一路畅通》的节目形态开始朝着更具新闻性和服务更贴心的方向发展。①

（2）节目元素多样化，节目语态口语化。

这首先表现在《一路畅通》路况信息播报的变化上，以往广播节目中工整的句式被打破，字正腔圆的播音腔也在逐渐减少，真正做到贴近大众。在长假期间的直播中，大量口语、幽默的元素被加了进去，某些过渡话语运用得更娴熟，如“也就是说”、“换言之”、“我们的司机朋友”等。而原来可能会说：“某某号信息员提醒您北四环中关村桥区等校园周边易出现车行缓慢情况。”现在的语言风格改为：“某某号信息员正跟您在中关村桥区的校园里面一起闲逛呢！这里行驶慢慢的。”这种描述性的语言被大量地运用到了《一路畅通》节目中，增强了节目的交流性。同时，贴心的提醒开始出现在信息的后面，比如“您别着急，慢点儿开”等。这种人性化、口语化的表达在《一路畅通》中被不断放大、加强，也形成了一种

---

① 杨洋．广播语言形式的改变与节目形态的互动——从《一路畅通》节目谈起．中国广播，2012（4）：57~60.

独特的语言传播方式。而且，主持人的交流也开始多了起来，从一开始对资讯的点评，到后来发表对事件的看法，更多地采用了交流语态。这标志着《一路畅通》的语态开始发生根本的改变。①

（3）强化直播流程，提高听众注意力。

由于《一路畅通》长假期间在北京市交管局大屏幕前直播，全市路况尽收眼底，路况信息的发布更为及时有效，结合直播节目，主持人的语态也加入了更强烈的现场感，现场描述的加入更增强了听众身临其境的感觉。比如，遇到突发状况时主持人会特意描述一下警官的状态，“现在我看到了某某警官正三步并作两步跑进直播间，看来又有突发状况了。我去了解一下到底什么事，回头马上告诉各位，不要走开哦……”这种即时、俏皮的描述增强了节目的实时性，也调整了节目的节奏，引起了听众对将要听到的信息的关注和好奇。同时，《一路畅通》的主持人在描述大屏幕信息时也运用了独特的方法。例如，在播报收费站突发状况时，描述了基本情况之后，主持人会加入更多符合《一路畅通》风格的语言，包括当时的天气、周围的环境、工作人员的反应以及司机的行为等，这些细节的描述无疑都更能够吸引听众的关注，增强听众的记忆，最终产生有效的传播效果。直播期间的《一路畅通》在节目形态和主持人语态上都本着互动交流、贴近听众的宗旨为出行的人群服务。同时，节目形态的创新对主持人奠定个性化的主持风格、提升主持人个人形象和北京交通广播总体品牌形象有重大意义。

3. 媒介环境

从媒介环境学的角度来看，任何一种媒介的发展都离不开其所处的环境，无论是政治、经济、文化还是媒介自身发展过程中所产生的媒介语境，都不可避免地对内容生产、形态创新、品牌构建及经营管理等方面产生连锁影响。北京交通广播电台的《一路畅通》之所以取得重大成功，也要归功于其所处的媒介氛围。

（1）专业化与权威性并重，牢牢占据核心话语权。

要讨论《一路畅通》的成功秘诀先要了解它所处的环境。北京交通广播虽然是在广播专业化背景下创办的电台，但其节目制作风格却一直是“专业但不专门”。所谓“专业”，是指北京交通广播凭借其创办方之一北京市公安交通管理局的专业背景和官方权威色彩，确保了电台拥有丰富、权威、专业而准确的交通信息资源。北京交通广播也因此牢牢占据了交通

① 杨洋．广播语言形式的改变与节目形态的互动——从《一路畅通》节目谈起．中国广播，2012（4）：57～60.

信息这个领域的核心话语权，把专业化做到极致。

但是专业并不意味着“闭门造车”，并不意味着该节目一心只关注交通信息，正如前文所分析的，它在节目形态上的创新以及在节目内容上的包罗万象，说明它的“不专门”。这也就是说，北京交通广播的节目不专讲交通、不只讲交通。事实上，北京交通广播将自己的受众群体定位在“交通参与者”（即司机、乘客和交通管理人员）。这样的定位让北京交通广播的节目内容既有专业的交通内容，但又不仅仅局限在交通方面，因为“交通参与者”身上承载着多种多样的社会角色，这就决定了他们对广播内容的要求也是丰富多彩的。所以，北京交通广播并不是一个专门制作和播出有关交通节目的单一媒体，它的节目内容其实是相当丰富多彩的。

根据北京交通广播 2012 年“最长假期”（9 月 30 日到 10 月 7 日）的节目表显示，在其每天 24 小时直播的多档大型特色策划节目中，仅有不到一半的节目内容与交通有关。北京交通广播所有节目中的“交通”并不是指路面交通状况，而是指广义的交通，即只要与行车有关的都算在内，如《百姓 TAXI》、《汽车天下》等。至于另一半的节目，则涉及娱乐资讯、评书、安全知识和奥运等内容，如《1039 环球音乐航班》、《娱乐大篷车》等。

在这样的频道环境中成长起来的《一路畅通》，当然也具有了这样的特质，让一档介绍路况信息的节目能够持续整整两个小时，并且内容多样。“最长假期”期间，《一路畅通》既有专业的路况信息发布，又有“不专门”的各种讨论互动环节，这从诸如办公室环境、大家中秋节过得好不好、黄金周度假温馨提示、假期综合征、节能环保及旅行趣事等话题即可体现，从中可看出《一路畅通》对分众传播（可理解为专业）与大众传播（可理解为不专门）的灵活应用。正是因为对受众情况有全方位考虑，《一路畅通》才能牢牢地将听众锁定，成为这个时段最成功的一个节目。①

（2）北京拥堵状况是直接诱因。

北京交通广播的收听高峰与上下班高峰期正好重合，这绝对不是偶然现象。据最新统计数据显示，目前北京的机动车数量已突破 500 万辆，与机动车有关联的人员更是数量可观，这一庞大的移动群体上下班时间在车内紧张工作或无所事事的时光正是广播发挥作用的绝佳时机。而鉴于北京糟糕的交通状况，路况信息正是这一群体最需要的信息，《一路畅通》正好满足了这一群体的需求。《一路畅通》为他们及时播报路况，引导路上

① 魏泓飞．浅析造就《一路畅通》成功的要素．东南传播，2008（4）：125～126.

的司机以更加快捷的方式到达目的地，这对于其受众群体而言无疑具有极强的吸引力。而北京交通广播所采用的“交管部门通报 + 信息源搜集信息 + 听众互动提供路况信息”的模式，最大程度地保证了这个节目所提供的信息的准确性和有效性。

人们经常能在节目中听到这样的内容：一位听众发短信到栏目组问哪条路堵不堵、为什么那么堵或是要不要改道。而节目主持人则根据相关信息及时解答问题，即使暂时解答不了，也很快会有其他的热心听众发短信帮助解答。及时有效的沟通让栏目的作用得到有效发挥，让每一位在路上的司机在需要帮助的时候都会很自然地想起可求助《一路畅通》。

权威的信息源、及时有效的沟通让长假期间的《一路畅通》成了所有司机必听的节目。当然，时下很多电台也都很取巧地在自己的节目中插播路况信息，但很明显，这种“游击战”只是一种锦上添花，并不能收到预期的效果，对于交通广播这种系统性的路况节目是构不成威胁的。

4. 双向互动的传播机制

(1)“微平台”的综合运用。

当前，《一路畅通》节目形态和主持人语态的真正确立是从微博引入这个节目开始的。媒体以内容为王，但内容的传播却受到媒体技术形态的限制。广播节目必须通过技术的进步来改进和丰富节目的传播，正是“微平台”的介入让广播焕发了新的生机。[①] 可以说，对技术的利用也是一种创造力，而且是一种重要的创造力。广播与通信技术的“联姻”造就了新的节目形态和语言表达方式，它也从根本上改变了《一路畅通》的节目形态，由之前单方向从传者到受者的传播变成了传者与受者双向的交流。

首先，《一路畅通》所具有的服务功能更加具有目的性，对于受众的疑问可以在第一时间获得并使之得到解决，这在长假期间的作用尤为显著。移动互联终端技术的发展让更多的听众能够通过各种终端手段及时向直播中的主持人传达自己的意见或疑问，并在最短时间内得到满意的答复。这也更贴合了《一路畅通》片花中所说的“一路畅通，一路沟通无障碍”。

其次，《一路畅通》在贴心服务的同时更加强了心理陪伴功能，这是以往节目形态所达不到的。悠悠长假，很多人大部分的出行时间都被堵在了路上，此时节目中的“心灵疏堵”功能就显示出来了，为受困的司机、乘客，也为轮班值守的道路工作人员带来心灵上的陪伴，彰显节目互动沟

---

① 张丽．广播如何借力微博——北京交通广播的尝试与探索．传媒，2012（5）：48～50.

通的优势。

（2）互动形态下的交流语态。

语言传播是广播媒介传输内容的主要手段，然而节目中其他丰富多彩的创作因素也是播音员、主持人必须考虑的。多种互动方式下的新节目形态对主持人的语态也提出了新的要求。节目互动形态体现在主持人与主持人、主持人与受众、主持人与嘉宾（记者）以及通过受众与受众之间的互动。这种互动在语态上体现为表层次和内层次的交流。表层次的交流是指在直播状态下对主持人的一般要求；而内层次的交流是指对象间的情感交流，这首先是受众心理的需要。在广播节目中要大范围地使用情感因素来吸引受众，因为情感因素最容易适应受众的无意注意需求。在长时段化整为零的节目形态下，只有最大限度地吸引受众的注意才能保证节目的传播效果。《一路畅通》的节目形态在节目内容安排上，尽可能“对接听众的理想和希望”。在传播上，力求保持“零时差”、“零距离”和先声夺人。因此，它开创了一种新的口语表达。“新”的口语传播是通过现代传播技术来支持的，口语交流可以跨越时空，使广播成为一种最具人文关怀的媒介，这种人文关怀就是通过对象间的情感交流实现的。《一路畅通》在片花中就体现了这种理念：“贴心关怀，诚心奉献，《一路畅通》从心开始。”

《一路畅通》在长假期间所提供的路况信息除了来自一线记者的采写之外，还有很大一部分是由路上的司机发短信提供的（其中相当数量是直接根据其他司机的提问而作出的回答），这样就在电波中建立起一个路况信息发布网络，每个人都在帮助其他人了解实时路况，让他们及时选择自己的出行路线。这样的互帮互助目前已形成了一个成熟的交互系统，每个人提供的信息都得到了重视，自己也能从其他人那里得到相应的帮助。因此，每天在路上的数以万计的司机就这样连成了一个临时的集体，无私地互相分享信息、互帮互助。如此强大的整合功能让《一路畅通》这个平台拥有了一个忠实的受众群体，并且在这一群体中已逐渐产生了亚文化的影子，例如，《一路畅通》一直倡导建立一种公路文化，即在别的车为自己让道之后连闪三次转弯灯表示感谢。正是由于这样的集体归属感赋予了《一路畅通》长期保持一定数量收听群体的能力。

5. 维护品牌忠诚度，提升品牌形象

广播是声音传播，不如电视画面传播鲜活，也不如报纸、杂志传播深刻，而且持续时间短、传达效果有限，品牌的渗透性、转移性因而较差，多媒体的共同应用可以有效弥补这些缺憾，有助于维护品牌形象、巩固品牌价值。北京交通广播是广播媒介，但是要想顺应时代要求，就必须融入新媒体。于是，北京交通广播网应运而生。通过这个全新的平台，交通广播的节目、主持人和品牌活动得到了进一步的宣传推广。

无论是节目还是广告，其出发点都是让受众在接触信息之后能够产生联想，加深记忆。对于交通广播来说，就是在节目结构、编排和内容上打动听众，让听众真正认可交通台，从而树立品牌形象。北京交通广播结合北京本地的交通情况，将服务的落脚点定位于为广大的驾车听众提供最全面、最实时的路况信息。其中《一路畅通》栏目就是一个典型，该栏目为听众提供了一档以道路交通信息为中心的节目，满足了听众出行方面和生活方面的信息需求。①

以天下为视野，以行走为依托，以公益为目标，《一路畅通》栏目创办几年来迅速成长。《北京人民广播电台频率和节目满意度专项调研报告》显示，《行走天下》的知名度、满意度和听众喜爱度均名列前茅，被访者普遍认为节目内容丰富、风格独特，收听后有很大收获。李秀磊在专著《经营广播》② 中曾就“品牌栏目”的特点专门进行了探讨，并特别强调其“独特性”，书中说：“如果一个栏目很容易被别人克隆，那么它的竞争力也不会持续太久。仔细研究许多品牌栏目，会发现它们看起来形式很简单，很容易被模仿，但内涵却总是学不来，这就是一个栏目的软实力。”《一路畅通》就是这样一个典型的例子。

（撰稿人　赖民强）

---

① 李秀磊．“个性”助推品牌营销——解读北京交通广播的特色化区域传播．广告导报，2012（8）：40～41.

② 李秀磊．经营广播．北京：北京大学出版社，2010.

中国之声2012“新春走基层”系列报道分析

从2012年1月8日至2月10日，中央人民广播电台中国之声推出“新春走基层”系列报道，引起了听众和媒体的广泛关注和强烈反响。此次“新春走基层”系列报道是在中宣部等部门提出“走转改”活动要求以及中国之声在2011年进行全面改版的背景下产生的。本文对其报道过程进行了详细叙述，并从专业角度分析了其在报道方式、理念等方面的优点和创新。同时，提出了存在的问题及改进建议：正面宣传报道过多，应更全面、客观；微博使用上仍须拓展；“走转改”须常态化。

从2012年1月8日（农历兔年腊月十五）至2月10日（农历龙年正月十九），中央人民广播电台中国之声推出“新春走基层”系列采访报道。此次报道，中国之声共派出包括地方记者站在内的187位编辑记者，分85路奔赴全国各地（包括台湾地区），分批分线地深入基层一线进行采访报道。共播出稿件400多条，其中有318篇（次）源自基层生活的广播特写、消息、组合报道、连续报道和现场报道，并推出了多篇鲜活生动、有影响力的独家报道。“该系列报道实现了全天全频率覆盖，首次联合中国广播联盟推出每天半小时‘新春走基层’专题节目；首次将春运报道全面纳入‘新春走基层’；所有记者深入地方采访，首次组织评论员走基层；以百姓为主角，首次集中汇聚小人物的‘大光芒’。”① 报道在听众中产生了强烈反响，相关报道以文字和图片的形式被各大新闻网站、门户网站转载，也被央视等多家媒体所关注和报道。

一、背景阐述

中国之声2012“新春走基层”系列报道是在中宣部等部门提出“走转改”活动要求以及中国之声2011年全面改版的背景下进行的。

2011年8月11日，中宣部、中央外宣办、国家广电总局、新闻出版总

① 国家广播电影电视总局．中央人民广播电台中国之声创新报道《新春走基层》．http://www.chinadaily.com.cn/hqgj/jryw/2012-02-09/content_5122514.html，2012-02-09.

署和中国记协五部门联合召开视频动员会议，部署全国新闻战线开展“走基层、转作风、改文风”（简称“走转改”）活动。各新闻单位积极响应，陆续推出各种形式的“走基层”报道。2011 年 8 月，中央人民广播电台下发《中央人民广播电台“走基层、转作风、改文风”活动实施方案》，对活动的开展提出了具体要求。“新春走基层”系列报道是央广中国之声践行“走转改”活动的重要组成部分。2012 年春节是中宣部提出“走转改”后的第一个春节，这个中国老百姓心目中最重要的节日也是深化“走转改”活动的重要报道契机。正是在此背景下，中国之声在往年“新春走基层”报道的基础上扩大走基层采编队伍，深入全国各地，做更加有温度、接地气的新闻。

此次“新春走基层”系列报道是中国之声 2011 年改版以来的首个春节系列报道，其中体现出的专业精神、责任意识和人文关怀都是此次改版的题中之意。从 2011 年 10 月 8 日起，中央人民广播电台第一套新闻综合频率中国之声进行了全面改版，推出了“以责任，赢信任，中国之声，责任至上”的新台标语和新版节目，提出了国家电台首席频率应担负的六大责任：“以专一做新闻、专业做新闻为己任；以促政通谋人和，搭建党和政府同人民大众桥梁为己任；以追寻事实，推动国家、社会、公民进步为己任；以追求真理，构建主流价值观为己任；以服务大众，坚持人性、人本、人文为己任；以声音记录中国，建设国家级声音档案为己任。”[①] 同时针对目前信息爆炸、信息内容鱼龙混杂的现状，强调在信息化的浪潮中，中国之声要以科学理性、严肃求真的态度，促进新闻信息真实、准确、全面、客观传播。在此次改版的新思路和新要求下，2012 年春节期间的“新春走基层”系列报道无论在报道题材的选择上还是报道方式上都有了新的变化和创新。

一年一度的春节是中国最重要的传统节日，其重要性不言而喻，它也是媒体的一场盛宴，各家媒体都会精心策划春节期间的报道。一年一次的人口大迁徙——春运，更是关乎人们的切身利益乃至社会的稳定。特别是 2012 年春运比起往年更为特殊和重要，因为 2012 年春运自 1 月 8 日至 2 月 16 日为期 40 天，是 40 年来最早的春运，也是京沪高铁开通后的首次春运，实名制和网络售票全国推行后的首次春运，因 7·23 动车事故而全面加强安全行车后的首次春运，三大“首次”重任考验春运买票、运力安排和行车安全。这就使得“新春走基层”报道，尤其是关于春运的《温暖回家路》报道有了更大的现实意义和广泛的受众基础。

---

① 新浪传媒．中国之声今日改版　打造中国第一新闻广播．http：//news. sina. com. cn/m/2011 - 10 - 08/112723268160. shtml，2011 - 10 - 08.

二、报道过程

2012年“新春走基层”系列报道由多个子栏目组成，且各有侧重、各具特色，形成报道合力。

（一）《温暖回家路》——多地车站联动直播，各子栏目互相配合

中国之声“新春走基层”的开篇之作就是春运报道——《温暖回家路》。在春运信息报道中突出“快捷、及时”的特点；直播车开进火车站广场、记者走到旅客身边进行温情直播；同时，四个子栏目相互配合，多方位、多角度地服务与呈现春运。

1. 六大火车站联动直播

中国之声联合铁道部及北京、上海、成都、武汉、郑州、阜阳铁路局，并与河南人民广播电台、上海东广新闻台、成都人民广播电台多家广播电台联手，将直播车直接开进六大火车站，选取春运高峰时段直播春运客流高峰动态。从2012年1月16日（大年二十三）开始，连续5天，每天三档节目播报全国重要交通枢纽北京、上海、成都、武汉、郑州、阜阳六大火车站春运现场的高峰动态，时段分别是9：30~10：00，14：30~15：00，18：00~18：30，同时中国广播网进行同步的图文直播。直播车就在车站人流密集处，旅客可以直接“观看”广播节目直播，主持人也经常与直播车窗外的旅客招手互动，实现了与旅客、听众的近距离接触。（如图1）

图1　中国之声直播车在火车站站前广场（图片来源：中国广播网）

《温暖回家路》在火车站直播，每期节目都邀请当地火车站的负责人走进直播车，在节目中为旅客提供服务和帮助。听众通过向直播车提前递纸条、写微博和发短信的方式，提出旅途中遇到的问题。嘉宾在直播节目中，或答疑解惑，或服务提示，或解决问题。现场广播不仅吸引了旅客的驻足观看，很多旅客也走到直播车前，反映自己遇到的问题、寻求解决的办法。直播中实时发布的各地火车站的最新信息成为各大主流网站转载的首选，也成为权威信息发布的平台。

节目中，在一地火车站进行直播的同时，还通过连线直播的方式与其他重要火车站进行实时联合播报。如在北京火车站进行直播时，穿插连线在广州火车站的记者报道当时当地的情况，不仅使听众知道自己出发地的客流情况，也让他们了解抵达地或所关注地方的春运情况。同时还与各地公路、公交部门联动，寻找回家最后几公里的解决方法，方便旅客就近到家。

此外，互动与直播同步进行，通过直播现场互动、微博交流和短信互动等方式，与听众实现实时反馈和沟通。节目组在火车站直播现场放置了巨幅背景板，提示直播地点和时间。节目播出过程中，旅客可以免费领取“特别直播明信片”并写下祝福，节目组负责免费将其邮寄。节目中会选读部分问候，通过电波把祝福送到旅客们的亲人朋友身边。每场直播节目都有近千名旅客在明信片上写下自己的祝福和心愿。

2. 四个子栏目配合报道

进行车站直播的同时，中国之声还将春运报道内容分类集结，在第一时间、第一现场、第一人物和第一观察四个子栏目中播出。各个子栏目分别侧重于一类内容的报道，各司其职、相互配合：《春运 2012 · 第一时间》传递春运最新信息；《春运 2012 · 第一现场》在中国之声《央广新闻》播出，每天播报大量来自国家有关部委、火车站、汽车站、机场及车厢调度、洗涤车间、信号调度、动车基地及安全检修现场等春运一线的现场报道；《春运 2012 · 第一人物》关注春运途中或为春运服务的人们的故事。中国之声协同中央电台驻各地记者站，派出几十支记者小分队，跟随农民工、大学生、白领及支教志愿者，从买票开始，全程报道他们回家的故事，记录他们回家路上的点滴；还有一部分记者在铁路运输各部门的一线蹲守采访，记录不为人知的铁路运输各节点单位的工作细节，特别是安全、后勤保障等岗位。此外，《春运服务站》每半小时 1 档，提供最新鲜、实用的信息，主要内容为权威票务信息实时发布、服务小贴士，如乘车安全、车票真伪辨别、订票技巧、防骗防窃招数和健康旅途等。

（二）“新春走基层”报道——记者伴随体验式采访，观察员也走基层

中国之声在《新闻和报纸摘要》、《新闻纵横》、《央广新闻》、《直播中国》等重要节目中先后推出“新春走基层”系列采访报道。记者们深入基层一线，走进驻地、厂矿、田间地头、普通家庭……报道老百姓的生活，了解他们的需求，记录他们的悲喜，倾听普通民众的声音。节目采制了《文化春节》、《移民的新年》、《红火市场》、《保障房的春节》等多个生动的专题报道。

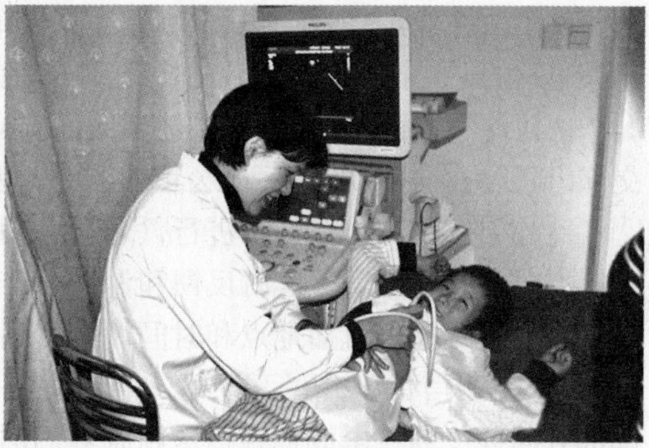

图2　医生为方方做检查（图片来源：中国广播网）

同时，中央电台还创新形式，加大了对春节期间值班坚守工作岗位的人们的伴随体验式采访力度。多路记者登上农民工专列、加入摩托车返乡团，陪伴普通人踏上回家路，记录打工者的返乡路，进行体验式报道；除夕之夜，记者跟随环卫工人一起工作，真实记录下环卫工人忙碌的除夕夜；有的记者在火车上临时客串列车员，边服务边采访。《一样的归家不一样的感受》、《方方治病·爱心接力》（如图2）、《新兵日记·去往西宁的家》等有温度的报道都获得了听众不错的反响。

在记者深入基层一线采访的同时，中国之声的观察员们也走进基层，打造了品牌栏目《中国之声观察员新春走基层》。中央电台有丰富的观察员、评论员资源，涵盖政治、经济、法律等多个领域。2012 年春节期间，中国之声有计划、分批次组织观察员深入全国 31 个省市自治区的基层一线，20 多位观察员陆续走进林场、矿区、田间和百姓家里，触摸现实、思考问题和探索解决方法。例如，大年初一（1 月 23 日）特约观察员张政法走进河南省鲁山县瓦屋乡马老庄村解读新农村的变化。基层的观察与经历，为特约观察员们提供了丰富的现实素材和更为开阔的视角与思路，有效地拉近了新闻评论同普通群众间的距离，提升了评论的现实性和针对性。

（三）《回访 2011 难忘人》、《2012 祥和年》——关注普通人的平凡生活

2011 年，中央电台《难忘的中国之声》栏目一直关注着普通人的平凡

生活，展现他们身上的道德光辉。2012 年新春，中国之声派记者回访了 2011 年曾报道过的人物。从除夕到年初七，分别报道了爱心馄饨店店主刘大军、农民拖拉机歌手郭印柱、黄山绝壁美容师胡敏、徽州民歌传承人凌志远、天桥下的流浪歌手田津、QQ 奶奶张秀丽、护林员刘光兵、军医单健、邮递员宋宪臣、调车员王连军、供电工王建永和聋哑学校老师邱新等多位“小人物”的新春故事。通过回访的方式，重温他们的故事，报道和记录他们的生活变迁。

此外，由中国之声与中国广播联盟、中央电台驻各地的 40 多个记者站合作推出的大型直播互动节目《新春走基层·2012 祥和年》，从 1 月 16 日至 2 月 10 日在《央广夜新闻》中播出，每期时长 30 分钟，以直播形式报道来自基层、有典型意义和普遍性的新闻。其中，报道了京津沪漂流一族、垃圾清运工、流浪人员收容所工作人员、孤儿院工作人员、手工艺者和戏班相声评书艺人等特殊工种的节日生活。例如，《看甘肃舟曲平价菜市场，听江苏徐州送戏下乡》等报道，以小切口引入的方式，主打感情牌，从普通人的平凡生活透视社会现实，以小见大，同时以直播间嘉宾短评的形式打造报道的延展度。①

在进行广播报道的同时，中国之声还利用网站、论坛、微博等进行多媒体融合报道。如在中国广播网开辟“温暖之行，责任之上——新春走基层”专题，将声音报道转化为文字稿件，第一时间进行图文报道，并登载记者手记、开展“新年晒照片”的论坛活动；在中国之声官方微博上发布新闻、预告节目及转发记者感悟，并发起“温暖回家路”等话题与网友进行互动交流。(如图 3、图 4)

---

① 纪署春. 深入基层　层层入心·中国之声　声声夺人. http://blog.cnr.cn/318557/viewspace-60941.html.

图3 中国广播网“新春走基层”专题（图片来源：中国广播网）

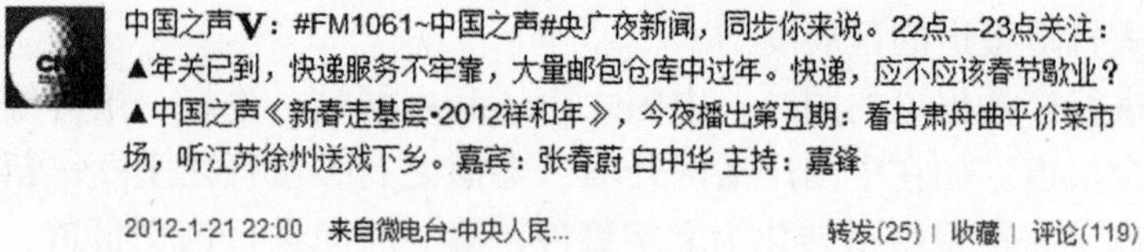

图4 中国之声新浪官方微博（图片来源：新浪微博）

三、分析与评价

“新春走基层”系列报道播出后，引起了受众和媒体的广泛关注，从专业的角度来看，其报道方式、报道理念等方面的创新也值得我们进行探讨。下面就从听众和媒体视角以及专业视角两个方面对此次系列报道进行分析。

（一）听众和媒体视角

报道引起了听众和媒体的广泛关注，其中有赞誉也有批评。比如，新浪微博网友“@京城雨然”在中国之声的官方微博上留言：听中国之声，享温暖之春。[①] 央广社区的一位网友“洪生”发帖评价了“新春走基层”

① 中国之声新浪官方微博. http://media.weibo.com/profile.php?uid=cnrzgzs.

系列报道，他写道：我感觉今年报道春运显得更贴近群众。记者以普通人身份跟农民工感受回家的辛苦与欢乐。展示了生活真实的一面，边听边感觉好像是自己在经历这件事一样，有喜有忧的。[①] 他们肯定了报道的“普通人视角”和其中展现的温情。

而对报道的批评则主要表现在受众对“走基层”这种贴标签式的报道的质疑，一位微博网友评论其为“一年一次的秀”；以及对报道中或多或少体现出的宣传味道的逆反心理，并对“走基层”系列报道中正面报道较多的情况表示不满，比如微博网友“@追寻以太”认为记者们应到中国更贫穷的地方走走，看看人们生活的艰辛。

而主流媒体对这次报道多从宣传角度和报道形式创新两方面给予了肯定。《光明日报》刊登了《新闻单位“新春走基层”：反映民声民意抒写百姓情怀》，其中写道：一系列来自基层、贴近群众的报道策划精心、采访深入、制作精良，记者带着对普通人的深切关注去做“零距离”、“有体温”的新闻，受到基层群众的高度赞誉。[②] 中国记协网登载了以“中央电台《温暖回家路》获各界好评”为题的报道，其中写道：业内人士表示，在直播现场解决问题，这样的节目设计很有新意，也很有挑战，能够让铁路负责人敢于面对问题、积极解决问题是媒体的责任也是媒体努力的方向。[③]

（二）专业视角

此次新春走基层报道在报道方式、报道理念上都有一些创新和改进，同时也存在问题和不足，下面就从专业的角度出发，对这两方面进行分析。

1. 优点与启示

（1）报道方式创新。

中国之声在2012年“新春走基层”报道中投入了更多的人力、物力，实现了全天候、全频率覆盖。其在这一系列的报道中突出品牌意识，对报道进行了精心策划。采用轮盘和直播的新闻播出模式，开辟多个子栏目全方位报道“新春走基层”，各种不同主题、形式、体裁的报道穿插在不同

---

① 洪生．中国之声新春走基层温暖回家路有特点．http：//bbs. cnr. cn/thread－2538256－1－1. html.

② 新闻单位“新春走基层”：反映民声民意抒写百姓情怀．光明日报，2012－01－29.

③ 中国记协网．中央电台《温暖回家路》获各界好评．http：//news. xinhuanet. com/zgjx/2012－01/31/c_131384643. htm.

栏目中，层次分明、各有侧重、相互配合，增强了新闻的时效性，同时形成报道合力，使“新春走基层”报道凝聚品牌、形成规模。

在报道方式方面有所创新。首先，中国之声首次将关于春运的报道《温暖回家路》全面纳入“新春走基层”报道中来，并在每天早中晚三档节目中进行直播，连续五天，提供更快、更新、更全面的新闻信息。其次，派多路记者深入基层，进行纪行式、伴随体验式采访，在亲身体验中更真实、全面地呈现普通人的生活冷暖，提供“接地气”、“有温度”的鲜活报道。此外，首次组织评论员、观察员走基层，有效地拉近了新闻评论同普通群众间的距离，提升了现实性和针对性，打造了名牌栏目《中国之声新春观察员走基层》。这些举措都使新闻报道更加贴近群众、贴近生活、贴近实际。

在报道中积极与受众互动。中国之声不仅通过电波在节目中与听众连线互动，还通过线下活动、网络论坛及微博互动等方式与受众交流、沟通；在火车站直播现场制作了巨幅背景板，提示直播地点和时间；策划为旅客免费提供和邮寄明信片活动。这些互动形式，不仅可以提高受众对节目的关注度和参与度，也有助于塑造栏目品牌形象，提升节目的影响力。

（2）多媒体融合报道。

此次“新春走基层”报道注重与多媒体融合、增加与互联网互动，利用网络拓展了传播渠道。“新媒体的涌现在一定程度上帮广播克服了转瞬即逝、限时传播和不易保存的弱点，使广播能够扬长避短，最大程度强化了现场和时效”①。报道中充分利用互联网，在通过广播频率传播新闻的同时，第一时间在中国广播网上进行图文报道，并在央广社区开辟论坛，接收网友们的反馈信息。电话连线、手机短信互动等较为传统的互动方式也扮演了重要角色。而中国之声的官方微博更是此次报道中的一支强力军，中国之声通过微博预告节目、发布最新消息和发起讨论等。截至目前，其新浪官方微博粉丝已超过342万人，是全国电台微博中粉丝数最多、影响力最大的。微博在报道中起着重要作用，“以前广播记者只是用声音来工作，现在通过使用微博，可以用文字、图像甚至视频发布新闻，极大地扩大了报道空间。同时，微博还增加了广播听众的黏性，能够让电台编辑、记者和主持人准确地在第一时间知道听众的所思所想，第一时间根据听众

---

① 张程，漆婷婷．时刻出版的新闻“报纸”——专访中国之声副总监侯东合．传播管理，2012（5）：59.

的反馈对节目做出优化”[①]。

（3）践行“走转改”，回归新闻本质。

中国之声派出85路记者奔赴全国各地，深入基层，报道老百姓的生活，讲述基层的故事，是对“走转改”活动的进一步深化，其实质是新闻本质的回归，也是对新闻真实性原则的回归。

“‘走转改’的提出，就是要在复杂的环境之下，明确新闻工作的坐标，坚持追求真相、探寻真理的新闻本质和立场，回归实际，回归理性。”[②] 它更加强调新闻的真实性；要求了解受众需求、服务受众；用群众喜闻乐见的形式做新闻，增强新闻的吸引力与感染力。此次“新春走基层”系列报道体现了“走转改”活动的题中应有之义。

在路上，才能发现好故事，才能促进新闻创新；深入新闻发生的一线和现场，才能保证新闻的准确性和真实性。“新春走基层”报道派出大量记者、评论员到全国各地，走到厂矿、田间地头等新闻发生的现场，报道最普通群众的生活，发现和报道了不少好故事，如QQ奶奶通过互联网对青少年进行义务心理辅导。

从文风上来看，此次报道在广播语言上也更加清新朴实和具有生活气息，增加了报道的吸引力与感染力。记者与群众说家常话，报道中保留了大量普通老百姓的方言讲述，还有一些现场原音实录，使报道更鲜活、更有现场感。

（4）媒体的社会责任和人文关怀。

“铁肩担道义”，一个媒体的力量不仅在于它的传播能力和舆论影响力，更在于它的社会担当、对社会现实的观照和对人的深度关注。从“新春走基层”系列报道中，我们也能看到中国之声的社会担当和人文关怀。

关注人的诉求和命运，这才是新闻工作者的使命所在。新闻报道“要关注人的生存状态，要关心人的心理需要，要培养人的健康成长，要对个人、社区乃至整个人类命运的发展高度负责”[③]。此次“新春走基层”系列报道，将话筒对准最基层的百姓，发出他们的声音，反映他们的愿望、诉求。将视角对准普通人，讲述他们动人的故事，展现平凡人的奉献与坚守，通过抓细节使一个个普通人跃然纸上。同时提供最贴近生活的节目、

---

① 张程，漆婷婷．时刻出版的新闻“报纸”——专访中国之声副总监侯东合．传播管理，2012（5）：59.

② 范以锦，王希．新闻本质上升式回归——对“走转改”活动的深思考．新闻实践，2011（12）：31.

③ 蔡铭泽．新闻传播学．广州：暨南大学出版社，2007. 210.

实用的信息，特别是春运报道——《温暖回家路》，变报道为服务，从为旅客服务的角度出发，直播春运信息，解答旅客难题。很多记者走到群众需要的地方，条件很艰苦的地方，与他们同吃同住，切实感受百姓的冷暖。大量反映基层真实情况的报道促进了一些问题的解决，也彰显了主流媒体积极履行社会责任的良好形象。

（5）广播媒体应对新媒体挑战的一种思路。

此次中国之声“新春走基层”报道也为广播媒体应对新媒体挑战提供了一种思路。新媒体的不断发展，给广播等传统媒体带来了巨大的挑战。“自媒体”时代，人人手中都有“麦克风”，每一个人既是信息的发布者，又是信息的传播者和接受者。新媒体所具备的实时性、草根性、平等性和开放性等特点，都是广播所无法比拟的。“而广播媒体掌握信息传播的特性、规律，能够深入调查、全面分析、生动表达，这种统筹、策划、组织能力，目前仍是任何个体或小团体难以匹敌的。”[①] 它在新闻事实的深入调查、解读分析等方面掌握丰富的资源，这些都是新媒体尚不能抗衡的。

面对这样的现实，广播人要坚守群众路线，走到基层去，获得独家的、一手的、详细的报道材料，在第一时间、第一现场做新闻；及时回应公众关切的问题，提供真实、准确和详细的新闻事实，并根据所掌握的材料对新闻进行解释、分析，为公众解疑释惑、去伪存真，不仅提供事实，更提供权威解读。只有走到新闻发生的一线，才能保证新闻的真实性和准确性，从而加强传统媒体较之于新媒体的另一大优势——“公信力”。同时在“自媒体”时代下，真正了解百姓的实际生活，用他们喜欢和易于接受的语言讲述新闻事实，才能真正为群众接受，掌握舆论主导权。

2. 不足与建议

（1）正面报道过多，不能全面、客观反映社会现实。

新闻的真实不只是每一篇报道的真实，它要求媒体能提供更全面的信息及全方位地反映现实社会。此次“新春走基层”系列报道，记者们虽然走到了普通人中间，将报道视角对准了平凡人，但多是正面报道，反映问题、进行舆论监督的报道则比较少，显得宣传味较浓。这样的报道是片面的，并不能全面、客观地反映社会的现实，报道所呈现的新春基层与真实的社会现实之间存在着裂痕。其实，正面报道过多、宣传味道浓几乎是以往每一次新春报道的通病，这与我国当前的新闻体制和相关新闻政策、要求分不开。一些媒体更多是出于宣传的考虑，以正面报道为主，营造喜庆

---

① 李应宏．践行社会责任　塑造崭新形象——从中国之声新台标语新版节目说起．中国广播，2012（8）：67.

祥和的新春气氛。但是随着新媒体的日新月异、信息渠道的多样以及人们公民意识的不断增强，太多的正面宣传报道只会将受众越推越远。适当的舆论监督报道，真正反映问题、解决问题的新闻，也可以展现政府和媒体真诚与负责任的一面，这样的效果甚至是很多正面宣传报道无法达到的。

（2）对微博的使用须进一步拓展。

虽然在此次新春系列报道中，中国之声利用其官方微博进行了配合报道，也取得了一定的传播效果，但对微博的使用还有很大的拓展空间。首先，应更加注重与“粉丝”的互动交流。从中国之声“新春走基层”报道的相关微博来看，其评论数一般在几十条左右，这对于一个拥有 300 多万粉丝的用户来说，显得有些少。在微博平台上，要形成传播影响力，与“粉丝”之间的互动交流是非常重要的。这要求中国之声这样的中央媒体，必须放下自己“高高在上”的架子，与“粉丝”进行平等的、人性化的交流。其次，在语言上要更符合微博的传播特性，更加清新、贴近生活，也可以适当地使用必要的网络语言、网络流行语以迎合微博气场，拉近与“粉丝”的距离。

（3）“走转改”不能标签化，要形成日常机制。

此次报道是对“走转改”活动的有效践行，但这只是短时间的标签式的报道。新闻媒体“走转改”重要的是不能仅仅停留在“活动”的层面上，不能仅仅践行于一些特殊的时期、特殊的新闻事件上。要真正关注现实、报道现实，真正做到回归新闻本质，关键还在于形成常态和机制，推动“走转改”活动常态化、规范化。“首先要从制度上入手，建立和完善有利于新闻工作者深入基层、深入群众的体制机制，将新闻单位和编辑记者的‘走转改’情况纳入考评奖励体系，使之成为新闻工作者的职业追求和自觉行动。其次从日常业务上坚持，不应把‘走转改’当作命题作文，要反对贴标签式的观点先行、材料拼凑的做法，主动地把‘走转改’的理念融入日常业务当中，与新闻媒体的日常报道互相融合渗透。”①

（撰稿人　李娇）

① 陈怡．倾听中国——中央人民广播电台“走转改”系列报道的探索与思考．新闻与写作，2012（11）：14.

第三部分　年度新媒体

视频网站整合道路上的挑战与对策

——以优酷与土豆的合并为例

在三网逐步走向融合的今天，视频网站已经成为三屏之上最活跃、最具吸引力的媒体力量之一。但在繁荣的表象背后，视频网站却面临着几乎全面亏损的现状。在这种背景下，视频网站内部的整合趋势逐渐明显，作为行业内最具代表性的两家视频网站优酷和土豆的合并更是这种整合趋势的集中外部显现。而在整合过程中，优酷、土豆面临的诸多机遇与挑战，其实也是视频行业整合过程的缩影。本文将以优酷、土豆合并这起“个案”为例，分析其合并的原因、合并后面临的挑战以及给出相应的解决对策，希望以此来为视频网站的整合提出一点有针对性的问题和建议。

一、事件简介及背景阐释

2012 年 3 月 12 日，优酷、土豆共同对外宣布，双方于 3 月 11 日签订最终协议，将以 100% 换股的形式合并为优酷土豆股份有限公司。两者合并以后，将占有市场近 35% 的份额，其用户覆盖率将接近 80%，成为行业内绝对的巨无霸。这说明，视频网站的发展正从当初的百花齐放逐渐走向整合式发展的道路。

（一）繁荣背后的亏损现实

视频网站作为新兴媒体力量，在媒介信息的传播方式、媒体与受众的关系等方面为传统的“媒体”概念赋予了很多新的含义。在三网融合的今天，视频网站正成为多屏之上最活跃、最具吸引力的媒体力量之一。截至 2011 年 12 月底，中国网络用户规模达到 3.25 亿人，较上一年增加 14.6%，视频用户已经覆盖整个中国互联网用户的 75% 以上，网络视频成为中国网民的第五大应用。①

但在繁荣的表象背后，视频网站却面临着几乎全面亏损的现状。这与视频网站身负巨大的内容成本、宽带成本以及持续升高的运营成本有着密切的关系，同时也因为视频网站仍未能找到更加有效、多元的赢利模式。

以优酷和土豆为例，二者都是从传统的UGC② 模式逐渐发展起来的视频网站，随后向“YouTube + Hulu”③ 模式进行转变，之后又引入Netflix④付费视频模式。优酷和土豆除了要为巨大的网站流量支付高额的宽带成本，还需要为购买影视及综艺节目付出巨额的内容成本。而愿意付费观看视频的用户又尚未形成足够的规模。这导致宽带成本、内容成本和管理运营产生的运营成本一直高于广告以及用户付费带来的收入，成为压在网站头顶上的“三座大山”。优酷财报显示，2011 年优酷净收入为8.976 亿元，其内容成本占到净收入的27%；宽带建设成本占到净收入的36%；运营费用则高达3.836 亿元，较2010 年增长了101%。巨额的成本支出让优酷在2011 年吞下1.721 亿元的巨额亏损。土豆的情况更糟糕，2011 年，土豆全年净亏5.1 亿元人民币，较2010 年亏损额增加1.6 亿元。其他视频网站的赢利状况同样糟糕，除了依靠版权分销等业务有所赢利的乐视等极少数视频网站，其他的视频网站几乎都处在不同程度的亏损状态。

（二）亏损导致整合趋势加剧

在2010 年已经开始的合作大潮推动之下，2011 年，我国新媒体视频行业的整合之势愈演愈烈，其中最活跃的仍然是各类视频网站。据不完全统计，2011 年在网络视频行业发生的被媒体报道的20 多项合作案例当中，视频网站与社交媒体的合作占12%，与电视台合作占17%，与门户网站、移动媒体的合作都为21%，与内容提供方的合作更是占到29%。合作整合的面、深度和频度都很高。例如2011 年7 月，搜狐以购买1 000 万美元股票的形式投资迅雷；12 月，酷6 与YouTube 达成战略合作协议，酷6 原创视频可通过YouTube 的一个新频道进行海外传播并接受广告分成。这种大规模、跨平台的相互整合为视频行业未来的竞争格局增加了更多的变数。

在这样的背景之下，优酷与土豆的合并在某种程度上有其内在的必然

---

① 殷乐，孙翠翠. 2011 年新媒体视频发展报告. 尹韵公. 中国新媒体发展报告. 北京：社会科学文献出版社，2012. 238 ~ 246.

② UGC 全称为User Generated Content，即用户生成内容。

③ Hulu 是美国一家视频网站，主要赢利模式为“正版视频 + 广告”。

④ Netflix 是一家在线影片租赁提供商，商业模式是在线视频付费业务和DVD 碟片租赁。

性。但究竟这样一场合并是否能够实现“协同效应”[①]形成 1+1>2 的效果，为持续亏损的视频行业探索出一条整合、创新的赢利之道，将是本文重点关心的问题。

二、合并的原因分析

在业态环境更加复杂，视频行业普遍亏损的大背景下，优酷与土豆的“闪电”合并从表面上看有一种抱团取暖的无奈。可是经过认真分析我们不难发现，这两家排名前两位的视频网站的合并其实有着多方面的原因，既着眼于眼前的困境，也有长远的考虑；既有内部的原因，也有外部环境的压力。

（一）亏损严重，合并有利于解决眼前危机

土豆上市后，资本状况仍未见好转。糟糕的财报也使土豆在寻求收购上家的道路上屡屡碰壁，先后与百度、腾讯等洽谈，但都无果而终。

而优酷方面，顶着一个比较高的市值，但是，一方面用户增长放缓，一方面收入无法支撑业绩增长，亏损也在扩大。要想保持市场领先优势，优酷迫切需要一个新的兴奋点来增强在资本市场上的吸引力以及实现绝对市场份额的扩大。

2011 年末，优酷开始寻求并购对象。优酷持续扩大的市场优势，加上与其他同类网站比有相对较高的市值，让它得以相对从容地利用资本杠杆进行并购。“最后决定土豆，是因为我们觉得其无论从用户规模、品牌影响力、收入规模、现金储备等方面都是最好的。”古永锵说。从 2 月 16 日正式开始谈判到 3 月 11 日正式签约，前后不到 20 天，这两家公司快速达成了协议。

二者的快速合并，一方面可以进一步巩固优酷已有的市场优势乃至于形成对竞争对手的绝对优势；另一方面，双方以 100% 换股的形式进行交易，既合理控制了优酷网的收购成本，也有效缓解了土豆面临的巨大的资金压力。

（二）合并可以带来规模效应，提高议价能力

在政府打击盗版的力度逐渐加大的情况下，巨额的版权成本成为高悬

---

① 协同效应常被通俗地解读为 1+1>2，指的是两家公司合并后的经济收益比每个单独公司的收益之和更有价值的效应。

在视频网站头顶上的“达摩克利斯之剑”。有钱可烧的视频网站纷纷包装上市，而无钱可烧的视频网站纷纷转型求生存。酷6转型做视频社区，而另一家UGC网站56网则被社交网站人人网收购，目标直指视频社区。六间房也彻底摒弃传统影视剧内容，全力打造在线视频社区。

优酷与土豆的合并，通过内容的共享与整合将大大提高其内容数量和质量，有效缓解各自在内容成本上的压力；同时，通过整合两家网站同质化的内容，可以提高其视频资源的利用效率。

根据艾瑞的数据显示，优酷日用户超过5 300万人，土豆超过3 400万人，两者合计去除重复访问后独立用户数为7 500万人。优酷每周覆盖的用户数超过2.2亿人，土豆也接近1.5亿人，两者合计覆盖独立用户数超过3亿人。优酷、土豆日重合用户1 256万人，日用户重合度为14.36%。业内人士称，作为内容高度重合的视频网站来说，优酷和土豆的用户重合度并不高。合并后的优酷与土豆将覆盖80%左右的用户。

庞大的内容储备，巨大的用户覆盖率，这些都使新公司在与内容生产商和版权分销商的谈判当中拥有更大的话语主动权。当初各大网站疯狂抢剧的现象也会一去不复返，版权价格也将进一步回归理性。同时，优酷和土豆如果能够将其规模庞大的资源进行合理的整合营销，也将提高其广告议价能力，提高广告效益。

（三）优酷、土豆业务层面重合度高，合并有利于减少资源消耗

优酷与土豆一直将对方视为最大的竞争对手。一方面因为市场份额以及实力最为接近；另一方面虽都有各自重视的用户群，但其在内容结构和赢利模式等方面存在较明显的同质化竞争倾向。

从内容结构来看，两家网站的视频主要来自用户分享、网站自制及版权购买等方面，除了网站自制节目稍有差异以外，在同一个分享视频或者影视剧集面前，用户通常会面临二选一的尴尬选择。特别是由于近年来视频网站纷纷改变版权战略来应对高额版权投入造成的巨大成本压力，“以往相互争抢独家版权实现差异化的做法已不多见，相互之间换剧与分销以降低成本的购剧方式逐渐兴起”①。这也在一定程度上加剧了视频网站内容尤其是影视及综艺长视频的同质化现象，而由同质化竞争的本质所导致的版权纠纷的案例也屡见不鲜。2011年12月16日，土豆更是宣布起诉优酷恶意盗播土豆独家版权内容《康熙来了》。当时谁也没有想到，这两个曾

① 李晶．视频网站：那些正在改变的．经济观察报，201－03－26.

经的竞争对手竟会在不到半年的时间里“闪电”合并。

从赢利模式来看，土豆和优酷目前的主要收入来源是流量变现[①]、视频收费以及上市融资。但是在视频网站找到新的与更有效的赢利渠道之前，其赢利水平在很大程度上受制于这几种赢利渠道本身所具有的局限性。

第一，流量变现。对于用户分享的内容，虽然规模庞大，但是很难为网站带来与规模成正比的收益。究其原因主要在于：用户分享的内容质量参差不齐，用户分散，很难吸引优质广告客户；这类视频往往较短，使得广告效果大打折扣；不同于影视剧或综艺节目等长视频分集播放，可以实现一则广告重复播放多次；最后，用户分享的内容所带来的巨大流量支出几乎抵消了其所带来的网络广告收益。而对于影视与综艺长视频，虽然在吸引优质广告客户等方面有着较突出的作用，但是服务所取得的广告收入也被巨大的版权购买支出和流量支出抵消了很大一部分。

第二，视频收费。视频收费服务是土豆网和优酷网又一种主要的收入来源，但是我国互联网市场上的收费视频服务尚不成熟，网民长期以来也形成了免费使用互联网的习惯，这就使得收费视频服务还难以形成规模效应，也难以为网站带来更多的收益。

第三，上市融资。2011 年 8 月 17 日，土豆在美国纳斯达克挂牌上市。自此，土豆与优酷一样也被绑在了全球资本市场这样一条大船上，其起其落都不由自己一手掌握。但是土豆与优酷在业务层面乏善可陈，使其在资本市场上的表现也都平淡无奇。

当然，优酷对土豆的横向合并“是着眼于寻求通过融资和规模经济而获得协同效应”[②]。同时也就此终结了两家网站在业务层面上的消耗战，而业务上的相似性也在一定程度上降低了整合的难度。“合并后，优酷、土豆的行业领先地位得以强化，整合后的产品线也将更加完整。合并将降低新公司的版权采购等成本，土豆的经营压力也将因此得到缓解，优酷也可以借此扩大自己的市场规模。”[③]

① 流量变现是指将网站流量通过某些手段实现现金收益，用公式表示为用户 = 流量 = 金钱，流量变现的方式总体上分为广告类、增值服务类、购物类和流量分成。

② 丁汉青．追问优酷土豆合并的协同效应．青年记者，2012（9）．

③ 张洁，曹婷．从优酷与土豆的合并谈视频分享网站的整合．新闻世界，2012（7）．

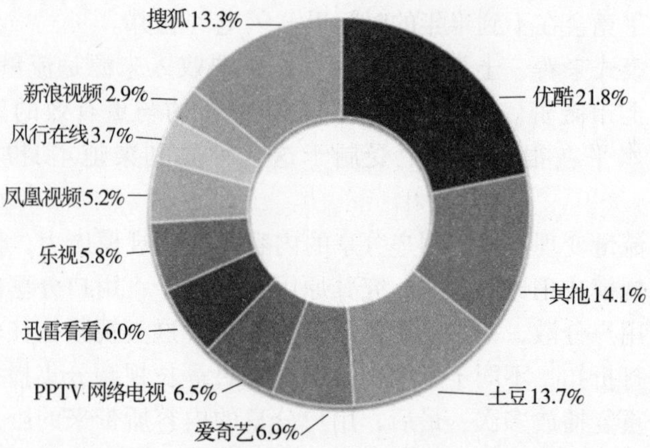

图 1　2011 年第四季度中国网络视频市场收入份额①

（四）视频行业激烈的竞争促成了此次合并

近年来，新闻门户网站、电视媒体等各种资本势力纷纷涉足网络视频，视频行业进入一个全新的资源再分配阶段。酷 6 网、56 网分别被盛大和人人网收购，这种投靠大树的做法，使得原本身处困境的视频网站得到了足够的资金支持。而搜狐视频、腾讯视频与爱奇艺等由门户和搜索建立起来的视频网站，凭借其雄厚的资金基础更是在内容购买和制作等方面毫不手软，在这场“烧”钱的游戏当中笑傲江湖。

而行业内另一巨头——乐视，则通过台网联动和资源整合拥有了行业最全的版权库和最全的产业链。根据艾瑞咨询的权威数据显示，截至 2012 年 4 月，乐视的流量、覆盖人数呈快速增长趋势，4 月 2—8 日一周内，乐视的总有效浏览时间达到 5 197. 79 万小时，在全行业排名第四，仅次于优酷、爱奇艺和土豆。②

视频网站行业呈现出一个群雄混战的情况：第一，高昂的版权费用和宽带成本迫使一部分中小型视频网站放弃了正版影视内容转向做“用户生产内容（UGC）”，甚至直接退出视频领域。第二，那些有着强大资金基础的视频网站则一路高歌猛进。根据易观国际的数据显示，优酷与土豆的市场优势正一点点被其他视频网站所蚕食。在这样的竞争压力之下，优酷与

① 资料来源：腾讯科技 . http：//tech. sina. com. cn/z/youkutudou/.

② 数据来源：eNet 硅谷动力 . 乐视网浏览时间跃居前四　稳坐视频行业第一阵营 . http：//www. enet. com. cn/article/2012/0424/A20120424103220. shtml.

土豆要想保持市场的优势地位，选择横向合并也就不足为奇了。第三，2011 年末，版权价格正处于泡沫顶点，一年来搜狐视频、腾讯视频等接连进入和发力，一些知名视频网站的运营都已经感到很大压力。搜狐与迅雷、MSN 的合作，56 网被人人网收购，酷 6 网与 YouTube 达成战略合作等案例一次次刺激着行业的神经，这也从客观上促进了并购的可能性。

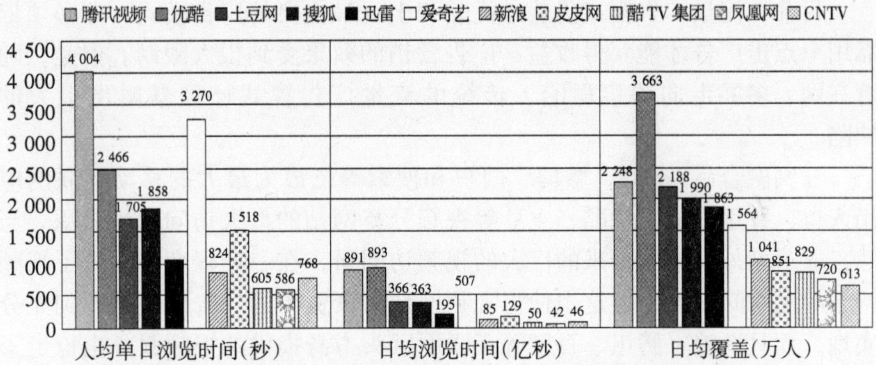

在视频用户单日浏览时长排名方面：腾讯视频排名第一，爱奇艺第二，优酷第三。

在视频用户日均浏览时间排名方面：优酷第一，腾讯视频排名第二，爱奇艺第三。

在视频用户覆盖排名方面：优酷排名第一，腾讯视频第二，土豆网第三。

图 2　2012 年 2 月知名门户视频网站数据对比①

三、合并后面临的挑战

优酷、土豆的合并虽然可以解决很多现实的问题，并为其带来诸多可预见的好处，但是事情也并非一本万利，合并后优酷、土豆面临的挑战依然很多。

（一）合并以后在赢利策略上存在不确定性

优酷主要依靠正版影视、综艺等长视频带来的广告收入以及付费视频的赢利收入，而土豆相比优酷更加依赖 UGC 内容和网站原创内容带来的广告收入。但是由于我国网民长期以来形成的免费使用互联网的习惯，使得付费视频的消费规模还比较小，很难给网站带来巨大的收益。所以，总体来说，优酷与土豆都是以网络广告作为主要收入来源。其赢利水平仍然受

① 资料来源：新浪科技 . http：//tech. qq. com/zt2012/youkutudou/.

限于网站用户的规模。但是在“群雄混战”的格局之下，提高视频网站的用户数量甚至保持已有的用户规模对于任何一个视频网站而言都是一个难题。因此，如何整合优酷、土豆两个网站的优势资源与确定多样化的长效赢利机制，将成为新公司的重要任务。

（二）传统的流量广告模式难以适应新的业态环境

目前，流量广告模式仍然是优酷和土豆最主要的广告模式，即必须依靠用户点击广告才能获得收益，广告营销的效果受到很大限制。但是，随着三网、多屏走向深度融合，传统的流量广告模式已经暴露出很大的缺陷。

三网融合后，SNS、微博、门户和搜索等已成为最大的移动互联网应用入口，并逐渐成为优酷、土豆等视频分享网站的最大访问流量来源。当然，通过站外链接所带来的巨大的视频访问量，在一定程度上提升了视频网站的品牌知名度，但这也使得视频网站主页资源的广告价值得不到充分实现，而且新浪、腾讯、百度等互联网巨头本身提供的视频服务也抢走了很多用户资源。在这种情况下，视频网站的广告收入就很难得到较大的提升，因为视频网站的广告收入大多是按广告的流量实现的。另外，用户通过站外链接观看视频网站的视频节目所产生的宽带成本仍然会算在视频网站头上，巨大的宽带成本使这种方式所带来的广告价值严重缩水。

优酷、土豆合并之后，由于规模效应，这种广告模式的局限性势必会被放大，这将大大影响两家网站合并的效果。

（三）并购案例中常见的弊端，可能会影响其融合的效果

从经济学角度来看，优酷与土豆同为综合性的视频网站，在内容结构、赢利模式甚至市场地位等方面有着较大的相似性，他们的合并属于典型的横向合并①案例。横向合并有利于实现规模经济，减少同质化竞争带来的资源消耗等。但是另一方面，合并之后，理论上的行业竞争主体减少，市场有可能演变成几大寡头之间的竞争。市场自身的资源配置作用有可能被削弱。同时，可能形成的垄断格局也容易削弱视频行业的竞争力和创新力。

而对于优酷、土豆自身来说，从先前的竞争对手变成现在同一公司下面的两个品牌，利益的一致性将使相互之间的竞争活力大打折扣。与此同

① “横向合并”是指一家公司购买与自己属于同一行业或类似行业的另一家公司，往往并不着眼于改善产业链上的“瓶颈”环节，而是着眼于通过融资和规模经济获得协同效应。

时，相比于传统的企业组织，互联网企业往往更加灵活、高效。合并以后，优酷、土豆将成为一个规模庞大的企业。如何避免内部管理结构臃肿、防止官僚主义以及发生优酷与土豆两个派系的斗争，将成为新公司可能面临的重大难题。

四、应对策略

（一）增加网站自制内容

由于影视剧版权分销的盛行，各视频网站的视频内容同质化日渐严重，因此很多视频网站加大了对网站自制内容的投入。例如，优酷的《老男孩》系列；搜狐的《屌丝男士》系列；土豆的《爱啊哎呀，我愿意》更是首次被深圳卫视和安徽卫视等电视台购买并于黄金档同步播出，率先在打通卫视分销渠道上取得了行业里程碑式的突破，成为网台联动的典范之作。

优酷与土豆都是网站自制内容的先行者。除了自制影视剧之外，优酷从2009年开始举办的“优酷牛人盛典”和土豆从2008年开始每年一届的“土豆映像节”则是以狂欢盛典的形式来吸引和聚合网民的注意力。通过自制影视剧和狂欢盛典等，优酷、土豆进一步强化了网站自身的品牌形象。同时通过这种线上与线下的互动，有利于提高网站的用户黏度。这些也是优酷和土豆两个品牌能够在行业内始终保持领先地位的内部原因所在。

当然，网络自制内容相对影视及综艺长视频而言还比较小众，其赢利效果目前还不是十分明显。但是对于视频网站而言，像这样的探索是必需的。因为网站自制节目具有版权上的独占性，是体现与其他网站实现差异化竞争的重要手段。同时，好的自制节目还可以通过网台联动，网站之间的版权分销为网站带来直接的经济利益。因此，合并以后，优酷、土豆除了要保证影视及综艺长视频方面的资金投入，还应该利用其更加巨大的资金实力适当增大对网络自制内容的投入。有了独家的内容，网站才不会在激烈的竞争当中迷失。

（二）进一步拓宽赢利渠道

从目前来看，因为视频收费服务尚未形成规模，而资本市场又是以实体业务为晴雨表，因此网络广告仍然是视频网站主要的赢利模式之一。虽然中国的互联网广告市场规模整体在变大，但是在内容、宽带和运营成本一直居高不下以及移动互联网等新兴市场逐渐受到重视的情况下，视频网站还处在大量“烧”钱的阶段，“亏损”仍然是现阶段视频行业的“主题”。因此，视频网站应该借助三网融合开启的全媒体时代的到来并结合自身优势，开发出更多、更合理的赢利渠道来帮助企业走出“表面繁荣，实际亏损”的怪圈。因为，按照“长尾理论”的观点，除了主流的用户需求，一些专业性较强的所谓小众需求，同样可以发展成为可观的市场规模。

“长尾理论”由美国人克里斯·安德森提出，他认为以前大热门或者大规模生产统治了一切，而如今大热门不再是唯一的市场。“大热门正在与无数大大小小的细分市场展开竞争，而消费者越来越青睐于多样化市场。”① 由于互联网足够普及，并且具有强大的聚合能力，细分市场的非热门利基产品也能够吸引足够多的注意力和消费需求，并形成与热门产品相匹敌的巨大市场。以视频网站为例，如果把网站的热门节目看作“短头”，那么一些非热门的专业需求类节目以及其他视频就形成一条“长尾”（见图3）②，它们共同瓜分了用户的注意力。

图3　视频网站内容长尾示意图③

因此，优酷、土豆要想在合并以后扭亏为盈，除了要继续坚持视频付费服务、自制视频内容和营造良好的资本形象之外，还应该合理挖掘具有市场潜力的赢利渠道，推动需求沿长尾曲线向右移动。例如，合并之后，

① 廖茜. 优酷网站之长尾策略. 新闻天地（下半月刊），2011（4）.

② 梅铁竹. 新媒体时代视频网站的品牌建构与营销策略. 北京交通大学学报（社会科学版），2011（2）.

③ 梅铁竹. 新媒体时代视频网站的品牌建构与营销策略. 北京交通大学学报（社会科学版），2011（2）.

优酷、土豆可以依据其巨大的用户覆盖率，在“优酷指数”① 的基础上，加大对行业和用户的相关数据的合理搜集和挖掘工作，并将其转化成更加专业化的数据产品，向第三方咨询机构、企业同行、研究机构和个人销售，并形成一个独特的品牌。

（三）通过跨平台合作以及社交化，实现整合营销

在激烈的行业竞争中，行业内部尤其是优酷、乐视、土豆、搜狐等实力较强的视频网站从渠道和内容等方面加强了全产业链上的合作整合力度，仅在优酷、土豆合并之前一年的时间里，就出现了多起跨平台合作的案例。例如，2011 年 6 月，搜狐视频与中国移动多媒体广播（CMMB）合作，挺进手机电视终端；8 月初，优酷与中国联通合作共同开拓出国内首个移动 UGC 平台——联通视频分享平台；9 月，优酷与中国移动旗下的 Mobile Market 展开合作并向移动终端用户提供视频内容及应用下载服务。

而这其中，视频网站与社交平台的合作更让人印象深刻。在人人网全资收购 56 网之后不久，搜狐视频与 MSN 对双方的平台及产品进行了全面整合，搜狐视频的内容将可以通过和 MSN 共建的视频频道、MSN 即时聊天工具等途径推送给用户。2012 年 2 月 6 日，土豆又宣布与新浪签署合作协议，成为新浪微博用户视频上传的首家外部视频网站。该项合作被认为是土豆搭上微博快车。从 2011 年四季度土豆财报显示，土豆的视频已占据新浪微博总视频量的 41%。而根据艾瑞咨询的调查显示，土豆和优酷的手机视频占有率分别排第四和第七，土豆在移动视频领域已经超越优酷。

这也从某种程度上表明，视频网站与社区网站的融合已经成为一个新的趋势和利润增长点。“网络视频与社交媒体的交融互渗，在很大程度上推进了新媒体市场格局的重塑，在用户体验层次展现了对整合的追求。”②

整合营销是指为了建立、维护和传播品牌，建立产品品牌与消费者长期的密切关系，更有效地达到广告传播和产品行销的目的。在多屏逐渐合一的发展趋势下，合并后的优酷、土豆应该借助自身的市场优势地位，加强对移动互联网、数字电视的布局。同时对不同的平台和受众设计出针对性强的产品和赢利模式。而社交化则可以使得视频内容得以在不同的用户

---

① “优酷指数”是以优酷网站数据为基础，基于视频技术手段获取的视频播放数、搜索量、评论、站外引用等多维度进行数据统计，锁定用户看、搜、传、评等全方位应用行为，通过科学、标准的运算，并以排行榜单的形式予以定期发布，帮助用户最大化地获取有价值信息。

② 殷乐，孙翠翠．2011 年新媒体视频发展报告．尹韵公．中国新媒体发展报告．北京：社会科学文献出版社，2012. 238 ~246.

和不同的平台当中传播，提高视频的传播效率和营销价值。通过这种跨平台合作以及社交化，优酷、土豆可以加强产品的渗透性，提高用户黏度，实现整合营销的目的。

（四）避免垄断竞争，实现协同效应

虽然优酷、土豆的合并是由于各方面的原因促成的，但毕竟双方的合并略显急促，因此，合并后发生的任何问题都可能会直接影响合并的进程和效果。对于可能发生的问题，新公司管理层应引起足够的重视并及早想出应对策略。具体来讲有以下几点：

首先，坚持良性竞争，避免恶性垄断竞争。在优酷、土豆合并之后，市场的资源进一步集中，如果利用手中的垄断资源优势进行排他性的竞争，这无疑会使企业在用户和同行当中的形象受损，也不利于市场的多元化发展，这对于企业自身和行业来说都是非常不利的。相反，如果以行业领导者的身份，帮助完善行业的建构，共同扩大市场规模，这对于优酷、土豆树立市场领导者的品牌形象是非常有益的。优酷、土豆也可以从中获得更长远的利益。

其次，优酷、土豆可以利用自身的市场领先优势继续加强多方合作，尤其要加强与新兴科技企业的合作，在完善自身的产业链布局的同时，也可以增加自身的服务种类，提升服务质量，同时还可以繁荣市场，共同将市场做大做强。

最后，优酷、土豆应该坚持合理的内部运作机制，实现 1 + 1 > 2 的协同效应，避免“左脚踩右脚”。合并以后，优酷、土豆应该使得两个子品牌在业务上保持差异化和一站式经营，但在管理上应该建立一套简单、合理及有效的竞争机制和人事制度。同时坚持一视同仁，平等对待优酷、土豆的员工。这样就可以有效激发两个子品牌的创造性和工作积极性，同时营造一个和谐的共事氛围。这样的竞争机制与和谐氛围，可以有效避免合并带来的竞争活力下降与内部官僚化等问题，也有利于双方形成 1 + 1 > 2 的协同效应。

五、结语

优酷与土豆的合并其实是行业内部洗牌的一种集中的外部显现，其背景是当下视频网站在广告市场规模逐年增大的情况下却仍然普遍亏损的尴尬现实，而视频网站内部的整合也早已开始。合并后的优酷、土豆所面临

的机遇和挑战同样也是视频行业内部整合过程的一个缩影。具体说来，视频行业的大面积整合，可以暂时缓和视频市场群雄混战的现象，有利于形成稳定的市场格局，减少了因网站间的过度竞争而导致的资源过度消耗和重复建设，从而更容易产生系统、成熟的互联网产品和服务。但这种整合，尤其是像优酷与土豆这样的合并会使行业和企业自身面临诸多问题，例如，可能形成的垄断会弱化市场的竞争和创新活力，企业内部各品牌之间竞争活力下降和容易滋生官僚主义等问题。以优酷、土豆为例，只有坚持增加网站自制内容，丰富赢利渠道，进一步加强跨平台的合作，并及时处理合并带来的负面问题，优酷与土豆的合并才能真正实现协同效应和规模经济，同时为持续亏损的视频行业探索出一条整合、创新的赢利之道，为行业带来一个全新、积极的竞争格局。

（撰稿人　覃华兵）

党报官媒的微博“标杆”：《人民日报》微博

《人民日报》官方微博，于2012年7月22日凌晨在北京的暴雨夜里上线，上线仅一周就收获15万粉丝，短短4个月时间里，就赢得了300多万粉丝的关注。暴雨夜，《人民日报》微博在传递爱与力量的同时，也毫不回避地评论：“没有一流的下水道，就没有一流的城市。”此后的网络舆论事件，其坚守前沿，以平视、亲民的姿态持续发声，理性不失清新，大气不失亲和，体现了传统主流媒体努力打通官民两个舆论场的担当。同时，它在对北京暴雨、开封斥巨资重建汴京与唐慧母女案等事件的评论，正确引导了网络舆论，推动了有关部门的正确决策，令事件向良性方向发展，是本年度“微博问政”的典范。

一、案例简介及背景阐述

（一）微博动议由来

人民日报社社长张研农透露，开通《人民日报》官方微博的动议来源于人民日报社国际部一个年轻编辑的报告。这份报告分析了一篇国际评论的网络反响。她发现，在环球网的全文转载中，77%的读者支持这篇文章的观点；而新浪微博的一个知名账户以140字将该文编辑转载，打乱了说理逻辑，没有纳入关键语句，网友的反映就截然不同，55.4%的读者持否定态度，跟帖半数是发泄不满的，甚至有很多不理性、不文明的言论。这位年轻编辑提出，不能把微博这个阵地拱手他让，要主动出击，建立本报官方微博用于推介优质作品。这份报告引起了张研农的高度重视，张研农社长将这份报告印成编委成员阅件，并开编委会专门进行讨论，会议决定在进行准备的基础上推出《人民日报》官方微博。自编委会作出决定之后，《人民日报》开始组建微博运营室，几个年轻的编辑开始了筹备工作。

张研农说：“一次社内编辑记者培训，有一场讨论同样对我们触动很大。也是一位年轻编辑说，《人民日报》现在的发行量是280多万份，这个数字看起来很多，但是相对而言仍较少。他举出了我们的‘对手’——

‘微博女王’姚晨，粉丝1 955万，这意味着，她每一次发言的受众，即便不算微博‘转发’后的间接传播，比《人民日报》发行量多出近6倍。”

这次传统媒体和自媒体的握手，不仅因为一个年轻编辑的建议，也缘于《人民日报》在新媒体格局中强烈的“危机意识”。

（二）微博首发早产

《人民日报》官方微博的诞生之日比计划要早4天。据有关报道，《人民日报》微博原计划是在7月26日正式上线，不过最终提前了4天。“北京暴雨，整夜无眠。人民日报官方微博与大家共同守望。为每一位尚未平安到家的人祈福，向每一位仍然奋战在救援一线的人致敬！北京，加油！”这是7月22日凌晨4时58分，《人民日报》第一次在微博发出的声音，这也标志着《人民日报》官方微博的正式上线。仅仅过去了一周，《人民日报》微博以180多条微博收获了超过15万粉丝以及网友们持续的热议，语言风格清新与贴近民生成为众多议论中频频提及的词汇。“过去7天，一场暴雨让我们感到生命的无常与重量，也看到周遭的种种不足与缺陷，同样铭记于心的，是灾难中爱的赠予和传递，是对责任的坚守和护卫。想起最近很流行的一段话：你所站立的地方，正是你的中国。你怎么样，中国便怎么样。你是什么，中国便是什么。你有光明，中国便不黑暗。安。”7月28日零时，《人民日报》官方微博发出了第142条微博，也是迄今为止《人民日报》微博中最受关注的一条。这条微博共获得了15 000多条的评论与7.5万次以上的转发。

（三）微博运营团队

《人民日报》官方微博目前由该报新闻协调部下属的微博运营室负责，而运营室由各处室抽调人员组成。据《人民日报》内部人士透露，该室属于正处级单位，8个人的编制，目前该室人员由新闻协调部两人、总编室两人和临时借调两人共6名成员组成，与8个人的编制还相差两人。该室暂时还没有正处长，有两个副处级领导负责相关事务。这些人员都毕业于北大、清华的新闻、国关等专业，而且都比较年轻，最大的是1979年出生的，其余的都是1981年和1982年。

事实上，对于人民日报社而言，新闻协调部是一个新成立的部门。据内部人士透露，自成立以来，新闻协调部一直负责人民日报社的新媒体报道以及与网络有关的任务，此次《人民日报》官方微博由该部增设微博运营室来负责也顺理成章。目前《人民日报》微博内容的审核由新闻协调部内部把控。

张志安看好《人民日报》的微博运营团队，他说："《人民日报》聚集了一大批年轻的优秀传媒人才，这些年轻人语言风格清新，能够适应互联网的语言方式，所发微博定位于民生，充分展现了民本理念。这些都给其他党报的微博运行提供了借鉴。"

二、案例过程记叙

《人民日报》官方微博自开通以来，在多起重大事件中都没有缺席，而是频繁地以"本报记者现场报道"的方式予以关注，很好地引领了舆论话语权。《人民日报》官方微博秉承"权威声音、主流价值、清新表达"的定位，依托人民日报社的优质新闻内容资源和高素质的新闻采编队伍，坚持发布原创内容、积极开展网友互动、及时关注社会热点和主动回应公众关切。

"参与、沟通，记录时代"，这是《人民日报》官方微博的说明语，也是上线以来始终坚守的姿态。从上线之日起，《人民日报》微博就体现了与新闻同在并时刻践行"记录时代"的使命，充分发挥了微博平台的即时传播优势，发布权威准确的信息并第一时间回应热点关注。

（一）北京"7·21"特大暴雨事件

在北京"7·21"特大暴雨事件中，《人民日报》微博发布了一系列关于灾情进展、死亡人数和死亡名单的报道以及发人深思的评论，收到了良好的传播效果。7月22日凌晨4点58分，《人民日报》微博发出了自己第一条微博：

> 北京暴雨，整夜无眠。人民日报官方微博与大家共同守望。为每一位尚未平安到家的人祈福，向每一位仍然奋战在救援一线的人致敬！北京，加油！
>
> 7月22日 04:58　来自 新浪微博　　转发 (5523)　收藏　评论 (2646)

图1　《人民日报》7月22日微博截图（图片来源：http：//weibo. com/rmrb）

这一条饱含关切的微博在凌晨发出，迅速与网友揪紧的心取得了共鸣，也体现出了《人民日报》官方微博与民众站在一起的基本取向。

北京暴雨期间，《人民日报》微博先后发出《没有一流的下水道，就没有一流的城市》、《让死亡人数“脱敏”》等多篇微评论，针对网络上弥漫的不满、偏激情绪进行了有效疏导。

> 【微评论：没有一流的下水道，就没有一流的城市】一场大雨，检验出城市的脆弱一面，北京如此，其他城市的情况可想而知。没有一流的下水道，就没有一流的城市。基础设施薄弱是城市建设的通病，这场暴雨再次为我们敲响警钟：在注重城市华丽外表的同时，更要关注一个城市的内在品质。
>
> 7月22日 10:37　来自 新浪微博　　　转发 (30871) | 收藏 | 评论 (4291)

图 2　《人民日报》7 月 22 日微博截图（图片来源：http：//weibo. com/rmrb）

7 月 26 日晚，北京市召开发布会，公布北京“7 · 21”特大自然灾害最新信息。4 个多小时内，《人民日报》微博滚动发布 10 条相关信息，成为互联网上最早发布遇难者人数和最早制作专题图片向遇难者致哀的微博。

7 月 28 日零时，《人民日报》官方微博发布了第 142 条微博，这条微博一共获得了 15 000 多条的评论与 7. 5 万次以上的转发。

> 【你好，明天】过去7天，一场暴雨让我们感到生命的无常与重量，也看到周遭的种种不足与缺陷，同样铭记于心的，是灾难中爱的赠与和传递，是对责任的坚守和护卫。想起最近很流行的一段话：你所站立的地方，正是你的中国。你怎么样，中国便怎么样。你是什么，中国便是什么。你有光明，中国便不黑暗。安。
>
> 7月28日 00:01　来自 新浪微博　　　转发 (75806) | 收藏 | 评论 (15518)

图 3　《人民日报》7 月 28 日微博截图（图片来源：http：//weibo. com/rmrb）

事实证明，这些微博不仅得到了网友的高度认可，更成为有关部门解决事态的重要推力。事后，北京市委宣传部对《人民日报》微博在“7 · 21”特大暴雨中强有力的舆论引导表示感谢。北京市网管办负责人说，《人民日报》微博发出的【你好，明天】及【微评论】等微博，在关键时刻对扭转舆论发挥了十分重要的作用。

（二）湖南永州上访妈妈事件

2012 年 8 月 4 日，律师甘元春在微博上爆料："湖南永州，遭强暴幼女的母亲唐慧因上访而被劳教。"这条微博被转发11 万次，评论3 万多条。《人民日报》官方微博次日对唐慧案作出了回应："一个国家的强大，不应只有 GDP 和奥运金牌，复杂的数理模型中，更应包含百姓的权利与尊严、社会的公平与正义。"这条微博被转发 13 万次，评论 4 万多条。此外，"@新华社中国网事"官方微博"三问永州"，以及更多的媒体对事件进行跟进，几天之后，唐慧被释放。

《人民日报》官方微博在敏感事件面前敢于亮出自己的态度，站在公民的角度去倾听民众与响应民意，民众自然就会支持它，二者构成的公共空间也就有了更大的话语空间和良性互动；二者的合力也对政府造成一种压力以迫使事情得到完善解决。

（三）开封斥巨资重建汴京事件

2012 年 8 月 12 日，针对"开封斥千亿重造汴京"的报道，《人民日报》微博通过河南分社记者第一时间联系开封市，就"造城"、"投资"和"旧城居民安置"三个方面回应质疑，让公众了解了更多官方权威信息，有效化解了舆情。许多网友称赞政府部门公开、及时和透明的回应态度，也有网友指责那些不经过调查就信口开河的媒体。

（四）重庆"周克华事件"

2012 年 8 月 14 日清晨 06：40，杀人狂周克华在重庆被击毙。这个苏湘渝系列持枪抢劫杀人案的制造者在沉浮 8 年后被绳之以法。广大群众尤其是苏湘渝三地群众更是拍手称快。但在周克华被击毙后，网络上流传"周克华"未死的猜测和谣言，造成一些地方人心惶惶。

针对这种毫无根据的质疑，《人民日报》微博用一条【你好，明天】表达了自己的观点："这到底是公民意识的觉醒，还是怀疑一切的执拗？难道猜疑猜测，真的成了多元时代的隔离墙，从此再无公信可言？修复信任，需要公权力更加公开透明，也需要抱定诚信、互信的集体信念。"这条微博转发超过 6 000 次，在 3 000 余条评论中，大多数网友表示支持和赞同。

（五）"保钓斗争"事件

2012 年 8 月 19 日，国内多个城市出现反日游行，同时出现了一些过激行为。针对这一事件，《人民日报》微博在当晚发布的一条【你好，明天】微博中说：“当愤怒之火燃向无辜人群，我们也当自省：血性是不是暴戾的遮羞布？爱国是不是暴力的挡箭牌？理性是否成了懦弱的代名词?”字里行间传达的理性爱国、拒绝暴力的思考，得到了多数网友的认同。

《人民日报》微博以“钓鱼岛问题不能由着性子要”为题发表微评论称：“从‘命名’、‘视察’、‘垂钓’，到在美国刊登‘购岛’广告……最近日本外交在钓鱼岛问题上玩得很陶醉。然而，领土主权不是小孩子过家家，由着性子要。今日之中国，有能力和决心捍卫主权。奉劝日本政客，哪一天玩过火了，失控风险并非不存在，你们做好准备了吗?”

这些帖子产生了明显的正面效应。在帖子下面的上万条评论中，网民常见的情绪化、激愤化言论出现向正面转化的迹象，出现了大量理性化的探讨与思考。《人民日报》官方微博以面向现实的勇气赢得了网民的信任，以客观理性的观点引导了网络舆论，初步建立起官媒在民间舆论场的公信力。

（六）盘锦征地冲突事件

2012 年 9 月 21 日，盘锦市兴隆台区发生一起占地纠纷。当地村民称，村民王树杰与家人阻挠前来铲平庄稼地的拆迁人员，与现场一民警发生激烈冲突。盘锦当地调查组通报称，民警在生命受到威胁之后开枪，王树杰当场死亡。

9 月 23 日 15 时 59 分始，《人民日报》微博连发 4 条微博对事件进行了全面追踪。9 月 23 日 15 时 59 分，《人民日报》微博发布下面这则消息。

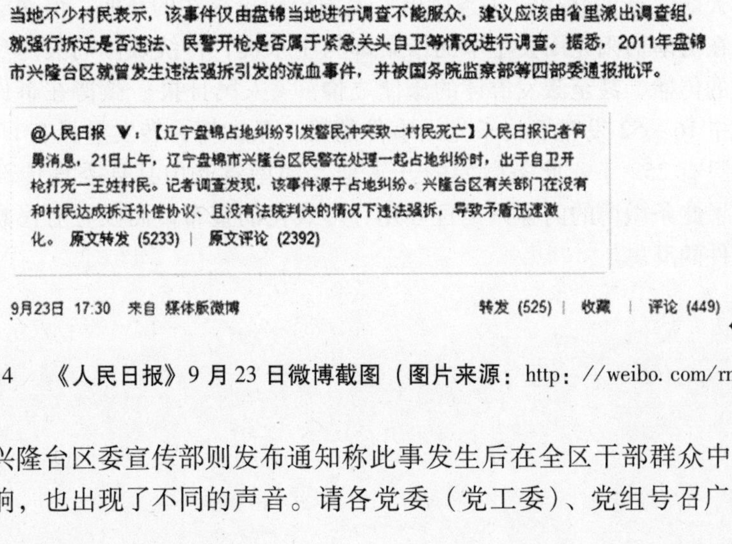

当地不少村民表示，该事件仅由盘锦当地进行调查不能服众，建议应该由省里派出调查组，就强行拆迁是否违法、民警开枪是否属于紧急关头自卫等情况进行调查。据悉，2011年盘锦市兴隆台区就曾发生违法强拆引发的流血事件，并被国务院监察部等四部委通报批评。

@人民日报 V：【辽宁盘锦占地纠纷引发警民冲突致一村民死亡】人民日报记者何勇消息，21日上午，辽宁盘锦市兴隆台区民警在处理一起占地纠纷时，出于自卫开枪打死一王姓村民。记者调查发现，该事件源于占地纠纷。兴隆台区有关部门在没有和村民达成拆迁补偿协议、且没有法院判决的情况下违法强拆，导致矛盾迅速激化。 原文转发 (5233) | 原文评论 (2392)

9月23日 17:30 来自 媒体版微博　　转发 (525) | 收藏 | 评论 (449)

图 4　《人民日报》9 月 23 日微博截图（图片来源：http：//weibo. com/rmrb）

兴隆台区委宣传部则发布通知称此事发生后在全区干部群众中引起强烈反响，也出现了不同的声音。请各党委（党工委）、党组号召广大干部群众要正确对待，提高认识，不评论、不议论。

9月24日凌晨，《人民日报》微博公布了盘锦市官方对事件的调查结果。盘锦市政府称民警接110后出警而并非参与征地拆迁。

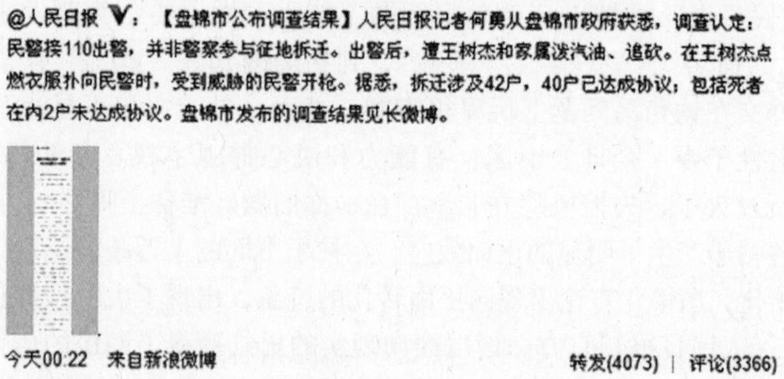

图5 《人民日报》9月24日微博截图（图片来源 http：//weibo. com/rmrb）

（七）光山学生伤害案

2012年11月24日，短短3分钟时间，23个孩子倒在了歹徒挥舞的菜刀之下。这一血淋淋的悲剧，发生在河南省信阳市光山县陈棚村小学校园内。制造这一血案的凶手叫闵拥军，目前已经被检察机关以用危险方法危害公共安全罪批准逮捕，受伤孩子也已受到妥善救治，均没有生命危险。案发三天过去了，震惊和反思仍在沉重地撞击着当地干部群众。

当天的《新闻联播》头条播出了美国校园枪杀案的新闻，但对于同一日发生在河南信阳光山县小学的惨案却只字未提，传统媒体的失声反而加速信息的传播，甚至激发群体的激愤之情。《人民日报》微博在事件发生当天下午16：52发布了关于光山事件的第一条微博，转发量只有605条，评论也只有252条。此条微博的开头是“河南省光山县县委宣传部称”，这注定了此条微博的内容只是官方化、形式化的宣布，而没有对民意的体察和事件的反思。

【河南：被砍伤学生暂无生命危险】河南省光山县县委宣传部称，14日早上，一名男子持刀在当地一小学砍伤22名学生，1名成人。犯罪嫌疑人闵应军已被控制，受伤学生目前暂无生命危险。案件原因正在进一步调查。不管出于什么原因，恶意伤害无辜孩子的行为，都令人发指！但愿孩子们的身心都能尽快康复。

12月14日 16:52　来自 人民日报微博　　转发(605) | 收藏 | 评论(252)

图6　《人民日报》12 月 14 日微博截图（图片来源 http：//weibo. com/rmrb）

从 12 月 14—18 日，连续 5 天，《人民日报》持续跟进光山杀童案事件，共发布 23 条有关此事件的微博，栏目形式有【微评论】、【微议录】和【你好，明天】等，其中有两条转发量超过两万。《人民日报》微博对此次重大事件敢于亮出自己的观点和态度，积极跟进报道事件的最新调查情况，与民众站在同一个立场，并能积极引导网络舆论，引发网民的理性思考。校园惨案已经过去，但事件背后更大的问题是留守儿童的问题，《人民日报》微博亦发出“美丽中国，应为这块土地上的所有人群存续梦想和希望”的沉痛之声。

【你好，明天】时隔两天，河南光山依旧保持沉默。透过媒体碎片化的报道，一个事实却也渐渐清晰：光山悲剧，是留守儿童之殇、失衡发展之痛。城乡隔离、村庄空心，老人失养、儿童失护，这绝不是健康的现代化、城镇化。孩子的伤口警示我们：美丽中国，应为这块土地上的所有人群存续梦想和希望。安。

12月16日 23:57　来自 新浪微博　　转发(28394) | 收藏 | 评论(5179)

图7　《人民日报》12 月 16 日微博截图（图片来源：http：//weibo. com/rmrb）

（八）毕节儿童死亡事件

2012 年 11 月 16 日，一起悲剧发生在贵州毕节。五个男孩，最小的 9 岁，最大的 13 岁，在下雨的寒夜里躲在垃圾箱里生火取暖，最终一氧化碳中毒身亡。看到此则新闻，全国人民的心都在揪着，也对事件背后的真相表现出疑惑。《人民日报》微博从 18—20 日共发了 5 条微博追踪事件的真相，转载了《人民日报》的评论《亏欠孩子，就是对这个国家不负责任》并附上链接，这条微博被转发超过 5 500 次。

【人民日报：亏欠孩子，就是对这个国家的不负责任】一段时间以来和孩子有关的负面新闻，不只贵州毕节一件。贫富差距与地区差距，客观存在的法律真空，"城挤、乡弱、村空"导致的农村凋敝……这种错综复杂的现实困境，正下移到最脆弱、最容易受伤的儿童身上，威胁着他们的身心健康。http://t.cn/zjLUiQa

11月20日 07:35 来自 新浪微博　　转发（5508） | 收藏 | 评论（1366）

图 8　《人民日报》11 月 20 日微博截图（图片来源 http：//weibo. com/rmrb）

三、各方分析及评价

至 2012 年 12 月末，《人民日报》微博上线仅 5 个月，但其新浪的粉丝量就已超过 342 万。《人民日报》提出打通体制内和民间两个舆论场，而其官方微博在打通民间舆论场上作出了重要贡献，也给传统媒体官方微博带来有益的启示。《人民日报》微博成功重塑了官媒的公信力，也发挥了官方媒体的权威性，其关键在于掌握了微博传播的特性。下面结合《人民日报》具体案例来探讨《人民日报》微博的传播特征。

（一）栏目设置多样，打造精品栏目

1. 实时播报类栏目

《人民日报》微博设置了【最新消息】、【微现场】等栏目，利用《人民日报》的资源优势来整合新闻，直接与《人民日报》各地记者联系，调配记者资源，在重大事件发生时，先以本报记者获悉的方式通过微博来发出声音，在重大问题发生时作出快速反应，进而迅速掌握话语权。这是微博的强时效特征的体现。

2. 评论类栏目

这是《人民日报》微博做得最有特色和亮点的栏目，包括【微评论】、【你好，明天】等。【微评论】是《人民日报》微博的重头戏，格式相对固定，每发一篇评论都会打上"微评论"字样。《人民日报》微博通过发布【微评论】来对最新的事件表达自己的立场和观点。一般是在事件发生之初就展开跟进报道，具有短小精悍、发言大胆和直抒胸臆的特点，受到网友的好评和关注，其转发和评论的人数也相对高一些。目前转发量最高的【微评论】是"没有一流的下水道，就没有一流的城市"，这条微博发表于 7 月 22 日 10：37，转发量 30 000 多次，评论 4 000 多条。

《人民日报》微博每天会在午夜发布当天最后一条微博，固定栏目名称为【你好，明天】，一般是对当天重大新闻事件的总结回顾，或追踪发展中的新闻热点，有时结合新闻事件进程发出期许等。通过总结、回顾或展望新闻事件，为微博网友设置关注议题。目前转发量最高的【你好，明天】是7月28日零时，《人民日报》官方微博发出的第142条微博："过去7天，一场暴雨让我们感到生命的无常与重量，也看到周遭的种种不足与缺陷，同样铭记于心的，是灾难中爱的赠与和传递，是对责任的坚守和护卫。想起最近很流行的一段话：你所站立的地方，正是你的中国。你怎么样，中国便怎么样。你是什么，中国便是什么。你有光明，中国便不黑暗。安。"这条微博共获得了15 000多条的评论与75 000多次的转发。

3. *网友互动类栏目*

特色互动类栏目的设置以【微议录】为代表，每天选取10～12位普通网友的留言、评论，将其整合成长微博的形式发布。有网友说："感谢《人民日报》为我们提供了一个表达渠道。这是有益的尝试，值得期待！"

这类互动性栏目还包括【公告栏】、【投票】和【在线投稿】等，网友可以随时进行评论、表达看法或参与互动。《人民日报》微博善于通过开展网上调查、投票或设置互动话题等，吸引网民参与到微博话题的互动中，这不仅是《人民日报》微博吸附网民的手段，也为了解网民对某事件的看法提供了途径，还为微博的话题设置、舆论引导提供了第一手资料。与此同时，《人民日报》微博还从互动话题中选取符合舆论需要的网友留言，在报纸上刊出，并为博主赠送精美礼品，使微博与网友之间形成良性互动。

（二）更新速度快，全实时播报

据统计，2012年8月1—7日，《人民日报》微博的发帖数分别为36、33、39、28、33、33、32条，7天共发234条，平均每天发帖33.4条。发布时间是全天候的，每天凌晨到午夜均有博文发布。如8月1日的36条微博中，从00：13到早上07：00发布了9条，从07：28到18：33发布了18条，从19：17到23：56发布了9条。遇到突发事件，《人民日报》微博还会调整不同时段发布频率。总的来看，白天信息发布更密集，这符合网民媒介使用规律。[①] 从发布的时间上看，《人民日报》微博一般每天早上7点左右以【新闻史上的今天】开始一天的发博，深夜以【你好，明天】

① 侯磊. 对《人民日报》官方微博的观察与分析. 军事记者，2012（11）：54.

结束。从发布的话题内容上看，从北京暴雨、永州上访妈妈、保钓事件到光山儿童事件，话题跨度广，在重大舆情事件中都有参与和报道。

与其他传统纸质媒体相比较，微博具有快捷性、即时性的优势，《人民日报》官方微博把这种优势发挥到了极致，利用它得天独厚的报社资源和微博的开放性，能够在一些重大事件和敏感性事件中首先发声并作持续性追踪报道。其中，以“山西洪洞透水事故”为题发布的报道4天内有5条；以“辽宁灾情动态”为题的连续报道两天内发布了4条；以唐慧被劳教案为例，8月10日上午7点到9点两个小时内滚动发布了3条消息，一旦有最新进展便及时更新。相对于许多媒体微博简单地把纸媒上的内容复制到微博上不同，《人民日报》把微博打造成了一个新闻整合发布平台。

（三）话语方式平民化

处在民间舆论场的微博环境中，《人民日报》微博注定要放弃传统媒体“八股式”的话语腔调，而必须使用平民化的语言，必须讲网民喜闻乐见的真话实话，只有这样，才能迅速地赢得网民的信任，才能不被网民所抛弃，才能发出掷地有声的言论。不论发布信息，还是阐发观点，《人民日报》微博都很少见传统、备受诟病的话语方式，它放弃了传统官方媒体高高在上的姿态，而以广大网民喜闻乐见的方式发声。

在奥运赛场上中国男篮对阵英国的比赛中，其微博感叹大郅“真拼了”，“竟然还有一记暴扣，太少见了”；在刘翔摔倒退赛时，其微博用充满感性的话说：“今日立秋，想刘翔伤痛切肤、心痛彻骨，定是不眠夜”；赵登用案昭雪时，该微博发布：“执政者仍是最重要的自变量，为则得道义，聩则远民心，能不慎乎？”《人民日报》微博使用“屌丝”、“元芳，你怎么看”等微博热词都体现了它语言风格上的活泼性，其中又不缺乏小清新的味道，这也是《人民日报》微博大受追捧的原因之一。《人民日报》微博没有官话套话，是充满理性而又饱含感情的真话实话，这样的话语才能真正打动网友内心深处最柔软的部分。

暨南大学新闻与传播学院院长范以锦说：“《人民日报》官方微博有一种非常权威、犀利和清新的感觉，一改官方媒体长期以来给人的呆板印象。因为它敢讲话，语言的表达很生动，而且跟网民的互动也很好。不管是谩骂的还是攻击的，它都没有去删，让你们去说，耐心等待。”“位高权重”的《人民日报》官方微博，都能与“八股文”一样的文风说拜拜，其他传统媒体更应引以为榜样，积极地改变官方微博的话语方式。

（四）观点新颖，评论给力

评论是《人民日报》的传统优势，《人民日报》微博将这一优势成功延伸到微博平台，初步打造出【你好，明天】、【微评论】等品牌评论栏目。通过研判当日热点，确定评论选题，主动发声，积极引导。

北京暴雨期间，《人民日报》微博先后发出《没有一流的下水道，就没有一流的城市》、《让死亡人数“脱敏”》等多篇微评论，针对网络上弥漫的不满、偏激情绪进行疏导。

针对“8 万干部上缴 7.71 亿元钱券”的新闻，《人民日报》微博发布【微评论】：“8 万余名干部，两年主动上缴钱券 7.71 亿。‘可观’的数据，体现防腐成果，彰显反腐决心。然而，同样在今天公布的‘房叔’案初步调查结果表明：拒腐肃贪，不能只靠道德自觉和良心发现，更要靠制度和法律。相对‘自动’与‘自觉’，‘阳光法案’更有效；相对网络搜索，公开透明更可靠。”按说，8 万干部主动上缴“不正当所得”的事情应当得到充分肯定，但是《人民日报》微博在肯定之余选择了更深一层的思索，“阳光法案”、“公开透明”的观点犀利直率，如剥茧抽丝，这样的好评论得到网友的关注和转发是必然之事。

（五）主动发声，回应热点

微博的魅力在于它是民间的舆论场，它弥补了人们在现实中缺少发声机会的遗憾，网民可以在微博上讨论自己关心的公共事务。微博是社情民意的晴雨表，并影响着舆论的走向。如果官方微博对网民关切的热点问题视而不见，自说自话，则会被网民抛弃。

《人民日报》微博自上线起，就在践行着“记录时代”的使命，利用微博平台即时性和病毒式传播的优势，第一时间回应网民关注的热点事件，发表了大量贴近民生、直面问题的帖子，以权威准确的信息来回应公众关切。北京特大暴雨事件中，《人民日报》微博 4 个多小时内滚动发布 10 条相关信息，成为互联网上最早发布遇难者人数和最早制作专题图片向遇难者致哀的微博账号。①

此后，从山西洪洞透水、浙江沈家坑水库垮坝到安徽马鞍山沉船、重庆“周克华事件”、“保钓”斗争，在一系列国内国际重大、突发与敏感事件面前，《人民日报》微博不回避、不失语、不乱语，通过及时、动态的

---

① 颉迢：“@人民日报”传递“正能量”. 观察与思考，2012（9）：32.

报道，传递有效信息。

如8月5日23：36的一条微博："专家最近宣布，经三级指标体系测评，民族复兴任务已完成62%。然而，当湖南永州遭强暴幼女的母亲因上访被劳教的新闻传出，这一数字显得如此苍白。一个国家的强大，不应只有GDP和奥运金牌，复杂的数理模型中，更应包含百姓的权利与尊严、社会的公平与正义。我们共同努力。晚安。"《人民日报》微博把当天的新闻热点进行比较评述，客观、理性地亮出自己的观点，引来13多万人次转发，评论数达40 000多条。

这些微博的发表产生了明显的正面效应。《人民日报》微博用大量理性化的探讨与思考将网民一贯的群体愤怒和偏激舆论引向积极的一面，在帖子下面的评论中，网民常见的情绪性、激愤性言论出现向正面转化的迹象。"传统媒体和网络言论是社会舆论杠杆的两端，只要能直面现实，找到支点，以朴实真诚的文风作为润滑剂，传统媒体就可以搬运舆论杠杆，产生巨大的影响力。"①《人民日报》官方微博，以直面现实的勇气赢得了网民的信任，以客观、理性的观点和态度引导了网络舆论，初步建立起官方媒体在微博上的公信力。

（六）运营机制灵活，资源得天独厚

据负责微博运营的人民日报新闻协调部主任曹焕荣介绍，《人民日报》微博发布的90%以上的内容，或摘编自当天《人民日报》、《人民日报·海外版》及社属报刊的见报报道，或来自《人民日报》记者的专稿。从这个意义上，一份高水平的《人民日报》，一支高素质的新闻采编队伍，正是办好《人民日报》微博的基础和依托。《人民日报》微博决非独立于《人民日报》之外的部分，而是《人民日报》优质新闻资源在微博平台上的延续，《人民日报》微博所体现出的编辑方针、价值理念，与《人民日报》一脉相承。

为办好微博，报社专门成立了列入正式编制的微博运营室，将其划归编辑部采编工作的"总枢纽"新闻协调部，这就有利于此部在协调调度全报社稿件的同时，也将微博运营纳入其中，宜报则见报，宜网则上网，并能在全体采编人员中有效整合资源，避免了一些纸媒微博运营的无序与边缘化。②

人民日报社总编辑吴恒权表示，新闻协调部的责任是"更好地统筹全

---

① 刘鹏飞．寻找主流舆论和民间舆论的重叠地带．新闻战线，2011（7）．

② 詹国枢．"人民日报微博"为何能一枝独秀．中国经济周刊，2012（43）：77.

报社的新闻报道，整合和共享新闻资源，为统筹报社各媒体和编辑部各部门的新闻报道提供组织保证。”其报道模式往往是这样的：总部负责世界范围内调配记者资源；前方记者在事件现场采访并将采写的内容传回总部，供再加工；微博执笔者在总部将各地记者发回的素材进行整合，改造成140个字以内的稿件，根据情况融入图片、视频或长微博等多媒体元素，创造出适合网络传播的微博作品；最后，由专人在微博上发布。

大胆放手，尊重规律，是《人民日报》微博运营的又一特点。报社领导将微博运营交由新闻协调部负责后，每天所有稿件均由部门负责人签发，报社领导不再审阅。《人民日报》迄今所发微博，尽管观点鲜明，有棱有角，却是有理有节，并无出格。为鼓励编辑部和国内外各分社记者编辑给微博投稿，报社还制定具体激励政策，让记者、编辑的所有付出，皆能有所回报，并且规定：凡24 小时内微博转发量超过1 000 次的微博，即有一定奖励。这种奖励机制有效地调动了全社的整体力量，更好地促进了其微博的发展和在民间舆论场地位的提高。

四、总结

《人民日报》微博在上线时机、栏目设置、话语风格以及带来的舆论影响力上都可圈可点，巧妙地实现了官民两个舆论场的对接，在掌握体制内话语权制高点的同时依然没有放弃在民间舆论场的阵地。暨南大学新闻与传播学院院长范以锦曾这样评价《人民日报》微博：“《人民日报》官博的成功，首先是理念的成功。《人民日报》提出打通体制内和民间两个舆论场，而打通这两个舆论场，传播观念的变革和语境的创新，显得特别重要。”都市时报社长周智琛说：“这是一个万众喧哗、万感交集、万目睽睽等待万象更新的年份，《人民日报》选择在这个独特的年份开通官方微博，并形成了较为亲民和犀利的话语体系，博得万众瞩目，与其说这是《人民日报》‘走转改’的试水力举，不如说是时代剧烈演进正在催变每一个群体每一个组织每一个个体的生存样式，当然，任何一种变，都在印证适者生存的通则。毫无疑问，改革是这个国家绕不开的话题，对于政府而言是这样，对于媒体而言，更是如此。”

不管从《人民日报》微博成功的起跳还是后来的华丽转身来看，都足以成为其他党报官媒微博的“标杆”。它用成功的实践启示我们，微博已不仅是党报官媒占据网络舆论阵地的举措，更是一种开放的、前沿的和积极的品牌塑造和自我推介行为。《人民日报》的微博试水是一种话语结构改变的过渡，一个媒体内部两种悬殊的话语体系的存在看似不尽合理，但这只是一种暂时的状态，虽然短期内要改变形成已久的表达惯性和官方姿态还很困难，但随着中国改革的深入推进，官方舆论话语逻辑会慢慢清晰起来。对于党报官媒来说，经营好自己的官方微博还有很长的一段路要走。

（撰稿人　张亚平）

“表哥”微笑

——自媒体时代的“网络反腐”事件分析

微博改变了国人的媒介生活方式，被称为“微动力”。根据《第30次中国互联网络发展状况》的统计报告，截至2012年6月底，我国微博用户数达到2.74亿，网民使用率为50.9%，微博正逐步取代论坛、博客成为互联网新时代中改变人们生活方式的新型网络载体，已成为人们获取信息最重要的途径之一。微博作为自媒体人的代表，它对信息的传播具有融合性、草根性、便利性、及时性和互动性等特点，其传播方式与传统媒体不同，它不是以点为中心的辐射式传播，而是一种裂变式传播；其传播的速度之快、覆盖范围之广是传统媒体无法比拟的。微博平台越来越呈现出影响舆论甚至制造舆论焦点的力量。微博在引发事件、扩散信息传播、聚集多方力量、整合政府与民间行为等方面释放出惊人的能量。“微博打拐”、“微博防腐”等各种热议的公共事件在微博上不断上演。

一、案例记叙

（一）“表哥门”起因

“只是因为在人群中多看了你一眼，再也没能忘掉你容颜。不幸被‘围观’，很快被‘下马’。表哥，你好惨！”网友戏称陕西省安监局原党组书记、局长杨达才因一张照片引发“意外惨案”而被撤职。

图1 “8.26”陕西延安特大交通事故现场

陕西省安监局原局长杨达才的落马，与周久耕如出一辙。“事故现场官员满面笑容，情绪稳定。”2012年8

月 26 日 16 时 35 分，在翻看“8·26”陕西延安特大交通事故的现场图片时，被图片中一名官员的笑容激怒后，网友“@ JadeCong”发出了上述微博，并附上了相关截图，36 人死亡的惨剧与冷血官员的微笑形成了鲜明对比。

事故现场官员满面笑容，情绪稳定。——延安市境内的包茂高速公路发生卧铺客车与罐车追尾事故，致36人死亡。

8月26日16:35　来自新浪微博　举报　　转发(6535)　收藏　评论(1605)

图 2　网友“@ JadeCong”发表的与事件相关的最早一条微博

该微博被广泛转发后，人肉搜索的大幕随即拉开。当日 19 时 53 分，网友“百姓大于天”在其微博爆料称，涉事官员为时任陕西省安监局局长的杨达才；22 时 29 分，网友“卫庄”在其微博发布了一张杨达才佩戴手表的照片，并称“网友怀疑是价值 3.8 万多欧元的欧米茄”；23 时 57 分，渤海论坛的新浪官方微博发布了杨达才在不同场合佩戴 5 块不同款式手表的照片，称这是“陕西省安监局局长杨达才同志的爱好”。

8 月 27 日 18 时 12 分，第五大道奢侈品网首席运营官孙多菲在其微博中称：“我已向表行业内专家请教：第一张为 6.5 万元左右的蚝式恒动系列劳力士；第二张为 3.4 万元至 3.5 万元之间的欧米茄；第三张为江诗丹顿 18K 玫瑰金表壳，而且是机械的，市场估价在 20 万元至 40 万元；第四张为欧米茄，价格也是 3 万元到 4 万元；第五张为雷达全陶瓷，市值估计 3 万元。”这条微博被转发 10 000 多次，引发评论 5 000 多条。杨达才因此也被网民戏称为“表哥”。

此后，这些鉴表图片迅速成为网民热议的话题。不少网民认为，以一个安监局局长正常的工资收入，不可能买这么多的名贵手表，进而猜测其本人有贪污腐败的重大嫌疑。如长江网网友“刘全”评论称：“一个官员过分追求奢侈的生活，戴名牌手表，这样的官员自身清白让人怀疑。”

面临日渐升温的网络质疑，与其他无视网民指责、躲避媒体采访的官员相比，杨达才选择了迅速回应，甚至一度因此获取了部分舆论的支持。

8 月 28 日晚，杨达才在接受媒体采访时表示已知道网络对他的关注，并将此事向组织作了报告，最快将在 8 月 29 日上午对网友的质疑作出回应。8 月 29 日 21 时至 22 时，杨达才主动在新浪微博中回答网友提问。在 13 次回复中，杨达才 6 次向网友致歉。杨达才表示，自己并未“微笑”，只是表情有点放松，想让现场同志放松些；5 块手表是自己 10 年来合法收入购买的，最贵的一块是 3.5 万元；作为公务人员，被网友监督是合理的、正常的。

访谈结束后，舆情开始转向。知名学者于建嵘认为，对于表情“没有必要过分在意，不要总上升到够不着的高度”。网友“方澜静”表示，“就冲着敢直面网友这点，我就觉得此官可嘉”。公共关系专家林景新则认为，“杨达才正确运用了危机管理‘三度法则’：一是态度，多次诚恳向公众道歉，软化敌对情绪；二是速度，第一时间进行在线访谈，与网友媒体交流；三是透明度，解释现场微笑缘由，并一一解释名表来源。”陕西网友“纳兰蛟”也对杨达才的境遇表示同情：“当官不容易，该笑的时候不笑，是有官架子；不该笑的时候笑，是没良心；哭了人家说你作秀，不哭说你残忍。做百姓，很好。”部分实名微博网友还要求其他网友先拿出可靠的证据再来质疑。人民网舆情监测室在其舆情解读文章《“微笑局长”善待质疑获肯定》中表示，杨达才在汹涌澎湃的网络舆情面前，敢于开设微博直接与网民互动，并回应质疑的精神和实践还是很令人称道的，在网络上也赢得了众多网友的支持和肯定。

然而，杨达才主动回应质疑的举动以及上述专家、舆情分析机构对舆情走势过于乐观的判断并没有平息对“表哥腐败问题”不断追问的民意浪潮。微博访谈还没结束，网友“猪头懦夫司机”就发微博称：“我上传了 4 张照片到专辑‘杨达才局长的第六块手表’。”8 月 30 日凌晨起，民间知名鉴表专家“花总丢了金箍棒”接连发布了杨达才的其他 5 块手表，并对新增的表估价超过 20 万元。这些爆料，让杨达才“低调、诚恳”换来的正面评价化为乌有，反而因撒谎而陷入诚信危机，越来越多手表的曝光，也让杨达才从“微笑局长”晋升为“表哥”和“表叔”。

（二）意见领袖：鉴表专家的网络困惑

在草根网民对“逢官必贪”进行激愤抨击和散布各种扑朔迷离的腐败传言时，部分“意见领袖”作为知识构成相对专业、思想观点较为理性的群体，在这起事件的传播过程中表现得相对审慎。

以鉴表专家“花总丢了金箍棒”为例，2009 年，他就搜寻了 1 万多张官员出席活动的戴表照，并向网友公布了疑似名表的款式和价格。其时，酷爱手表的杨达才已经进入了“花总丢了金箍棒”的视野，只是没有发布。

在杨达才微博回应之前，“花总丢了金箍棒”就不断收到其他网友的提醒，甚至接到新浪高层关于如何引导舆论的咨询电话。由于对其他人最初曝光的手表作出“一线不多，基本二线，且多为基本款，如都为真货，低估在20万元内”的判断，他被其他网友批评是在“为狗官说话”。对此，“花总丢了金箍棒”认为，鉴表的原则是“有一说一，抹黑没啥意思”。

据“花总丢了金箍棒”陈述，是杨达才的谎言直接促使他将之前积累的其他手表逐一曝光。然而，在曝光的过程中，他表示，有一种被舆论推着走的感觉。不断有人邀请他，若不接受，就会被严厉谴责：“为什么背叛了我们？”他在事后也有诸多困惑，这是正义，还是以正义之名的暴力狂欢？会不会误伤？是不是不自觉沦为一颗转移舆论的棋子？把一个官员钉在耻辱柱上，代群体受过，是否存在不公平？在泄愤快感实现之后，人们真的在乎这个世界吗？8月31日21时30分，“花总丢了金箍棒”出现在央视《新闻1+1》节目《局长的“微笑”局长的“表”》中。他在接受媒体采访时透露，节目播出后，不少网友向他祝贺，并称呼他为“英雄”。他表示：“狂风之中，每个人都是一片枯叶，杨达才是，我是，网友也是。”此外，他还重申理性的价值：不能以谎言打击谎言，戴表和腐败也没有必然的联系。他表示：“这个事情七寸在于官员说谎，最大的七寸在于财产不公开。微博反腐只是制度反腐的补充，如果不能推动官员财产公开，信任危机只会扩大，如果没有制度反腐，微博反腐也将变得毫无意义。”

对于这位意见领袖的反思，中南财经政法大学教授乔新生评论称：“花总丢了金箍棒”拥有一大批支持者，在广受推崇的同时能保持如此清醒的头脑，难能可贵。他还建议，网络反腐要保持理性，不能听风就是雨，把未经核实的信息当作嫌疑人的罪证。

（三）传统媒体：信息重组后的理性反思

杨达才微笑照片被曝光后，《法制日报》、《南方都市报》、《钱江晚报》和《新民晚报》等传统媒体纷纷对此事在微博上的言论进行摘编报道。其中，《钱江晚报》的报道《车祸现场官员傻笑网友质问你笑啥》被各大媒体转载超过140余次，被凤凰网转载后，点击量超过16万人次。作为相对可靠的信息源，传统媒体从微博、论坛等网络平台挖掘新闻材料，在经过编辑整合后，以口语化的标题吸引公众关注，已经成为舆情发生初期新闻传播的主要特点。

对网上信息的拼凑重组，只是媒体设置公共议程的一种方式。随着杨达才更多细节的曝光，如何从庞杂、多元的网络喧嚣中寻找到解决这一问题的理性出路，成为媒体评论的重点。网上因“笑场”引发对“微笑表哥”的嬉笑怒骂甚至人身攻击，“微笑表哥”在微博上的主动回应获取的网络赞誉，都曾让名表背后隐藏的腐败疑云一度偏离公共舆论场的中心。8 月 29 日，《济南日报》刊文《官员“笑场”可以有腐败不能有》称，不赞同冷嘲热讽杨达才的笑，但是赞同围观并追问杨达才的表。8 月 31 日，《京华时报》刊文《自证清白难以走出名表门》称，一个已经广受质疑的官员，以其孱弱的公信力，不管是承认还是否认，说真话还是说假话，都难以说服公众相信自己。这个时候，需要客观公正的中立方介入，需要纪检监察部门进行彻底调查，迅速公布结果，给网友和社会一个负责任的交代。类似评论的出现与网上要求有关部门介入调查及杨达才公开收入的呼声一起，逐渐让微笑话题重归反腐讨论的正常轨道。

进入 9 月，随着“保钓”议题的升级，对杨达才手表问题的调查结论和处理结果的话题淡出公众视线。然而，部分媒体并未因此放弃对有关部门后续作为的监督和杨达才现状的报道。9 月 17 日，《钱江晚报》刊文《局长天天在正常上班》，使得一度趋于平静的舆情再次掀起高潮。该消息被凤凰网转载后，点击量高达 33 913 人次。网友“终南一翁”表示：“纪委查的结果怎么样？应该给民众一个交代。不然就是对网民的不尊重和对局长的不负责任。”

（四）相关部门：体制内反腐如何给力

在以往的网络反腐案例中，纪检监察等反腐败职能部门如果不能及时有效地回应社会关切，那么，无论最终涉事官员是否被惩办，都会成为舆论质疑的对象。在这样的网络语境中，如未被惩办，则被斥为官场袒护；如被惩办，则被斥为只知事后应对，日常监管失察。善用网络监督，通过监测网民提供的各种有效线索，主动调查涉案人员的贪腐问题，并及时将结果公之于众，成为反腐败职能部门修复公信力的重要途径。

8 月 30 日，杨达才的各种“戴表照”在网上曝光后，陕西省纪委即回应称，将本着实事求是的态度，对事件所涉及的问题进行认真深入的调查，如确有违纪或腐败问题，将依照有关规定严肃处理。然而，直至媒体爆出“杨达才仍在正常上班”的消息后，关于将杨达才撤职的消息才火速公开。在这段长达20多天的时间里，网上传言四起，民众对当地纪委的公信力和工作效率的质疑之声不绝于耳。

9月2日11时30分左右，《新快报》记者刘虎发表微博称：“网爆陕西纪委调查的‘手表哥’杨达才正兼任着纪委委员，杨达才曾被处以党内警告处分。”由此，陕西省纪委对省纪委委员杨达才的调查能否保持中立、客观、公正成为网民质疑的焦点。网友“安康农民”称：“试问自己查自己，能查出问题吗?”北京市旗鉴律师事务所律师刘晓原在其微博中建议：“陕西省纪委应该回避，由中纪委介入。”

随后，有关杨达才“背景很硬”的各种猜测开始在网上蔓延。9月5日15时，湖北新亚特集团有限公司董事长杜芝富在其微博中爆料称，杨达才从参加工作到任县委常委仅仅用了2年8个月时间，是“政坛神童”，并称其岳父也在当地做过干部。

直至9月21日，陕西省纪委才在其官方网站秦风网发布了杨达才因存在严重违纪问题被撤职的消息。对此，《环球时报》总编辑胡锡进在其微博中称：“这是网络监督的又一胜利。这个结果在杨的11块手表被曝光时就已经注定了。而由于陕西官方在很长时间里无态度，致使这一个月政府公信力被杨达才不断糟蹋。这很可悲。政府公信力已经很弱，绝不能再被贪官绑架。应当形成就网络针对官员腐败质疑的快速评估与反应机制。”还有网友质疑，“严重违纪”的定性太过笼统，应该一并公布具体涉案细节，以正视听。

除了反腐败职能部门，陕西省财政厅同样成为此次事件中舆论质疑的主要对象。在网上要求杨达才公开个人收入自证清白的呼声未能得到回应后，湖北三峡大学在校学生于9月1日即向陕西省财政厅提交要求公开杨达才工资的申请，却在20天后收到了个人工资收入事项不属于政府信息公开范围的答复。对此，有网友称：“有关部门、有关领导装聋作哑，得过且过，怎么能让群众放心?”

杨达才事件似乎已经结束，不少媒体竞相欢呼这是“网络反腐的又一次胜利”。然而，反腐败职能部门能否准确研判网络舆情，及时回应社会关切，主动汲取草根网民、意见领袖和媒体舆论等民间智慧，充分发挥互联网在反腐倡廉工作中的正向能量，让反腐公信力在官民良性互动中稳步提升，仍然有待观察。

二、分析及评价

与传统的博客相比，微博除了具有“转发”、“评论”等功能以外，还具有“互粉”、“关注”等功能，这种聚变和裂变式的传播方式使微博平台在短时间内成为一张不断扩张的关系网络，这张网络可使个体的信息和意见得以广泛传播，形成微博优势意见，并最终形成一股强大的舆论力量。

而微博用户结构的复杂性和特殊性，又使这一平台具备了快速传播公共意见的可能。根据《第30次中国互联网络发展状况的统计报告》，截至2012年6月底，我国微博用户数达到2.74亿，网民使用率为50.9%，微博正逐步取代论坛、博客，成为互联网新时代中改变人们生活方式的新型网络载体，已成为人们获取信息的最重要的途径之一。微博作为网络媒介新兴的信息沟通平台，和传统博客相比还具有如下特点：①碎片化的文本，可辐射更多的微博使用者；②快捷发布，实时交互传播；③微博社会化，自媒体特性更加突出。在“表哥微笑门”事件中，微博的这些特性更是发挥得淋漓尽致，并且呈现出几近“自由、民主、平等”的态势，事实是否果真如此？让我们从该事件传播的效果形成过程中寻找答案。

从传播的角度看，“表哥微笑门”事件是一次比较完整的议题设置。首先，由网友“@JadeCong”通过微博将杨达才在事故现场露出不适宜笑容的照片设置成议题；接着，其粉丝受到议题的影响，积极转发信息，参与互动，让个人设置的议题成为一个社会普遍关注的话题；同时，公众的关注引起有关部门的注意，公众舆论促使杨达才进行公开回应；最后，微博、公众与政府之间形成良性的互动。当然，在此互动过程中，传统媒体起到了不可或缺的沟通作用。

（一）“表哥门”是谁在传播

在“微笑表哥”事件的传播过程中，可以说每一个参与其中的“围群”们不仅仅是信息的接受者，同时扮演了传播者的角色。网友们积极为“微笑表哥”事件提供信息，而其他对相关信息加以“关注”或“评论”的网友，同样为“微笑表哥”的“意见环境”的形成推波助澜。这些网友都是谁呢？

（二）“表哥门”议题由谁设置

通过微博，普通民众也可以设置种种议题，形成“意见的自由市场”，并逐渐介入社会事务的处理当中。这看似打破了过去只有特定阶层的群体才能作决定的局面，但事实上，民众所能提供的仅仅是“话题”或“议题”，但绝非“议题设置”。例如，在“微笑表哥”事件中，真正设置议题的人，不是那位网友“@ JadeCong”，因为他只是“微笑表哥”话题的提供者。而第五大道奢侈品网首席运营官孙多菲才是将“微笑表哥”设置为微博平台“重要议事日程”的关键“操盘手”。自 2010 年 10 月 9 日，他在新浪发出第一条微博后，经过近三个月的持续更新，他早已成为拥有众多粉丝的加 V 的微博名人。也就是说，在微博这一新媒体传播平台上，鉴表专家无疑是个颇有号召力的“意见领袖”。

（三）“表哥门”折射出的“微博反腐”的特点及成因

在当代社会，任何腐败问题都具有高度的显著性，为全民所关注。微博的应用拓宽了民众参与反腐的渠道，从而成为反腐的利器。微博反腐成因包括以下几个方面：

1. 社会转型期腐败问题严重

在社会转型期，我国经济迅速发展，政治改革不断深化，取得了前所未有的成就。但同时，我国的体制和制度建设还不完善，反腐问题不容乐观。腐败问题会严重影响国家发展和民族复兴，历来为民众深恶痛绝，这就成为微博反腐的社会成因。

2. 民众的公民意识不断提升

“国家兴亡，匹夫有责。”随着市场经济的逐步完善，我国民众的公民意识不断增强。我国民众的公民意识主要表现在作为国家主人的责任感、使命感增强；法律意识增强，依法维护自身合法权利的意识增强；参与国家政治、社会生活的积极性提高。在“表哥”事件中，民众利用微博反腐的公民意识得到了彰显。

3. 政府借助网络治理腐败问题的决心

面对新的传播环境，2005 年，中共中央印发《建立健全教育、制度、监督并重的惩治和预防腐败体系实施纲要》，提出“加强反腐倡廉网络宣传教育，开设反腐倡廉网页、专栏，正确引导网上舆论。加强对互联网站反腐倡廉宣传教育的指导和管理”，表明了党中央借助网络治理腐败问题的决心。在具体实施中，2003 年，最高人民检察院开始建立网络举报平台。目前，各级政府基本都建立了廉政网站、网页或专题。微博反腐是网络反腐的深化和扩展，是网络反腐的一个分支。在政府决心借助网络治理腐败问题的大背景下，微博反腐有了比较宽松的舆论环境，微博成为网络反腐的重要阵地。在“表哥”事件发生几天后，陕西省纪委就介入调查，表明政府把微博视为发现腐败问题的重要渠道。

4. 微博本身的特点带来信息传播方式的改变

微博不仅是一个新的信息传播平台，它也带来了信息传播方式的改变。首先，最多140个字的内容有利于信息的快速发布和接收；其次，与手机等网络移动终端的结合，使得用户可以随时随地发布信息，信息更新速度加快；再者，微博传播是对网状社会人际传播的移植，即人际传播与网络传播的结合。微博既有网络信息传播的海量性、即时性、多样性、多媒体性和开放性等特点，也继承了人际传播的裂变式信息传播模式。在微博中，尤其是在实名制推广以后，微博用户将会很有目的地关注、转发或评论他人的微博。微博中的意见领袖就能在信息传播过程中发挥关键节点的作用，促使信息被广泛接受。

（四）“表哥门”的启示

在重视微博反腐的同时，也需要对其进行引导和管理。在推进微博反腐实效的过程中，应从建立健全微博反腐的相关法律制度、加强微博道德建设和提高网络监管技术等多角度、多层面来推进微博反腐高效运行。

1. 转变传统观念，正确看待微博

微博是个新事物，是信息时代的必然产物，要做到科学合理地运用微博进行反腐。首先，政府应明晰角色定位，官员需要转变观念，正确认识微博反腐的意义和价值，积极融入微博时代，善用、巧用微博反腐，真正把微博作为发现、预防和查处腐败的有力工具；其次，政府官员要加强学习、了解微博反腐的相关知识和技能，积极利用网络微博与普通群众进行交流，把微博反腐与常态化、制度化的信息沟通，公民意见表达和社会监督相结合，实现优势互补，推进微博反腐工作。

2. 建立健全微博相关法律法规

建立健全相关法律制度是新时期增强微博反腐实效的根本保障。随着信息时代的不断发展，原有的相关网络制度、反腐制度产生了一定的局限性，许多由微博引发的纠纷无明确法律可依，因此，我们应在现有的条件下设立明确有效的微博反腐制度规范，让原有的弹性规则以法律法规的形式呈现，从法律上对个人和政府的微博进行规制。此外，在利用微博反腐的时候，需要建立一个规范的反腐流程，防止滥用微博打击报复的现象，同时防止一些职能部门面对微博线索不作为和不当衡量。建议从地方试点开始逐步推广，在解决问题中不断完善，既可以保证新旧法律制度效力的有机衔接，也可以保证依法反腐的理性度和成熟度，避免由于法与政策、法与法之间的冲突带来反腐实效的降低和影响社会的稳定和谐。

3. 加大政府信息公开的透明度

各级政府部门应该积极构建电子政务系统，及时公布公众关注的问题，解释近期社会敏感话题，消除公众疑惑，及时澄清一些谣言，正确引导舆论，树立亲民的政府形象。同时，也让人民大众更加了解官员的个人工作情况并对其进行监督。这将大大减少腐败和误解的发生，对杜绝腐败和稳定社会有着积极的作用。在发生紧急情况时，相关人员还可以在微博上及时向大众透露相关工作的进展情况，及时有效地消除误解。

4. 开发网络监管技术，强化网站“把关”职责

我国网民数量庞大，结构复杂，网络传播秩序不能完全依靠网民自律，各级政府可设立专门的反腐微博，以相应的法律机关为依托，不断开发网络监管技术，设置“微博专员”进行管理并及时回复，定期关注微博信息，了解舆论，积极搜集网络举报人反映的任何线索，认真对待网民的举报。及时发现微博中曝光的问题，经过严谨的把关判断，筛选过滤虚假信息，提高信息的准确性，并上报给相关领导，在最大限度地发挥微博传播信息功能的同时高效率地解决问题，利用微博加强官民沟通，提高微博反腐工作的实效。

（撰稿人　魏巍）

指尖上的奥运

——以伦敦奥运会手机移动媒体的报道为例

2012年，“伦敦奥运会”这一关键词以接近4亿的提及量毫无争议地稳坐当年新浪微博年度大事件的榜首。刘翔的退赛、孙杨的梦幻夺金、羽毛球的消极比赛和林丹的霸气夺冠，不知不觉，人们对于奥运新闻的获取方式正在悄然发生变化。4年前北京奥运会时，中国手机网民数量是1.13亿，4年后的伦敦奥运会，这一数字已经变成了3.88亿，首次超越PC成为第一大上网终端，指尖的力量已不能忽视。本文从门户巨头伦敦奥运转战移动媒体为切入点，分析各家手机媒体报道的风格与特色，之后点出移动媒体当下出现的困难与不足，同时专访了两位手机媒体从业人员（手机新浪网体育频道负责人以及3G门户品牌发展部市场推广经理），并总结了当下指尖媒体的成长与阵痛。

一、手机媒体下的“社交奥运”初登场

第30届伦敦奥运会开始于北京时间2012年7月27日，闭幕于8月13日凌晨，中国代表团共收获38枚金牌，打破了6项世界纪录和6项奥运纪录，获得中国代表团境外参赛的最好成绩。竞技场上的硝烟也同样蔓延到了媒体场上，根据易观国际、DCCI（互联网数据中心）等多家第三方调研机构近日发布的报告显示，本届奥运会上移动终端作为新媒体的一匹“黑马”突出重围，成了继传统互联网之后第二大资讯获取渠道。根据易观国际的数据显示，用户获取奥运信息的第一媒体选择排名前三的分别是：传统互联网43.45%，移动互联网28.56%，电视18.82%①。后北京奥运会时代，手机这种新型的移动终端成功超越电视成为第二大奥运信息获取渠道，而伦敦奥运会也成为第一届“社交奥运”。

---

① 中国网络协会．CNNIC发布《第30次中国互联网络发展状况调查统计报告》．http：//www. isc. org. cn/zxzx/ywsd/listinfo－21627. html.

与4年前的北京奥运会不同，门户网站的巨头们已不再把眼光局限于PC互联网，更多的则是延展到了手机上。据CNNIC发布的最新数据显示，截至今年6月底，手机网民数量达3.88亿[①]，首次超越PC成为第一大上网终端，而伦敦奥运会则是门户巨头们真正利用手机开启报道之战的新坐标。人们不再简单地守望在电视前观看传统意义上的比赛影像直播，不再等到第二天拿起报纸杂志了解与奥运相关的故事，不再局限于PC互联网的文字、图片性报道。而是边走边看，更热衷于在微博等SNS互动平台上“吐槽”奥运，更享受奥运新闻客户端的早安、晚安推送，这一切都是指尖、手机与奥运的完美组合。

本届奥运会的主办城市为英国伦敦，业内人士指出，移动终端必然成为用户观战的主力。由于有8小时时差，比赛大部分将在北京时间16点至次日凌晨2点进行，并且多数金牌都将在午夜后产生，网友熬夜守在电视机和电脑旁不但伤身、伤神而且容易打扰到家人和朋友的正常休息，可如果选择手机或者平板电脑这类移动终端观看赛事，不仅可以舒适地躺在沙发或床上，而且戴上耳机也不会因为激烈的赛事影响他人的睡眠。从这个角度看，手机不但充分地发挥了它及时、互动、多媒体与数字化的特点，而且还能够便捷、舒适地让用户获得较其他媒体更完美的用户体验，这些优势是手机成长为第二大奥运媒体的必然因素。

在各大门户奥运手机移动媒体的争夺战中，微博和新闻客户端是硝烟的主战场。由于移动互联网彻底摆脱了时间和空间的束缚，如何让用户更方便、更舒适地利用碎片时间随时随地获取奥运资讯成为互联网龙头们的难题。首先，新浪依靠微博创造了可观的奥运用户规模，近4亿提及量位居新浪微博年度热门话题榜，这其中通过智能手机进行微博访问的用户已经占据了89.35%。孙杨的夺冠微博瞬间被超过35万的粉丝转发；小将叶诗文被质疑服用兴奋剂一事获得微博百万网友力挺；刘翔赛场上的意外摔倒甚至导致微博“卡壳”；陈一冰错失金牌，却收获了4亿微博网友心目中的金牌[②]。这些都成为首届微博奥运的经典片段。其次，腾讯则通过强大的QQ用户实现了多平台的联动。社交媒体策划师文森佐·科森扎（Vincenzo Cosenza）发布的最新“全球社交网络地图”中，腾讯微博和QQ空间两大平台牢牢占据着国内社交市场的前两位。据统计，腾讯微博的用

---

① 中国网络协会. 网易奥运客户端领跑手机应用. http://www.isc.org.cn/zxzx/hyxx/listinfo-22038.html.

② 凤凰网. 新浪微博发布2012年度盘点. http://news.ifeng.com/gundong/detail_2012_12/20/20369847_0.shtml.

户数量已达 3.7 亿，而 QQ 空间的活跃账户数则接近 5.8 亿。再次，较之新浪、腾讯依靠其核心手机产品的奥运推广力，搜狐、网易等则将目光更多地聚焦在新闻客户端的品牌推广上。根据易观国际、零点调查等数据的分析：搜狐新闻客户端的奥运报道受到的关注度明显处于领先地位，而网易新闻客户端是同类应用里满意度最高的新闻客户端，评分高达 88.1%①。

移动化（mobile）和社交化（social）正在重塑人们的观赛方式，北京奥运到伦敦奥运这 4 年的变迁中，全球智能手机出货量增长迅猛。IDC 的数据显示，2008 年全球的智能手机仅为 1.5 亿台，2009 年小幅度增长到 1.7 亿台，2010 年随着 iPhone 的发布，智能手机迅速涨到 3 亿台，2011 年智能手机在全球范围内逐渐渗透，达到 4.9 亿台。相对于功能手机，智能手机给予了用户更丰富的上网体验，通过奥运会这样的热点新闻，移动设备特别是智能手机的不断普及，门户资讯向移动媒体迁移，促进了移动互联网的进一步成长。网友只需一部手机，便可随时随地了解奥运新闻，既可以深入了解赛程数据，也可以参与当下互动，打发时间，“指尖上的奥运”初步实现，可算是年度最新最 in 最时尚的媒体。

二、技术当道，奥运期间移动大战腾讯综合实力最强

2008 年，国人经历了奥运的举国欢腾，当时无论是对奥运赛事的关注度还是全面参与奥运的热情都达到了历史的最高值。4 年之后的伦敦奥运会，中国的民众对于奥运更加理性但是热情不减。昌荣传播（纳斯达克代码 CHRM）与知名调研机构英德知联恒（intage）联合发布《2012 中国人的奥运心态研究报告》，通过对北京、上海、西安、武汉、南通等全国 13 个城市的电话及实地走访调研来了解中国人的奥运心态。② 报告指出，对于伦敦奥运会，中国的受众把更多的精力从国家转移到了体育赛事本身，中国人最为关注的是“自己最喜欢的体育项目”、“中国所获金牌和奖牌数”、“中国传统优势项目”以及“开闭幕式”这四大部分。排名第一位的仍然是从自己内心的需求出发，而这一比重在所有受访者中占到了 91%，由此可见，奥运的热情依旧不减，但更加回归自我的需求；排名第二、第三位的则从爱国热情出发，聚焦之处仍是中国队，其中“结果至上”的思维占据主流，新闻与明

---

① CNET 科技资讯网．零点调查：伦敦奥运媒体调研 用户数据搜狐全面领先．http：//www.cnetnews.com.cn/2012/0801/2104327.shtml.

② 中国日报网．“2012 中国人的奥运心态”报告发布．http：//www.chinadaily.com.cn/hqcj/zxqxb/2012－07－25/content_ 6534373.html.

星的关注度仍没有国人对于奖牌榜的关注度高，达到了90%，仅仅比第一名“自己喜爱的体育项目”少了一个百分比。从关注的项目上来看，“跳水”、“游泳”、“乒乓球”三大中国优势项目是受众最为感兴趣的，此外“体操”、“羽毛球”、“篮球”和“田径［110米栏和短跑飞人大战（400米以内）］”等可能取得突破成绩以及具有观赏性的项目也备受关注。总的来说，对于伦敦奥运会，国人的关注热情并没有因为转移到境外举办而有大幅度的下滑。相反，国人从爱国的群体喜悦转移到了理性关注赛事本身和遵循自己内心的思维感受，从这个维度看，呈现出更高、更快、更强的奥运信息便是媒体抢夺受众所要关注的重点。

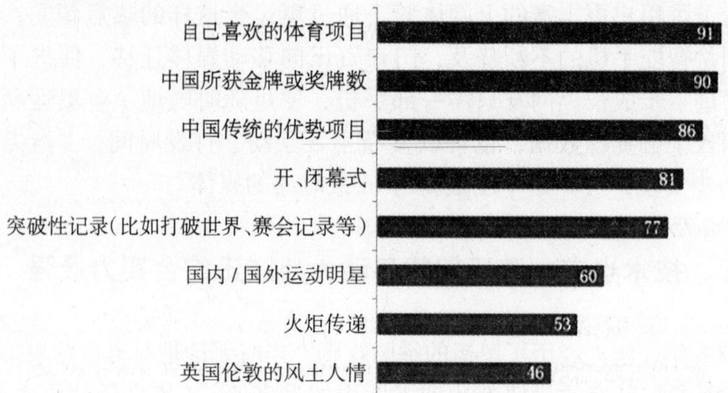

图1　受众对2012年奥运会的关注点

作为第一次“社交奥运”，手机媒体在奥运的传播力和影响力呈现出多角度之势。3G门户总裁张向东表示，历经4年的蓬勃发展，随着智能终端的快速普及和移动互联网应用的不断创新，手机逐渐成了获取资讯和娱乐互动的首选平台，手机不仅推动用户对奥运的关注和互动参与，更促进和影响了中国手机用户的奥运生活与消费行为。传播学大师麦克卢汉曾经作出了“媒介即讯息”这一著名论断，手机媒体技术的普及和强化已经完全颠覆了人们的信息接收和消费习惯，进而带来市场的巨大变革，这一点从伦敦奥运可见一斑，小小的手机屏幕却承载着奥运大任务。

（一）手机看奥运，客户端成新宠

根据零点咨询研究集团发布关于伦敦奥运会手机用户统计情况的分析可以看出，“奥运手机人”不再像传统使用互联网登录网站一样，将浏览器获取新闻作为首要的选择。相反，下载使用新闻呈现方式丰富、互动效果优良、用户体验丰富和信息推送及时的客户端成为手机人的新宠。有61.11%的“奥运手机人”会通过手机上面的新闻客户端或者其他形式的App应用（新浪微博、腾讯微信、GO浏览器等）来关注奥运信息，28.15%的用户会选择打开传统浏览器来访问相关的手机新闻网站。值得注意的是，只有9.26%的用户通过运营商手机报来关注奥运信息，收费模式的手机报在免费模式的客户端攻击下失去了大片江山。

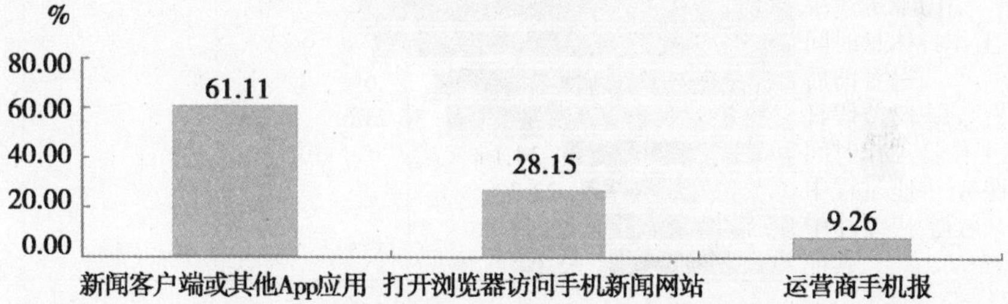

图2　通过手机终端的何种形式关注奥运信息

伦敦奥运会期间较受欢迎的客户端主要分为四类：一是官方应用类，主要以提供官方的赛事信息、场馆信息和官方游戏等为主，如伦敦奥组委自己发布的两个伦敦2012奥运会官方应用，分别是伦敦2012奥运会赛程（London 2012 Results App）和伦敦2012奥运会观战指南（London 2012 Join In App），这也是奥运会官方首次发布移动平台的奥运产品；二是奥运新闻类，是由各类媒体主要是门户巨头们推出的App，主要以提供赛事图文直播、赛事新闻汇总、各类赛事视频、奥运游戏和用户信息互动等服务；三是赛事视频直播类，主要是爱奇艺、搜狐视频和PPTV等提供的视频App，可以随时收看比赛动态影像；四是伦敦攻略类，包括伦敦旅游指南、英国地图、奥运实用小向导等特色App。四类App中，第一类以硬新闻为主，下载量和下载人数有限，即便下载，但由于更新信息有限外加咨询生硬、官方化，用户的回删率较高；第二、三类别的App有着强大的用户基数，前者以信息搜罗和咨询互动为主，用户在获取及时生动的信息同时更加希望可以将自己随时随地的感想与手机移动媒体人员（如小编、互动员、主页君等）互传，加强信息的张度和流动性；后者则更加强调App的视频丰富性和清晰度、流畅度、新颖度，视频类App的私闭性、独享性和及时性强，但互动性、深度性不是用户对于此类App关注的重点。但不可忽略的是，这两类App用户均对娱乐性、及时性、资源丰富性及效果呈现多样性有着重要的关注；第四类 App 需要用户有巨大的身体力行的参与度，故此用户基数较低，但是依赖度较强，咨询的个性化和实用性成为用户对于此类 App 关注的重点。值得一提的是，第四类 App 的用户最不关心的正是奥运新闻咨询更新的频度。

（二）手机重设奥运新黄金时间

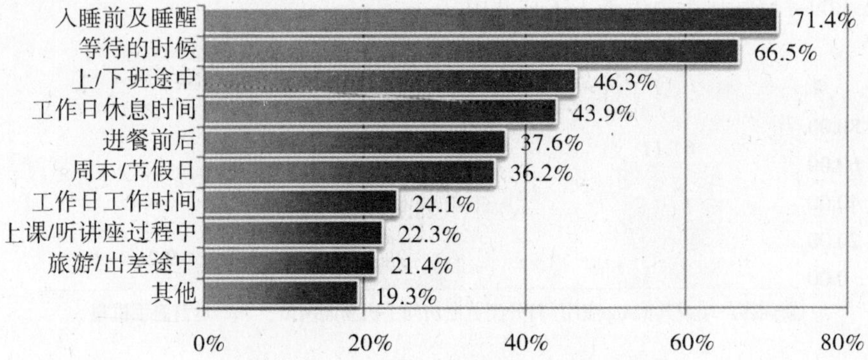

图 3　奥运期间用户使用新闻客户端场景分布①

北京大学新闻与传播学院刘德寰教授提出，手机是天生带着体温的媒体，很多人都随着手机闹钟的提醒迎接新的一天，睡前用手机刷微博、看小说、玩手机 QQ 或社区互动，每一天手机都伴着人们进入梦乡，它成为人们每天最早和最晚接触的媒介形式，手机将人们从固定的场所解救出来，重新定义了媒介的黄金时间。② 伦敦奥运会期间，这一情况更加显著。根据易观国际对于奥运期间手机新闻客户端使用的场景分析，有 71.4% 的用户选择了在入睡前及睡醒后来获取奥运信息，在所有场景中排名第一。在奥运期间各大门户网站的客户端在每天早上 7：30 发布赛事总结和奥运每日观赛前瞻，及时为网友提供前一天的赛况和当天比赛的看点，这些定点的推送服务成为奥运手机人每天早晨的必修课。

---

① 数据说明：以上原始数据来自爱调研用户调研管理平台，从 395 万在线会员中随机抽取获得。数据来源：爱调研 . www. idiaoyan. com；易观智库 . www. eguan. cn. SOURCE：Enfo Desk © AnalysysInternational. www . enfodesk. com.

② 刘德寰等．正在发生的未来：手机人的族群与趋势．北京：机械工业出版社，2012（5）．30 ~ 32.

（三）扎堆比拼客户端“秒推”是关键

观赛方式和媒介黄金时间的重新定义让各大门户网站的伦敦奥运大战开启了新的模式——扎堆比拼客户端。各大门户网站均在奥运期间开通了奥运特别版的客户端。从易观国际的数据可以发现，奥运期间搜狐新闻客户端和网易新闻客户端在 Android 平台上的新增下载量分列前两位，分别新增了 13.4 万和 8.4 万人，而在 IOS 平台情况也类似。搜狐新闻客户端奥运报道所受到的关注度明显处于领先地位，总装机激活用户量达 2 300 万，日活跃用户量达 600 万。号称以“三屏合一”的方式报道奥运的搜狐，依靠手机客户端扬眉吐气：“整个奥运期间，搜狐新闻客户端的市场占有率一路攀升，飙涨至 41.5%。”来自另一机构零点调查的数据显示，整个奥运期间在使用手机关注奥运的 61.1% 通过新闻客户端获取奥运信息的被访者中，超过 2/5 的用户使用搜狐新闻客户端。搜狐指出，以“刘翔退赛”为例，搜狐新闻客户端 50 分钟内 UV 数将近 200 万，用户评论12 809条①。搜狐奥运特别版的客户端总发稿量远超其他门户，总发稿量约相当于其他几大对手之和，内容呈现丰富、视频更新及时及图片冲击力大成为决定用户选择搜狐新闻客户端的重要依据。

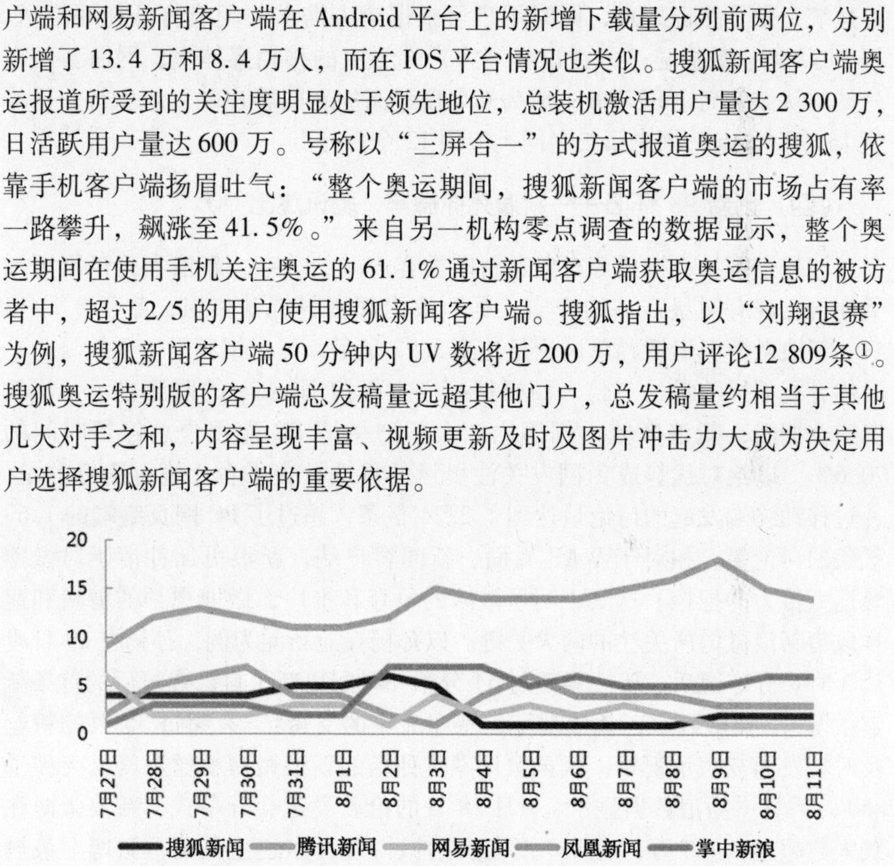

图4　7 月 27 日至 8 月 11 日各家新闻客户端在 App Store 上排名情况②

另一发展迅猛的网易客户端则以“秒推”来形容其在手机客户端上的竞争——用户无论身在何处，赛果出来后 3 秒内即可通过手机客户端的推

① 东方财经网 . 奥运大战收官　搜狐成功卫冕 . http：//news. eastday. com/gd2008/f/2012/0814/3428136118. html.

② 资料来源：易观智库 . www. eguan. cn. SOURCE：EnfoDesk © AnalvsvsInternational www. enfodesk. com.

送获取最新的奥运赛果信息。根据网易新闻客户端后台数据显示，在奥运开赛的24小时内，网易新闻客户端共推送包括首金易思玲、李娜出局在内的5条重大奥运新闻，有超过7成的活跃用户使用网易新闻客户端浏览了奥运资讯，总浏览量超过5 000万，与日常均值相比增长了近30%[①]。而为了避免推送打扰用户正常休息，网易新闻客户端对晚上10点之后的新闻推送统一做了静音处理，同时用户可根据个人需求关闭或打开新闻推送。据DCCI调查数据显示，在以新闻客户端为主的移动媒体里，网易新闻客户端的认知度高达88.1%，成为知名度最高的新闻客户端，超出行业平均值16个百分点，领先第二名同类应用12个百分点。

（四）创新PK怀旧——新浪死抓微博，腾讯跳出QQ

相较于网易、搜狐等对奥运新闻类客户端的争夺，新浪和腾讯则更加关注自己现有明星产品的夯实。据新浪内部资料统计指出，截至8月13日，新浪微博奥运话题总讨论量达到3.93亿条，奥运视频平均播放量为平时体育视频播放量的三倍。而根据第三方机构Hitwise的监测显示，伦敦奥运会期间，新浪微博占据国内四大门户微博PC端用户总停留时间的70.6%，以绝对优势成为网友关注奥运的首选社交平台。值得注意的是，通过移动终端发起的讨论量达到了2.24亿条，超过了PC网页终端的1.69亿条的讨论量。相对于WAP界面、新闻客户端，新浪更加钟情于对微博奥运宣传力的把控。这其中明星微博的争夺和推广，微博视频的剪辑和速推成为新浪微博所关注的两大关键。以孙杨夺冠新闻为例，孙杨在29日凌晨3时8分夺冠后，于凌晨3时54分第一时间更新了自己夺冠后的首条新浪微博："我做到了，我成功了！感谢大家的支持！"有超过35万的粉丝及时转发回复表示祝贺，截至次日零时孙杨的新浪微博粉丝数就已突破了860万。另一新浪数据显示，7月28日的伦敦奥运会开幕式，新浪微博在线人数超过2 400万，有240万条奥运微博发自东道主英国，微博上最热红人为英国女王伊丽莎白二世，网友提及量超过23万次。在29日当天，新浪微博上最受网民关注的奥运话题为"400米泳孙杨夺金"和"李娜爆冷首轮出局"，有超过1.29亿次的奥运话题讨论量，这些数字在各类微博圈中都是无人能及的。

除去微博的PC登录端，手机登录参与移动讨论更是新浪微博伦敦奥运会关注的重点。据新浪官方的统计数据显示，在奥运开赛的6天里共有

---

① 网易. 网易新闻客户端推送最即时　奥运首日流量增幅30%. http://tech.163.com/12/0729/16/87JID602000915BF.html.

超过1.02亿次的微博讨论是通过手机实现的。在这1.02亿次的无线端奥运话题讨论量中，有8 364万次的讨论量来自移动客户端，1 836万次讨论量来自WAP无线网络。据统计，如果每条微博发布需要一部手机，发布如此多内容所需要的手机费用足可以建造34个奥运伦敦碗；床上、公共交通和卫生间也成了奥运期间用户使用无线客户端发布奥运内容地点的前三位；从移动客户端的种类上看，苹果客户端用户以发布3 978万次奥运内容讨论量荣膺榜首，安卓用户以3 570万次屈居第二，windowsphone、塞班、黑莓等其他客户端以816万次排名第三；一项关于各移动客户端用户最关注的奥运词汇调查显示，苹果用户的关注热词为“肌肉”与“美女”；安卓用户的关注热词为“吃”与“运动服”；其他移动客户端用户则最关注“金牌”与“裁判”①。

总的来说，新浪的奥运报道策略采取的是复古道路，将已有的用户平台打造得依附感十足，尽管也涉猎新闻客户端、WAP页面的更新升级，但是无法撼动微博成为新浪奥运报道的主战场。在这片主战场上，体育明星的微博推广是首位，其次便是庞大奥运视频的微博二度加工速推，再者奥运独家视频节目的手机联动呈现也是新浪手机端视频呈现的初次试水。新浪的奥运报道之路高举中规中矩大旗，不滞后但也不出彩。但是，新浪奥运移动媒体传播大战中存在两大瑕疵。一是客户端推送扰民问题。新浪在奥运客户端竞争中也象征性地推出了“掌中新浪”客户端的奥运版，重点提供三大服务功能：奥运喜报、奥运早晚报和奥运观战指南。但7月27日起，新浪微博客户端以及奥运特别客户端就开始频繁推送奥运信息，尤其是手机客户端的弹窗及输入框中预设内容等行为都引起了用户的不满，之后用户也表示在关闭推送功能后仍然会收到客户端的弹窗信息。7月30日，尽管新浪高层向用户致歉并承诺改进服务，但用户的大量流失仍是不可避免的，突出表现在新浪奥运特别版的客户端回删量达到最高值。二是对微博奥运提及量的数字质疑。新浪微博官方数据显示，“奥运”这一关键词的微博讨论量为近4亿条，并用这一数字与腾讯微博的3亿条叫板。表面上新浪的大数据略胜一筹，但是通过正常的登录微博页面的搜索，“奥运”一词的微博数总共仅为1亿多条，这一数字与新浪官方所给数据相差甚远，而且如若除去企业营销宣传严重的灌水微博，新浪微博中“奥运”一词的微博搜索总数是一个巨大谜团，至今，新浪都没有给出一个详细的解释。

---

① 网易．苹果用户最关注的奥运热词是“肌肉”和“美女”．http：//2012.163.com/12/0803/04/87V3PNH8000506A2.html.

较之新浪的复古，腾讯可用创新来形容。关系链是腾讯素来最为突出的优势，而此次腾讯的奥运移动媒体传播大战也在本有的“关系”之路上不断创新。腾讯现在拥有的绝不仅仅是QQ本身。除了QQ之外，QQ空间以UGC为理念提供更为深度的用户自产内容和媒体奥运评论；QQ浏览器则发扬平台聚合效能，传递更为便捷的登录奥运相关网站的入口；QQ输入法运用议程设置的微处理让手机端及时获知奥运信息。而最大的创新来自于微信，它将每一次奥运重大新闻的动态信息直接推送到移动端，而且除了一般的推送之外，微信还将数字媒体的迅捷性和广播媒体的有声性在微信这一产品中得到双效呈现。腾讯大打刘翔品牌，不仅在奥运开赛前就利用刘翔语音问好的方式吸引大批体育迷注册微信号，而且在刘翔比赛前15分钟设置刘翔微信语音赛事时间提醒功能即手机微信赛事闹铃，这一创新之举在移动媒体界实属第一次。此外，QQ游戏还在用户参与游戏的碎片时间内提供更多奥运互动有奖活动，让腾讯获得更多的新闻传播渠道。传统意义上，受众获取新闻大多是主动看报纸或打开门户网站，而腾讯增加传播渠道后，无论是新闻还是广告，腾讯均能形成一套立体化、全方位的传播。用腾讯自己的话来说，以亿级别为单位的用户关系链营销为依托，利用“创新设计×丰富资源×运营引导”的三大架构，营造出全方位、立体式的大声量品牌传播环境①。

腾讯的指尖奥运创新模式可以总结为以下3点：

第一，以我为主，发出“腾讯奥运好声音”。早在伦敦奥运会开幕前1个月，腾讯网已组建了超过百人的记者报道团，同时由体育、娱乐明星联手组成奥运助威团，第一时间运用多级别平台（互联网、手机客户端、WAP无线、手机搜索引擎等）向网友传递现场信息。《体坛周报》总编辑李烨晖表示：“可以看出腾讯网已展示出国际大媒体的能力和高度，新媒体反哺传统媒体的情景很可能在奥运期间的腾讯平台上普遍出现。”腾讯推出了十档奥运主题原创视频节目：有在布局成茶馆的伦敦演播室开设冠军父母为孩子做饭的节目；有明星莫文蔚的《品蔚英伦》节目；有著名主持人梁文道跟文学作家余华、池莉、舒同、毕淑敏等碰撞的深度脱口秀节目；有刘建宏、段暄等领衔的体育评论性节目和腾讯奥运大使郎朗等艺术家现身的谈话性节目等。这一腾讯豪华记者团的成立彻底打破了北京奥运会时由传统媒体单向灌输信息的被动模式。移动媒体的节目侧重从网民的角度出发用小的视角发现新的奥运信息，并且及时地在更大的腾讯平台上

---

① 新民网. 腾讯完美诠释社交奥运 微博冠军血拼完胜新浪. http: //sports. xinmin. cn/2012/08/15/15891899. html.

发布，这不仅增加了信息的丰富性、生动性而且能够夯实腾讯的自身品牌价值和移动媒体价值，更加重要的是，这些信息的呈现均为指尖的、移动的和互通的。

第二，UGC 的地毯式覆盖。传统的用户自产模式更多的是汲取民间的智慧，资源的海量性强但信息的影响力弱。而腾讯将用户的概念细化到国内 + 国外，并且将国内的用户分为明星 + 草根。据统计，在中国军团最终获得的 87 枚奖牌中，有 35 位金牌得主、21 位银牌得主和 14 位铜牌得主在赛后第一时间通过腾讯微博发出了“获奖微感言”；截至 8 月 13 日零时，中国奥运军团有 218 人在腾讯微博发布 6 648 条消息，网友与他们互动 1 244 万次。林丹赛后的夺冠感言在腾讯微博上发布后，一度以高达 170 万的转播量引领奥运微博互动量最高纪录①。腾讯除了关注国内 + 明星外，国外 + 草根的组合也是其没有放弃的另一片疆土。腾讯通过地理位置定位，定点向西欧和英国为中心的赛事周边地区的 100 多万个 QQ 号码定向发送 Tips，广泛地搜罗海外留学生、华人，动员草根们作为腾讯拍客以及微博评论员，利用他们自身全程参与的视角来互动奥运、播报奥运。之后在这些用户拍出的视频和微博中筛选优质内容，再由腾讯各类平台推送给更多的网友。在呈现模式上腾讯也做出了创新，新版的地图产品“搜搜街景”可以让用户 360 度玩转伦敦街景，即便无法亲自到伦敦，也能给用户带来更棒的奥运体验。

第三，对突发新闻的反应敏捷，技术与内容的双向配合。8 月 7 日，刘翔在伦敦碗一跨栏就跌倒，单腿跳到终点这一存在重大爆点的新闻最能够检验一个微博平台的成熟度、应急度和活跃度。根据清华大学媒介调查实验室对当天全体网民的抽样调查显示，45% 的网民第一时间从腾讯获取到该信息，而另一网络媒体新浪则以 30 个百分点落后，屈居第二，腾讯微博的张力可见一斑。这一高影响力的实现来源于腾讯对于技术的不断完善，腾讯除了使用已有的 IM 有效弹窗外，还在奥运期间创新地使用“24 小时时间轴”这样的呈现方式，让用户自主选择在微博主页面右侧展开更多页面的话题内容，这种技术不仅打破了以往微博跳转页的陈旧模式，还更好地把腾讯独家的数百位奥运明星赛后更新以及微博信息实时汇总并一体化呈现给受众。让用户获取更优质的产品体验以及让自己独家内容的价值得到最大化的呈现，这是腾讯跳出 QQ 放眼奥运的关键举措。一个显著的事实是：腾讯 2012 年第二季度财务报表显示，二季度网络广告收入大幅

---

① 硅谷动力网．腾讯微博借势奥运　开启商业化新创想．http：//www. enet. com. cn/article/2012/0828/A20120828155926. shtml.

增长，比上一季度增长62.9%，达到人民币8.797亿元，继续领跑国内网络的广告市场[①]，移动媒体的爆发成为重要的因素之一。互动类别的奥运信息覆盖4亿微博用户，超过3亿的奥运微博指数、3 500万微观奥运日均使用用户和3 500万次的“助威团”加油，这些数字都见证了腾讯在奥运期间跳出QQ，利用全方位资源优势所取得的成功，依托“微观奥运”、“奥运微频道”以及“奥运助威团”等创新功能，腾讯的指尖奥运将内容与营销有效结合，这一商业化的新模式，值得每一个移动媒体思考与总结。

当前手机媒体发展的特点可以归纳为以下几点：其一，强大的互联网企业布局手机即时通信工具，2012年以微信为代表的新型即时通信（IM）工具的用户规模大规模增长；其二，手机媒体的工具性不断增强，技术推动力十足，这些工具能实现集声音、文字、图片、视频的低成本高效率的通信服务，并与社交应用不断融合，比如联通了手机邮箱、手机通信录、微博等关联产品，从而帮助用户智能整合和管理关系链，有效地创造并满足移动社交的新需求；最后，手机媒体平台化，将其他应用不断引入平台，提供更多附加服务，寻找新的盈利点。这些特点的实现让奥运因为手机而发生改变，不过我们在享受它的潮流与时尚的同时，也要思考其存在的不足。就其内容端看，手机媒体需要解决三大问题：千篇一律，同质化现象严重，缺乏精品化的策划专题；没有自己的撰写采访团队，无法发出自己的声音（这一点尽管腾讯有所重视，但以互联网创新为主，手机媒体的独创性仍然很低）；信息的骚扰现象严重，客户端的强迫推送。就其营销端来说，如何将体育营销和移动媒体精确营销结合是业内所要思考的重点。3G门户提出5MOA模式，即Advertising（专属广告）、Actual time（实时资讯）、Action（随身互动）、Access（高速通路）、Accurate（精准定向）5个基于移动互联网特质、手机独有的营销工具。手机是信息时代的枢纽与平台，不但是唯一伴随人们生活全过程的媒体，也是唯一让各类咨询信息被随身带走的媒体，移动的、指尖的媒体不仅在奥运时期流行，也必将成为未来的瞩目焦点。

（撰稿人　魏启宇）

---

① 信息时报．腾讯微博借势奥运　开启商业化新创想．http：//informationtimes.dayoo.com/html/2012－08/31/content_ 1871210.htm.

主流媒体在十八大报道中的新媒体运用

中国共产党第十八次全国代表大会于2012年11月8日至14日在北京召开。历届党代会一直都是媒体关注的焦点，此次十八大也不例外，从报纸、电视、广播到网络、手机的全方位报道，带给受众的是一种全新的信息体验。其中以网络、手机为代表的新媒体在十八大中发挥了巨大的作用。从十七大的网络直播到如今十八大的手机微博直播，新媒体势力展现了它越来越强大的威力，不断改变信息的传播模式，让受众的话语权得到空前的释放。本文将以人民网、新华网等主流媒体的新媒体运用为例，以十八大为契机，探寻主流媒体在社会热点事件中的新媒体运用及其背后强大的威力。

一、案例简介及背景阐述

中国共产党第十八次全国代表大会于2012年11月8日至14日在北京召开。历届党代会一直都是媒体关注的焦点，此次十八大也不例外，从报纸、电视、广播到网络、手机的全方位报道，带给受众的是一种全新的信息体验。其中以网络、手机为代表的新媒体在十八大中发挥了巨大的作用。主流媒体更是发挥了自己的话语优势，在十八大报道中利用新媒体进行宣传。时任中共中央政治局委员、中央书记处书记、中宣部部长刘云山强调，形成迎接十八大宣传的热潮，必须集中各种资源、运用各种形式，努力扩大宣传效应。要用好各类媒体资源，发挥党报党刊、通讯社、电台、电视台的主力军作用，发挥晚报、都市报以及互联网、手机等新兴媒体的积极作用，突出特色、各展所长，切实做到相辅相成、相映生辉。刘云山同时指出，要聚焦主题、深化内涵，唱响科学发展的主旋律。要进一步增强宣传报道的思想深度，既展示成就又揭示原因，讲清楚党的理论创新成果的独特价值，讲清楚我国发展道路的鲜明特征，讲清楚我国制度体制的内在优势，坚定人们坚持中国特色社会主义道路、理论体系和制度的信念、信心。要进一步深化“走转改”主题采访活动，深入一线挖掘报道素材，深入群众发现典型事例，以基层的鲜活实践展示社会进步，以人们的亲身体会反映发展变化，使宣传报道更加深入人心。

主流媒体的新媒体运用在十八大报道中呈现三个特点：首先就是要快，要以最快的速度及时传播信息，传统的纸媒和广播电视都没那么快。其次是要短，短小精悍，更要微，微言大义。人的时间很有限，要在非常短的几个字当中把问题说清楚、说准确，这对我们所有媒体，对我们的政府机构都是个考验。最后就是要亲民，要用老百姓听得懂的语言，甚至用网络语言来表达、传达我们的信息。正是这些特点造就了主流媒体在十八大中的新媒体运用。

二、案例过程记叙

根据中国互联网络信息中心（CNNIC）公布的数据，2007 年 12 月，中国网民数量为 2.1 亿，手机网民数只有 5 040 万人，当时 16% 的互联网普及率比全球平均水平 19.1% 低 3.1 个百分点。而到了今年 6 月，中国网民数量达到 5.38 亿，互联网普及率接近 40%。其中，兼具广电媒体及网络媒体特性的网络视频充分显示了其吸引受众的魅力。中国互联网络信息中心（CNNIC）发布《2011 年中国网民网络视频应用研究报告》显示，截至 2011 年 12 月，国内网络视频用户规模为 3.25 亿，在网民中的渗透率为 63.4%。其中，手机端视频用户的增长更为强劲。网络开启了凝视十八大的窗口。人民网、新华网、中国网和中国网络电视台等主流媒体开幕式视频直播，同时在线人数突破 400 万，均创历史新高。以人民网、新华网为代表的主流媒体纷纷在首页开设了喜迎十八大专题。

《人民日报》客户端在页面底部制作了党徽图案的十八大专区导航键，十八大专区同时也是十八大新闻中心官方客户端。专区分“大会要闻”、“记者服务”与“资料库”三大类别，同时设立了“代表声音”与“各方反响”板块，帮助网民“走进”代表，并从多个角度解读十八大会议精神。此外，《北京青年报》与《文汇报》客户端均推出了十八大专题与特刊，力求多角度、多层次、全面客观地报道十八大辉煌成就。

中国网是国家重点新闻网站，拥有 10 个语种 11 个文版，读者分布在世界 200 多个国家和地区。作为国家外宣门户，中国网在国家重大时政新闻的报道中有举足轻重的作用。在历次重大会议中，拥有现场网络直播、现场记者连线等强势多媒体资源。作为国内最早从事重大政治会议新媒体舆情分析的网站之一，中国网在十八大专题中将重点推出舆情分析产品

《新媒体观察》，旨在依托中国网权威平台和专家队伍，以十八大新媒体舆情分析为基础，聚焦网络媒体对十八大新闻热点的反应情况，采取主流网络媒体的数据信息，特邀清华大学媒介调查实验室主任赵曙光，从信息传播规律的角度对受众对十八大的关注度、传播率和热点议题等做出解读。

中国网络电视台在专题中突出推荐大型文献纪录片《科学发展铸辉煌》宣传片、献礼党的十八大重点剧目《焦裕禄》以及《党的旗帜高高飘扬》、《纵情放歌》、《聚焦十年》等特别节目。

南都网客户端的“影像中国”板块展示了一组“中央领导同志分别参加代表团讨论”的照片，通过人物的动作与表情表达了国家领导人对于各地区参会代表的关心。

新华网在网站首页顶部推出十八大报道专区，刊发“党的十六大以来经验与启示”系列报道、“党的十七大以来大事记”等重要稿件，专题页面制作精美、内容丰富，具有很强的视觉冲击力。

人民网、央视网分别在微博上制作了十八大相关专题。为了让网友对十八大代表更加熟悉，让大家了解十八大代表的先进事迹，央视网微博特别制作了《十八大代表风采录》微专题，其中包括高碑店村的“女当家”支芬、高铁农民工的科技带头人巨晓林、有经济头脑的院士科学家王曦、大庆新铁人李新民等。人民微博也特别策划了十八大代表系列微访谈，专门邀请全国各地、各行业的十八大代表做客人民微博，与广大网友在线交流，分享感悟。新华社中国网事也借助微博的力量，专门开辟“民生领域发布会”，对十八大期间的热门话题与网友互动。截至记者发稿时，新华社中国网事已经发布 4 421 条微博，其转发和评论多则上万条，最少也有几百条。“新华视点”微博探索高端政论在新兴舆论场中的传播模式，量身打造系列微评论，受到网民的高度关注：中国网事项目组策划推出“微倡议”、“微家书”、“公益短片”等微博活动；在南水北调中线源头湖北丹江口，采访团发出“调水之情，节水相报”的公益倡议；在汶川映秀，采访团与当地群众一起为云南彝良地震灾区捐款。

三、分析及评价

（一）会前报道注重结合“走转改”

《人民日报》、《人民日报·海外版》、人民网及其社属报刊早在 2011 年 8 月就启动活动并开设专栏《走转改》。6 月上旬，为迎接十八大召开，人民日报社《身边故事看十年》栏目以直接刊发群众稿件开栏。比如，10月9日国家电网天津宝坻公司运维检修工王术明撰写的《村里也能用空调了》，从微观视角，说明智能电网改造给村子带来用电稳、电费收缴更加便利的变化，以此体现基层的新变化、新面貌。

2012年9月6日，中央电视台启动“走转改”主题采访活动，强调以“走基层”方式，立足百姓视角策划“喜迎十八大”相关报道。9月12日起，开始推出喜迎十八大特别报道《行进中国》等“走基层”报道；同时在综合频道、新闻频道多栏目开播《变化·十年》、《走基层·我这十年》等系列报道。40余集的《变化·十年》强调了从老百姓角度来体会生活的变化与感悟。如“移动支付终端设备的普及”、“网店使乡村居民获益”等内容，从人物故事切入，再结合记者亲身体验，来展示新事物带来的便民变化。

《走基层·我这十年》关注各行业中具有典型意义的普通人。记者通过体验式采访，用黏合多个小故事来折射这些普通人所作出的不平凡贡献。如《“金司令”：我的战场在荒山》，关注了前延边军分区副司令金文元退休后，放弃优越的城市生活，投入自己的个人安置费与积蓄，独自进山垦荒造林8年的故事。报道用其爱人“他一出来我从头到脚地看，埋汰”的生动话语展现了金文元垦荒生活的艰难，以此体现老军人甘于奉献、以苦为乐的感人品质。

（二）尝试网络用语，拉近传播距离

十八大召开的8天前，即2012年10月30日晚，《人民日报》官方微博的品牌栏目【你好，明天】发布如下一条微博：“纷纷表示、一致认为，不明真相、别有用心，一些司空见惯的中国式表述，要么大而化之，要么居高临下。语言的板结，反映沟通的堕怠，透出权力的傲慢。从听不懂，到不爱听，到再也不听，语态陈旧滞后，影响传播效果，事关政令畅通。给官话洗脸，用时代语言沟通，何尝不是执政理念转变？安。”在一中全会召开的第二天，11月16日晚，【你好，明天】又写了如下一段话：“‘人民对美好生活的向往，就是我们的奋斗目标’，一篇平易清新的演说，展现务实亲民。博得盛赞的同时也说明：公众对实话、新话、真话何其渴望。文风体现党风政风，空话、套话、大话充斥，疏远了官民距离，冷漠了百姓之心。倡行短实新，力避假大空，改革创新，请从‘说话’开始。安。”这两条微博对于文风、话风本身的认真探讨，事实上，也是主流媒体自开通微博以来一直在这一环节积极探索的写照：说公众渴望的“实

话"、"新话"。

在十八大期间及召开前后，《人民日报》法人微博的相关报道也把在文风上渐已实现的有益转变延续其中。尤其是其对于网络用语的使用，在严肃性和导向性坚守的同时，实现了与网民的贴近。例如，有人说："十八大是'微博时代'召开的第一次党的代表大会。不仅媒体、政府要主动学网、用网，广大党员干部都应该学习在网络上发出声音，不能隔网喊话，要通过互联网了解真实民意，倾听不同声音，要经得起'拍砖'，容得下'吐槽'。"又如"共同富裕，公平正义，是社会理想，更是不懈追求。面对贫富分化阶层固化，十八大提出'权利公平、机会公平、规则公平'，令人期待。让拼爹成为过往，给屌丝一个未来，需用制度力量打通板结的上升通道，撑起共同信念：勤奋就能改变，创造就能成功。愿每个年轻人，都能拥有'中国梦'"等。

这些都是《人民日报》法人微博在十八大报道期间发布的，它们用广大网友喜闻乐见的网络用语传递观点，不仅为传统报道带来了阵阵清新之风，拉近了发布者与阅读者间的距离，而且在亲和而非迎合的语言环境中，实现了对正确导向的坚持。对此，该微博账户在十八大前夕，通过其另一品牌栏目【微评论】，为自己的这一转变做了一次题为"在多元表达中凝聚共识"的表述："从'给力'到'屌丝'，再到'元芳，你怎么看'，《人民日报》与网络热词的亲密接触，都引来广泛的关注。实际上这是时势使然。我们正处于社会急剧转型的年代，只有鼓励表达，才能在众声喧哗中倾听各阶层诉求；只有广开言路，才能在百家争鸣中凝聚共识，形成推动前行的合力。"

（三）微联播打造"微"组合矩阵

十八大官方政务微博在新闻报道中发挥着重要作用。众多地方政府利用官方微博播报了各级党委和各界群众收看十八大开幕的盛况。如四川省就有"射洪发布"、"微内江"、"微阿坝"、"微平武"和"理县微博"等地方政府官微对十八大开幕重点关注。同时一些权威媒体更是积极组合微博的多种报道手段，打造微播报矩阵。

新华微博 11 月 7 日推出以"在这里，再出发"为主题的十八大新华微联播大厅。该大厅是新华社重点打造依托微博、手机及网络媒体而搭建的十八大综合开放平台，将代表、记者和网民聚焦在一起，共商中国未来十年发展，为党、政府打通新型社交媒体舆情体察渠道。

新华微联播大厅设置"十八大代表·我用微博捎句话"、"微直播·访谈”、“微现场”、“微回应”、“微手札”和“视觉库”等多个栏目，依托“十八大代表群”和“十八大记者群”两个微群聚合人气。“微直播·微访谈”邀请了唐俊昌、李静、吴翠云、斯泽夫等代表与网友在线互动，共同畅谈国计民生。“微现场”以微博平台形式对十八大最新权威信息进行实时滚动播报。“记者微手札”、“视觉库”等栏目，以文字、图片及视频多媒体形态，传播十八大会场最新、最快、最全的资讯，并且全景还原记者报道十八大会场实景。“微巡礼”向网民发出“记录本地区十年的发展成就与变化”的邀请。“微观十八大”栏目让受众为未来十年的发展自由发表建言。为配合微联播大厅的开通，新华社还成立“你好，中国”微博采访团，历时近两月，足迹遍布全国各地，捕捉鲜活的内容以飨受众。

《人民日报》微博特别策划“见证发展 畅想未来”聚焦十八大专题，开辟“寄语党的十八大”、“省级领导微博寄语”、“聚焦十八大 改革与民生”名家访谈、“我们身边的基层代表”微访谈和“写给未来的自己”等话题。“寄语党的十八大”栏目号召博友畅议中国人民和中华民族幸福美好的未来十年。“省级领导微博寄语”是《人民日报》为把握十八大重要精神，通过人民微博推出的“听政”栏目，邀请宁夏、辽宁、云南、江苏等10多个省的领导畅谈国家发展、为政理念。通过微言大义，邀网民共同“听政、议政”。

“名家访谈”邀请了一些知名人士与网友在线交流社会保障、社会管理等热点话题。陕西省公安厅副厅长陈里的“新时期农村社会管理创新工作的思考”，人社部社会保障研究所原所长何平的“加快推进中国社会保障体系建设”，全国政协常委、中央党校原副校长李君如的“加强和创新社会管理，提高社会管理科学化水平”引起博友的热烈讨论。

“我们身边的基层代表”微观十八大栏目，邀请各行各业基层代表作客微访谈，与广大网友在线交流。在栏目中，十八大代表们用朴实而真挚的言语，通过微博表达了对十八大胜利召开的热情期待。“写给未来的自己”栏目公开征集1 000个对未来的愿望，为博友们提供了一个表达期待的平台，很好地满足了受众对未来期待的话语权。

（四）推动社交互动，引导理性建言

与互联网上其他应用不同的是，微博在集成传统互联网应用信息传播的及时性、便捷性等特点的基础上，融入了社交性的特点。社交媒体在信息生产过程中一方面具有碎片化传播的特征；一方面又以共享、互动为重要特征。就十八大所引发的网络热议而言，此间既有大量真知灼见，也不

乏各种抱怨。如果不主动及时“打捞”与辨析，太多有价值的声音将沉没在信息和观点的海洋中，太多反思与审视的机会也会被错过。因此，注重网民反馈，引导网民理性发言成为主流媒体发布微博的目标之一。

主流媒体的微博在十八大报道中，便尝试着发挥微博作为社交媒体的特有优势，与网民直接互动。正如它们所意识到的：“表达是一种参与，也是一种影响。互联网缔造了一个需要表达而且能够表达的时代。表达是一种参与，也是一种影响。顺应网络时代的舆论生态，政府也应更加开放透明，政声与民声同频共振，‘公开’成为一项基本原则，‘回应’正由选择题变为必答题，‘互动’成为衡量执政能力的重要标尺。”

伦敦奥运结束后开设的【微议录】，辑录网友对于《人民日报》微博所发话题的点评，正是承载《人民日报》官方微博互动功能的一个栏目。如果说，传统意义上的大众传媒机构对受众是隔空喊话的话，那么【微议录】则是与网民同在一张餐桌上，共品信息盛宴，以“公共讨论推动理性生长”。为网络时代的舆论生态顺应，十八大期间，《人民日报》法人微博延续了开博以来一 直经营的【微议录】，与网民进行了良好的直接互动。例如，针对“美丽中国”这一话题，该微博首先在2012年11月13日进行了如下互动：“【微议录：美丽还应关乎社会人心】‘美丽中国’不仅关乎生态，盛世太平之下，人人有自由选择的权利，人人有帮弱济贫的良心，这才是真正的美丽。感谢网友@华农生命团宣、@辛苦男人的家、@赵显辉、@我会悄悄的陪伴你、@明海晴的呆帝、@宝宝蛋05、@Iris要变得很优秀等在‘美丽中国’等话题上的精彩评议。”在2012年11月20日，该微博又进行了更进一步的集纳发布：“【微议录：要美丽中国，不要‘美丽面子’】‘美丽中国，不仅要生态好，环境美，也包括文明程度的提升和公共服务的完善’，感谢@键盘师乐、@APRIL－清、@杉杉行者、@春天的一声雷、@崔壮有点坏、@小扣柴扉的春天等网友对地标建筑、公共WIFI等话题发表的精彩评论。参与理性讨论，推动社会进步。”

（五）新技术打造多版本全媒体专题

11月1日上午，人民网、中国共产党新闻网隆重推出的“中国共产党第十八次代表大会大型专题”，将全媒体在新闻报道领域的综合应用带入新的里程碑。该专题突破以往网络专题单页面、单版本的方式，利用“屏幕适配”和“延时滚动”等最新网页技术开创出10种版本。“焦点版”、“现场版”、“深度版”、“高清版”、“访谈版”、“互动版”、“微博版”、“手机版”、“资料版”与“多语种版”等版本类似于报纸导读条，位于屏幕左部，同时页面在每一部分内容的右上端提示该部分内容属于哪个版本。受众可以自由地在各版本中点击切换，也可以按照既有的接触网页习惯，利用网页右部的滚动条上下移动，寻找自己感兴趣的信息。该报道专题在多版本支撑下，形成强大报道矩阵，40 多个栏目覆盖了十八大会场内外的方方面面。

多版本专题推出后，新颖、大气的网页编排设计，便捷的切换方式、滚动模式都让受众耳目一新，有腾讯用户更给予了“群众翘首企盼，专题隆重给力”的高度评价。

（六）实现新闻立博，提升报道时效

在十八大期间，主流媒体的微博都进行了实时信息发布，例如“@央视新闻”通过“央视快讯”、“央视视频”等系列话题，“@新华视点”通过“新华社快讯”、“走进十八大·进程”等系列话题，不断更新会议信息，使党代会在社交媒体阵地受到了前所未有的关注。而这一时效性的突破，在纸质媒体中体现得尤为明显。

以《人民日报》为例，在以往的大会报道中，纸质版《人民日报》最快也要第二天才能见报，而微博版的“人民日报”，在时效性上则大大提升。平时，《人民日报》官方微博的发布量平均每天为 27 条左右，而在大会期间的发布量最高的一天则达到了 41 条，做到了重大新闻无漏稿。2012 年 11 月 8 日至 11 月 15 日，该账号共发布与十八大相关的原创微博 115 条，获得转载 92 762 条，评论 5 017 条。同时，《人民日报》官方微博通过“十八大进行时”的话题进行信息整合，方便了网民搜索。

自上线以来，《人民日报》官方微博就对很多正在发生的重大新闻事件以“本报记者现场报道”的方式予以关注，做到了重大问题不回避和快速反应。

稍加统计就会发现，来自《人民日报》记者的现场报道在该微博的新闻类微博中所占比例较大。而这样一种时效性的实现，是由高协同性的团队提供保障的。为办好微博，人民日报社“专门成立了列入正式编制的微博运营室，将其划归编辑部采编工作的‘总枢纽’新闻协调部，这就有利于此部在协调调度全报社稿件的同时，也将微博运营纳入其中，宜报则见报，宜网则上网，并能在全体采编人员中有效整合资源，避免了一些纸媒微博运营的无序与边缘化”。

四、结语

伴随着我国信息技术的不断成熟和发展，新技术下的新型媒体形态不断涌现，相对于报刊、户外、广播和电视四大传统意义上的媒体，这些新形态的媒体形式被统称为新媒体。而近年来我国移动互联网的发展也为新媒体产业插上了腾飞的翅膀。以移动设备作为媒体接收终端的新媒体形式，如移动电视、手机报、手机短信、手机 WAP 网站、数字广播和新媒体手机客户端等已经被广泛应用，成为人们日常生活中不可或缺的一部分。

新媒体如雨后春笋、过江之鲫般全面发展，正在不断改变受众的信息获取方式，让他们能够更有效地利用“碎片时间”。十八大召开以来，来自现场的新闻牵动着国人的神经，然而受到时间、地点的约束，人们不可能每时每刻坐在电视机前收看直播，移动互联网的优势由此得以凸显。借助以智能手机为代表的移动终端，各类移动新闻客户端让用户得以随时随地获取十八大新闻。目前，许多传统主流媒体已经尝试从传统媒体形态到“全媒体”形态的转型，以更加网络化、智能化、移动化、数字化、人性化的媒体形式向受众传播信息。可以说，我国传媒产业正在进行着一场媒体形态转型的革命。在今后的重大事件报道中，传统主流媒体将以更加开放包容的姿态迎接挑战，在话语体系中抢占先机，从而达到传播效果的最大化。

（撰稿人　常宇星）

杜甫是怎样忙起来的

——非新闻性网络流行语案例解析

“杜甫很忙”成为2012年度网络流行语中的佼佼者，因其传播范围之广、流行时间之长、涉及领域之特殊而被众多网民及各领域专家从不同的角度品评。本文以案例形式再现了它的发生以及传播过程，并从传播学的角度结合符号学相关理论对该案例进行了简要分析，分析发现该类非新闻性网络流行语有其自身的特征，如浓厚的消解权威的色彩，其符号意义建构的主体是微博用户，此类流行语具有稳定的符号意义等，结合该类流行语所具有的特征，本文还对该类流行语的生成机制及其传播意义进行了探讨。

一、案例简介及背景阐述

“风急天高猿啸哀，渚清沙白鸟飞回。无边落木萧萧下，不尽长江滚滚来。万里悲秋常作客，百年多病独登台。艰难苦恨繁霜鬓，潦倒新停浊酒杯。”当年，寄寓异乡，淡淡悲苦积淀心中的杜甫怎么也不会想到，一千多年后的今天，他会以一种另类的方式红遍华人的网络，让众人无不惊叹于他的再次复活——一种挣脱其赖以成名的诗歌的束缚的穿越。

美术大师蒋兆和也不会想到，其在1959年创作的表现杜甫孤寂与傲骨的《杜甫像》——也是中学教科书中杜甫名诗《登高》的经典配图，会在今天的微博上突然走红，以它特有的“忧国忧民却又压抑无奈”的表情配合各种后现代的行为艺术，征服了无数华人网友的心，再造了一场网络狂欢的盛宴。

杜甫的穿越是一个神话，而这神话的源头则是一组名为“杜甫的一天”的图片在微博上的流行。图片上，高中语文课本中的杜甫图像被恶搞，正在仰天沉思的杜甫被高中生们涂鸦成各种形象：端着狙击枪凝视远方；开着坦克向前冲；戴着墨镜骑电动车出门；骑着自行车去买菜；吃洋快餐；跟美女翩翩起舞；穿着运动服打篮球；坐在桌前切西瓜；变身成恶魔；玩转千元安卓机……用网友的话说，“子美（杜甫字）真是个居家好男人”。于是，杜甫顿时“忙”了起来。

二、案例过程记叙

一个一千三百年前的诗人，一幅半个世纪以前的名画，一批极具娱乐精神的网民，当他们相遇于一个时髦的信息分享、传播以及获取平台时，一场网络狂欢爆发了。在这场狂欢中，杜甫成了最“忙”的人，似乎找不出这么一个演员，能够在极短的时间里分饰无数角色，至于怎么定义量词“无数”，可能用一句话来描述最好：只有你想不到的，没有他演不了的。那么，这位千古老人是怎么样突然复活，又是怎么样忙起来的？

（一）若隐若现的策划

关于这一事件是不是经过策划以及由谁策划，目前尚无定论，可以肯定的是跳出来认领“杜甫很忙”的人不止一个。

1. 薛永昱公关团队策划说

最先对这场网络风潮表态的是一个公关团队，国内著名的营销人士薛永昱便是这个团队的总策划人。3 月 30 日下午，薛永昱以“‘杜甫很忙’策划人”的身份做客微访谈回答网友提问，阐述了设计“杜甫很忙”系列的初衷，他表示，“杜甫很忙”最早的涂鸦照片，出自他们策划团队中一位 23 岁的女孩之手，从上传第一张图片到网络热评，只用了 31 个小时。

面对众多争议之声，薛永昱解释说：“微博的营销结果，经常出乎意料。其实，直到目前为止，那么多对杜甫的涂鸦照片，只有 3 张是我们团队画的，而且不低俗。其他的涂鸦图，都是网友后来的自发跟风之作。后来出现一些低俗的涂鸦照片，并不是我们希望见到的。我对引起少部分网友的不良跟风，深表歉意。”①

对于此次“杜甫很忙”策划的具体目的，有众多网友猜测，这是为某个博物馆作宣传。对此，在那次微访谈中薛永昱先是态度闪躲，表示这个不方便回答，但他却暗示此策划与旅游业有关。再到后来，薛永昱承认说：“这是我们帮一个博物馆做的策划，目的是想引起更多人对那家博物馆的关注。”不过薛未透露博物馆的名字。面对质疑，薛永昱说：“没必要上纲上线，也就是娱乐一下，让大家记起杜甫，也回忆自己的初、高中

---

① 张杰．谁让杜甫这么忙？23 岁女孩画了 31 小时．华西都市报，2012－03－31.

时代。”[①]

2. 新浪微博“微话题组”策划说

薛永昱公关团队策划了“杜甫很忙”的消息见报之后，网友哗然，就在此时，新浪微博运营经理李凯发表文章，直指薛永昱是在说谎、表功，称该策划实际出自新浪“微话题组”之手。同时，李凯在国内问答网站知乎上发表文章阐述整个营销过程，据他透露，有网友在3月21日贴出几张中学课本中杜甫画像被恶搞的图片，引发网友几百次转发。22日新浪“微话题组”重点跟进，并确认将之打造成一个激励网友原创的互动话题。李凯原文节选[②]如下：

本来不想站出来回答这个问题，毕竟“杜甫很忙”只能算是个日常工作中的常规策划。但是今天看新闻说某位姓薛的“国内著名的营销人”又站出来抢功了，实在不忍心让兄弟们的辛勤工作白费，干脆在这里贴出执行此策划的兄弟周报中的部分内容，让大家了解一下这个话题运营的全过程。同时也欢迎各位和我们一起发掘好的微博话题，让微博更好玩更有趣。

本周重点策划：“杜甫很忙”恶搞系列：

3月21日，有网友贴出几张中学课本中杜甫画像被恶搞的图片，引发网友热转（几百次）。22日，“微话题组”重点跟进，并确认将之打造成一个激励网友原创的互动话题。

（1）@微博新鲜事 整理微博上流传最广的几张恶搞图，拼在一起发布；

（2）创建微话题，将微博新鲜事的单条放入顶部，并在导语中用加红的文字标明“欢迎各路网友放开想象，参与改编，给@微博新鲜事 发私信投稿，我们择优推广”；

（3）当天，给与@微博新鲜事 账号关系比较紧密的几个漫画作家微博发私信，鼓励他们改编杜甫画像，我们择优推广；

（4）从微话题上午推出，到当日晚上，共有30位网友投稿。微话题编辑从投稿以及搜索结果，精选出30幅左右的网友原创，在微话题中制作基于Mid的list推广；

（5）半日之内，网友原创井喷，大量改编漫画出现在微话题Feed内。

---

① 新快报编辑部．公关团队称受博物馆之托策划“杜甫很忙”．新快报，2012-03-31.

② TechWeb.“杜甫很忙”系人为策划　遭公关团队与新浪微博“认领”. http://www.techweb.com.cn/internet/2012-03-31/1173885.shtml.

于是，右侧相关热门话题指向该微话题的“原创＋图片＋热门”的链接地址；

（6）在该微话题的Mid的List所推荐的30幅的漫画中，平均单条转发数超过1 000，而@微博新鲜事 汇总的单条微博转发超过10 000。

（二）在众说纷纭中走向高潮

杜甫突然在网络走红，关于这位唐代大诗人的各类涂鸦在微博上以近乎病毒扩散的速度被疯转，诗圣俨然成了网络红人。伴随绝代诗人的画像被尽情恶搞而来的是一片狂欢，同时也引起了一片争议。有人把这种现象视为对名人的亵渎，也有人认为这是快餐文化下的一场草根创意大爆发。宣泄一己情绪的“恶搞”文化在这个时代风行，究竟是经典褪色的原因，抑或压根就是结果，还是无伤大雅的网络行为艺术？关于原因的探讨或许没有结论，案例写作组也不准备提供结论。不过众人在喧嚣中无疑也充当了不自觉的推手，将杜甫置于更“忙”、更无法自拔的处境。

1. 恶搞背后的亵渎论

杜甫一下子忙起来了，作为伟大民族诗人的同胞，自然有很多人坐不住，首先起来发声的几乎全是“亵渎论”者。其中观点激烈者以河南省诗歌协会会长马新朝[①]为代表，他认为恶搞杜甫是在“丑化杜甫的形象”，这种恶搞文化、穿越文化“没有民族底线”，更“没有精神之光”。深陷舆论漩涡中的杜甫草堂的态度则前后不一，从一开始的比较无奈又比较包容的“调皮的孩子，无奈的杜甫”的表态转为激烈的抨击，“这是童心吗？这是幽默吗？这就是潮流吗？这值得鼓励吗？这已丧失了对人格最起码的尊重”[②]。

有的人认为“恶搞杜甫”是人文教育的缺失，荆楚网的朱瑞发文评价此事说：“人文教育的缺失导致了很多学生个人涵养的低下，严重的则导致其价值观、人生观的扭曲。”[③] 求是理论网则认为杜甫“很忙”是一种对

① 许会增．河南诗人马新朝抵制恶搞杜甫形象．http：//news. dahe. cn/2012/03－30/101206433. html.

② 张丹．网友打造“杜甫的一天”．http：//news. xinhuanet. com/edu/2012－03/28/c_122892640. htm.

③ 朱瑞．“恶搞杜甫”与人文教育的缺失．http：//book. sina. com. cn/2012－03－28/1146296724. shtml.

文化的摧残与践踏，不应该“发酵这种没有内涵的轻浮文化”①。人民网也有评论文章质问：“在涂鸦过程中，有没有人体会到诗人的高尚情操和诗中蕴藏的伟大的爱国精神，又是否愿意真正走进他、了解他，继而了解整个中国传统文化？”②

2. 狂欢背后的创意说

在亵渎论似乎成为主流观点之后，意见多元的网络很快就出现了不一样的声音。光明网在 3 月 28 日发表评论文章，呼吁人们对“杜甫很忙”别上纲上线，认为“恶搞无关乎‘破坏圣贤形象’，更不必牵涉到‘考虑历史地位’这样大是大非的高度”③。河南省杜甫研究会副主席程韬光则别有新意地提出：“历史上的杜甫就有种自我戏谑、调侃的精神，因此没必要苛责网络上的孩子”，他甚至评价说“孩子们太有才了！”④河北新闻网认为恶搞诗圣杜甫也是一种纪念方式，“杜甫的诗圣地位，不会因为被恶搞而受损，现代人有现代的表达方式，恶搞杜甫，天塌不下来，诗圣的诗作不会因此而损伤”⑤。四川在线也认为杜甫涂鸦是创意的产物而不是亵渎，并从历史人物观方面分析说：“我们长期形成了一种观念，优秀的历史人物就应该是严肃的、崇高的，似乎一点调侃都不容许，这样的观念其实就是抑制思想的自由发展，扼杀了创意的萌芽。”⑥

三、非新闻性网络流行语的传播学解析

在这里有必要对“非新闻性网络流行语”做一个说明。一方面，从字面意思来看，“非新闻性”是指这一类网络流行语的产生以及流行不依托于某一新闻事件，或者说不直接来源于某一新闻事件，“杜甫很忙”、“包拯很黑”以及“元芳，你怎么看？”等流行语都明显具有这样的特征；另一方面，从“非新闻性网络流行语”这一提法本身来看，主要是为了区别

---

① 求是理论网．杜甫“很忙”一点都不好玩．http：//book. sina. com. cn/2012 - 03 - 28/1136296720. shtml.

② 尤帆．恶搞杜甫，此风堪忧．http：//book. sina. com. cn/2012 - 03 - 28/1148296725. shtml.

③ 宛可欣．恶搞杜甫，此风堪忧．http：//book. sina. com. cn/2012 - 03 - 28/1155296731. shtml.

④ 半岛网．程韬光解读杜甫．http：//news. bandao. cn/news_ html/201203/20120330/news_ 20120330_ 1865836. shtml.

⑤ 周诗芃．恶搞诗圣杜甫也是一种纪念方式．http：//book. sina. com. cn/2012 - 03 - 28/1145296723. shtml.

⑥ 高欣婷．杜甫涂鸦是创意的产物而不是亵渎．http：//book. sina. com. cn/2012 - 03 - 28/1143296722. shtml.

于“新生代网络流行语”①。

（一）非新闻性网络流行语的特征和概念

“杜甫很忙”这类流行语在传播特征和意义特征上存在鲜明的共性。“杜甫很忙”、“元芳，你怎么看?”等流行语都源起于文化事件。在微博技术推动下，流行语首先以独立于文化现象、事件的形式，通过微博、论坛、QQ或贴吧等网络渠道广泛传播，形成愈演愈烈的网民参与热潮，文化现象、事件中的关键语句迅速升温成为网络流行语。受到好奇心和公民意识等因素的影响，公众开始更多地关心流行语的来源和出处，加深了对文化现象、事件背景的了解，这又进一步增强了网民的参与热情。在主流媒体及商业文化的收编下，这种热情则被推向高潮。因此，这一类流行语的传播流程可以总结为：偶然的对文化现象、事件、人物的调侃—部分网民的圈子化参与—主流网络传播渠道的推动（如微博）—网民的全民性模仿—主流媒体和商业文化收编—社会性的传播。

在意义表达上，上述流行语具有以下特征：

1. 浓厚的消解权威的色彩

在符号的隐义层面上，“杜甫很忙”等流行语传达了公众对权威的一种消解。

一方面，“杜甫很忙”是对传统文化传播权威形式的消解。对杜甫的调侃、涂鸦发端于高中生无聊的课堂，对于初高中甚至是大学课堂，国人普遍的印象是非常程式化的死板、无聊，而应试教育无疑又加剧了这种无趣的形式，于是，作为中华传统文化主要传播途径的学校教育给人的印象十分糟糕。学校教育的呆板传播方式根本引不起学生对传统文化的兴趣，没有兴趣也就没有敬意。在对无聊、无趣、呆板的传统教育形式的反抗中，杜甫被涂鸦了，这种涂鸦借助信息扩散极为高效的网络，特别是今天的微博得以广泛传播，引起了国人诸多的共鸣，由共鸣而生出强烈的参与热情。因此，从本意而言，这种对传统文化传播权威形式的消解也是一种对传统文化传播形式创新的急切呼唤。

另一方面，“杜甫很忙”还是对传统信息传播权威形式的消解。网络流行词通过微博等新媒体得到广泛转载与快速传播，短时间内释放出强大的传播能量。与其他传统媒体相比，微博等新媒体的互动性、参与性更强，微博体现了草根的力量、网民的力量。在网络环境下，人人都掌握着

---

① 黄碧云．新生代网络流行语的符号学解析．新闻与传播研究，2011（2）：106～112.

"麦克风"，网民不再满足于盲目接受传统媒体疲劳式的单向"信息轰炸"，更愿意针对社会热点、焦点事件发表意见，甚至对于某些背离社会公平正义的事件表达质疑。专家认为，"杜甫很忙"的迅速蹿红，正是体现了网民表达意见与寻求民意共鸣的社会心态，作为网民分享信息与互帮互助的平台，微博等新兴媒体也让网民表达诉求及寻求民意共鸣的方式更加丰富多元。

这些对传统权威的消解体现了颠覆经典、解构传统、张扬个性和讽刺社会的反叛精神，具有强烈的草根性和平民化色彩。

2. 微博用户是其符号意义建构的主体

在杜甫很忙等流行语的符号意义建构过程中，赋予符号深层意义的主体并非普通意义上的权力或利益集团，而是广大的微博用户。微博用户借助微博畅所欲言，以匿名或者实名身份参与到网络狂欢之中。可以说，微博用户代表着虚拟世界里的权威和意识形态，而这种权威和意识形态逐步渗透到了现实世界中，并成为赋予非新闻性流行语的深层符号意义的主要力量。

3. 稳定的符号意义

作为社会语言的一部分，这类流行语很可能和其他流行语一样，随着时间的流逝而被公众遗忘，成为昙花一现的即时消费品。但是，不能忽视的是，"杜甫很忙"这类流行语关乎特定的文化现象和文化背景，正是公众对流行语所代表的文化现象、文化背景以及社会现实的关切推动了流行语的内涵不断深化。只要相应的文化现象、文化背景、社会现实及其存在的问题依然存在，那么公众对相应文化现象、背景和社会现实和与之相关的流行语的关注就不会停止。流行语也有可能因此"沉淀"下来，存留于社会语言体系当中，并产生持久的传播价值。也就是说，公众的关注延续了流行语的生命力，赋予了流行语相对稳定的符号意义。

（二）非新闻性网络流行语的生成机制

"杜甫很忙"等非新闻性网络流行语的符号意义的产生，受到内部和外在诸多因素的影响。从符号产生的内在机制来看，符号具有"表达多重意义的潜在可能"。"能指使得符号具有某种'意义潜力'，所指则代表了符号所具有的各种可能的意义。由于某个符号具有许多可能的意义，因此它就具有许多不同的所指。"① 符号的多元本质决定了"杜甫很忙"等传播

① 唐建军．三维关系构建下的电视传播符号意义解读．复旦大学硕士学位论文，2004.

符号的多元意义。从符号产生的外部环境来看，以下因素影响非新闻性网络流行语的生成。

1. 文本的特殊性

非新闻性网络流行语背后的文化现象、事件有着共同的特点：给人压力，这是一种无形之中长久压在公众心头的压力。例如，"杜甫很忙"的主角杜甫在绝大多数学生心中并不是诗圣的形象，而是为了应付学校考试不得不被动死记的对象，经年累月，大多数人心中就形成了这样一个认知模式：杜甫—考试—死记硬背—压力很大—厌烦。"杜甫很忙"背后折射的文化、信息和社会压力则间接一些。调查显示，中国内地上班族在过去的一年内所承受的压力位列全球第一，"杜甫很忙"这样的无厘头式的戏谑无疑是对种种压力的无奈回应和主动消解。[①] 由于"杜甫很忙"本身具有消解权威性与形式的万能性，很快就被广大微博用户以及网民所接受，这些词语的"发展潜力"也被充分挖掘出来，经过"再生产加工"，就具有了新的意义。

2. 网络化的传播环境

政治民主化、网络多元化及微博自由化的氛围有助于公众积极参与社会生活，提高受众接收信息的频度和信息解读能力，为流行语的传播和深化提供了保障；网络媒体尤其是微博的迅速发展缩小了符号环境与现实的距离，促进流行语的文化现象、新兴用法和含义快速、广泛地传播；传统媒体和新媒体相互融合、优势互补，为公众了解信息、表达意见及参与社会提供了重要平台。完善的传播渠道推动了流行语的产生和发展，使其有了意义深化的可能。网络环境的匿名性等特点，使得公众拥有了更多的自我表达空间和话语权，这也是流行语符号意义演变的主导因素之一。

3. 公众的推动

约翰·菲斯克认为："媒体文本总是处于持续生产的状态中，它由源源不断的材料组成，所产生的也是源源不断的意义。"[②] 流行语也是文本，是意义的载体。公众通过自己的方式认知文本，实现流行语的"意义潜力"。在流行语的符号意义构建中，网民起到了关键性的作用。从心理特征上说，网民有着强烈的好奇心和敏锐的观察力，及时挖掘出潜在的流行语；求新求异的心理推动了流行语在形式和意义上的"更新换代"。同时，网民有着获取信息和表达意见的需求，当这种需求在现实世界中得不到满足时，他们会通过网络将自身的思想、情感和态度以文本的形式表达出

---

① 办公方案提供机构雷格斯 2012 年 9 月发布的调查报告。

② 陆道夫．试论约翰·菲斯克的媒介文本理论．南京社会科学，2008（12）：79～87.

来，促进了流行语意义的深化。

（三）非新闻性网络流行语的传播意义

“杜甫很忙”经历了“偶然的对文化现象、事件、人物的调侃—部分网民的圈子化参与—主流网络传播渠道的推动（如微博）—网民的全民性模仿—主流媒体和商业文化收编—社会性的传播”的演变过程。它们从现实世界走入虚拟世界，又从虚拟世界渗透到现实世界，具有了丰富的符号内涵。在符号意义的深化过程中，这一类流行语体现出了多重的传播意义。

1. 提高了信息传播的速度和效果

非新闻性网络流行语的传播过程是一个符号化的过程。流行语从单纯的词语演变为符号，通过无限的意义空间吸纳了公众的观点、情绪、态度及思想，形式简短而内涵丰富，因而有了独特的传播优势。当流行语的文化背景广为人知，新生意义和用法被普遍掌握时，流行语就成了通用的符号语言，能够在有限的时间和空间里传递丰富的信息。公众在认知和使用流行语时，既是在接受有关新闻事件的信息，也是在接受文本中传递出的意识形态。这种建立在符号基础上的传播效率和效果将大大提高。

2. 加强了公众对文化背景事件的认知

流行语产生的文化背景和流行语有着相互作用的关系。文化背景是词语发展成流行语的土壤，为流行语提供了特定的语境和传播环境；而流行语的传播推动了公众对文化背景的认知。网民有这样的认知心态：以对新鲜事物的好奇心为出发点，先注意到网络舆论热议的流行语，再进一步了解与之相关的背景信息。尽管现在还无法判定，在弄清了词语的来龙去脉之后，有多少人从单纯的猎奇转为以更加严肃的态度关注事态的发展，但不可否认的是，“杜甫很忙”等非新闻性流行语的广泛传播，对于公众认知文化背景事件具有推动作用。

3. 促进了公众诉求表达的多元化

从之前的“凡客体”、“咆哮体”、“高晓松体”、“甄嬛体”、“离骚体”、“诗经体”、“淘宝体”，到如今迅速蹿红的“杜甫很忙”、“元芳体”，网络流行语反映的是网民的某种心态，而一个个网络流行语相继出现，构成了一种社会文化现象。中国传媒大学电视与新闻学院教授张晓红认为，流行语的蹿红，首先源于网友的从众心理，其次是流行语满足了网民某方面的诉求。网络流行语通过微博等新媒体得到广泛转载与快速传播，短时间内释放出强大的传播能量。

4. 丰富了社会文化生活

“杜甫很忙”这类网络流行语源于生活，在传播过程中符号意义得到深化和发展，而后又回归了生活，在回归的过程中为文化增添了新的内容。这类流行语已经渗透到了现实生活的方方面面，为人们沟通、交流增添了新的素材，丰富着大众的社会文化生活。

四、结语

以“杜甫很忙”为代表的非新闻性流行语有着多重身份，它既是文化现象、事件的话语，又是文化现象、事件受到舆论广泛关注的动因。这一类流行语源于文化生活，通过现实文化生活进入网络，在公众舆论和媒体报道的合力作用下，脱离网络返回现实，并对现实社会施加影响。传播过程中，这类流行语从简单的“能指”衍生出有着深刻含义的“所指”，具有了丰富的符号内涵，实现了文化事件话语、网络舆论焦点到社会焦点的转变，完成了从现实世界、虚拟世界到现实世界的逐步渗透。

通过这一类流行语的传播过程和意义演变，反映出公众对消解传统权威，建构真实、有趣信息获取渠道的渴望。从这个意义上说，非新闻性网络流行语及其传播并不仅仅是文化现象，更是值得重视的社会现象。应当客观、理性、全面地认识这类流行语的符号内涵和传播意义，透视流行语在形成和传播过程中的公众和媒体角色，发掘具有实践指导意义的因素。让流行语的内涵和意义从抽象层面上升到实际的社会生活层面，产生出源源不断的传播价值。

（撰稿人　邓永飞）

“活熊取胆”事件中网络媒体的应用与特点

——以新浪微博为例

2012年初因归真堂上市引发的公众对“活熊取胆”事件的争议过程，是一次道德与利益的博弈。在该事件中，各利益集团都从自身利益出发为自己争辩，而因新媒体网络和微博的介入，使其演变成了一场全社会的大讨论。网络及微博既是新型的传播工具，更是能够快速集结舆论力量的全民式的公共媒体。在“活熊取胆”事件中，网络媒体为阻止归真堂的上市发挥了强大的力量，以自己独有的特征重新诠释了网络时代公众话语权的传播途径。

一、案例简介及背景

归真堂“活熊取胆”事件源于2012年2月1日中国证券监督委员会（简称证监会）创业板发行监管部公布的IPO申报企业基本信息表。在这份名单中，以生产熊胆药品为主的福建归真堂药业股份有限公司在列，排在第28位。一时间该事件受到了网友的广泛关注，新浪网也适时在新浪财经网上推出“归真堂活熊取胆事件”专题，对该事件进行全方位的追踪式报道。

归真堂药业股份有限公司的发展核心是利用“活熊取胆”技术，生产熊胆粉以及熊胆制品。“活熊取胆”技术是1983年从朝鲜引进过来的，它改变了原来人们为了得到熊胆，而对熊“剖腹取胆”、“一命换一胆”的历史，开始从活体熊身上抽取胆汁。该技术是用一根长10cm～20cm的金属管，穿过腹壁，直插熊的胆囊，把胆汁抽出，一天抽两次。目前我国的“活熊取胆”技术已从用管子直插胆囊的“有管”技术，发展到了第三代的“无管技术”。“无管技术”是指在黑熊长到3岁后，对其进行造瘘手术。所谓造瘘，就是指在熊的腹部割开伤口，将熊胆内的胆汁全部挤出，然后将熊胆向外牵引到熊腹部的伤口处，将熊胆与熊的皮肤一起进行缝合，之后熊胆与熊腹部的皮肤愈合在一起，就形成了一个瘘。取胆汁时，工作人员用银针插入胆囊所在的地方，进行抽取，由于熊的皮下脂肪特别厚，不取胆汁时，熊体自身的脂肪就能把这个瘘完全堵住，使胆汁不外漏，也避免熊身上因为有瘘而发生感染。"活熊取胆"虽然改变了"杀熊取胆"的状况，但是取胆给熊带来了极大的痛苦，甚至有些熊因为忍受不了这样的痛苦，而进行自杀式自残。正因为如此，该事件引发了社会各界人士的广泛关注，矛盾争议也随之而来。

亚洲动物基金会（简称 AAF）是总部设在中国香港的一家担保公司，旨在亚洲范围内终止动物虐待，呼吁停止屠杀和用猫、狗等家庭宠物作为餐饮食物，以及呼吁淘汰把导管插入黑熊腹内抽取胆汁的养熊业，并且希望通过倡导替代药物的使用，淘汰用动物器官作为药物生产的原材料。该组织对归真堂此次上市表示了强烈的反对。据新浪网整合的消息显示，归真堂在 2009 年开始筹划上市事宜，并于 2010 年初开始接受万联证券的上市辅导，在 2011 年初，归真堂就传出了即将上市的消息。而其"活熊取胆"的生产方式则遭到了亚洲动物基金会等动物保护组织的质疑，进而导致该公司 2011 年上市计划的流产。时隔一年，2012 年初，归真堂"卷土重来"，又将上市事宜提上日程，不禁引发社会各界包括亚洲动物基金会等动物保护组织的强烈不满。

广大网民反对归真堂上市还有一个很重要的原因，即归真堂上市的目标是将黑熊养殖场扩建到 3 000 亩，计划养殖黑熊 1 200 头，如果上市成功，该公司将成为我国首家登陆资本市场的大型养熊场，而目前归真堂是南方最大的黑熊养殖基地，现养殖黑熊近 400 头。这也就是说，如果归真堂上市成功，就预示着将会有更多的黑熊被投入到生产中，被实施"活熊取胆"的造瘘手术，这无疑触动了公众的道德最低防线，使公众对其的反对情绪达到了顶峰。于是动物保护组织联合 72 位知名人士向中国证监会信访办递交吁请函，反对归真堂上市。而我国中药协会鉴于中药产业的发展，针对归真堂"活熊取胆"事件举行了媒体沟通会，力挺归真堂上市，支持中国中药产业的发展。随着众多知名人士和广大网民的参与，以及中药协会和亚洲动物保护基金会的对垒，归真堂主动开放养熊场，以求揭示真相，解除误会，挽救公司声誉。如此，归真堂上市事件演变成了 2012 年初的公众热点。同时，随着媒体关注度的逐渐升温，网络、微博等新媒体的力量在该事件中产生了巨大的能量。新浪财经网对各方面资料的整合处理，也让公众更加全面深入地了解了事件发生发展的全过程。公众言论通过网络和微博的传播，形成了一股强大的社会舆论力量，使得"活熊取胆"事件一再升温，并处于风口浪尖。而证监会对此事的态度也有所转变，直到现在，归真堂上市仍未执行，但是，黑熊养殖场依旧在生产进行中。一边是以“活熊取胆”的独门优势企业谋求抢滩资本市场，一边是“残忍牟利公司怎能上市”的网络质疑声浪。短短几日内，“归真堂上市风波”已演化成一场道德伦理之争。

二、案例过程记述及社会舆论

（一）事件发生

2012年2月1日，证监会创业板发行监管部公布了IPO申报企业基本信息。在这份表格中，福建归真堂股份有限公司赫然在列。信息一经发出，引起公众广泛关注。

2012年2月5日，归真堂上市暂被搁浅。证监会表示暂时搁置对归真堂的上市计划，究其原因，是因为公众对该公司的运行模式及生产方式存在广泛争议。

（二）事件发展

2012年2月6日，《第一财经时报》率先披露归真堂谋求创业板上市一事后，激起网民和民间动物保护组织的强烈反响。一位网友为了反对归真堂上市，在他的新浪微博上贴了一张黑熊流泪的漫画，并以黑熊的口吻质疑：“归真堂你没胆吗？为什么要用我的胆上市？”引发了网友的疯狂转载。有市场分析人士表示，归真堂上市是在践踏A股的道德底线，而中药协会则为归真堂争辩：“背后有西方利益集团在操作。”

2012年2月7日，中国SOS救助基金意欲出资1.2亿元收购归真堂。与此同时，新浪网在网上进行了“如何看待归真堂上市”的网民调查。在调查中，共有1 170人参与投票，其中，95%的人表示不会购买以熊胆为原料的保健品；5%人表示会购买；96%的人对归真堂上市融资表示反对；4%的人表示支持。

2012年2月8日，公益慈善组织中国SOS救助创始人白一鹏说，他筹集了1.2亿元资金，计划对归真堂进行收购。2月8日已经正式发函给归真堂公司及其部分股东。在归真堂排队IPO前发出收购邀请，意欲阻止归真堂的上市计划。按照白一鹏的说法，在此次计划出资收购归真堂股权的合作伙伴中，有的拥有海外市场的营销渠道，有的拥有医药领域的市场经验，与他们合作，将有利于归真堂的发展。一旦入股成功，也将以股东的身份让归真堂的发展逐步脱离“养熊取胆”行业。但归真堂方面表示反对。

2012年2月12日，亚洲动物保护基金会在腾讯微博上发表声明，要求中药协会对其不实陈述致歉。而网民“低碳地球”在微博上发起“万人签名征集”活动，呼吁抵制归真堂上市。

2012年2月14日，一家动物保护公益基金组织北京爱它动物保护公益基金会联名毕淑敏、崔永元、薛蛮子等72位知名人士正式致函证监会，反对归真堂上市。在这份《致中国证券监督管理委员会的吁请函》中，详细列举了归真堂不符合《首次公开发行股票并在创业板上市管理暂行办法》的各项理由，并倡议证监会对归真堂的上市申请不予支持及批准。

2012年2月15日，中国中药协会工作人员表示，亚洲动物保护基金组织提供的照片过时，且拍摄的是一些从非法养熊场救出来的熊。而现在的熊养殖业非常规范科学，采取的也不是那种残忍的取胆汁的方法，和动物保护组织提供的那些照片完全不一样。对此，网友普遍存在质疑：“归真堂谋求上市，明显是为了发展壮大这条血色产业链，如果上市成功将会有更多的黑熊受残忍折磨，这不仅违背动物保护立法趋势，更与中药未来发展背道而驰。”

2012年2月16日，力挺归真堂上市的中药协会将就“活熊取胆”这一热点话题召开沟通会。在沟通会上，房书亭声明归真堂不属于中国中药协会的会员单位，协会是以第三方角色出发对“活熊取胆”事件进行说明和澄清。但记者查询中国中药协会网时发现，福建归真堂药业股份有限公司位列为副会长单位，而按照该协会会员单位的分类，副会长单位属于高级别的会员单位，每年需要交纳会费30 000元。当晚，中药协会在其官网上发表声明，会长房书亭下午在媒体沟通会上表述有误，并致歉。但该声明未就房书亭表述错误的具体内容进行说明。

（三）事件高潮

2012年2月18日，归真堂在其公司官网上宣布，将于2月22日和24日两天对外开放养熊场，预计接待人员数为100名左右，并特别对72位意见领袖和动物保护组织人士发出邀请。但邀请函发出后不久，网站陷入瘫痪。相关人员表示，疑为黑客攻击。19日，部分媒体以及动物基金会人员对此提出希望看到归真堂方面提供非限定区域、非限定时间、非限定人群的开放，并接受媒体、公众、兽医和动物学家的实地调查，实行一半媒体记者一半专家，二者互相搭配、互相参谋的团队组合参观。

2012年2月20日，据《财经》综合报道，对于反对声浪，归真堂董事长邱淑花拿出了“合法”的挡箭牌。“养熊是林业部办法批文，生产熊胆粉是1995年卫生部颁发国药准字号，都合法。”邱淑花说：“可以说，反对我们就是反对国家。”而且，归真堂已派出专人至北京，寻求国家林业局和卫生部等部委的支持。

2012年2月22日，因“活熊取胆”陷入舆论漩涡的福建归真堂股份有限公司向媒体开放其黑熊养殖基地。海内外100多位媒体记者走进了归真堂位于泉州惠安县黄塘镇虎窟村的熊场，现场直击“活熊取胆”。但亚洲动物保护基金会代表要求参观却遭到拒绝，归真堂方面称其带外籍人士参观违反规定。虽归真堂方面事后采取补救措施，安排其在下午参观熊场，但亚洲动物保护基金会方面却拒绝了他们的邀请。在媒体对引流“无痛说”的疯狂质疑中，丁桥投资董事张志鋆建议，若媒体对此次参观的真实性有所怀疑，则可以从媒体中各选出一家代表，在熊场进行24小时甚至48小时的观察。中央人民广播电台记者杨钧天通过其新浪微博评论道：“感谢归真堂，让我们看到它想让我们看到的。走马观花的三小时结束，归真堂给媒体看的都是‘想给媒体看的’，整个活动就好像那位董事长秘书的那通电话，自说自话。因为在场没有第三方的专业人士的评价，记者的直观观察就会大打折扣。没有第三方的声音让人失望。”

2012年2月23日，归真堂在晚上9点左右高调开通微博，打算通过官方口径澄清互联网上的谣传，却遭到网民的围攻，数万网民齐齐以“滚”字来迎接这家企业。相关人士称，这是继红十字会开通微博以来，微博史上罕见的又一次站队。截至次日中午，归真堂该条微博已被转发8万次，评论3.5万条，包括任志强、杨锦麟、陈扬等知名人士都发表了“滚”字评论。

2012年2月24日，归真堂公司的新浪官方微博公布了2月24日“归真堂养熊基地开放日”活动确认参加名单，包括腾讯、新浪等门户网站以及央视综合频道与凤凰卫视等知名媒体。在参观快结束时，环保人士给黑熊跪拜谢罪。

2012年2月25日，针对网友质疑归真堂使用水军，在微博中为其“摇旗呐喊”，归真堂称没有雇过水军，这是污蔑。

2012年2月26日，深圳市宝安北路的归真堂药店门口聚集了一群举着“拒绝虐熊”、“抵制熊胆制品”标语的人。全国各地也都不同程度发生了抵制归真堂上市和熊胆制品的群体活动。

（四）事件回落

2012年2月27日，中央电视台《看见》节目播出《归真堂创始人哭诉：早知这样就不搞上市》。归真堂创始人邱淑花说，上市就是一场陷害，而针对的目的就是我国的中药行业。而在《证券时报》的调查显示，43位基金公司的投研人员中，逾半数认为归真堂不应上市；如果归真堂顺利通过发行，近八成投研员表示不会参与询价，通过不参与的方式对归真堂说不。

2012年2月29日，新浪财经网整合消息称，在归真堂事件中，熊胆产业链并没有受到太大影响，与归真堂生产模式相似的黑宝药业俨然已成为归真堂第二，正在谋求上市，而其熊场规模是归真堂的5倍。而已经上市的上海凯宝公司——归真堂的最大客户，在归真堂事件中，股价上升了17%，丝毫没有受到负面影响。

2012年3月，新华网消息，全国政协委员、中国证监会主席助理朱从玖在接受记者专访时说，证监会已经关注到社会对于归真堂上市的争论，正在按程序征求相关主管部门的意见。朱从玖说，按照相关规定，证监会对企业上市进行合规性审核，并就是否符合国家产业政策要求等向国家有关部门征求意见。目前，归真堂正处于落实反馈意见中，尚未进入初审阶段。而据《新京报》消息，4日当天，卫生部部长陈竺就归真堂事件发表意见：“两害相权取其轻，两利相权取其重，如果能通过其他材质、其他方式，也能研发出治病药物，那么不应该以牺牲动物为代价。”

（五）事件尾声

2012年6月4日，国家林业局野生动植物保护司总工程师严旬表示，归真堂只要符合国家法律就应上市。这是自今年归真堂上市风波以来，国家主管部门首次作出的正式回应。报道称，该工程师证实，证监会向林业局征求过意见。林业局的意见是：“依法。只要他们符合法律，我们就同意。”针对社会舆论对归真堂上市的争议，国家林业局严旬称：“我们关注了，但是，有反对的，也有支持的。什么事情都要理性和依法。”

2012年8月16日，归真堂董事确认：“目前证监会的网站上，所有信息资料都是公开的，我们还处于落实反馈意见阶段，没有其他的变化。证监会也是希望社会和舆论更好地监督这项IPO进程。”

（六）社会舆论

在此次事件中，主要有以下几个方面的社会观点：

第一，以亚洲动物保护基金会为代表的动物保护组织持强硬的反对态度，坚决抵制“活熊取胆”，意欲取缔“活熊取胆”业。但中药协会却质疑其目的不纯，有外国资本的介入，妄图占领中国广阔的中医产业，因此便有了“阴谋论”一说。针对该事件，一些记者也进行了采访核实，证明以人工合成的熊去氧胆酸为主要成分的药品和原料，确实只有进口药。目前，总共有 9 家外企在我国拥有这一药物的进口文号。而类似的疗效和剂量，人工合成的进口原料的价格明显高于国内天然产品。一位业内人士表示，这意味着一旦“活熊取胆”被禁止，我国患者只能使用高价进口药品。但亚洲动物保护基金会成员否认了“阴谋论”，并要求中药协会致歉。但究竟事实如何，我们只能从时间那儿寻找答案。

第二，中药协会在此次事件中力挺归真堂上市，表示支持中国中医学的发展。但是在媒体交流会上却频频出错，闹出笑话，不免使其在公众心中缺乏公信力。有一点需要说明的是，熊胆在 2004 年国家出台的政策中就明确标识“不能用于保健品中”，可是在归真堂药业股份有限公司的网页上，销售定位上赫然写着“高端礼品”，这不得不引发公众的争论。出于对中医学的发展考虑，相关中医学专家表示，现在合成的人工熊胆确实不能完全取代天然熊胆，人工合成的熊去氧胆酸只是熊胆五大类成分之一胆汁酸中的一个成分，不具有熊胆的多种功能。但是，专家强调，“活熊取胆”和发展中医产业并不矛盾，而前提是要合理利用，保障患者的用药需求，不能将养熊取胆变成单纯的商业行为。如果归真堂的主要产品确为药品，就不能对其发展进行阻碍。反之，如果情况不是这样，归真堂上市非但不会对重要产业起到促进作用，反而会成为一个坏榜样。[①]

第三，法律层面认为，我国现阶段应该加强动物保护这方面的立法。目前，关于该问题的明确立法条文是我国严重缺失的。目前只有针对第一代野生动物的保护法律条文，而针对第二代、第三代的野生动物保护则没有相关文件的表述。也正因为如此，归真堂目前的所作所为，在我国的法律层面上是合理的，但是在道德上却是残忍的。我们应该尽量规避这些不违法但是于道德所不忍的事件的发生。

第四，公众的普遍舆论是抵制熊胆制品，阻止归真堂上市。但也有人认为，这件事只是归真堂方面的营销策略，目的就是让人们知道归真堂的熊胆制品是真真正正的天然熊胆，这样在人们今后的购买行为中，就会直接植入这样的信息：归真堂的熊胆制品才是最好的。[②] 不过，现阶段，社

---

① 原金．“活熊取胆”折射中药产业之困．中国企业报，2012－02－21.

② 霍文琦．“活熊取胆”误导公众．中国社会科学报，2012－03－05.

会公众已经取得了阶段性的胜利，归真堂上市已被搁置，但是究竟黑熊的命运将何去何从，则需要公众的进一步关注了解。

三、个人解析

此次由归真堂上市引发的全社会对“活熊取胆”事件的关注，社会各方持不同意见并争论不休。媒体也对该事件进行了追踪式报道，使其成为2012年初我国媒体事件中的热点问题。而作为新媒介的网络新闻媒体和微博，也在该事件中展示了它强大的力量。下面以新浪网为例，解析“活熊取胆”事件的发展和影响。

（一）从网络媒体的传播特点解析“活熊取胆”事件

网络媒体作为继报纸媒体、广播媒体、电视媒体之后的第四媒体，其发展速度和发展力量都是不可超越的。在归真堂“活熊取胆”事件中，伴随着传统媒体的全面客观报道，网络媒体也以其特有的传播特点向广大受众展示了它不可轻视的传播威力。

1. 网络信息传播的连贯性和整合性

网络信息传播的连贯性和整合性可以为事件的发展提供一个完整的时间链。首先，在事件发生之初，新浪财经新闻网就建立起了关于“活熊取胆”的专题网页，并且整合了归真堂药业股份有限公司之前的上市进程，使该事件的发生发展有了一定的连续性和历史性。适时更新该页面，使人们可以时刻关注该事件的动向，且不受时间限制，从而避免了由传统媒体获取信息时出现脱节的现象。这也是网络新闻传播的一大特点。信息的连贯性和整合性，可以使受众更加清晰准确地获取信息资料，而且，这种对信息的整合归纳不仅满足了受众对该事件的整体知情权，还会使该事件以历史文献资料的形式保存下来，形成一个有效的数据库。

2. 多元信息来源使网络媒体具有丰富的信息内容

网络新闻所具有的最为广泛和丰富的信息内容，是建立在多元信息主体的基础上的。网络媒体不仅可以运用自身的采编队伍进行第一手材料的收集获取，还可以对其他纸质媒体以及广播电视媒体的信息资料进行二次整合、归纳，实现对信息的重复利用。另外，在网络传播中，各个受众都可以是信息传播者，可以提供自己认为有价值的新闻信息。网络媒体通过对受众信息的分析，即可获得大量的事实信息和社会舆论。在“活熊取胆”事件中，新浪网展示了它强大的信息整合能力以及建立在新浪微博基础上的广泛的社会舆论搜集能力。不仅将事件的全貌展现给了公众，还将公众的言论集中起来，形成一股强大的社会力量，以表达公众的声音，争取有效的话语权。

传播主题的多元化虽然使新闻传播空前解放，却使广大网民隐藏在网络的虚拟环境中，进而形成一种“匿名”状态，使得网络上的虚假信息泛滥，恶意中伤行为横行。在归真堂药业股份有限公司实行其网络危机公关处理时，其公司页面曾两次遭到黑客攻击，导致页面无法打开；而广大网民对归真堂公司及其职员进行恶意揣测和言语攻击等。这充分说明了在网络的“匿名”状态下，一些人丧失了自己原有的道德底线，在“法不责众”的心理作用下，对特定的人或物实施不顾后果的言语或者人身攻击，更有甚者会传播一些虚假信息，以求煽动的效果。这些都是网络媒体中传播主体多元化的弊端，也是今后网络媒体谋求自身发展应注意的问题。

3. 网络新闻具有传统新闻无法比拟的实效性及互动性

新闻是“高度易碎品”，而网络媒体在这方面具有得天独厚的条件。它主要表现在两个方面：一是新闻事件即时上网；二是网上新闻即时刷新。新浪财经网对该事件设置了专题页面，对“活熊取胆”事件的更新是每天平均五次，时间不定，24 小时滚动刷新。而传统媒体在这一点上难以望其项背。因此，网络媒体对该事件的传播比传统媒体更受人们的青睐。

在网络新闻传播中，传播者和受众之间是相互交流、相互沟通的。这是网络传播最鲜明的特点之一。新浪网与网民之间的互动平台是建立在它的专题页面和新浪微博的基础之上的。网民可以针对刚刚发生的新闻发表自己的评论和看法。当然也可以加入讨论组，与其他网民进行交流分析。这就使普通受众不再是简单的信息接收者，而是具有主动权和话语权的信息传播者。同时网络媒体也因此获得了大量的第一手的资料，通过这些舆论资料，媒体可以更加了解受众，从而掌握受众的舆论动向，为进行正确的舆论引导提供保障。

（二）从微博的传播特点看“活熊取胆”事件

在“活熊取胆”事件中，新浪微博的作用也是不容小觑的。从网友纷纷转发名人微博来增加事件的关注度，到网友的个人微博中对事件的评论，再到各利益相关部门的官方微博的博弈，新浪微博为大家展现了整个事件的始末，实现了又一次的微博直播。在中国社科院出版的《社会蓝皮书》中，勃兴中的微博被评价为“杀伤力最强的舆论载体”。“你的粉丝超过一百，你就好像是本内刊；超过一千，你就是个布告栏；超过一万，你就好像是本杂志；超过十万，你就是一份都市报；超过一百万，你就是一份全国报纸；超过一千万，你就是电视台；超过一亿，你就是CCTV了。”作为一种自媒体，微博使每个人都成了信息的传播者，都拥有了一定的话语权。它深刻地影响和改变着我们的生活，把每个人塑造成新时代的传播明星和媒体英雄。微博所具有的及时性、便捷性和强大的互动性，将其推上最佳传播工具的宝座。以最具影响的新浪微博为例，新浪微博的宣传语是随时随地记录生活，即使只是一句话、一张照片、一个链接。在此次归真堂上市风波中，新浪微博不仅展现了它“记录生活”的本色，还让社会公众领略了它传播和凝聚社会舆论的力量。

1. 微博传播简单快捷，属于裂变式传播

微博的裂变式传播是指微博的传播方式不再是传统的一对一的“线性传播”，而是一种类似于细胞“裂变”的传播方式。[①] 在归真堂上市风波之初，满座网CEO冯晓海发布一条微博：“最残忍的莫过于活熊取胆、活鲨取鳍，折磨一个生命慢慢死去是人最残忍的一面。2月1日证监会公布的创业板IPO申报名单中，以熊胆为主业的福建归真堂赫然在列，我震惊了！假如类似公司能上市将引起新的动物灾难，请帮转！”在半天时间内，该条微博得到了上万网友的支持，这就充分体现了微博的“裂变式”传播。它不仅让公众了解到了信息，而且还让公众在第一时间表明了自己的态度和观点：“同意支持”就会“转发”声援。这也就在第一时间内形成了社会舆论，这种舆论的力量是非常强大的。

2. 微博的发展极大地满足了“草根”公众的传播需求

在当下这个信息爆炸的社会，微博的诞生意味着全民狂欢时代的到来。微博是一个文化门槛很低的新生代小媒体，它不要求你具有很强的语言逻辑性、良好的沟通能力和文学素养，只要你有话说，事无巨细，都可以通过微博跟网友分享。尤为重要的是“小媒体”中蕴藏着“大能量”，在这次“活熊取胆”事件中，数以万计的微博博主声讨归真堂，使其迫于舆论压力对外开放养熊场两天，迎接公众的“审查”。这与之前养熊场“避不见客”的态度形成了鲜明的对比。此次事件中，最能体现“关注就是力量”的恐怕就要属归真堂上市希望的夭折，直至本文成稿之时，归真堂仍未成为上市公司。微博为普通网民关注身边的焦点事件、参与热点新闻的传播乃至直接向事件中的弱势群体伸出援助之手提供了媒体平台。让千百万普通公民面对身边的社会现实，有能力发出自己的声音，有条件将

---

① 阎岩．微博改变未来．北京：台海出版社，2011.65.

舆论监督付诸实践。

3. 微博的高互动性

在网络媒体中，互动性高已经是它们的共同特征。但是，对于微博来说，它采取的是点对点、一点对多点的跟随式交流，它是随机性和固定性的结合。在新浪微博中，对于一些已经经过验证的名人博客，在微博名字后面都加了一个“V”，而正是这个小小的“V”使得微博更加具有可信性。它让这些名人脱颖而出，让其成为意见领袖，当危机事件发生时，由这些意见领袖发起的具有正确引导性的社会舆论，会对整个社会的发展起到促进作用。正如这次“活熊取胆”事件中，新浪微博认证资料为央视著名主持人张泉灵的微博说：“如果活熊取胆汁的归真堂上了市，受它折磨的熊会从400只上升到1 200只。熊胆的有效成分早就可以人工合成，也可以用其他如大黄等草药来代替，为什么要伤害那些熊呢?”央视主持人张泉灵在公众中属于意见领袖的行列，她的言论通过其微博传达给公众，使公众对整个事件的态度有了倾向性，进而使公众围拢在意见领袖周围形成一股强大的舆论声讨力量。

4. 微博中的“名人效应”和“蝴蝶效应”

在“活熊取胆”事件中，为了更好地发挥微博的作用，运用一些传播中的心理效应方法也是有必要的。例如，一些动物保护基金会联名72位知名人士“上书”证监会，阻止归真堂上市。而各位知名人士也分别在其微博上表明自己的态度，呼吁社会各界进行持续关注。这一行为，在传播心理效应中，我们可以理解为“名人效应”，或者是“意见领袖”的“魅力”。所谓“名人效应”，是指因人们对知名人士的崇拜而出现的群起效仿、追逐的行为；或利用其影响力来达到自己某种目的的现象。[1] 知名人士的集体态度和行为更加坚定了正确的价值观和舆论的倾向性，使人们在发表个人意见的时候不得不参考这一观点和态度。也正如传播学中的“沉默的螺旋”理论一样：人们在表达自己想法和观点的时候，如果看到自己赞同的观点受到广泛欢迎，就会积极参与进来，这类观点就会越发大胆地发表和扩散；而当发觉某一观点无人或很少有人理会，即使自己赞同它，也会保持沉默。意见一方的沉默造成另一方意见的增势，如此循环，便形成一方的声音越来越大，而另一方越来越沉默下去的螺旋发展的过程。[2] 微博是一个微小的自媒体，但是往往越微小的东西越不能忽视。

---

① 刘京林. 传播中的心理效应解析. 北京：中国传媒大学出版社，2009. 83.

② ［英］丹尼斯·麦奎尔. 麦奎尔大众传播学理论. 崔得国等译. 北京：清华大学出版社，2005. 201.

在“归真堂上市风波”中，当归真堂的官方微博一出现，在12小时以内，就出现了8万网友整齐排队，统一骂“滚”的现象，使归真堂方面倍感社会舆论的压力，且网站一度黑屏，该公司不得已向公安部门报案。这就是一次小小的“蝴蝶效应”事件。所谓“蝴蝶效应”，原指一只南美洲亚马孙河流域热带雨林中的蝴蝶，偶尔煽动几下翅膀，在两周后可能引起美国得克萨斯的一场龙卷风。这主要用于形容在一个系统中，初始条件的微小变化能够引起整个系统的连锁反应。[①] 而在“归真堂上市分波”中，我们则可以理解为：上限只有140个字的微博，只要正确地加以引导，在公众共同价值观的作用下，它能产生巨大的能量，足以阻止一个公司的发展，甚至关乎整个行业的生死存亡。

“活熊取胆”事件是一次舆论监督对抗社会现实并获得胜利的事件。在该事件的发展演变中，网络媒体对其传播活动起到了很大的作用。而微博作为全民性的自媒体，在信息传播和舆论监督方面的作用也逐渐成熟起来，为今后我国的网络问政和网络监督做好了铺垫。

（撰稿人　李靓）

---

① 刘京林．传播中的心理效应解析．北京：中国传媒大学出版社，2009. 103.

微信新特性的传播力研究

2012年，微信得到了快速发展，本文主要介绍包括微信团队如何在新特性的创新过程中勇敢舍弃一步步不必要的环节到取得最后的成功，并以传播学的视角分析微信成功背后的原因以及微信从通信软件到移动社交平台的挺进。同时介绍其几大新特性在成功过程中的贡献。

一、微信的崛起

微信是腾讯公司推出的一款通过网络快速发送语音短信、视频、图片和文字以及支持多人群聊的手机聊天软件。相较于普通聊天软件而言，微信最大的优势就是可以通过客户端直接与QQ好友进行即时通信。

微信具有零资费、跨平台、拍照发给好友、发手机图片和移动即时通信等功能。同时，若对方正在输入还会显示输入状态，以实时了解对方的输入状况。由于微信在推出的过程中，不断地进行用户特性测量来生产出更多满足受众使用需求的特性，使其在短短的一年之内，用户数翻了好几番。

（一）微信的特点

1. 众多特色功能

①支持发送语音短信、视频、图片（包括表情）和文字；

②支持多人群聊（最多20人）；

③支持查看所在位置附近使用微信的人；

④支持微博、邮箱、漂流瓶、语音记事本和QQ同步助手等插件功能。

2. 多平台

支持iPhone、Android、Windows Phone和塞班平台的手机之间相互收发消息。

3. 省流量

①图片、语音和视频优化，1M可发约1 000条文字信息、1 000秒语

音信息和约 1 分钟视频信息；

②后台运行只消耗约 2. 4K/小时。

微信完全免费，使用任何功能微信本身都不会收费。只要有网络，就可以使用微信，收发消息只消耗少量网络流量，这些流量的费用是由网络运营商收取的。

微信有着精心设计的通信协议，自身带有流量统计的功能，在设置里可以随时查看微信的流量动态。在后台运行时仅消耗极少流量，一个月消耗约 1. 7M 流量，约 2. 4K/小时，最多不超过 3M/月。

表 1　运行流量

运行状态	网络方式	IOS 系统	Android 系统	Symbian 系统
前台运行	net	2. 4K	2. 4K	2. 4K
	wap	无（iOS 不支持此种网络方式）	60K	60K
后台运行	net	无（采用 Push 机制，不用后台运行）	2. 4K	2. 4K
	wap	无（iOS 不支持此种网络方式）	3 ~ 15K	3 ~ 15K

注释：微信后台运行消耗流量由具体情况而定，最多不超过 3M/月。后台运行仅由 Android 和塞班版本支持，iPhone 拥有体验更好的 Push 机制，可以不后台运行也能接收消息。net 包括 cmnet、uninet、3gnet；wap 包括 cmwap、uniwap、3gwap。

表 2　各类型消息流量

消息类型	消耗流量
文字信息	1M 可发约 1 000 条文字消息
语音信息	0. 9 ~ 1. 2K/秒
图片信息	根据原图质量压缩至 50 ~ 200K/张
视频信息	根据原视频质量压缩 20 ~ 30K/秒
上传通信录	2K/100 人
查看 QQ 好友	根据对方的个人信息完整程度决定，下载后会缓存
查看通信录好友	
查看附近的人	

注释：图片缩略图和视频缩略图约为 3 ~ 5K/张。①

① 百度百科. http：//baike. baidu. com/view/5117297. htm.

（二）微信最受欢迎的几大应用

2012 年是微信快速发展的元年，如果说 2011 年是微信在开发市场以及小打小闹地在营销，那么 2012 年微信就是在认真发力，通过不断地创新应用和满足用户需求来开拓市场，它如同一匹黑马在 2012 一年之内拥揽了大部分的用户群，这都依托于下面这几大应用：

1. 摇一摇、漂流瓶及查看附近的人三大交友平台

除去通过 QQ 号和昵称添加认识的好友外，以上三大平台也一度成为用户添加陌生朋友的方式。他们也有不同的地方，摇一摇是能快速匹配与自己在同一时间使用摇一摇功能的用户，他可以远在千里之外，也可以近在身边；附近的人是显示正在附近使用微信的人，在其中可以选出想聊天的对象并与其聊天；而漂流瓶是可以被捞起并查看别人的一段话或者一段语音，若感兴趣也可回复。

图 1　三大交友平台

2. 微信二维码

微信二维码操作：有了微信二维码，就可以通过扫描微信账户来添加好友，将二维码图案置于取景框内，微信会帮你找到好友或企业的二维码，然后你将可以获得会员折扣和商家优惠。

微信二维码登陆：微信推出网页版后，不再使用传统的用户名密码登录，而是使用手机扫描二维码登录的方式。二维码因为微信的存在逐渐被推广到各个方面，受到很多商家及宣传部门的热捧。

图 2　微信二维码

3. 微信朋友圈

微信朋友圈是在微信中通过各种方式添加的好友所形成的一个圈子，好友们可以在这个圈子中发照片、写状态。若有好友评论，非该评论好友的好友则是不可见的。

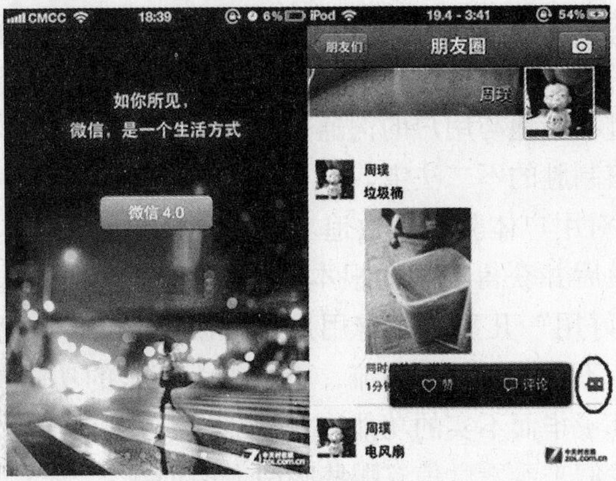

图 3　微信朋友圈

4. 微信网页版

微信网页版，是通过手机的二维码的识别功能在电脑上登录微信的方法。虽然目前这个版本还有很多局限，如不能收发自定义图片和查看附近的人等。但是通过文件传输助手只需要通过鼠标拖动就可以在电脑和手机客户端传输图片等文件。

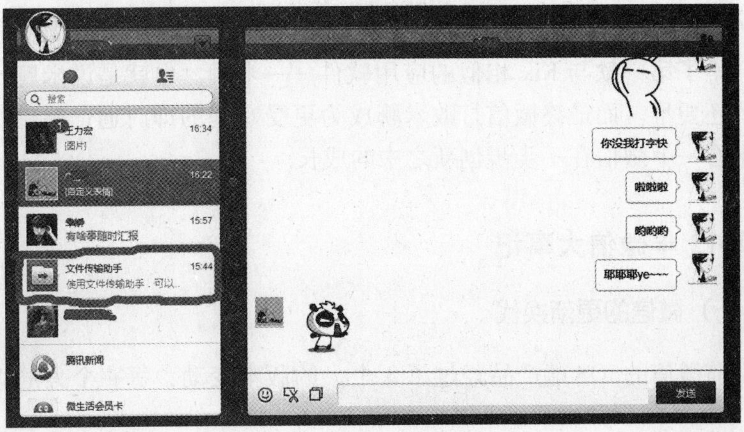

图 4　微信网页版

二、微信的成功之道

2012 年 3 月 29 日，微信即时活跃用户数突破一亿大关。为什么在如此短的时间却拥揽了如此多的用户？微信的成功之道到底是什么？微信在最开始是被定义为一款“能免费发送短信和彩信”的产品，那时的微信并没有引起很大的轰动。真正令微信风靡起来的是推出了微信的语音对讲功能，颠覆了人们传统的沟通方式。“说”出来的短信，一经推出就受到用户的热捧。通过不断地与用户的沟通交流进行软件的改进，来满足用户的需求，成为微信制胜的不二法宝。①

“创新就是对用户体验的极致追求，这种开放的眼光与创新的精神是将微信引领至最后并获得成功的根本。”马化腾曾在某次会议上说过这样的话。“微信很好用”几乎是所有用户选择微信的最重要理由，一切从用户的角度出发，不盲从一时的潮流，不追求大而全的功能点，只从用户的角度出发，摒弃了华而不实的功能，完善细节，不断创新，才成就了今天的微信。那么我们来看看微信有哪些吸引人的创新。

微信借鉴了与加拿大 Kik 和加州山景城的 WhatsApp 类似的服务，吸收了很多比较优秀的特性和功能，并进行了自身特色的整合。那什么是 Kik 呢？简而言之，Kik 是一个通过手机通信录直接建立与联系人的连接及信息推送技术的社交软件，并在此基础上实现免费短信聊天、来电大头贴、个人状态同步等功能的 IM（Instant Messenger）软件。它跨越障碍的运营商、硬件壁垒、软件壁垒和社交网络壁垒，人们现实中的社会关系在虚拟世界沉淀，从而实现“无缝链接”的手机，移动终端已经成为一种新的社会工具。

2010 年 12 月末，创造了小米手机的小米团队仅仅用了一周的研发时间便产生了第一款与 Kik 相似的应用软件——米聊。也就是说米聊比微信出现的还要早。而最终微信打败米聊成为更受欢迎的即时通信软件。下面我们来看一下微信在一步步创新之中的成长。

2012 年微信大事记

（一）微信的更新换代

目前微信的 iOS 端产品经过了 3 个大的版本变动，每一个大的版本变

---

① vcpe. 微信用户过亿带来的启示：追求用户体验，创新是王道 . PChome. net.

动都伴随着大功能的添加。

2011 年，微信刚面世的时候并不给力，面临着与其他腾讯产品初期同样的境遇。微信在这个阶段没有把握到相当大的用户群体，更多的是利用腾讯已有的关系发展用户，沉淀微信自己的用户群体。

后来 2.0 版本的微信添加了两项最重要的功能：语音和邮件提醒。QQ 邮箱的用户有很多大学生、上班族与少量低端用户群，而这三大群体也是智能手机密集的人群，高度重合的用户特征让微信在 2.0 时代越来越多地吸引自己的用户群。其实，微信添加邮件提醒表面上看只是增加了一个简单的应用，其实细看是在加强用户的黏性。

2012 年，3.0 版本的微信添加了三个与地理位置相关的功能：摇一摇、漂流瓶和附近好友。漂流瓶在 QQ 邮箱中就已经出现并被大众所欢迎，在加入了邮件提醒之后，这个功能就更加锦上添花并顺应了微信的特色。而摇一摇和附近好友的功能则将手机的新媒体特性的细节更加突显出来了。

微信网页版和电脑版让其也成了多种登录方式的即时通讯利器；扫描二维码也因为微信的存在而风靡开来；微信的朋友圈，用户开始拥有自己精美的相册并且能实时发送照片和文字的心情状态；微信让用户接触大明星有了更亲密的通道，用户现在除了可以在微博上查看喜欢的明星发的图片和信息，还可以通过微信即时接收到大明星发的语音和视频。而在 4.3 版本里，微信更新了公共账号平台，新增了视频聊天插件和微信网页版，微信电脑版也在逐渐完善中，朋友圈同时增加了评论回复功能，并且非好友不可见，最大限度保护了评论用户的隐私。

微信开发速度非常快，最初以免费收发短信和彩信为卖点，通过用户体验修改新特性；2012 年微信逐步明确了产品方向：通过语音对讲吸引用户群；之后微信又研发出了查看附近的人和摇一摇功能。查看附近的人和摇一摇成为微信的爆发点，用户迅速突破 2 000 万人大关，确立了在移动终端软件市场绝对的优势地位。从微信 1.0 到 4.3，微信由聊天工具向移动社交工具挺进。

（二）2012 年微信发展阶段

第一阶段，快速平台化。微信通过整合 QQ、邮箱、手机通信录及微博等产品的关系链，让更多的用户加入微信这个产品中来。

第二阶段，社交多维化。随着人们逐渐走进了一个介于熟人社会和陌生人社会之间的“半熟社会”，微信打造并管理了一个全新、多维的熟人与陌生人并存的社交关系圈。

第三阶段，创新方式。微信 3.5 版本中引入二维码身份识别功能、动感表情和小游戏等。和单调的黑白色二维码不同，微信二维码采用了各种彩色图形，如小房子、向日葵、汽车等形状。就像很多输入法有各种个性的皮肤一样，微信的彩色二维码更加受用户的青睐。

另外，微信从推出之初就开始引导腾讯 QQ 注册用户成为其注册用户，据腾讯 2012 年 8 月 15 日发布的中期报告显示，至 2012 年 6 月，腾讯 QQ 注册用户达 7.84 亿，最高同时在线人数达到 1.67 亿，在一年多时间内仅仅将不到 1/4 腾讯 QQ 注册用户引导至微信，在产品的运营和推广上，微信没有特别之处，完全是借着“明星二代”的优势，并且选择了在合适的时候出生而已。①

作为腾讯公司布局移动互联网的核心产品，微信发展初期借助 QQ 关系链，将用户的 QQ 好友、邮箱好友以及手机通信录好友社交关系链整合到产品之中，积累了一定数量的用户群，但这只是一个先行之势，微信能做的还有很多。

事实上，微信的用户增长并非借助转移 QQ 关系链获得，而是大量来自用户的主动添加。超过 70% 的用户通过手机通信录添加好友，将线下通讯网转移到移动互联网上来。添加微信好友需要用户的主动参与，微信只是通过“好友推荐助手”进行提示。

在发展陌生关系链的过程中，微信尝试了多种手段和创意，包括扫描二维码、摇一摇和漂流瓶等功能，为微信注入了更多的社交元素。

这只能说，微信的成功，绝非偶然。微信已经成为一种生活方式，而在移动互联网领域已经深深扎根的微信其实才刚刚开始。

三、分析及评价

2012 年是微信快速发展的元年，在这一年，微信用户从 2011 年 12 月的 5 000 万人到 2012 年 12 月突破了 2.7 亿人，人数的快速增加引起业界和非业界的轩然大波。在“2012 年互联网大事记”中，微博对抗腾讯微信和腾讯微博力不从心，微信在这一年得到了许许多多用户的认可。微信的成功必定不是凭借运气打败其他相似的手机应用软件，也必定不是像传言说的“腾讯抄袭事件”而一举夺冠那样。我认为，微信的成功是在不断地创新中舍弃不必要的特性，从而发展成越来越适合用户使用的手机软件而获

① 微信用户达到两亿意味着什么. 中国电脑教育报，2012－09－24.

得的，这样的成功不是偶然。那下面我们对2012年微信的发展尤其是新特性的推出做一些分析和评价。

（一）通过拉斯韦尔的“5W模式”看微信传播

（1）在Who的控制分析上，微信传播典型地体现了传播的双向性和互动性。微信是基于QQ平台的应用软件，因而在它的信息传播模式中，传受双方的关系特点传承了QQ平台的特质。

微信的传播主体即用户群体更加精确，它以手机QQ用户为线索逐步开拓用户。其次，微信的传播主体呈现出年轻化、高学历的特点。出于学习、工作等方面的需要，支持多种应用软件的智能手机在学生、白领等高学历的群体中颇受欢迎。再次，微信的信息传受双方的关系更为亲密。腾讯的用户资源拥有很强的感性意识和情感黏性，在这种传播模式中，传受双方的关系更为亲近和密切。

（2）在What的内容分析上，微信传播内容具有私密性和即时性的特点。由于传者和受众的特殊关系，微信信息交流内容也更为私密。同时还具有传播内容多元化的特点，微信可以传播文字、图片、语音及视频，比起单一的发短信、彩信等需要消耗通信费的交际工具，微信在短信息的互动方面更受受众的青睐。

（3）在Which媒介分析的角度上，以智能手机终端为主要载体的移动媒体在未来将具有巨大的发展空间，而未来的信息传播媒介也将会是多媒体平台的集合。目前来说，微信已经由一个即时通信工具向移动终端转变，这条路给它做了个好的开端，例如，微信已经开始和微博一样定时向客户端发送一些消息推送，也开始像微博建立公共主页一样建立一些公共账号。但是这条路的发展和创新还很长。

（4）在Whom的受众分析上，微信这种虚拟社交模式的社交圈分为近距离、中距离、远距离三类。近距离是熟人交际圈，例如与QQ好友和手机通信录里匹配的好友之间的交流；中距离是千米交际圈，例如查看附近的人的功能，在用户所在位置1 000米范围内的微信用户都能被看到；而远距离交际圈则很容易的定义为摇一摇和漂流瓶。①

也有的学者是从“使用与满足”角度或从用户是如何通过使用微信以及微信如何满足用户需求两个角度来思考的，并着重研究了后者。他们认为微信作为一种新媒体，是通过逐渐强化某些功能来满足受众的使用心

① 党昊祺．从传播学角度解构微信的信息传播模式．网络传播，2012（7）．

理，这也是微信备受瞩目的原因，这些功能包括：

（1）微信不同于最开始的 IM 软件，而是加入了通过手机通信录添加好友的功能，改变了原本即时通信软件相互沟通关系浅薄，而使联系更加密切和贴近。

（2）微信改变了人们的通信方式。利用微信，个人可以对日常生活、事物和思想进行个性化的记录和表达，以文字、语音甚至是视频的形式直接传播给最亲近或最想沟通交流的好友。相对于微博来说，微信的一对一沟通方式，填补微博一对多传播的沟通空白；相对于短信来说，又具有不可比拟的语音功能，能给对方传递最直接的情感；相对于 E－mail 或者 QQ 来说，又具有其无法替代的后台操作性。

（3）微信是记录和表达的平台。微信与腾讯微博通过“微博发图助手”来进行整合，以实现记录与表达的传播功能。

（4）微信是一个交友的平台，不仅可以与原来认识的好友通过即时对话进行更亲密的交流，还可以通过附近的人、摇一摇等功能与陌生人交朋友。

（5）微信可以成为公共信息的发布源。

所以，微信能够满足不同人的共同需求，以及不同人的不同需求，甚至是同一个人的不同层次的需求。人们接触它之后，因为需求得到满足而进一步接近它、宣传它，并在某个时间段内成为它的固定用户。①

笔者认为，上述学者都从不同的角度分析了微信的传播策略，但是微信的成功远远不是用简简单单的几个传播模式就可以解释的。他们很清楚用户需要什么，会毫不犹豫地把不能满足用户需求的插件或者应用给摒弃掉，即使那些设计很完美。微信也在慢慢地引入意见领袖的传播学思想，如它的朋友圈，这个在后面还有更详细的解释。在微信 4.0 中开始出现的公共账号，在对用户每天定时发送信息的过程中以及微信团队本身每天对用户发送的消息推送，都或多或少对议程设置产生了影响。

同时在 5W 模式的“Who”中，很多分析者都觉得微信是通过 QQ 用户开拓市场的，其实不然，QQ 可以是一个线索，但不是最大的线索。在好友添加中还有一个通过与手机通信录匹配来添加好友的形式，这在很大程度上是看中通过微信来给好友发“短信”比原本的短信要便宜得多。再加上朋友推荐消息等逐渐拓展，会让朋友圈逐渐扩大，同时使用微信的用户也如同滚雪球一般越来越大。

---

① 方志鑫，蔡莉白．从传播学角度看微信的兴起．科教导刊，2012（5）：219～220.

（二）几大强势特性的传播策略

（1）二维码。今年9月，腾讯CEO马化腾在互联网大会上的演讲中说，移动互联网的地理位置信息带来了一个崭新的机遇，这个机遇就是O2O（online to offline，线上到线下），二维码则是线上和线下的关键入口，其将后端蕴藏的丰富资源带到前端。微信负责人张小龙也多次谈到，搜索框是PC的互联网入口，二维码则是微信的入口，而微信则致力于成为移动互联网的平台。[①]

在微信中，用户可以通过扫描识别二维码身份来添加朋友与关注企业账号。企业可以设定自己品牌的二维码，用折扣和优惠来吸引用户关注，开拓线上线下的营销模式。这样线下服务就可以用线上来招揽用户群，消费者可以用线上来筛选服务，成交也可以在线结算，这样很快便达到一定规模。该模式最重要的特点是：推广效果可查，每笔交易可跟踪。国内首家社区电子商务开创者是九社区。二维码对微信的作用并不只有这些，仅仅线下到处都可以看到二维码，2012年推出二维码不超过两个月，大街小巷貌似都有了二维码的踪影，在店铺的折扣、街边的广告牌甚至微博消息中都可见其身影。

二维码作为一个中介，让微信成为用户相对于其他软件更加便捷的工具，微信让二维码遍布生活的各个角落，二维码也让微信更加重要起来，它成了微信最重要的一个营销手段。

微信负责人张小龙也多次谈到，搜索框是私人电脑的互联网入口，二维码则是微信的入口，而微信则致力于成为移动互联网的平台。[②]

各种媒体、网站、草根大号都在秀自家二维码，许多知名企业也纷纷效仿，微信再次风光无限。

显而易见，通过二维码，微信将两步开通O2O模式，先联络商家建立公共微信号发放优惠活动等信息直接与用户交流，再通过财付通的整合以及扫描二维码的方式形成快捷支付平台。微信的二维码其实开拓了一个新的商机，很多商家都愿意投其怀抱，它成了一个蕴含着巨大利益的宝池。

（2）朋友圈。朋友圈的出现让微信彻底从一个手机通信软件变成一个全方位的社交平台。不同于微博私信的私密性和消息评论的完全开放性，朋友圈的消息表达和互动方式其实是半公开的，而且它目前为止主要是围绕照片和状态。用户可以在自己的好友圈子里面随意发表自己的状态和照

---

① 赵楠，刘佳．二维码生态：腾讯新浪“夹击”大众点评．第一财经日报，2012－09－27.
② 赵楠，刘佳．二维码生态：腾讯新浪“夹击”大众点评．第一财经日报，2012－09－27.

片，这种信息表达的环境相对于微博来说更具隐私性，因为相对于微博的关注与被关注，通过微信相识的好友更熟悉一些。

在微信朋友圈中，其他互联网软件可以通过微信开放的端口与其链接，导入和输出内容，这样微信的信息传播已经是从点线到面的传播，这样它不仅拓展了自己的信息源，还让别家的信息得到了传播，可谓是一箭双雕，就如有些人说的，微信开拓了后微博时代。

同时，若某用户的好友评论了一条消息，若他的其他朋友不是这个朋友的好友，则不会看到这个朋友的评论。朋友圈被一些想与朋友更亲近的用户所喜爱，也越来越成为人们生活的一部分。

在朋友圈比较活跃的一群人在一定程度上也成了朋友圈的意见领袖，因为朋友圈里面的好友相对于其他交流软件来说有很亲密的关系，意见领袖他的一句话、一个观点或者一个图片都可能会影响他们一个朋友圈的人。

（3）公共平台。若经常收看电视节目，会常常听到："您可以在新浪、腾讯关注我们的官方微博"，近一个月，又多出了一句话："您可以扫描屏幕下方的二维码，或添加微信好友。"微信的公共平台和微信的公共账号是密切相关的，每个人、每个机构都可以通过微信公众平台创建自己的公众账号，然后向关注者们推送消息，模式跟微博类似，而且申请的中文名称是可以重复的，不用担心被别人抢注了自己的微信公众账号。在一个微信账号注册完成后，会得到一个二维码，传播出去后，别人可以通过二维码轻松扫一扫即可添加该微信账号。当该账号的关注数超过 1 000 时，就可以去申请认证的公众账号。

现在微信认证的明星只要对着手机说一段话，就可以推送到成千上万的粉丝的微信客户端上。粉丝可以回复，只不过是这些回复被传送到电脑端的公众平台，只有该明星登录电脑网页的时候，才能看到数以万计的回复。这比微博更进一步拉近了公众人物和普通人的距离。想听听自己喜欢的明星的声音，关注微信就能听到了。明星、红人这只不过是在和粉丝密切感情，营造微信公众平台的氛围。公众平台的真正用处在于阅读和推送。

"在这里，阅读更简单"是公众平台的口号，尤其对于个人用户而言。这与微博是截然相反的，一个是被动接受，一个是主动获取；一个是强制性，一个是自发性。但是，就目前来说，公众平台毕竟刚刚建立，他的前景还有待观察，"毕竟这种强联系加弱联系再加媒体属性的通信应用从未有过。”①

写到最后，我忽然想到张小龙在《微信背后的产品观》中说的一句话：“微信确立了移动互联网时代生活方式的产品地位。未来一系列新功能的演进，都将围绕这一核心价值进行。任何试图以节省电话费、短信费作为竞争卖点的产品，已经完全失去了竞争的可能。因为微信提供的已经不再是单纯的通信服务，而是移动互联网时代的生活方式。除非竞品能够提供一种更为便利和流行的模式，否则无法构成竞争关系。”②

（撰稿人 刘静）

---

① 吕择．微信公众平台挑战新浪微博．北京科技报，2012－09－03.

② 张小龙．微信背后的产品观．执行官，2012（8）．

第四部分　年度视频

《你幸福吗?》

——《新闻联播》民生报道改革新动作

中秋、国庆期间，央视特别节目《你幸福吗?》引发广泛热议：一是针对《你幸福吗?》的各种“神回复”，让人哭笑不得；二是视频原汁原味地在《新闻联播》中播出，令人印象深刻。节目播出后，不仅引发全社会关于“幸福观”的大讨论，也使得“你幸福吗?”成为2012年度的热词。何谓“幸福”? 幸福是一种主观感受，不能被“量化”、“指数化”和“仪式化”。但从某种意义上说，《你幸福吗?》不加修饰地在《新闻联播》中播出，是央视《新闻联播》栏目民生报道的突破。

一、案例简介及背景阐述

（一）央视《你幸福吗?》节目回顾

2012年9月29日起，中央电视台连续9天在新闻频道推出《喜迎十八大——走基层·百姓心声》假日特别调查节目《你幸福吗?》。节目调动70路记者在全国各地及海外部分地区展开街头海量采访，共采访基层百姓3 550人，最终精选了147个群众的回答，在《朝闻天下》、《新闻30分》等新闻频道的黄金时段重点播出，《新闻联播》也以头条、提要的方式播出8集，并配发评论。

节目播出后，引起全国观众的广泛热议。在2012年9月29日第一集节目中，记者询问一位山西清徐县北营村的务工人员：“您幸福吗?”对方不愿回答，摇头说：“我是外地打工的，不要问我!”记者继续追问，对方冒出一句“我姓曾”。郑州一位正排队买票的大学生，记者问他，“最想要什么?”“女朋友。”“你觉得最坏的事是什么?”“我跟你说话的时候，队被人插了。”节目中诸如此类的回答令人印象深刻。网上更有“你幸福吗?”“我姓福，名尔康”等另类答复，网友将类似回答调侃成“神回复”，不仅截屏大量转发，还摄制了多种民间翻版《你幸福吗?》的视频。（见图1、图2）

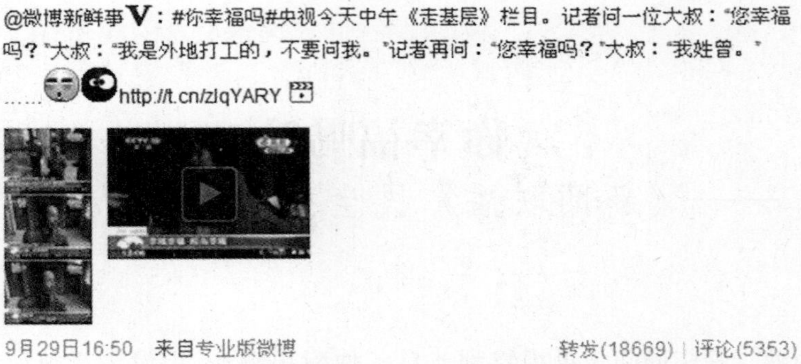

图 1 网友截屏转发《你幸福吗?》（来自新浪微博官网截图）

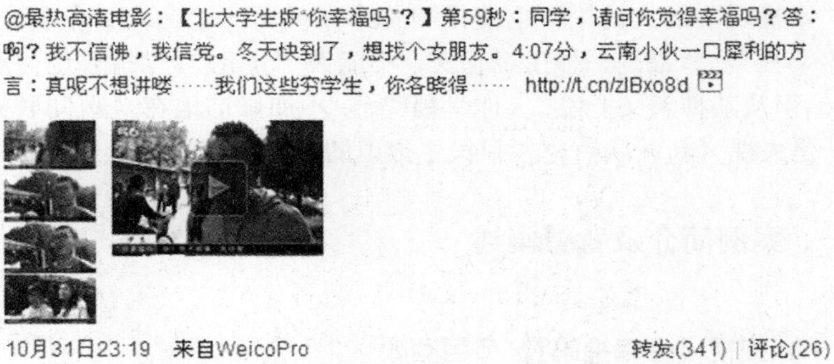

图 2 北大版《你幸福吗?》（来自新浪微博官网截图）

随着社会关于"你幸福吗?"话题的大讨论，长假期间"你幸福吗?"成为街谈巷议的热点。同时，在新浪微博微话题中，"你幸福吗?"跃居全国热点话题榜首，成为 2012 年度的热词。

（二）"幸福"热议的由来

1974 年，美国经济学家理查德·伊斯特林在其发表的文章《经济增长是否改善人类：一些实证证据》中提出"伊斯特林悖论"（或称"幸福悖论"），即多国实证数据表明，经济增长和人均收入的提高不一定会带来相应的国民幸福程度的上升，在有些国家，甚至会有所下降。20 世纪 70 年代，不丹王国的国王最早提出衡量国民幸福快乐标准的"国民幸福指数"。2005 年全国两会期间，中国科学院院士程国栋向会议提交了一份题为《落实"以人为本"，核算"国民幸福指数"》的提案，提出"国民幸福指数"概念，旨在衡量人们对自身生存和发展状况的感受和体验，即国民的幸福感。

自2005年以来，各省、市、区相继推出了一些自己的幸福指数指标体系，并开始建设“幸福工程”。随后，“幸福”、“幸福感”和“幸福指数”逐渐成为中国社会的流行语。2011年是“十二五”开局之年，在各地政府工作报告和“十二五”规划中，频频出现“幸福指数”一词，很多地方还提出将提升“幸福指数”作为政府施政的重要导向。在2011年1月6日召开的广东省委十届八次全会上，时任广东省委书记汪洋提出建设“幸福广东”的号召。10月11日，广东省政府公布全国首个省级幸福指标体系，由居民消费价格指数等客观指标和个人发展、生活质量等主观指标两部分构成。

（三）落实“走转改”央视全面升级

2011年8月9日，中宣部、中央外宣部办、国家广电总局、新闻出版总署及中国记协等五部门召开视频会议，在全国新闻战线组织内开展“走基层、转作风、改文风”活动。全国新闻战线积极响应。《人民日报》、新华社、《光明日报》、中央人民广播电台、中央电视台等新闻媒体纷纷对“走转改”活动进行动员部署。

2013年，央视新闻频道迎来开播10周年，中央电视台迁入新台址，其全新的演播室也正式投入使用。央视以此为契机，启动全方位的节目改版计划。针对新闻频道的软件和硬件设备，从内容到形态都进行全面升级。硬件方面，央视搬入新台址后，设计了开放式新闻演播区并设有参观走廊，以便能更好地表达内容，贴近百姓。软件方面，央视新闻频道加大了对民生新闻的报道力度。2012年10月以来，《新闻联播》播出了《我的父亲母亲　桂林四兄弟千里寻母》、《汽车上如何系好安全带的便民小贴士》并在头条位置连续推出小女孩照顾弟弟的“新闻连续剧”等一些贴近百姓、贴近生活的报道，体现了央视《新闻联播》落实“走转改”精神、改革民生新闻报道的新动作。

近日，中国城市竞争力研究会公布了“2012年中国最具幸福感城市排行榜”，“幸福”一词再次进入百姓视线。据不完全统计，目前，全国至少有18个省市明确提出“幸福”概念，100多个城市提出建设“幸福城市”，如湖南长沙提出建设“宜居城市、幸福家园，切实解决好群众实际困难，让老百姓生活得更加美好、更加幸福”的城市。政府的“幸福”目标落到实处了吗？老百姓觉得幸福吗？为倾听基层百姓对“幸福”的理解，中央电视台新闻频道在十八大召开之前，特别策划了《喜迎十八大——走基层·百姓心声》假日调查节目《你幸福吗?》，通过街头突击采访，切实呈现百姓关于“幸福”的真实心声。

二、案例过程记叙

（一）设置“幸福”话题

节目《你幸福吗?》是经过精心策划问世的，不像视频中的街访那么突然。2012年，中央电视台积极响应“走转改”活动，播出的走基层节目已经持续一年多。在中秋、国庆双节期间播出《你幸福吗?》，又逢十八大召开在即，具有特殊的意义。

“我们策划这个节目，就是想在中秋、国庆这个长假前后，十八大召开前夕，把大家平时来不及细想的‘幸福话题’，趁着家人团聚、朋友见面的休闲时候，直截了当地、真诚地提出来，听听老百姓们的真实感受、真实想法……我们希望通过议题的设置，真实地做一个反映中国普通人幸福感的横切面节目，唤起大家对幸福度的体味，引发社会对幸福观的思考。”① 节目中记者的提问直接简单，诸如“你觉得幸福吗?”、“你觉得幸福是什么?”、“你觉得最遗憾的事是什么?”等。这些问题虽然笼统、宽泛，但每个人都能根据自身的情况作出回答，答案无须大学问大篇幅，只要大家能真实表达自己内心的想法即可。因此，设置此类问题的目的在于让老百姓在镜头前有机会表达自己对“幸福”的理解，让全民都能参与对这个话题的讨论，由此展现社会百态。

（二）聚焦“神回复”

2012年9月29日，《新闻联播》播出第一集《你幸福吗?》，节目中记者采访了宁夏银川兴庆区信义市场的肉铺老板，令人印象深刻。记者问：“在你的眼里你觉得幸福是什么?”肉铺老板一边埋头记账一边回答：“幸福就是人没有后顾之忧啊，生活有了保障现在。”（抬头看了记者一眼，但始终没有看镜头。）接着，一边回忆账目一边自言自语：“刚才那个钱是……493”并重新把肉放在电子秤上，镜头特写秤上显示的数字。肉铺老板接受采访的整个过程，非常自然地沉浸于自己的工作中，丝毫不受摄像机影响。

---

① 张宇珺，汪洁. 真话“幸福”——中央电视台特别节目“你幸福吗?”制作有感. 新闻与写作，2012（11）.

被观众津津乐道的还有另一段视频，即记者采访正在排队买火车票的郑州大学生。“你觉得幸福吗?”“幸福啊。”“你觉得幸福是什么呢?”这位大学生同学仰头、蹙眉做了片刻思考，答道：“每天把该做的事做完之后舒舒服服地玩就是幸福。”记者又问：“有什么遗憾的事吗?”这位同学想了一会，用手在鼻下来回搓了几下，答道：“额……高考低了十来分。如果要多这十来分，就不用跑郑州来了。”记者接着问：“最想要什么?”该同学反问了一句：“最想要什么?”他转头想了一会笑着答：“女朋友。”记者问：“现在单身是吗?”他不假思索地笑答：“必然呢。”紧接着，记者又问：“你觉得这十年最好的事是什么?”该同学依然反问了一句：“最好的事?”“我长大了，而且我家人都很健康。”此时，排队买票的人群有些拥挤，该同学回头看了下队伍，记者问道：“那最坏的事呢?”他着急地答道：“最坏的事是跟你说话的时候，队被人插了。”说完，低头微笑着继续排队。

类似以上令人意外的回答还有：“你幸福吗? ——我姓曾。”“你幸福吗? ——今天不幸福，因为和女朋友分手了。”“你幸福吗? ——你是央视的吗?”这些回复虽然无厘头，但朴素真实、富有情趣，既单纯又深刻，不乏民间的智慧与幽默，触动人心。

为倾听各行各业基层百姓关于“你幸福吗?”的心声，节目组派出 18 个国内记者站、7 个海外记者站和北京总部共 70 路记者以及 20 个地方台共 300 多人次，以街头突击采访的方式，在全国各地的旅游景区、城市广场、社区街道、乡野山村和重点工地等遍访退休老人、农民工、大学生、城市白领、游客、商贩及工程建设者等各行各业多达 3 550 人。此次调查范围广、对象多（数量多、背景杂）、采访突然，促成了节目最终呈现的各种“神回复”，折射出广袤中国的社会百态，反映了老百姓真真切切的生活面貌。“我们对海采节目的定位是，通过幸福议题的设置，让大家看到一个中国普通人幸福感的横切面。有左的，有右的，有幸福的，有不幸福的，有这样幸福的，有那样幸福的……它肯定不是一个严格社会学意义上的调查、调研报告，它是一个此时此刻的状态，它是一个鲜活的真实的横切面，是各种各样普通中国人对幸福的最直接的感受。”①

恰恰是普通百姓在镜头前的“神回复”才让观众和网友印象深刻。经过连续 9 天的央视播出、网络炒作和街谈巷议，“你幸福吗?”在长假期间的新浪微博微话题中跃居全国热点话题榜首，成为 2012 年度的热词。此

---

① 张宇珺，汪洁．真话“幸福”——中央电视台特别节目“你幸福吗?”制作有感．新闻与写作，2012（11）．

外，由国家语言资源监测与研究中心、商务印书馆和中国网络电视台联合主办的“汉语盘点2012”中的年度字词评选增加了“十大网络用语”一项，“你幸福吗?”和“元芳，你怎么看?”、“中国好声音”、“高富帅、白富美”等入选“2012十大网络用语”。

（三）围观《你幸福吗?》

节目《你幸福吗?》播出之后，引发全社会对“幸福观”的大讨论。有网友说，幸福不是你房子有多大，而是房里的笑声有多甜；幸福不是你开多豪华的车，而是你开着车平安到家；幸福不是你的爱人多漂亮，而是爱人的笑容多灿烂；幸福不是在你成功时的喝彩多热烈，而是失意时有个声音对你说：朋友别倒下！幸福不是你听过多少甜言蜜语，而是你伤心落泪时有人对你说：没事，有我在。还有网友将“幸福”两字拆解后形象地得出：有安身立命的一块地，有点钱，有衣穿，有一份事业可耕耘。此乃幸福也！（见图3）节目中老百姓对“幸福观”的理解也很简单。一位糖葫芦摊摊主认为幸福就是孩子好，老头省心，家过得好就是幸福。一家杂货店老板说：“幸福就是快乐。不是挣钱就是幸福，一家团团圆圆才叫幸福。”一位公司职员觉得幸福就是天天过得倍儿开心。

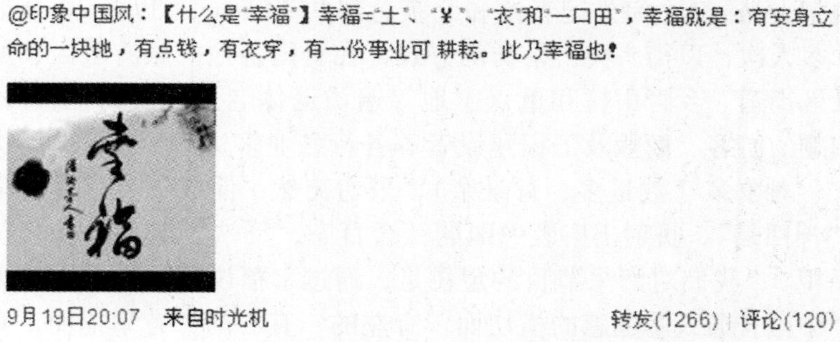

图3 网友对“幸福观”的理解（来自新浪微博官网截图）

百姓对“幸福观”的看法参差不齐，对节目《你幸福吗?》的评价也褒贬不一。节目播出后，央视《新闻联播》被网友拍砖好几天，还吐槽央视记者提问水平低，认为“你幸福吗?”是一个愚蠢的问题，不值得一提。而有的网友却觉得“央视难得讲真话，我们应该给点掌声”。还有“对于央视‘你幸福吗?’，吐槽”应适可而止，更应鼓励。当央视新闻上出现越来越多普通人的身影时，即便回答有些滑稽，但至少可以期待新闻在朝着更加真实的方向迈进”。央视版的《你幸福吗?》引起广泛热议后，民间炮制了多种版本在各大网站传播开来，有明星版（范伟）、各地高校版、各地方言版和纽约版等。

除此之外，名人对“你幸福吗?”的看法也令人印象深刻。在2012年10月14日播出的《面对面》中，诺贝尔文学奖得主莫言被问及“你幸福吗?”时，答道：“我不知道，我从来不考虑这个问题。”“我现在压力很大，忧虑重重，能幸福么?”莫言还说：“我要说不幸福，那也太装了吧。刚得诺贝尔奖能说不幸福吗?”12月9日，在2012年诺贝尔文学奖颁奖晚会的最后，现场一位身穿白衣的男生站起来提问：“莫言老师你幸福吗?幸福的源泉是什么?我们该采取怎样的方式获取幸福?”当时莫言被这个问题逗乐了，他反问道：“你是中央电视台的吗?”随后，莫言说：“我起码今天很幸福，因为有这么多的读者来听我讲话。我看到了这么多年轻的脸上神秘的笑容，因此我幸福。”

易中天回母校武汉大学进行演讲被问及幸福与否时，他面无表情地回答:“这是一个愚蠢的问题，学谁不好学CCTV?”接着反问:“幸福是纯粹个人的东西，我幸不幸福关你甚事?这个问题谁设计的?”“一个幸福的人也有不幸的一面，一个不幸的人可能也有幸福的时候，你幸福吗?你是问我天天幸福吗还是此刻幸福吗?你要问我现在幸福吗，我肯定说幸福，因为我回母校了。但那不等于我永远是幸福的，说不定今天晚上我遇到一个堵心的事，就不幸福了。”

（四）“幸福”之后

继节目《你幸福吗?》之后，中央电视台新闻频道将扩大主题策划类报道。《新闻联播》将继续加大对类似于《你幸福吗?》的民生报道，借此反映老百姓的真实生活、真实心态和真实期待。据央视新闻中心副主任梁建增透露，央视新闻频道最近又策划了全新选题“我的小康”来延续“幸福调查”的路数，以街头偶遇采访的方式反映老百姓的心声。他说：“在内容上，它们更加贴近民生；在表现形式上，它们也更加自然、更加原生态。搁过去，这类东西上不了《新闻联播》。”梁建增还说，《新闻联播》最近还将推出专题策划“中国信心”，集中反映一些重大领域的全新举措。

天津卫视2013年将主打“全民Style”理念，打造五大强势节目：《幸福来敲门》、《非你莫属》、《爱情保卫战》、《王者归来》和《中国丽人》。其中《幸福来敲门》是由央视2012年中秋、国庆推出的假日特别调查节目《你幸福吗?》衍生而来，它是中国首档幸福公益大型活动，由央视的特别调查转型成天津卫视的节目版。《幸福来敲门》将以“全民说幸福”的全新记录方式打造“幸福”主题式系列宣传片，让宣传片以纪实的方式呈现中国人的幸福感受，使宣传片更具故事性。

三、案例分析及评价

《你幸福吗?》在《新闻联播》连播8集，是《新闻联播》民生报道的突破。它是对中央电视台新闻频道题材宏大、高高在上及端庄严肃的一贯作风的挑战，一改《新闻联播》宣传、说教的意味，贴近百姓、贴近生活、贴近实际。清华大学新闻与传播学院常务副院长尹鸿说：“《新闻联播》每一次小的进步既是中国新闻变化的晴雨表，也是中国社会变化的风向标。这个变化从表面上看是增加了细节、增加了生活化的内容，实际上是打破了原有的话语体系。过去的《新闻联播》贴近领导、贴近文件、贴近宣教，但今天它开始贴近生活、贴近观众、贴近现实。《新闻联播》为观众展现出了更加美丽、幸福的中国社会。”北京大学中国社科院新闻与传播研究所研究员时统宇认为，《新闻联播》的变化是今年中国电视最值得给予掌声的。他说：“‘你幸福吗？我姓曾’如果放在娱乐节目里会被指责为无厘头、搞笑，但放在《新闻联播》中则象征着整个中国社会的进步。”

（一）突击采访的优与劣

20世纪80年代，标榜喜欢《新闻联播》的人，首先意味着一种社会身份的认同：一个人定时、认真地收看《新闻联播》，说明他（她）具有严肃的品位和开阔的视野，他（她）一定是关心国家大事，同时熟知世界局势的。那时候，《新闻联播》几乎是人们获知国家和世界最新消息的唯一便捷渠道，也是党和政府最重要的宣政渠道。① 随着新媒体的发展，中国网民人数激增，传统媒体的受众逐渐减少。定时收看《新闻联播》的观众也越来越少，且年龄逐渐偏大。在新一代网民中，看《新闻联播》的人数更是少之又少。网上流传一个关于《新闻联播》的段子：

> 会议没有不隆重的，闭幕没有不胜利的；
> 讲话没有不重要的，鼓掌没有不热烈的；

---

① 艾红红.《新闻联播》研究.北京：中国广播电视出版社，2008.47.

领导没有不重视的，看望没有不亲切的；
接见没有不亲自的，进展没有不顺利的；
完成没有不圆满的，成就没有不巨大的；
工作没有不扎实的，效率没有不显著的；
决议没有不通过的，人心没有不振奋的。

从上面的段子可见新生代网民对《新闻联播》节目固化及形式单一的排斥与反感。相比之下，《你幸福吗?》是一档调查节目，整个节目由片头和调查过程构成，普通群众关于幸福的自由回答是节目的主要内容。记者走上街头，遍访全国各行各业的基层百姓，倾听百姓心声，真实呈现他们的心理状态。中国人民大学新闻学院周小普副教授在接受央视记者采访时说："你在街上突然间问一个人你幸福吗，这个应该说回答起来很困难。但是在他的第一反应中，我们可以抓到他最真实的回答。所以我觉得这个节目之所以引起关注，正是这些回答非常真实，同时这个反应中间还表达出很多非常真实的百姓关注的社会话题。那就是他们在关注什么。他们在关注家庭，关注工作，关注自己的发展。这个恰恰是政府应该提供一些社会资源的地方。我觉得这个节目就做到了百姓和政府之间很好的沟通。"

此外，节目播出不经剪辑，从开始询问百姓前摄像机就已经开启，全程记录。采访结束，摄像机仍处于工作状态，继续记录百姓的表情、动作。这些都是对《新闻联播》传统的有目的性的采访与拍摄形式的突破，《你幸福吗?》节目的勇敢尝试为今后《新闻联播》在民生报道形式上拓宽了道路。

然而，采用街头突击采访的形式也存在不足。由于记者采访太突然，许多采访对象没能及时反应过来，这种猝不及防的提问方式难免让人摸不着头脑。例如，在哈尔滨街头采访糖葫芦摊摊主时，记者递话筒就问："姐，问你个问题，你幸福吗?"这位大姐表情迷惑，忙问："什么意思啊?我幸福?""我幸福啊！咋不幸福呢?孩子好，老头省心，特幸福。啥意思啊?"由于记者在采访前没有说明情况，使很多基层百姓不清楚采访的用意和提问的意思。因而，这种突击采访可以说是一种利弊共存的采访方式，它既能在第一时间获得采访对象真实自然的第一反应，但事发突然，又会让受访者疑惑，甚至心存警戒。

（二）话语权下放

央视《新闻联播》历来被看作"中国政治生活的风向标"、人民群众了解国家大事的重要渠道及国际社会了解中国改革开放的重要窗口之一。一直以来，《新闻联播》作为党和政府的“发声器”，站在国家的角度，从全知全能的视角播报新闻。这种播报方式让新闻增加了不少宣传的意味而忽视了新闻的价值。同时，《新闻联播》以国家意识形态话语占主导，久而久之给人以宣教、严肃和不苟言笑的形象，让人民群众敬而远之。而《你幸福吗?》节目的最大特点在于下放长期被国家意识形态垄断的话语权，让普通百姓有机会在镜头前表达自己的真实想法。节目播出后，《新闻联播》这种尝试放下身段、回归大众娱乐话语的改变也引来了诸多关注。

1. 话题平民化

相比《新闻联播》的一贯选题：领导外事活动、各种会议或经济生产等，《你幸福吗?》假日特别调查则是为人民群众量身打造的一次新闻策划，它是关于国民幸福感的调查节目，选题贴近百姓、贴近生活、贴近实际。《你幸福吗?》在《新闻联播》以头条、提要的形式连续播出 8 集，足以见得《新闻联播》对民生新闻报道的重视。从《新闻联播》近期报道的新闻题材中，也可以看出《新闻联播》的选题正在向基层、民生靠近。比如，从发布“寻人启事”帮助桂林四兄弟千里寻母；到推广汽车上如何系好安全带的便民小贴士；从在头版头条位置推出小女孩照顾弟弟的“新闻连续剧”；到主题策划《你幸福吗?》调查节目……

2. 讨论公开化

央视记者在采访的 3 550 个基层百姓中，只抛出类似于“你幸福吗?”、“你觉得幸福是什么?”、“你觉得最遗憾的事是什么?”等简单问题，不过分介入主题探讨，让老百姓根据自己的真实想法自由回答。这种让普通百姓能够在开放的平台上表达真实想法、流露真情实感的采访形式，是《新闻联播》不曾尝试过的关于民生主题策划报道的创新。《新闻联播》历经传统国家意识形态的观点宣传，到精英阶层的意见传播，再到如今“你幸福吗?”广泛、公开的大众讨论，体现了《新闻联播》民生报道改革的一大进步。

3. 话语方式转向以受者为中心

《你幸福吗?》体现了话语权下放，从以传者为中心转向以受者为中心。《新闻联播》自 1978 年开播以来，话语方式以传者为中心，强调宣传性压倒新闻性。播音员正襟危坐、面孔严肃，以四平八稳、不疾不徐的语调播报消息。无论是播音员的形象还是语调始终给人留下新闻性不足、宣传性有余的印象。而《你幸福吗?》节目的尝试，以人为本，从平民的视角出发，由老百姓自己表达对“幸福”的看法，在话语方式上实现了一大转变。

然而，很多网友批评说，《新闻联播》只播老百姓幸福的回答，对那些不幸福的回答则有意过滤，不给予播出。笔者认为，无论老百姓的答案是否幸福，都是他们真实的生活状态。既然节目本着从老百姓的角度出发，倾听百姓心声，那么即使有人觉得不幸福，播出又何妨？看了纽约版的“幸福”调查，大多数市民认为自己不幸福，不满意现有的生活状态。有不一样的声音，更能凸显真实。由此可见，央视还未完全放下传统的“大团圆”、“皆大欢喜”的节目情结，距离真正的客观呈现还有一段路要走。

（三）重视电视语言表达

电视的特性是声画合一。文字语言、声音语言和画面语言共同构成电视的语言系统。事实上，很多电视新闻节目在表达时，并不注重对电视画面语言的使用，而只专注于文字语言和声音语言。弃画面语言于不顾的结果是新闻节目让观众看得乏味。美国社会心理学家阿尔伯特·梅拉比安教授在他撰写的《无声的信息》一文中，说明了视觉形象的重要性。他指出：“我们给他人的印象中，有55%在于我们的外表、形象和举止，38%在于我们的谈话方式，只有7%在于我们的谈话内容。因而，形象走在能力之前，比内涵更重要。”① 在电视表达中，画面语言对于信息传播能否给人留下深刻印象也起着关键作用，而最佳的电视表达是将可视元素和可听元素充分调动起来，融为一体。

1. 同期声，营造“现场”语境

同期声是声音和画面的最佳结合形式，它具有极强的现场表现力，让观众身临其境，真实可感。《你幸福吗?》节目全程播出记者调查过程，通过同期声表现基层百姓接受采访时的“当下”状态和回答。例如，在第一集《你幸福吗?》节目中，肉铺老板一边接受采访一边记账，影像记录了肉铺老板在记账过程中一边自言自语一边凝视前方回忆账目的状态。又如，记者采访山西清徐县北营村务工人员时，记者问：“您幸福吗?”他答道：“我姓曾。”记者再次追问：“你幸福吗?”这时旁边有个声音“人家问你幸不幸福”，这位农民工朋友才回答“幸福吧”。接着周围有摩托车启动的声音，同农民工朋友的回答一起进入画面。正是画面杂糅及现场各种声音形成的“现场”语

① 田华，宋秀莲. 副语言交际概述. 东北师范大学学报，2007（1）.

境才使得整个采访过程真实可感，令观众印象深刻。

而传统的《新闻联播》以声音语言表达为主，极少同期声，多是播音员播报消息，并对画面进行解说。既沉闷，现场感又不强。观众看新闻时，耳旁多是播音员字正腔圆的解说，加之解说以书面用语为主，最终能让观众记住的消息量少，传播效果差，而且这种传播效果只是暂时的，过耳即忘。《你幸福吗?》全程同期声，摄像机的工作是记录并呈现采访现场，观众在收看视频时，马上能进入“现场”语境，了解事实并记住场景。

2. 改变说话语态：面对面交流

民间流传一个冷笑话：“如果你睡不着，请打开电视看《新闻联播》。”由于《新闻联播》播音员长期不变的形象和音调，观众收看《新闻联播》变成了收听《新闻联播》，画面没有起到应有的作用，观众只需听播音员的解说便能知晓消息的始末。而播音员一贯的语音、语速和语调是听不出新意的，更像是和缓的催眠曲。在2006年3月召开的“两会”上，政协代表叶宏明提交了一份《让〈新闻联播〉换换人》的议案。提案认为：“央视《新闻联播》作为国内最权威、收视率最高的名牌栏目，是人民群众了解国家大事的重要渠道，也是国际社会了解中国改革开放的重要窗口之一。从某种意义上说，《新闻联播》的播音员具有国家新闻发言人的性质，代表着国家的整体形象。但播音员结构老化已是不争的事实，体现在屏幕上就是播音风格日益陈旧、沉闷，让观众感到面容疲惫、表情单一、眼神呆滞及缺乏朝气和活力。为迅速改变这一现象，建议央视引进竞争机制，吸收新鲜血液。”

图4　CNTV 截图

此后，李梓萌、海霞等一些新面孔亮相《新闻联播》，而播音员的语态也发生了一些变化。特别是在《你幸福吗?》节目中，主播的形象更亲切。他们大都面带微笑，用词口语化，甚至出现了像“压力山大”这样的网络用词。（见图4）李瑞英主持的一期《新闻联播》开头是这样的：“老百姓过日子感觉幸福吗？国庆前期，本台走基层记者分赴各地开展假日特别调查

‘你幸福吗?’用这样一个简单的问题，倾听数千位普通百姓的心声。”第一句话“老百姓过日子感觉幸福吗?”就像与老百姓面对面聊家常，非常口语化。从高高在上的宣传到面对面交流，《新闻联播》正努力实现语态的转变，这是央视新闻频道改革的一项重要内容，也是关键性内容。

（四）节目风格转变

一张背景墙，墙上用图钉粘满便利贴，便利贴上是“你幸福吗?”、“你觉得幸福是什么?”、“这十年，你觉得发生在你身上最好的事是什么?”等娟秀的用钢笔写的问题。随着舒缓的音乐行进，这些问题由动画的形式一个个呈现，最终出现节目标题《你幸福吗?》（图5）。节目片头时长10秒，色调温暖，音乐舒缓，节奏缓慢。如果不是左下角的“新闻联播”标识，观众怎么也不会想到这是《新闻联播》的节目。从节目片头可窥见《你幸福吗?》对民生调查性报道节目风格的创新。《你幸福吗?》在双节期间播出，又逢十八大召开在即，迎着喜庆的氛围，节目风格清新、温情、亲切。此外，播音员用语平实，语调放缓，面带微笑，播报新闻就像面对面交谈似的亲切、自然，播音员的语言表达和语调变化也体现了节目风格的转变。

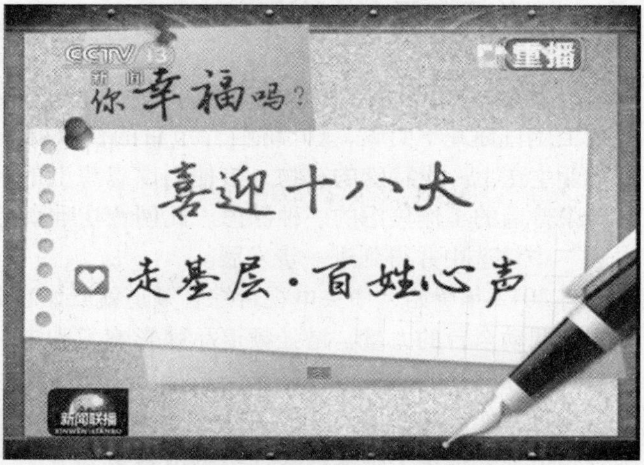

图5 《你幸福吗?》节目片头（来自CNTV截图）

《新闻联播》风格的转变较之以往的保守、严肃、端庄而言，既是民生报道的创新，也为今后主题性策划报道指明一条新路。《新闻联播》作为党和政府的“喉舌”，根据节目内容和形式作出节目风格创新的尝试，不再故步自封、一成不变，体现了《新闻联播》愿意放下身段，跟上时代潮流，不仅努力从内容上做到“三贴近”，也尝试着从形式上接地气、讲人情。

（撰稿人 陈欢欢）

思想好声音　传递正能量

——对央视“青年公开课”《开讲啦》的节目分析

中央电视台的全新节目《开讲啦》作为中国首档青年电视公开课，通过一场场直击灵魂的演讲让观众深切感受到精神的力量。节目的目标群体是刚刚或将要步入社会的青年人，其内容定位是对他们进行正确的价值导向引领、传递正能量与充当思想的“加油站”。在选秀、相亲和模式引进类节目泛滥的当下，是什么原因导致《开讲啦》节目吸引大批观众熬夜守候及不同年龄段的人重新回归电视。本文通过对节目的创作背景、制作过程以及节目内容等多方面进行分析，试图找出这档节目能够取得成功的因素并进行学习。

一、构思与平台的结合

2012 是 90 后毕业生踏入社会的第一年，很多年轻人对于自己新的生活和工作目标并不明确，《开讲啦》节目的初衷就是向首批走向社会的 90 后毕业生送上一份特殊的礼物，给他们以思想上的鼓舞，而这也是对当下青年中普遍的工作焦虑的一种深思。此创意在唯众传媒内部的“节目创意大赛”中被选中并得到进一步发展。

自 2012 年伊始，中央电视台综合频道就开始在非黄金时段进行节目调整，在调动全台的力量，增强频道品牌影响力和未来发展力的同时，央视综合频道亦向社会上各节目制作公司抛出了橄榄枝，寻找优秀的节目制作力量进行合作。2012 年 5 月，在考察了众多电视节目制作机构之后，央视综合频道最终选定了唯众传媒提出的节目策划方案，以青年为核心运用电视化课堂的方式，构建一个没有权威、充满挑战与平等分享的舞台。在这样的内外条件下，《开讲啦》节目诞生了，它并不是央视的原创电视节目，而是由唯众传媒负责制作，央视仅作为播出平台将其呈现给观众。

（一）节目创作过程

2012 年夏天，《中国好声音》火爆电视荧屏，让选秀节目再度掀起收视狂潮。在这个泛娱乐化的时代，电视节目除了给人们带来娱乐和消遣，它的教育宣传、传递知识的功能显得更加弱化，然而一档叫《开讲啦》的节目却给我们的电视荧屏带来一阵新风，随后在网络上也掀起了讨论的热潮。不靠灭灯，没有转椅，缺少专业评委的犀利言辞，非娱乐性的电视节目照样“火”。那么《开讲啦》到底是一档怎样的节目？

《开讲啦》是中国首档青年电视公开课，节目邀请“中国青年心目中的榜样”作为演讲嘉宾，分享他们对生活和生命的感悟，给予中国青年现实的讨论和心灵的滋养，每期节目邀请一位名人倾情演讲，与十位新锐青年代表进行交流对话，300 名大学生作为观众现场分享这场有思想、有疑问、有价值观和有锋芒的思想碰撞。①

为了达到创作节目的初衷，节目组做了扎实的前期筹备工作：选哪些人来做节目嘉宾，这些嘉宾自身又有怎样的人格魅力？节目组曾在全国将近 100 所高校中进行问卷调查，询问高校学子们想听谁讲？讲什么？怎么讲？想问什么？根据调研的情况和实际可能性来进行嘉宾的约请。这样的选择既定位了受众，在内容上也更贴近观众的需求。在嘉宾选定之后，节目组对嘉宾的演讲内容却不做硬性要求，“只要求嘉宾给我们一个演讲的脉络，三四句话，只要不超过十句话就行”。他们所追求的就是即兴演讲，脱口而出，这样的演讲才够真实，不做作。而现场的青年代表，也完全是从受调查者中间挖掘出来的。不管你是好学生，坏学生，名校的，非名校的，男的，女的，特长生，差生，城里孩子，农村孩子……只要有想法、有困惑，栏目组都会请他们到节目现场来进行平等的交流和对话。②

在节目的外部包装上，栏目组也是很下功夫的。首先是节目的名字，与其他央视节目名字的规矩、工整不同，“开讲啦”更加口语化，又有点号召的意味，在取名初衷上就试图抹去“我讲你听”的单调上课模式。在全媒体话语时代，任何能够脱口而出的东西，都更容易口口相传。而在《开讲啦》外文名字的选取上，唯众传媒总裁杨晖也做了仔细的斟酌，最后决定启用“VOICE”以传达节目的内涵和风格。虽然这个夏天在中国的电视荧屏上出现了两个“声音”，但他们的节目内涵是完全不同的。《开讲啦》以其强大的思想传播力和精神价值赢得了“思想的好声音”的美誉。这档节目从英文名字、舞美、音乐到视觉包装，都给观众呈现了一种新锐、清新和灵动的青春气质。这与央视综合频道过去的风格也是不相同

① 中国网络电视台．http：//opencla. cntv. cn/20120829/kaijiangla_ PLAY10126874.

② 中国广播影视．《开讲啦》热播，TV2.0 时代的快热效应．http：//www. crftv. com/showNewsInfo. asp？NewsID = 8359&borderID = 16.

的，无论是荧屏上书架式背景图还是“小清新”类的自然风光，以及随着嘉宾演讲内容而不断变化的音乐，时而轻快，时而沉郁，这些都是经过精心设计的。配合演讲的内容既增添了现场的谈话氛围，又给人一种视听上的享受，从而营造出了更感性的课堂氛围。

图 1　CNTV 截图

（二）节目内容及收视

2012 年 8 月 27 日 23：36《开讲啦》在中央电视台综合频道进行首播，第一季共十集，采取日播的形式。受邀的嘉宾多元化，既有企业家精英王石、冯仑，又有学术人士葛剑雄，还有新闻发言人赵启正，航天英雄杨利伟以及文娱界的著名人士陈坤、李少红、邓亚萍、郎朗和王潮歌等。

节目一开始就是 15 分钟的独立演讲，但与以往的演讲类节目有所不同的是，这些嘉宾虽是社会成功人士，但并非某个领域的技术专家，这是与以技术创新出名的“TED”最大的区别。节目内容上对人生观、价值观等方面的内容多有提及，他们能给予观众的是思想上的指引和精神上的鼓舞，而并非是一种知识上的灌输。所以你不必担心因为专业知识的缺乏而听不懂演讲的内容。15 分钟的独立演讲完全脱稿，对于每一位演讲嘉宾来说，这也算是一场“大考”，因为没有演讲台，没有提示器，更没有演讲稿，孤零零地站在舞台中央，要面对将近 300 名现场观众，同时还要讲得激情四溢，言之有物，这的确需要极大的勇气和“爆棚”的自信心。节目中也有嘉宾要求提供提词器，只为能取得更好的演讲效果，但最终被节目组拒绝了，因为那样并不真实。唯有在这样的情境下，尽可能原生态地展现出嘉宾内心，使他们敞开心扉和青年代表进行对话和交流。

这样的演讲方式能否吸引人？《开讲啦》播出的第四天，在邓亚萍讲述自己如何“转型从零开始”时，该期节目刷新了央视综合频道跨零点时段收视的记录，而当王潮歌慷慨激昂地告诉观众“那么，我是谁”时，这段视频的网络收看在短短一周内就突破了110万次。数字的背后显示了这种模式的成功，正是这种“不端着，说人话，够真诚”的姿态，让观众愿意去观看，也深深地被演讲的内容所感动。

独立演讲之后，主持人进行提问。这些问题多为现场观众针对嘉宾即兴演讲的内容所提出的，问题的内容很犀利，用词却很“潮”，“白富美”、“高富帅”这些网络词汇频频出现，所涉及的内容有时甚至让嘉宾难以现场回答。这一环节的设置正是为下一环节的现场10位青年代表发问作铺垫，他们的问题更加尖锐和有深度。例如，有学生对郎朗提问：“我一样刻苦，一样努力，是什么造成了你我之间的差距？”虽然这种问题并不多见，但是却反映出当下青年心中的困惑。

在传统的电视节目中，如果要设立裁判环节，一般在现场能作为考官的都是专业人士，无论是在资历还是学历方面，他们是具有话语权的，同时也能保证节目的权威性，而在这档节目中，嘉宾不再是高高在上的，他要接受“考官”的询问与质疑，而这些人大多数是在校大学生或刚刚毕业的社会新鲜人，这种格局与流行的求职、选秀节目正相反——台上的人功成名就，台下评点、提问者则是初出茅庐。

经过“激烈”的针锋相对之后，主持人要例行进行总结，作为央视著名节目主持人，撒贝宁的加入无疑给节目增添了亮色。在演讲过程中，由于嘉宾的内容是即兴的，所以嘉宾与观众之间的互动就需要主持人进行很好的诱导，对谈话内容适时地总结，并进行有限的延伸，这样可以起到画龙点睛的效果，在迸发思想火花的同时，也调动了全场的气氛。这档节目的过程说起来很简单，并没有多少充满悬念的环节，那是什么打动了观众，让他们愿意深夜守候在电视机前？答案是节目呈现出的精彩的内容。

限于文章的篇幅，这里不可能把每位嘉宾的演讲内容和问题回答都一一列出，所以只是选取其中的一些精彩片段，以飨读者。

我不是一个可以跟大家分享我成绩的人，我没有任何东西值得你们觉得我了不起，或者我认为我自己了不起，我只是跟你们一样的，在我们每个个体的人生道路上，想成为自己心灵国王的人。

——陈坤　演讲主题：《人生路　莫慌张》

《开讲啦》节目请的第一位嘉宾是陈坤，从“忧郁小生”到“话痨”的转变，很多人见证了陈坤的成长以及他的成功。在演艺和公益方面，他的作为是受到肯定的。而作为过来人，他的一些经历也许在现实生活中仍在继续发生着，单亲家庭、孤僻、贫困，很多人好奇他是怎么一步步改变的。“忠于自己内心的呼唤，认清自己的方向才是最重要的，由外向内看，看到一个不一样的自己。”陈坤的观点给我们提供了看世界的另一种思路。同时，在节目中他提到自己的公益项目“行走的力量”：把注意力集中在呼吸和脚心，单纯地行走，感受内心的宁静。“我希望我们在无数的诱惑和欲望面前，学会笨一点，慢一点，二一点，傻一点。”的确，要用什么样的心态去生活，他的话给了我们一些参考，在这个越来越快节奏的社会里如何去生存。也正是这种肺腑之言，让这个公开课形式的节目一炮而红。节目播出仅一周，在整个节目还未全部播完的情况下，央视就应广大观众的要求重播了陈坤的这期节目，这也从侧面验证了他的演讲是成功的。

我认为我是谁这个问题，是大多数中国人现在每天都在问的一个问题，但知道我是谁特别不容易。

——王潮歌　演讲主题：《那么，我是谁?》

在王潮歌的开讲中，这档节目的收视率在“深夜”时分达到最高点。也许很多人对王潮歌不熟悉，但是你肯定对奥运会开幕式，张艺谋的“印象”系列作品有所耳闻，这些作品都有她的参与甚至主导，她是中国当代最富才华的女导演之一。她是一个敢说敢做的人，节目中，她提到“长板理论”，倡导发挥自身的特长，而不是在于“补短”，这样让自己过得更幸福，并拿自己作为切身的例子。追求全能不如专注特长，对于当下提倡全面发展提出质疑。“那么，我是谁”是她的演讲题目，这位调侃自己是“口无遮拦的王大炮”的导演在节目中大声疾呼“在没有人会饿死的年代，为什么要放弃自己的梦想和爱好呢”？王潮歌用她极具感染力和激情的演讲彻底征服了观众，也让我们重新认识了这位极具个性的女导演。但是，在节目播出后，我们也看到了来自学生的质疑，王潮歌热爱文学，很早就在《人民文学》中发表作品，并且曾受到著名作家王蒙的鼓励，最终走向了导演这条路，她的成功无疑是幸运的，可现实中的我们是无法达到这样的高度的，更不一定有这样的机遇，所以有人会说她“站着说话不腰疼”。这也是所有的节目嘉宾共同的一点，因为他们已经成功了，这种不自觉显露出的优越感更让我们这些普通人觉得成功其实离我们很远。这种质疑是可以理解的，可是在这里我们只是对她演讲内容有益的方面进行肯定，她说对了一点，那就是“为什么非要把别人的日子和别人的目的当作自己的”。看着别人成功，自己就一定也要成功，否则心里就不舒服，其实成功是没有统一标准的，很多人在追求成功中迷失了自己。

人生当中一定要保持一种自我的不满足，保持一种好奇心，保持着你对未来的某种期许，坚持就非常重要，胜利往往是再努力一下的坚持之中。

——王石　演讲主题：《坚持与放下》

作为第一季《开讲啦》的收官之作，王石的演讲无疑是激荡人心的。从公职人员到地产商人，从管理高层到普通人，再到征服世界高峰，以61岁的年龄游学哈佛，王石的人生不可谓不精彩。在演讲中，他提到自己在登珠峰时面临的一场生死考验，虽然已经化险为夷，但讲起那时的危险，那种跨越生死的感觉仍记忆犹新。他阐述了人生的哲学“坚持”与“放下”：坚持学习，超越自己；放下金钱，放下荣誉。放下企业管理者的身份，他继续以“新生”的姿态游学，用知识去充实自己，让生命活得更有意义。作为一个过来人，他们畅谈成功看起来似乎很容易，但谁又理解这些企业家创业时的艰辛。当主持人向现场的青年代表发问：“拿王石今天的成功跟你换你的青春年华，你换不换?”被问的青年代表也是一位创业者，而他的公司正面临着经营困境，他思考了一下还是回答不换，因为他觉得也许自己的事业可以做得比王石更好。每一个人的成功都是不可复制的，而外在的条件是不断变化的，谁又能知道下一步会怎样，最重要的不是结果而是经历，正如王石对青年们说的：“人生下来所谓的自由选择，它本身就是不自由，不自由过程当中，你仍然要把它做好，当作人生的一个经历，一个积累，经历本身就是一种财富。”所以，这才是这个节目的精神所在，《开讲啦》告诉你的不是你要成功，而是说我们要坚守一些东西，坚守一种积极向上的价值取向。

正是这种坚守让《开讲啦》收获了不俗的评价。

我们更希望看到的是，《开讲啦》像是星星之火，希望点燃大家心里面对自己确定和不确定的东西的一种重新审视，寻找自我的一种唤醒。

——唯众传媒总裁杨晖

郎朗激情四射的演讲与表演，观众真诚深刻的对话提问，主持人小撒机智锐利的掌控回应，深深吸引着我，无疑这是近期中国电视荧屏最具冲击力、感染力的创新之作。

——《现代传播》主编、传媒艺术与文化研究中心主任胡智锋

这年月有这样一个让一群人谈论理想的舞台，让你看到希望，分享美好，这就是价值。

——《当代青年》杂志总编辑陈刚

好书，让人不忍翻完最后一章；好棋，如四劫连环，多希望对局者从此绝迹江湖；好藏品，藏家只愿夜深独自陪护。现在，遭遇好节目，《开讲啦》，只看陈坤那一期，就可满足：我欣赏思想花开的声音，人生坦荡荡，但也“生怕”花开得太灿烂，让卑微活着的人们满地找牙。

——《风尚周报》总经理何志毛①

在诱惑、压力多多，人心浮躁的时候，在娱乐节目过滥让年轻人迷茫的时候，这样的节目真的生逢其时，是空气，是水，是阳光，是生命的力量！

—— 中国传媒大学播音主持艺术学院教授吴郁

二、节目创作价值及运营分析

这档非娱乐性的电视节目能在短时间内取得成功的重要因素主要有以下几个：

（一）内容体现精神价值　强调电视教育功能

《开讲啦》作为一档有思想的节目，在电视化课堂的表达上，这一节目很好地在主流的价值观同大众本身的朴素的价值观里找到一个大家都认可的价值理念，用大众所能接受并希望接受的表达方式，构建一个没有权威、充满挑战和平等分享的舞台，营造了一个全新的表达语境。

与网络信息传播的碎片化相比，电视播出内容的完整性要高得多。从

① 《开讲啦》——荧屏开出一朵理想的花朵 . http：//www. huaxia. com/xw/kwlp/2012/09/2995617. html.

电视本身的特点来说，除了文化要求低、直观易懂外，电视还比广播及印刷媒介更能让观众产生参与感，因此更接近面对面的传播。同时它能提供具体的图像，使观众不易遗忘，因而可能具有其他媒介所难以企及的劝诱与施教的独特效果。[①] 如果《开讲啦》仅在网络上进行播放，其受众的年龄层段则更为集中，虽然《开讲啦》的受众定位是青年，但后来调查发现节目播出后受到了各个年龄段的欢迎。很多学生在网上写到是自己的父母让好好关注这档节目的，可见它的精神意义获得了更广的认可。

大众传播时代，电视节目中的思想性败给了娱乐性，美国学者尼尔·波兹曼早在20世纪80年代写过一本书《娱乐至死》，说电视会把人类变成“一个娱乐至死的物种”，这一警告被称为“波兹曼咒语”，它主要针对当时欧美出现的电视泛娱乐化浪潮。当下的中国电视节目，由于受到电视产品商品属性的影响，为了追求更大的经济效益，电视节目的娱乐性被无限的放大了，“电视极尽媚俗之能来迎合公众，从脱口秀到生活纪实片再现各种赤裸裸的节目，最终不过是满足人们的‘偷窥癖’和‘暴露癖’”[②]。布尔迪厄对电视节目的评价在今天仍然适用，一些电视节目被停播整顿就是最好的例证。自2010年以来，中国观众和文化界对电视过度娱乐化也提了很多意见，针对过度娱乐化的现状，国家广电总局新闻发言人在答记者问时就衡量电视节目是否存在过度娱乐化倾向提出四个主要原则，第一个提到的就是功能原则。在广播电视具有的新闻传播、舆论引导、文化教育、社会服务和审美娱乐等多重功能中，宣传教育应作为主要功能放在首位。社教类节目的出现正是为这一观点服务的，可是在分众化时代专业的科教节目只能以小众窄播的形式传播，主流价值观要想取得有效的传播效果，还需要有比较可行的表现手法。

（二）迎合受众需求　达到使用与满足

《开讲啦》作为一档非娱乐化的节目，它也要迎合观众，但不靠猎奇，不靠滑稽搞笑，靠什么？它靠的是对主流的价值思想的认同。在使用与满足理论中，提到把受众成员看作有着特定“需求”的个人，把他们的媒介接触活动看作是基于特定的需求动机来“使用”媒介，从而使这些需求得到“满足”的过程。这里就强调了受众的主动性的重要作用。在物质生活较为丰富的今天，好的精神食粮更受追捧。观众收看《开讲啦》，聆听嘉宾的演讲，通过他们讲述自己的心路历程来影响观众的行为，使其精神上

① 胡申生．当代电视社会学．上海：上海大学出版社，2006. 202.

② ［法］皮埃尔·布尔迪厄．关于电视．许钧译．沈阳：辽宁教育出版社，2000. 10.

得到鼓舞。每一段社会发展时期，都需要正面的精神力量来给予行动上的鼓舞。励志的话题我们从来不缺，但怎样的表达方式才能让青年人心甘情愿地接受，使他们在快节奏的生活里找到自我。有一位青年代表外形很好，一直有着播音主持的梦想，可迫于现实他选择了模具设计专业，因为这个专业很挣钱，在听完王潮歌的演讲之后，他选择先去工厂进行历练，但这不是放弃追梦，而是等他有一定经济能力后再继续前行。让青年人倾听自己内心的声音，独立思考，才知道自己到底应该做什么。

当电视节目过分强调教育的目的时，说教的意味就更大了。电视早已不是精英话语权的代言人，这样的节目在现在的媒介环境下受众是不会买账的，唯有讲一些受众愿意听和他们迫切需要知道的内容，迎合受众的需求，把教育的理念融化于无形之中，这样的传播或许更成功。在这里，受众的地位得到进一步的强化，在“使用与满足”理论之前，大众传播的研究对象集中于传播者，在它之后研究开始转向受众，虽然这种观点饱含功能主义色彩，但却指出了节目成功的一个关键因素——迎合受众需求。“在我看来，一档优秀的电视节目不是凭空创造出来的，而是要真正发现观众内心的需求，然后像一个搬运工一样帮助他们，把他们心里的那点事搬出来，然后再回馈给观众。”唯众传媒总裁杨晖这样说。

（三）符号意义的元素引入 增强节目表达效果

电视节目要有吸引力，除了要有深刻的内容外，精彩的节目形态也是非常重要的，有符号意义的元素加入可以推动节目形态的演化和变异，在这里我们不过多地讨论电视节目形态的产生，而是强调具有符号意义的节目元素的使用。语言学之父索绪尔将符号的基本构成分为能指和所指两部分，他把符号比喻为一张白纸，“能指和所指就是纸张的两面”。能指一般理解为符号形式，而所指则表示语言符号和非语言符号所表达的概念，即符号的意义，一般可以理解为符号的内容。在电视节目形态构成中，就是借助视听元素特有的能指，利用其所指的符号意义，发挥元素符号在节目形态构成中的作用。[①] 在节目中那些非语言符号，比如音乐，它们的出现有时可以带来意想不到的效果。《开讲啦》既是用电视课堂的形式展现，有严肃的一面，同时也更倾向于活泼的表达形式。它的视听觉元素就非常丰富，例如，在对嘉宾的演讲表示满意程度时用的题板；嘉宾进行现场表演的钢琴；嘉宾独立演讲结束后全体起立鼓掌的音乐声。这些节目元素的

---

① 谭天. 广播电视新闻研究. 广州：暨南大学出版社，2012. 111.

加入，使原本显得单调的讲话环节内容丰富起来，增强了节目的视觉表现力。

（四）电视节目语态上的创新

《开讲啦》的核心诉求点是语态创新。“就是你要能感觉出来，演讲也好，或者各种不同提问也好，这个语言，这种风格，跟央视一套的其他节目相比，有往前走了小半步的东西。”[①]

何为语态，语态即说话的态度，叙述的方式。所谓“电视语态”指电视使用的话语形态和相关表述，包括话语体式，语汇体系，表达情态和传播方式。[②] 孙玉胜在他的书《十年——从改变电视的语态开始》中提到：“电视作为试听传播的工具是向人们传达感性材料的窗口，而感性材料应该是具体的、形象的、生动而具有丰富信息的过程，理性认识应该留给观众，即使需要引导，也应该以感性材料为基本和基础。”中国的电视节目虽经历了几十年的发展，但由于受到意识形态的影响较大，在语态上仍是精英式占主导地位。同样的，《开讲啦》也是要宣传主流价值观，但它不以说教式，也不以人物访谈式，而是嘉宾自由发挥，把发自内心的东西表露出来，不以那种高高在上的姿态，而是放低身段，改变电视的语态，让观众去选择，去判断。在节目中有些片段是被剪掉的，因为它与节目的主旨不是十分契合，但也从另一方面说明这档节目是真正的交流，在冯仑《理想丰满》这一课上，有学生觉得冯仑坚持理想的观点在现实中很难做到，她告诉冯仑自己的一些学美术的同学因为生计所迫不得不放弃了在这条路上追梦，而当时的冯仑也很激动，直接报了自己的电话号码说愿意提供帮助，如果嘉宾的隐私保护意识很强，他会这样坦诚交流吗？有时一期节目可以录几个小时，因为嘉宾有很多话想跟青年学子交流，双方已形成很好的谈话场，但限于节目时间的限制有很多内容不能播放，如果是端着架子说一些官话、套话，就不可能讲那么久，语态的转变可以创造更多的交流，观众也更容易接受。

（五）主持人的“神来之笔”

一档优秀的电视节目的成功绝对不能缺少一位优秀的主持人，他们的现场调控能力有时甚至决定节目的精彩程度。就如白岩松之于《新闻周

---

① 南方周末．换一种腔调，讲点正能量——央视“青年公开课”《开讲啦》．http：//www. infzm. com/content/81177.

② 应天常．回归人性的电视语态变革．南方电视学刊，2010（3）．

刊》、崔永元之于《实话实说》，好的主持人会让节目锦上添花，带动收视。《开讲啦》因为有撒贝宁的加盟，使节目更有看点。央视综合频道评价研发组制片人吴晓斌曾在采访中表示，撒贝宁可以说是央视青年主持人中的代表性人物，受到各方认可，但是我们没有想到他在青年人中影响这么大，在录制现场，他一出现，就有轰动效应，这也说明主持人在节目中的重要作用。

在节目中，撒贝宁总是能将嘉宾的话做一个很好的总结，如神来之笔，画龙点睛，他也因此被网友誉为“总结帝”。当陈坤在对话环节遭遇“质疑姐”提问：“看不出来你倡导的‘行走的力量’哪里是在做公益?”陈坤一时难以回答：“这个活动追求的是内心的觉醒，我到现在已经不需要作秀了，我不接受这个质疑……”而说时迟那时快，主持人撒贝宁适时出手相助：“你的公益就像授人以鱼，不如授人以渔。”陈坤大声称赞：“你总结得太好了！”他们俩精彩默契的互动，被网友冠以“坤宁宫”组合之名。[①] 在节目进程中，他尊重每一位演讲者，给他们足够的话语空间，总能在该隐藏自己的时候隐藏自己，而在嘉宾需要他的时候，他适时帮忙穿针引线；节目需要画龙点睛的时候，他又能从容不迫地表达出最核心、最关键的信息，对节目的掌控游刃有余，使谈话的质量更高。同时，这样的互动也给撒贝宁带来了不同的感触。他在主持过程中大呼过瘾：“这其实更加贴近真实生活中的我，在这里我不是像以前一样在传递法律的概念，我很大程度上抛弃了说话的技巧。用心聆听嘉宾的演讲，仔细感受学生的心思，同时也用最真诚的心来参与他们的对话。”[②] 主持人与嘉宾的互动可分为内容互动、心理互动和情感互动三个层面：通过内容互动为观众提供有价值的信息；通过心理互动实现传授两者之间心理上的动态平衡；通过情感互动使传授两者之间产生情感上的共鸣与升华。而从这三个不同的层面来看，撒贝宁的节目主持做得是很不错的。

（六）央视播出平台　差异化打造 TV2.0 全媒体产品

《开讲啦》能够成功的一个重要原因就是在央视综合频道播出，像《开讲啦》这样的励志型电视节目也只有中央电视台这样的平台才能够承载。中央一套是国家电视台的旗舰频道，目前仍是全国市场占有率第一，但随着节

---

① 丁佳文．如何让“好思想”变成好节目——专访央视《开讲啦》制片人吴晓斌及唯众总裁杨晖．天津日报，2012－11－14.

② 凤凰网．《开讲啦》被赞“中国思想好声音”．http：//news. ifeng. com/gundong/detail_ 2012_ 09/08/17445674_ 0. shtml. 2012－09－08.

目竞争的加剧也面临着诸多挑战。要应对这些挑战，还要坚持主流价值，整个频道的方向就是在主流价值表达方面要有创新。在节目同质化的情况下，进行差异化的竞争策略。《开讲啦》要传达的思想与它的理念不谋而合。没有娱乐，没有挖掘隐私，没有悬疑的情节，全靠嘉宾的演讲，在这个狂躁的、娱乐选秀、相亲节目充斥屏幕的年代，一档看起来非常沉静，但看了之后又能让观众内心汹涌澎湃的节目却抓住了年轻人的心，把他们重新拉回到电视机前。基于版权的考虑，很多优秀的视频节目还是会选择以电视作为首发平台，在权威媒体的推动下可以收到更广的传播效果，而如果想在全国范围内取得影响，这样的平台只有央视可以提供。

《开讲啦》具有 TV2.0 的时代烙印。何为 TV2.0，目前并没有准确的定义，但是相对 Web2.0 来说，TV2.0 时代的电视有着明显的媒介融合特征，绝不是单指对传统电视实行数字化、网络化的嫁接改造，而是一种必须顺应时代发展潮流的对媒体态度、思维观念、节目形态、运作模式和营销战略的全方位刷新升级。[①] 这样才能对抗网络视频的竞争，把观众重新拉回电视机前。在这个节目中，播出平台和制作方并没有仅仅把它当作一个电视产品，而是一个基于央视平台的全媒体产品，观众不仅可以在电视上看到，还可以在 CNTV（中国网络电视台）互联网和移动互联网终端上观看。在呈现方式上也突破了画面、声音和文字单项输出的局限，还以社区讨论及微访谈等各种互动方式出现，而不是通过短信互动这种浅层次、表面化的交流，使广大观众真正地成为节目的参与者。前面所提到的对于嘉宾的选择就是通过问卷形式而不是由节目组自行决定，这些都体现了用户分享的理念，TV2.0 时代，互动的双向性是非常重要的，而且是十分必要的。

（七）季播模式与非黄金时段的精品创作

《开讲啦》第一季十集采用日播的形式，以“映季”为单位进行节目播出无形之中会在电视节目和观众之间形成一种约会意识，电视观众对“季”的开始产生了强烈的心理期待。[②] 这个概念最早出现在美国，随后在中国电视节目编排上也逐步引入这种节目编辑思想，培养受众的收视习惯。在中国，寒暑假是电视节目的收视高峰，这档节目安排在八月底，正值开学季，在学生群体中引起了广泛关注。同时季播性编排是电视台强调编排策略完整性的一种表现，而对非黄金时段编排的重视则将这种完整性扩展到了每一天的编排策略上。《开讲啦》被安排在央视综合频道晚间 11

---

① 钱佳松，洪永和．TV2.0 时代的电视．现代传播，2007（4）．

② 徐立军，袁方．电视播出季：频道编播创新前沿．北京：中国传媒大学出版社，2007. 51.

点之后进行播放，远非黄金时段。央视一套是没有垃圾时间的，在优秀电视剧、纪录片的强势“对抗”下，《开讲啦》却取得了不俗的成绩。根据央视广告经营管理中心数据统计显示：《开讲啦》第一季共计有6 500万观众在深夜时段收看，播出期间在网络上引起热烈讨论，微博覆盖网友超过1 500万人。在娱乐和电视剧泛滥，文教节目式微的当下，央视推出这样一档创意独特、立意高远、气质清新和传递精神正能量的电视节目，成为当前中国电视业界最好的指向标。电视有“营养”，照样受欢迎。同时值得欣喜的是，作为非黄金时段的精品栏目，新一季的《开讲啦》也在积极的筹备中，期待它能给我们带来更多的“思想好声音”。

（八）制播分离的成功典型

中国电视行业性质的转变，使电视内容生产模式也发生了剧烈变化，产业化的开始，蕴含着激烈的市场竞争，制播分离就是在这样的环境下产生的。所谓制播分离，指电视节目的策划、投资、制作、审查及播出等各个环节由两个或两个以上的没有任何市场交易以外关系的法人主体分别完成的运作机制。其主要特征是除了主体新闻等发挥舆论导向作用的内容由电视台制作外，其他一般电视节目可由社会力量制作，电视台负责把关审查，决定播出与否。[①] 也就是说节目制作单位和播出单位并非一家，这样可以在竞争中产出更加优秀的作品，同时可以降低内耗，达到资源配置更优的效果。

制播分离在中国已推行较长时间，可这么多年的发展仍旧困难重重，因为电视机构拥有播出渠道，它是电视制作最终出口的把关人，电视台和制作单位之间的地位是不平等的。这种体制也推动广大制作公司不断提高自己的制作水准，以迎合受众的需要，同时开辟网络市场，分流受众，使电视节目生产竞争更加激烈。在节目内容制作上唯众传媒是不错的，早前的《波士堂》、《谁来一起午餐》就相当成功。央视综合频道节目部主任许文广说：“早在唯众传媒做《波士堂》的时候，我们就对他们很关注，他们独特的节目模式和轻松的表达方式突破了语言类电视节目的限制，将节目做得轻松而又清新，很有看点。”正是这样的优秀节目加上重量级的播出平台，使两家取得了双赢，成为制播分离的优秀典范。由此可见，民营机构的节目制作实力是不容小觑的。同时，在节目内容上，只有创新才是王道，才更能吸引观众的眼球。

---

① 吕正标，高福安，闫维毅．电视栏目运作与管理．北京：中国传媒大学出版社，2011. 69.

三、结语

在受众对电视内容具有越来越多选择的当下，一档电视节目如何吸引人，需要更深的节目内涵和更加精良的节目运作。正是这些创作元素和精神的注入，使《开讲啦》成为一档传递思想正能量的优秀节目。当然，我们应该看到，任何东西都不可能是完美的，《开讲啦》也不例外，它同样有缺陷存在，例如学生提问效果、节目嘉宾储备等问题，但我们更应该把注意力集中在它的可取之处上进行学习。

这是不一样的课堂，老师不限领域，学生不限年龄，观点不限标准，呈现出的是不一样的思想“盛宴”。这股清新的电视之风，扭转了一段时间以来电视荧屏上节目泛娱乐化的倾向，净化了电视文化生态，同时也彰显出了媒体应有的社会责任和担当意识，我们需要更多像这样优秀的电视作品，来引领大众文化和思想精神！

（撰稿人　刘会双）

《舌尖上的中国》的成功要素简析

2012 年央视一套的《魅力记录》栏目播出了一部系列纪录片《舌尖上的中国》，出乎意料地获得了收视率和口碑的双丰收。在这部纪录片中，有人看到了乡愁，有人看到了传承，有人看到了国魂。这部纪录片走红之后，各大媒体争相报道，专家和学者们关于它的理论研究也不断涌现，本文将从传播学理论和具体的制作层面对其成功原因进行相应的探索。

一、《舌尖上的中国》的内容及影响概述

2012 年 5 月 14 日至 21 日，在央视一套《魅力记录》栏目播出了 7 集纪录片《舌尖上的中国》，这部系列纪录片从 2011 年 3 月开始大规模拍摄，历时 13 个月拍摄完成，这也是国内第一次使用高清设备拍摄的大型美食类纪录片。摄制组行走了包括港澳台在内的全国 70 个拍摄地，动用前期调研员 3 人、导演 8 人和 15 位摄影师拍摄，并由 3 位剪辑师剪辑完成。

《舌尖上的中国》共有 7 集，分别是《自然的馈赠》、《主食的故事》、《转化的灵感》、《时间的味道》、《厨房的秘密》、《五味的调和》和《我们的田野》。这部系列纪录片是一部美食类纪录片，主要内容是中国各地的美食生态。通过中华美食的多个侧面，来展现食物给中国人的生活带来的仪式、伦理等方面的文化，见识中国特色食材以及与食物相关、构成中国美食特有气质的一系列元素，了解中国饮食文化的精致和源远流长。纪录片解说优雅、画面优美、剪辑流畅且配乐用心，充分调动了视觉、听觉等因素，展现了中国精致的美食和广阔疆域的美好风光，并恰当地融入了人文因素，带给观众一场视觉盛宴。

从第一集《自然的馈赠》播出后，《舌尖上的中国》就吸引了观众高度的关注，并随着剧集的不断播出，收视率不断攀升，一直到 5 月 22 日最后一集《我们的田野》播出后完美收官，平均收视率达到了 0.5%，超过了所有同时段的电视剧收视率。后期在网络上播出之后，更是引起一波收视大潮，截至 5 月 21 日晚间 23 点整，第一集《舌尖上的中国》在腾讯视

频的总播放量已达到 144 913 次，土豆网的总播放量也达到了 40 930 次，优酷网的总播放量达到 17 550① 次。《舌尖上的中国》的热播更引发了超乎制作单位预期的社会关注和收视效果：舌尖上的美食成为人们在人人、微博和论坛中热议的话题，不少网友纷纷以“吃货”自居，并挖掘身边的“舌尖”系列。在豆瓣网上，网友的几百条评论中有 80% 都打了满分；纪录片中说到的诺邓火腿、扬州灌汤包等特产购买量激增；“舌尖上的清华”、“舌尖上的北大”等网友自发创作的“舌尖”系列也开始在网络上传播；图书市场也涌现出一大批以“舌尖”命名的图书。

《舌尖上的中国》也赢得了社会各界的褒奖，近期该纪录片屡获大奖，独中三元：2012 年 10 月 11 日至 14 日，由中国电视艺术家协会、日本放送协会和韩国导演制作者联合会举办的“第十二届中日韩三国制作者论坛”在韩国庆州市举行。在会上，《舌尖上的中国》受到与会各国代表的普遍赞誉，并获得“制作者大奖”。纪录片评委会主席认为，该部纪录片制作精良，具有较高的国际化制作水准；2012 年 10 月 20 日至 23 日，中国烹饪协会与河南省政府共同主办的“第二十二届中国厨师节”在河南开封举行。在“第二十二届中国厨师节”上，中国烹饪协会授予中央电视台纪录片《舌尖上的中国》首枚“中国饮食文化传播奖”，以感谢该纪录片为中国饮食文化、中国餐饮业作出的突出贡献。

纪录片的影响甚至扩大到了世界范围，《舌尖上的中国》播出后，有不少海外华人产生对故乡深切的怀念，表示看到了“家乡的味道”，海外观众也通过该片对中国美食文化有了更深刻的了解和认识，有人萌生出拍摄“舌尖上的荷兰”、“舌尖上的法国”等念头。《舌尖上的中国》也带领着中国的纪录片走向了国际，在 2012 年的法国春季戛纳电视节上，《舌尖上的中国》引领“中国晚宴”活动，得到各国媒体和机构的好评。《舌尖上的中国》引起的海外市场的热烈反响，让纪录片人看到了希望，国内自制纪录片终于得到市场及大众的认可，也终于在海外市场占有一席之地；2012 年 10 月 28 日，“第七届中国元素国际创意大赛”在天津举办，纪录片《舌尖上的中国》摄制组获得年度最高大奖——“年度社团文化贡献奖”。“中国元素创意大赛”评委会专家在颁奖盛典上一致认为，《舌尖上的中国》不仅是一套电视节目，更是一篇充满强大企图心、极具突破勇气和文化阅历的美食史诗。《舌尖上的中国》，是脑尖上的创作，有刀尖上的锋锐。

---

①　孙莉，张丽萍．纪录片《舌尖上的中国》的成功因素探析．东南传播，2012（7）．

《舌尖上的中国》在赢得高度关注和良好口碑的同时，在经济上也收到了很好的回报。高于同时段电视剧的收视率为央视赢得了高额的广告收入，除此之外，其收益还延伸到了电视媒体之外的产业链条上，如同名图书的热卖。图书《舌尖上的中国》不是对纪录片文本的简单复制，它不仅真实完整地呈现了整个纪录片的信息，还提供了主要食材的相关资料、全书美食地图以及多篇名家说美食的随笔散文，让读者对于中国美食文化、风土人情有了更深入的体会。纪录片的收益还拓展到了国外市场，2012 年 4 月 2 日，在“第 49 届法国春季戛纳电视节”期间，法国纪录片公司的卡特琳娜女士看完《舌尖上的中国》的片花后表示：片子精彩，质量很高，具备世界水平，她有意购买。该片也将实现央视纪录片海外销售市场的历史性突破，海外单集售价也有望超过《故宫》保持的单集 5 到 6 万美元的纪录。

二、《舌尖上的中国》成功原因探析

在中国纪录片界，一部纪录片能在国内外产生如此大的轰动效应，在“舌尖”之前根本无法想象，《舌尖上的中国》可谓一部完成了中国纪录片几乎不可能完成的任务，为央视纪录频道的发展，为中国纪录片的发展，为传播中国饮食文化和塑造中国良好的国际形象作出了突破性贡献。因此，对其成功原因的探究，无论是对于中国纪录片未来发展道路的探索，还是对中国的国际文化传播研究都有着非凡的意义。本文将主要从纪录片的叙事方式、话语形态、制作理念、题材选择和具体的内容层面对其成功原因进行相应的探索。

（一）完美叙事——零视角叙事和平民化的叙事方式

1. 叙事视角——采用格里尔逊式的零视角叙事

叙事视角，即叙事性作品中对故事内容进行观察和讲述的角度，也就是叙事者站在怎样的位置给观众讲故事。电视纪录片叙事角度的不同，具体表现为讲故事的方式和叙事角度的差异，而这必然影响到故事的传播效果和观众的接受心理。格里尔逊式的零视角叙事，又称全知视角叙事，其最大特点就是形式上依靠解说词来配合画面，内容上重视普世价值和社会功用。

零视角是一种“无所不知”的视角类型，叙述者可从所有的角度观察被叙述的故事，这对于内容的多方位展现提供了极大的便利。正如《舌尖上的中国》的宣传语所言："我们将通过中华美食的各个侧面，来感受食物给中国人的生活带来的仪式、伦理及趣味等方面的文化特质。"

在表现手法上，《舌尖上的中国》采取了较多的全景式的鸟瞰镜头，以快速变化的画面剪接来塑造中国美食的博大精深和食材丰富多样的形象。如香格里拉的松树和栎树的自然杂交林，湖北嘉鱼广阔的种满莲藕的湖畔，九月下旬慢慢褪去绿色的乌珠穆沁草原等。不同的人物故事在时空维度上的穿插，以及画面和音响的快速转换，增强了叙述的时空交错感，又给下段的讲述留下悬念。同时，观众的思绪也紧跟着镜头的转换而不停地跳跃变化，不至于产生审美疲劳。

在解说词中，《舌尖上的中国》富含作者的主观意识，传达出一种深层次的情感倾向，那就是中国人的美食是与其代代相承的情感、品性和信念相关的。比如在第二集《主食的故事》中介绍臊子面时说："臊子面的配菜讲究五色，木耳豆腐寓意黑白分明，鸡蛋象征富贵，红萝卜寓意日子红火，蒜苗代表生机勃发，红黄绿白黑五种颜色代表了岐山人对生活的美好祝福。几千年来，臊子汤在岐山村村落落的面锅里翻滚着，岐山臊子面更成为一件精彩绝伦的艺术品。"

2. 叙事方式——讲好故事

谭天教授曾提出，一个成功的纪录片应做到"走转改"，与人们所理解的"走基层，转作风，改文风"不同，这里的"走转改"指的是"走进当下中国，转变叙事方式，改进运作模式"①。这里的转变叙事方式指的就是有一个好故事，并且把故事讲好。

《舌尖上的中国》就是以一个个的人以及每个人背后的故事组成，例如，辛苦养家的职业挖藕人茂荣和圣武，用心做黄馍馍的老黄，业余做乐队唱出西安美食的西安人曹石等。在讲述故事时，还要注意提炼和取舍，要有亮点和悬念。纪录片在讲述故事时采用跳跃式的方式，从这个场景转到那个场景，使得人们和东北的老鱼把头一起期待着收网之后的收获，又和海南的船长林红旗一起为空空的渔网而伤感。

（二）话语形态——浓郁的民间话语形态

和《中华美食探秘》等美食纪录片不同，《舌尖上的中国》不是反复强调食材的珍贵与难得，也不是结合各种史料向人们展示当地悠久的历史，它展现得更多的是民众日常餐桌上的普通菜肴，每一道美食背后都有

---

① 谭天．从《故宫》看中国纪录片的转机．中国电视，2006（5）．

着最普通老百姓的故事，有关自然，有关家庭，也有关希望和信念。它在介绍人们日常生活中随处可见的食材时也向人们传达这些食材背后蕴含的当地人特有的人生智慧。《舌尖上的中国》选取的镜头大多来自于当地人的日常生活，比如，山西丁村主妇手中灵巧变幻的面食，浙江宁波全家人一起制作的年糕，陕西岐山寄予着人们无限希望的搭配着五色配菜的臊子面。这种取自于日常生活的素材，呈现出一种朴素自然的美，有着比以往的美食纪录片更大的亲和力，这成为本片受到很多观众追捧的重要原因。

纪录片动人的地方还在于它用自然朴实的语言向我们展示了在现代社会的冲击下，这些古老传承下来的美食及其背后的传统文化所遭受的影响，充满了浓郁的人文关怀。这种人文关怀的体现，既提升了纪录片的情感层次，又避免了说教的刻板和僵硬。如广西京族三岛那最后五个高跷捕鱼的渔民，让我们在欣赏美食的过程中不由得生发出一种对于传统文化渐行渐远的失落感。

分析《舌尖上的中国》的解说词，我们可以发现，这种民间的、贴近生活的质朴的语言风格处处可见，如第三集《转化的灵感》中描述建水的烤豆腐时运用的是这样的语言——和云南的许多小城一样，建水是一个多民族的聚居地。多民族的掺杂，形成了其特有的氛围和格局。炭火的热力，让坚硬的豆腐迅速膨胀，这很容易让人联想到发酵的面团。建水人很会享用这种由风干和发酵打造出的特殊味道。蘸豆腐的调料各有不同，但是对姚贵文来说，豆腐本身的质地才是最重要的。河谷地区的温暖，很容易让豆腐发酵，而适度的干燥，又让它不至于腐败。寥寥几句，就把建水的古今形象地描述出来，形象生动的语言，配合着灵动的画面，让整个纪录片充满着浓郁的人文气息。

纪录片中的旁白天然去雕饰，如第一集《自然的馈赠》里，鱼把头石宝柱在讲述自己做鱼把头的历史时说："15 岁开始干，一直干到现在，今年都 77 了，你说多少年？始终没离了这个'鱼界'，没离水没离鱼。不喝了，今儿就这些吧，一会儿还有事儿，是吧？还得上冰啊。"质朴的话语加上浓郁的东北口音，有着一种说不出的亲切感。

（三）制作理念——专业化和产业化理念相结合

1. 强有力的播出平台

《舌尖上的中国》最初是在中央电视台第九套纪录片播出的，央视具有强大的收视群体，又有着无可比拟的权威性，这为其宣传和推广提供了极大的便利，与一般的纪录片相比有着得天独厚的优势。而受多方面因素制约，我国的纪录片是无法和电影一样进入电影院大规模放映的，这就使得纪录片的播出平台大大减少。从电视媒体平台来说，受广告赢利模式的影响，收视率成为其播出节目内容甄选的重要标准，而纪录片因其偏低的广告吸引力，自然很难登上这一平台。和国外的电视不同，受我国电视体制影响，我国的公共频道资源很少，发展比较缓慢，留给纪录片的放映空间更是小的可怜，这就致使很多优秀纪录片难以和观众见面。

2. 创作理念的及时跟进

《故宫》的编导王冲霄谈到纪录片的制作理念时曾说："以往中国纪录片的口碑很好，但是市场反应不佳，与国外纪录片的创作形成了比较鲜明的对比。像美国的国家地理、Documentary，英国的 BBC，他们往往会以非常大的投资去拍一部非常高质量的纪录片，形成良好的商业循环。不考虑商业动机的纪录片最终只能走到死胡同。"①

在这方面，外国学者也有着类似的观点。在首届北京国际纪录片学术会议上，有人曾向日本纪录片评论家渡部实先生咨询纪录片该如何收回投资的问题，渡部实表示，纪录片的投资是不可能收回的。长期以来，我国纪录片理论界也陷入了文化和商业两难抉择的泥淖。过于强调个人化和独立性，使中国纪录片远离大众，在中国市场中日趋边缘化。进入 21 世纪，在国外纪录片大投入大产出，成功进行商业运作的影响下，中国纪录片开始转变观念，进行艰难的市场化探索，并把目光投向海外市场。

长期以来，我们把纪录片看作一件艺术品，而不是一种内容产品。其实，纪录片是一种可以进入市场流通的特殊的文化商品。之前《故宫》的口碑和市场效益双丰收是一个证明，而《舌尖上的中国》更加印证了这一点。

3. 完善的宣传生产链条

纪录片播出后，中央电视台积极促进该片进入国际纪录片推介会，实现了纪录片播映权的售卖，音像制品也及时推入市场。除此之外，央视还授权光明日报出版社联合凤凰联动传媒公司，将纪录片出版成书，形成了一个比较成熟的产业链条。

（四）具体内容层面——声画元素的完美融合

1. 谋篇布局的匠心独运

民以食为天，食物对人们来说有着非同寻常的意义，这一点在经济尚

① 谭天. 从《故宫》看中国纪录片的转机. 中国电视，2006（5）.

不发达的时期尤为显著。人们的饮食习惯往往和当地的地理环境、风俗习惯等因素息息相关，每种事物背后都有着深厚的文化底蕴，作为一个幅员辽阔的多民族国家，中国的饮食文化可谓是博大精深，这也决定了对中国饮食文化的展现必须采取一种新的视角。

一般的美食纪录片多是单独的以地域因素或者食物类别为基准进行分集介绍，而《舌尖上的中国》则独辟蹊径，分别以“自然的馈赠”、“主食的故事”、“转化的灵感”、“时间的味道”、“厨房的秘密”、“五味的调和”以及“我们的田野”为主题，创造性地以美食背后的文化因素为轴来进行叙述。这样的划分方式不仅充满新意，也使得叙述突破时间和地域限制，得以天南地北、古往今来地展开。如在第一集《自然的馈赠》中，先是介绍云南香格里拉的松茸，之后跳到了浙江毛竹林的冬笋，然后很自然地过渡到柳州的酸笋、大理的诺邓火腿、湖北嘉鱼的莲藕、吉林查干湖的鱼、广西京族的高跷捕鱼及海南的远洋捕捞队，在短短的几十分钟时间里为我们展示了横跨几十个纬度的不同地区的“自然的馈赠”，气势恢宏。此外，在《自然的馈赠》中，叙述从云南香格里拉的松茸开始，又以它结束，很巧妙地使得首尾相呼应。

值得一提的是，在叙述时并非是按部就班的以地区为划分进行叙述，而是将各部分内容进行有机穿插，使得各地区之间的不同景象有着鲜明的对比和强烈的呼应。

2. 叙事节奏的松弛有度

《舌尖上的中国》在叙述时突破了传统的单个地区的局限，在同一集内将不同地区的景象进行穿插，在无形中设置了一些悬念。比如，在第一集讲述到查干湖下网捕鱼的时候，观众和纪录片中的人一起紧张地期待着渔网捞上来的结果，而导演却又将镜头转到了海南的远洋捕捞队，观众紧张的情绪刚有点松弛，就又开始为海南捕鱼船的船长林红旗捏了一把汗，观众的情绪一直在松与弛之间转换，这便赋予了纪录片一种类似于电影的观赏体验。

3. 选题的独特性

乍一看，美食类题材的纪录片并不在少数，这并不是一个很新颖的题材，但是《舌尖上的中国》在选题时突破了美食的局限性，从自然、地理、风俗习惯及情感等因素进行主题的选择，对素材进行优化重组，赋予了这一“老题”以新的生命力。

最初我国纪录片的选材多是反映重大历史事件和展现大国风采的，与人们的日常生活有着一定的距离，被人们戏称为“阳春白雪”，有些不接地气。之后一些新锐的纪录片导演开始强调纪录片的独立性，制作了一系列边缘化的有关特殊族群生活的纪录片，但这些题材因为过于特殊，也很难在普通院线大规模上映，只能孤芳自赏。总的来说，我国纪录片的选材陷入了一个怪圈，既有大部头制作，也有小题材挖掘，唯独缺少针对大众的普通题材的创作。而这不仅限制了中国纪录片的发展繁荣，也使得中国的纪录片很难走向国际，走向世界。

而《舌尖上的中国》以其强烈的社会影响力向纪录片创作者提出了警醒：选题的独特性并不是偏、窄、怪，它可以是描述视角的独特性、叙事模式的独特性，在纪录片中加入历史与人文的因素也会使得纪录片的独特性得以彰显。

4. 高清设备的使用

《舌尖上的中国》是我国第一次使用高清设备拍摄的大型美食纪录片，在片中，创作者使用了大量景深的特写镜头和放大的音箱细节来体现事物的美味可口。比如，在第一集《自然的馈赠》中，切成碎丁的诺邓火腿入热油锅时发出的“嗞啦”声，以及诺邓火腿在阳光下呈现的完美色泽，让人不由得生发出一种可闻、可视的极强的真实感，引出人们口水的同时也吸引了观众的注意力，这些都体现了创作者对特写镜头和音响效果的灵活运用。

5. 背景音乐的精心挑选

《舌尖上的中国》的成功和其背景音乐的高度契合不无关系。《舌尖上的中国》共有19首原创音乐，如《劳作的春夏秋》、《水与火的艺术》和《才下舌尖，又上心头》等，由近年来逐渐为大家熟知的青年音乐人阿鲲为纪录片量身打造。这些乐曲中弦乐和电子音色的完美结合，在视听结合的瞬间，画面为音乐提供了形象和场景，音乐为画面烘托了意境和想象，强化了画面和解说词“催饿”的魔力，将人们的情感进一步深化。

美国著名的纪录片经纪人托马斯·斯金纳认为，声音与画面的关系应该是“1+1=3”的关系，声音与画面在一起能够创造出第三种意境，从而引发观众产生心理的联想和情感的共鸣。所以，背景音乐的正确选用对于纪录片的影响不可忽视①。

（撰稿人　李艳伟）

---

① 阿鲲．《舌尖上的中国》音乐赏析．http：//ent. qq. com/a/20120629/000385. htm.

农民工模仿外交部发言人讨薪视频解读

对于农民工，我们也许对其形成了弱势群体、受教育程度低以及素质低等惯性认识，局限于城乡二元制结构和户籍制度，他们无法享受与城镇居民同样的待遇，只能忍受着同工不同酬、同工不同时及同工不同权等不公正待遇，甚至流汗又流泪，并处在一个日益边缘化、底层化的境地。

在权益受到侵害时，他们的维权之路随着社会的进步也呈现出一种心酸的“进步”，“上访不如上网”，网络甚至取代了正常的司法途径。《“苗翠花”讨薪记》可谓一波三折，诉说着这个群体的困境和大部分农民工所遭遇的无奈。讨薪视频的答记者问的形式、模仿外交部发言人的官方内容、利用微博传播渠道形成舆论，颇具新意的模仿秀好笑又好气，引发了人们的热议和媒体的追踪报道。同时我们也看到农民工本就被动的话语权再次被压缩，在维护自己正当权益时要靠搏出位才能得到关注。

一、案例简介及背景阐述

2012 年 10 月 9 日，一段“农民工模仿外交部发言人讨薪”的视频在网上悄然走红。别出心裁的策划，不同于以往以悲剧收尾的极端讨薪方式，因此被网友称为“史上最文明讨薪”。广大网友迅速围观和讨论，在各大微博上进行转发和评论，并成为媒体和各大网站的热门新闻。

视频中一位自称讨薪发言人“苗翠花”的女子举办讨薪新闻发布会，并模仿外交部发言人的口吻讲述被用工方拖欠 1 400 多万元的事实。以“民工工资讨薪新闻发布会”字样为背景，视频从背景到对话都极具正式新闻发布会的效果，视频中的讨薪女子看上去十分拘谨、羞涩，仅有的小学文化程度，使她念起稿件来磕磕绊绊，时长 4 分钟的视频录制了数个小时才剪辑而成。当《新京报》记者问其是否懂视频中的内容时，她答道：“不懂，我就小学二年级的文化，好多字都不认识。那个视频足足录了四五个钟头才弄完，当时在一个地下室里，他们给我稿子，我照着念。当时也没啥人，我就浑身哆嗦。”农民工质朴又不顺畅的表达与我们所听到的外交辞令形成鲜明对比，如“我们对此表示强烈不满”、“应无条件支付我方”和“置友好合作关系于不顾”等词句。

视频中女子讨薪的对象是天津汉沽殡葬管理所，“发言人”称：“早在2009年，天津就以（2009）二中民四初字第45号法律文书形式，确认应支付我方1 400多万元。这一有力证据表明1 400多万元应无条件支付给我方。我方为保护农民合法权益，多次严正交涉。殡葬管理所还欠着我方1 380万元。这1 380万元里，其中350万元是我们民工的工钱、血汗钱。我们强烈要求殡葬管理所立即无条件支付给我们。”详细地阐述了欠款的来龙去脉，并称：“我们主张和平合理合法地索要款项，以和为贵。以稳定为大局，从不非法上访。”同时直指殡葬管理所上级管理部门汉沽民政局，称其“扮演了极不光彩的角色”。民政局领导叫嚣民告官的案子输了有损政府形象，所以不能支付判决的款项。民政局领导李朋同说：“我就代表政府，我说不给就不给，你能怎样?”

同时另外一个农民工扮演“讨薪社”记者，与新闻发言人上演了一场答记者问，堪称经典。文字整理如下：

记者：“你好，我是讨薪社的记者。如果信访部门继续把材料转给汉沽民政局，你们将如何处置?”女民工：“在这里，我们可以负责任地说，那350万元本来就是属于我们的，我们将密切关注。”

记者：“如果汉沽殡葬管理所拒不支付款项，你们该如何打算?”女民工：“这个问题提得很好，无论汉沽殡葬管理所以何种理由拒付款项，都是非法的，无效的。都不能改变应该支付我们350万元的事实。”

记者：“据说，汉沽殡葬所是家族式管理，有贪污腐败现象，请问你如何评论，谢谢。”女民工：“那是殡葬管理所的内政，我们无权干预，谢谢。”

这一问一答完全模仿国家某部门具有代表性的问答模式，成了视频的一大亮点，网友纷纷表示，看完后感觉好笑又辛酸。《新周刊》在其新浪微博中写道：“人民群众有智慧。”

二、案例过程记叙

记者通过网络检索发现，2011 年 11 月 3 日，“@后天 Z”发了一条微博:《农民工政府部门欠薪三年　两次胜诉后拖半年未果》，河南 120 多名农民工，2007 年接下天津市汉沽区民政局殡葬管理所的工程，完工后款项目前有 800 万元被拖欠，去年 4 月二审在此胜诉，连带违约金合计 1 400 多万元，殡葬管理所销售额在数千万元，但至今仍然拒付款项，法院并没有强制执行。

2012 年 5 月 24 日，该视频就已经出现在名为“女民工苗翠花”的博客中，5 月 27 日，网易博客也发布了“女民工苗翠花”博客中的这段视频，但是并没有引起太多的关注，直到半年后才真正进入公众和媒体的视野。该视频是由自由撰稿人卫庄，于 10 月 9 日最先贴到新浪微博上的，截至卫庄此条微博被屏蔽前，此条微博被转发 1.8 万次，评论上万条。（笔者通过电话与卫庄取得联系，并进行简单的采访。）他并不认识视频中的当事人，他在一个论坛上看到这个帖子，感觉好笑又好气就贴到微博当中。紧接着经过微博的发酵，10 月 9 日，各大媒体和网站发布此视频并附文字整理，该视频由微博转移到传统媒体和网站，凤凰网、新浪网和腾讯等网站都在新闻中链接此视频。当日天津市汉沽区民政局回应称，该项目工资已于 2009 年全部发放，讨要工资一说是歪曲事实，骗取国家财产。媒体记者与天津市汉沽区民政局取得联系，确认了正是这一事件。民政局一位工作人员表示，这完全是歪曲事实，是施工方和联营方相互勾结骗取国家财产。工作人员透露，该项目工程款实为 680 万元，其中 280 万元为民工工资，已经于 2009 年全数发放，都有签字。天津市汉沽区民政局工作人员表示，愿意提供相关资料，但在电话中不方便回应。

该事件在天津市民政局的官方回应后陷入了一场质疑风暴。人们开始追问视频的制作者是谁？策划者是谁？与往常迥异的讨薪方式会不会是一场炒作？是否又是一场玩弄公众智商的讨薪秀？媒体也进行了追踪报道，但局限于双方的不同说辞，大部分媒体均呈现双方观点，提出自己待解的疑问，没有轻易下结论，并持续关注事态发展。从苗翠花的讲述中我们知道，苗翠花是在国家信访局登记过信息之后，由于讨薪一直没要到钱便大哭一场，在信访局门口偶遇到两男一女，经“高人”指点协助拍摄视频帮助其讨薪。稿子也是由他们写好照着念的，念的时候也由于紧张一直在发抖，拍完视频之后就没有和他们联系过，只是在视频火爆之后收到过他们一条短信："以后要红了，苗翠花就是你。"但是时至今日，视频虽然走红，她还是没有拿到欠款。

10月19日，鉴于天津市汉沽区民政局称其骗取国家财产的回应，苗翠花又在北京召开第二次新闻发布会，这次会议更加"正规"，媒体对发布会的报道也使公众了解到深层信息。就媒体报道所知，天津市汉沽区殡葬管理所与天津德盛颐和投资公司合作开发工程，基业永固公司与其签订合约，承包了北区墓园工程。民意沸腾之后，承包方基业永固公司并没有顺利拿到被拖欠的工程款。于是，在苗翠花口中"老板们"的筹划下，此次一同现身的还有"苗翠花"的老板——天津市基业永固建筑工程有限公司项目经理黑锦和。在北京场地相对便宜的马连道国家茶城，他们准备开第二场发布会。

苗翠花本名全文花，是河南省新蔡县的一名普通农妇。几年前老公得绝症去世，留给她一家老小和5万多元的欠账。2007年，经表姐介绍，她来到天津市汉沽区殡葬管理所打工。2008年至2012年，她和工友跟着老板黑锦和通过打官司、上访等手段多次讨薪未果。2012年4月，她录制模仿外交部发言人的讨薪视频。苗翠花并不是其本名，她特意叮嘱记者不要透露其真名，近日，全文花被黑锦和等人从老家叫回来，到北京再次召开发布会。

发布会上，有专职人员安排发布会流程，摄像。主角依然是苗翠花，虽然有上次拍视频的经验，但在发布会现场，她还是因为害怕而紧张得厉害。处于风波中心的女主角苗翠花，对于自己为何走红并不理解。稿件内容她也不完全明白，甚至她自始至终都不知道外交部是什么。而"就是要钱嘛"才是她说得最多的话。来源于燕赵都市网的《模仿外交部发言人讨薪女农民工再开发布会》的视频呈现了她作为农民工讨薪的心酸和无奈，打消了公众对其身份的质疑。10月21日，《新京报》以"苗翠花讨薪进京开发布会"为题进行了报道，基业永固负责人黑锦和在记者采访中讲到拍视频并不是他的主意。对于骗取财产一说，他对记者讲道："他们还说我们串通起来'欺骗国家财产'。当时我在网上看到这新闻的时候我就呆住了，四年了，我背着那么多债四处讨薪，为了打官司我房子也卖了，生活全都毁了，日子被弄成这样，我还欺骗国家财产？"从理论上说，是黑锦和欠了"苗翠花"2万多块钱的工钱。但对黑锦和来说，"苗翠花"的2万元包括在工友们的350万元工钱中、包括在他公司的760万元工程款中，他们都是这次讨薪的主角，走在艰难讨薪的路上，在尝试了各种途径之后，"苗翠花"的视频火了，他们看到了希望。

在媒体的追踪报道下，视频的制作者奇先生也现身了。他是北京的一名自由摄像师，他称通过 QQ 聊天偶然认识了天津“德胜颐合”投资公司的经理吴健。奇先生说，今年 4 月份，黑锦和带领全文花等人再次来京信访时，他和同伴录制了这段视频，并传到网上。奇先生本就是做策划工作的，拍视频的时候，正是黄岩岛事件的开始，每天都可以在电视上看到外交部的声明，就想到了这个点子。他花费了 10 天时间剪辑和制作字幕。但当时放到网上没什么反响，只是黑锦和与下面的一些民工在顶帖，到了 10 月份才被关注起来。“解决问题不是一定要用极端的方式，大家看到这个视频，第一反应可能会觉得很可笑，但是仔细想想不是万不得已谁愿意走这步呢?”奇先生接受记者采访时讲到，并特别提到拍摄完全是出于公益，并没有收费，也没有希望这个视频能起到多大作用，只是想打消苗翠花他们要走极端的想法。

三、分析及评价

有人说，中国没有种族歧视，却有农民歧视。农民工在向城市的流动中更是被歧视和忽视，成为一个长期被边缘化的群体。农民在转型期的中国成为歧视性制度下的牺牲者，当城市的发展需要农民的迁移时，农民工发现户籍制度下，他们根本无法融入城市，出现一个国家两种公民的状况。农民工子女教育、社会保障、就业和居住等问题始终在被关注中存在着，承受着标签化和被歧视的压力，他们始终为生计奔波于祖国各地，无法跨越城乡二元制的门槛。

从 2004 年农妇熊德明向温家宝总理讨薪，农民工的欠薪问题开始被关注。然而时至今日，苗翠花在 4 年讨薪路中穷尽一切规则之内的办法，最后却只能以一场暗讽国家某部门的黑色幽默来吸引眼球，以好笑又心酸的模仿秀走入公众视野。一场颇具创意的讨薪，更是一出中国式喜剧，也再次将这个群体的无奈现实摆在了众人面前。农民工在大众媒介中话语权究竟怎样？对于农民工大众媒介是否进入了一个疲惫期？新媒体时代农民工在维护自身利益之时又处于什么样的角色？这应该是苗翠花带给我们的思考。

（一）“沉默的大多数”——农民工群体的话语权

话语意味着一个社会团体依据某些成规将其意义传播于社会，以此确立其社会地位，并被其他团体认识，是社会公共权利的重要组成部分。因此，话语权一直是媒介研究者们讨论的热点。所谓话语权，是作为信息载体的语言，对政治、经济、文化等社会形态和意见、价值观等主观意识形态内容的表达。①

1. 农民工群体话语空间的压缩

表面上看，有没有话语权是指一个人、一个群体能不能说自己想说的话，其实质上则是一个人、一个群体在社会上能否有效地维护自己正当权益的重要标志。一个理想的社会应该让社会各个阶层、各个群体都能够平等地享有和行使话语权，大众传播媒介作为社会公共舆论机构，则应该能为这种话语权的实现提供相应的渠道和空间。② 农民工群体缺乏参与传播活动的机会和手段，相比较于城市居民主动地接近媒介的条件和机会，他们处于被动地接受大众媒介信息的状态，所以处于弱势阶层的农民工无法获得与自身利益相关的信息。

我国农民工数量截至2011年达到2.5亿，外出农民工约1.6亿。而农民工参加养老、医疗保险的人数均为4 000多万人，全国参加城镇养老保险人数已达到2.8亿人，农民工贡献着中国GDP的1/5，但他们的各项权益却没有得到相应的保障。作为我国一个如此庞大的群体，其话语权却一直处于沉默和被沉默的状态之中，整体话语权缺失严重。农民工在大众媒介中的形象也被媒体塑造成了一种刻板的印象，他们经历了“外来工”、“打工仔、打工妹”以及“盲流”等不同的称呼变化，关于农民工的报道则集中于农民工采用极端方式维护自己权益时所酿成的悲剧，以及农民工的无知和意外伤亡事件，在得以吸引大众眼球的同时伴随着这个群体的无力抗争，甚至以牺牲自己的性命为代价，而媒体只是冷漠地重复着这一切。

比如说，在我们的社会里，使用工具来传播观念的机会，并非对所有的阶级来说都是均等的。有些团体拥有更多的话语权和机会来制定规则和组织意义，而其他团体则处于不利的位置，他们拥有较小的权力来对世界进行界定，并把这一界定强加在他人身上。③ 在网络和新媒体高速发展的今天，除了拥有话语权外，同时它需要一定的话语机制和话语环境以确保话语表达之外的传播效果，是否能够有听众。媒体必须为农民工群体提供

---

① 王治河．福柯．长沙：湖南教育出版社，1999.

② 卫夙瑾．大众传媒与农民话语权——从农民工“跳楼秀”谈起．新闻与传播研究，2004（2）.

③ ［美］迪克·赫伯迪格．亚文化：风格的意义．陆道夫，胡疆锋译．北京：北京大学出版社，2009.

有效的话语空间，不是其他人口中的农民工群体是怎样的，不是一个热点覆盖另一个热点的报道模式，不是被媒体为迎合公众而丑恶化的群体形象，其话语空间不能只是表面的关注。实际上相对于媒体环境的变化，他们的话语空间仍然被压缩在一个角落，只能用极端的方式去表达自己的呼声和愿望，农民工模仿外交部发言人的出现正是对有效话语权得不到实现的阐释。

2. 讨薪的话语策略变化

“苗翠花模仿外交部发言人讨薪”被称为史上最文明的讨薪方式，在现行的规则之内争取最大限度的舆论和关注，没有越界，没有出位，以最文雅的方式发出声音。借助人们审美疲劳的外交官方语言讨薪，讨薪也鲜明地进入了一个人民比拼智慧的时代，而这种以维护自身正当权益的话语策略的变化，反倒成了司法等途径之外重要的选择。在这种情况下，农民工维护权益方式随着社会的进步而不断创新，与时俱进。它的变化有自己身体上的，为维护自己利益不惜以极端方式吸引注意，开胸验肺，切指；有人格上的，集体下跪；有威胁型的，跳楼、爬吊塔；有行为艺术上的，讨薪历程挂历、裸体讨薪等。

视觉疲劳的公众对农民工讨薪有了更多的发现，他们在用自己的智慧与这个不平等的社会博弈，出现了更多艺术化的讨薪模式，相对于之前的极端方式也温和了许多。有民工扮演代表正义的蜘蛛侠，于政府门前扯横幅；洛阳农民工到范仲淹墓前跪拜，求范公显灵助其拿回工钱；还有娃娃讨薪，举着我要喝牛奶、我要上学的牌子为父母讨要工钱。这样看来，苗翠花的“无奈讨薪模仿秀”的出现便不足为奇，这只是被这个社会逼迫出来的智慧而已。他们已经深谙讨薪中的一个道理，有关注度的问题才能够被解决，农民工群体在维护自己的正当利益时需要渠道来表达自己的立场和需求。

3. 大众媒介对农民工报道是否进入疲惫期

农民工群体由于自身文化水平的限制，在政治、经济、文化中处于相对弱势的地位，易成为被媒体忽略的群体。在《农民工新媒介参与和利益表达调研分析》一文中，课题组重点对农民工通过媒介进行利益表达与维权的程度与效力进行了系统考察。发现农民工在权益受损时，向媒体寻求帮助的次序依次是电视、报纸、网络，不向媒体求助的占到20.8%。调查同时显示，大多数农民工表示不会向媒体求助。①

---

① 宋红岩．农民工新媒介参与和利益表达调研分析．中国广播电视学刊，2012（6）．

市场经济条件下，受众是媒体针对广告商的二次售卖，而处于消费底层的农民工很难得到广告商和媒体的青睐。在某种程度上，媒体偏爱城市精英阶层，甚至嫌贫爱富，对于非主流声音的弱势群体则很少给予关注。关于农民工的关注大部分集中于春节和年底发放薪水之时，形成一种遵循某种路径的固定报道模式，报道大都属于成果性或阶段性的事件报道，子女教育问题、工资清讨、维权和培训以及有关其生存状况、精神和心理等议题内容所占比例较小。

从这个群体进入媒体视线再到如今冲击眼球的报道，公众所形成的认知是农民工被塑造成愚昧无知、被怜悯、挣扎于底层的媒介形象，对农民工有明显的简单化倾向，大众媒介对农民工的报道进入了一个疲惫期。也正是在这种背景下，讨薪模仿秀只有在微博中被推向舆论高峰后才能得到传统媒体的青睐，一个说着方言的女民工突然义正词严地模仿起外交部发言人，完全符合人们心中对农民工形象的质朴定位，也满足了媒体对新闻要素的追求。这种模仿对受众的冲击力不亚于选秀节目的模仿秀，因为她的滑稽可笑包含着心酸和无奈，也是农民工群体以自己的声音来维护正当权益。

（二）从微博走红的“模仿秀”

新媒体环境下的微博继续发挥它的舆论阵地的作用，充当着各种角色，它经受着网络不应该是法外之地的质疑，充当着群众反腐的发声利器，或者是广大草根发泄情绪的场所，也同样是谣言滋生的温床，但我们都不得不承认它让我们在有限的空间内看到更多的真相、听到了更多的声音，让一些被强势群体所淹没的弱势群体得以被关注。

1. 另类讨薪——眼球比事实重要

不同于以往的农民工讨薪，农民工模仿外交部发言人讨薪具有太多的代表性，农民工讨薪中策划是关键，眼球比事实重要，表达了一种别样的心酸。讨薪视频在新浪微博中引起了大量的转发，也恰恰与它的创新和策划分不开。舆论是喜新厌旧的，如果不是剑走偏锋的奇招、出其不意的怪招，是很难引起关注的。

首先，是采用视频的形式进行传播，将视频发布至各大网站、论坛，避免平淡无奇的讨薪报道而惊不起波澜，以自己的立场发出声音，真正的让人们直观地了解这个群体的无奈。其次，视频今年 5 月份就已发布在新浪博客中，随后被网易博客转发，但是直到半年后被人贴到新浪微博中才真正火起来。最先的发布人卫庄为自由撰稿人、社会公益工作者，拥有 3

万多粉丝，在事件的传播中他充当了一个网络意见领袖，是具有一定号召力的内行角色。套用美国作家马尔科姆·格拉德威尔的附着力法则：在适当情况下总存在一种简单的信息包装方法，使得信息变得难以令人抗拒。当被传播的信息容易被注意、记忆，就容易流行。在微博中，内容要具有吸引力和传播价值，才能够引起网友兴趣。文字要简短有趣，形式要图文并茂，有图有真相，或者添加视频。一则信息成功之处就在于其附着性，视频能够让网友行动起来，参与转发和评论，进行病毒式的裂变传播，增加了微博的附着力。

最后，舆论达到一定的声势，传统媒体进行报道。一条微博在最初发布的几个小时内最为重要，就类似于破窗理论，一旦在这几个小时内引起大量转发和评论，那么大部分人就会在此种转发的环境下跟风转发。他在当天贴出视频后即引起网友上万次转发和评论，虽然视频包含暗讽外交部的敏感内容，但在微博的转发形成了声势，也就毫无意外地进入到传统媒体报道之中。

2. 炒作，真的还是假的？

面对网络的虚拟环境，受众对维护和争取利益的热门事件形成了一种思维模式，那就是每个事件策划的终极目的都是为了博取注意力，类似于娱乐明星为保持关注度不惜进行各种出位炒作，恍然大悟之后，受众只能感叹“原来又是炒作”，形成了一种不出位就很难引起关注的循环。

讨薪视频在媒体进行报道的当天，天津市汉沽区民政局就做出了“骗取国家财产”的官方回应，《新京报》在持续报道中也发出了“视频制作者是谁”、“欠薪款的数额究竟是多少”、“视频中的女农民工跟讨薪者是否是同一人”的疑问，在事件跟踪报道中均采取呈现事实，并未下定结论的态度，网友也纷纷质疑这是否又是一场以“秀”为目的的炒作。如果事件按照视频火了，农民工最终拿到了欠款，该事件与众多利用微博解决问题的事件并无任何区别。但是面对网友质疑，苗翠花在老板们的帮助下又在北京召开第二场更加严肃的发布会，来澄清与天津汉沽殡葬管理所之间欠款的来龙去脉，打消众人的疑虑，再度引发热议。无论这个三角债如何复杂，可以肯定的是农民工没有拿到属于自己的工钱。“从某种角度来说，确实是利用苗翠花来吸引大家关注，但苗翠花说的没有一句是假的，她有2万多工钱压在里面。为了讨薪，他们花钱请律师，该走的程序都走了。”视频策划者在接受《新京报》采访时说。这就是一场“讨薪秀”的策划，但是他又不同于那些只为出名而秀的炒作。这是一个弱势群体在所有规则之内试图维护自己的正当利益所选择的一条捷径，做出的最后挣扎。

3. 恶搞主流文化，幽默了谁？

从7·23甬温线动车事故，到今年的黄岩岛事件、钓鱼岛事件，公众对外交部官方言论有了一定的认知。自古以来，弱国无外交，它代表着一个国家的姿态，以国家的政治经济等实力为支撑，具有独特的符号意义，视频的策划者正是对其注意力资源进行再利用，表达自己的观点。当一个朴实的农民工站出来，以磕磕巴巴的乡音严重声明天津汉沽殡葬管理所须归还所欠农民工资，让人立即找到一种混搭的喜感。这算不算一次对主流文化的逆袭和恶搞？但是，她又幽默了谁呢？

亚文化（Subculture）是通过风格对主文化进行挑战从而建立认同的特殊文化方式，往往涉及边缘文化、弱势群体对主文化和权力的抵抗，一直以来都是文化研究的重点所在。[①] 幽默以及带有恶搞色彩的非主流文化属于亚文化，它颠覆经典，抵抗强权，解构权威话语，恰恰是人们在特定的时代背景下消解矛盾和发泄情绪的心理需要。它不是社会主流文化却在短时间内蹿红，并不以精英的价值观为评价标准和取向，但是却能深入人心，具有一定的抵抗主流文化和反对文化霸权、调侃主流价值的意味。该视频的策划者有意利用大众熟悉的外交辞令，以视频中的女农民工作为该群体的草根阶层代言人，借助对其的模仿来颠覆传统。正如胡戈恶搞央视《新闻联播》，胡戈的恶搞节目打乱了央视现有符号的意义，把草根的日常生活放大到国家大事的立场和高度，用爆笑的娱乐方式挑战新闻节目的严肃性，也颠覆了主流媒体的话语权。[②]

讨薪模仿秀与一般的恶搞又有较大区别，它并不单纯的以搞笑解构主流文化，只是为吸引注意力而利用恶搞对象，其背后是农民工群体无力维护自身利益的困境，是这个群体积聚已久的爆发。这也应该是为何网友会在微博发布后的第一时间进行围观，将该视频推向公众视野，因为他让每个人感受到了搞笑背后的群体现状。

（三）关注农民工群体，呼吁更为迫切

农民工讨薪视频发布后，它给人们带来的思考远远大于它所利用的形式，农民工群体开始了各种形式的理智讨薪，不再以跳楼秀、爬吊塔等极端形式维护权益。但是他们却相信“上访不如上网”，以别出心裁的形式

---

① 胡疆锋，陆道夫．抵抗·风格·收编——英国伯明翰学派亚文化理论关键词解读．南京社会科学院，2006（4）．

② 张垠洁．草根阶层对主流媒体叙事的边缘解读——对“胡戈恶搞央视新闻联播”节目的符号学分析．东南传播，2009（6）．

吸引目光，在现行的情况下炒作为舆论热点，才能得到解决，而正常的司法途径由于执行层面的欠缺没有成为首选。

截至2012年5月16日，新浪微博注册人数已超过3亿，用户平均每天发布1亿条微博，人均在线时长60分钟左右。新浪微博现在已成为人们建立关系，彼此分享经验，并从中攫取信息的重要社会媒体之一。① 微博中，邓飞提倡的“免费午餐”计划，于建嵘发起的“随手拍解救被拐儿童”，孙春龙发起的“老兵回家”活动，都让人们开始注意到这些弱势群体，改善他们的境况，并且通过扩大在公众中的影响力，促使政府采取措施保障该群体权益。周乾宪在其研究中，根据粉丝排名，研究选取的13家全国公益基金会，其中并没有关于农民工群体的公益组织。在新浪微博搜索关于农民工的用户，仅有农民工互助交流会、工通社——农民工社区、共青团关爱农民工子女自愿服务站、请农民工吃饭和农民工公益基金等为数不多的微博，而他们当中粉丝最多的是2万。王克勤老师创办的“大爱清尘”，是中国首个关注尘肺病农民工的公益组织，而这些尘肺病农民工是不属于政府救助范围，企业不管，没有医保的三不管群体。“大爱清尘”每年仅能筹得善款600多万元，只能救助较少一部分农民工，可谓杯水车薪。但是通过“大爱清尘”我们知道了尘肺农民工群体的存在和生存境况。无论是政府组织，还是非政府组织的NGO，我们都需要呼吁给予农民工，这个对中国经济、政治发展起决定作用的群体以足够的重视。

媒体要真正地承担起自己的社会责任，给农民工群体以足够的话语空间。媒介代农民立言，不仅仅是新闻从业者职业道德上的要求，也是实现社会公平正义的要求，更是国家顺利度过转型期，实现全面、协调发展的必然要求。② 长期处于边缘地带，这个群体需要更多的关注，除了行动，呼吁显得更为紧迫，他们需要合理表达的渠道，需要社会对这个群体的倾听，需要社会了解他们的渴望和诉求，而不仅仅是物质层面的。

正如《社会公正论》一书的作者吴忠民在序言中开宗明义提出的那样：我们需要一个人人共享、普遍受益的社会，一个人人具有尊严的社会，一个平等、自由的社会，一个机会平等的社会，一个按贡献进行分配的社会，一个具有完善调剂功能的社会。③

---

① 周乾宪．公益组织对社群媒体的利用及传播策略——基于13家全国公益基金会新浪微博主页的内容分析．新闻爱好者，2012（9）．

② 卫夙瑾．大众传媒与农民话语权．武汉大学硕士学位论文，2005.

③ 吴忠民．社会公正论．济南：山东人民出版社，2004. 2.

四、结语

“女农民工模仿外交部发言人讨薪”视频在微博走红后，各大媒体纷纷追踪报道，网易发起的“农民工开新闻发布会讨薪你的看法”的小调查显示，94.1%（7 338 人）网友认为不再无力跪地，借助网络更有力量。微博上网友热议，名人转发，《新周刊》转发并评论：“人民群众有智慧。”程鹤麟评论该事件为传播学史上的大事件。进入由南方报业传媒集团、南方全媒体集群主办的“2012 年华语网络传媒盛典视听榜”提名，视听榜提名的均为年度网络首播且点播量高，影响力大的视频，其提名辞为：“《农民工讨薪发布会》以黑色幽默的形式，反映了农民工讨薪难的真实案例，‘发言人’语言质朴，巧妙套用了外交辞令，带有搞笑成分的同时，折射的社会问题却沉重而发人深省。”

《新京报》追踪报道出视频幕后的策划者并没有收取钱财；《南方都市报》关注讨薪发言人苗翠花“出镜”始末；《中国之声》在《新闻纵横》节目中对其进行持续关注。新浪、搜狐、网易也都进行专题策划，报道农民工讨薪的各种方式，并且配发评论“苗翠花讨薪幽默了谁一把”、“苗翠花讨薪，讨得回幸福吗”、“苗翠花讨薪被逼的创意”等，社会舆论的关注点转移到这一群体。

（撰稿人 黄培）

《中国好声音》的现状与发展

真人秀从它的诞生之日起就注定了其传授方式的改变会得到受众的支持，此次真人秀节目——*The Voice* 在荷兰、美国等地大获成功。灿星制作公司因此购买了版权，并与浙江卫视开启了全新的制播分离合作模式。开播的过程中“广告播放器+隐形主持人”的全新模式和打造出选秀行业全产业链以及明星导师捆绑式分红模式都可以称之为《中国好声音》的亮点。同时，《中国好声音》也令受众经历了一次正确的媒介素养教育，但版权问题、“山寨化”以及受众的娱乐权、媒介接近权的缺失还是值得推敲。

一、案例简介及背景阐述

如果把2005年湖南卫视具有开创性意义的《超级女声》算作中国才艺展示类真人秀风潮的开始，那么2012年正好是他的“七年之痒”，七年的探索之路在“娱乐至上”这一价值观引导下，选秀节目从鼎盛到饱受诟病，从年轻人喜闻乐见的综艺节目形式和娱乐圈人才培养基地，蜕变成一个炒作、绯闻和内定等内幕盛行的温床。随着2011年《快乐女生》被广电总局叫停和2011年10月下旬国家广电总局颁布的《广电总局将加强电视上星综合节目管理》（俗称“限娱令”）文件正式下发，中国的各类综艺节目可以说走到了一个生死攸关的十字路口。2012年，各家卫视的选秀活动不约而同地回归“声音”、“舞蹈”这些基本立足点，舍去了部分低俗化的娱乐明星，将选秀的主要参与者草根化，其中最成功的实践莫过于浙江卫视推出的《中国好声音》。

《好声音》（*The Voice*）是一个跨国的歌唱比赛电视节目。该系列节目最初始于荷兰，2010年，由John de Mol和Roel van Velzen创造的《荷兰之声》（*The Voice of Holland*）在荷兰RTL4电视台播出，随后在其他很多国家也陆续推出本国版本。其中由浙江卫视联合星空传媒旗下灿星制作强力打造的大型励志专业音乐评论节目——《中国好声音》（*The Voice of China*）于

2012年7月13日正式在浙江卫视播出，之后每周五晚21：30播出一期（2012年9月29日播出13期杨坤组终极考核，9月30日晚22：00播出《中国好声音年度盛典暨总决赛》）。《中国好声音》不仅仅是一个优秀的选秀节目，还实现了中国电视史上真正意义的首次制播分离。刘欢、那英、庾澄庆、杨坤四位著名歌手作为明星导师言传身教，为中国乐坛的发展发掘一批怀揣梦想和具有天赋才华的音乐人，树立中国电视音乐节目的新标杆。

二、案例过程叙述

（一）真人秀的产生及在中国的发展

“真人秀泛指把电视镜头对准没有受过专业训练的志愿演员，将他们的言行、个性和品质，在一系列规定的环境中，赤裸裸地暴露在电视观众面前的一种节目形态，主要着眼于展现性与隐私、残酷竞争、博彩等内容。”[①] 真人秀作为一种综合性的娱乐节目，它是介于纪录片、游戏节目及戏剧节目之间的一种特殊的节目形态，是真实和虚构融合的产物，它采用了纪实的拍摄手法，记录了自愿参与者在规定的情境中按照特定规则进行的自由而真实的竞争或者体验行为。“在国外人们对于‘真人秀’节目的名称也有所不同，包括游戏秀（Game Show）、真实电视节目（Reality Television Show）、真实肥皂剧（Reality Soap Opera）、真实电视（Reality Television）等，有一些外国电视网站甚至将‘真实’（Reality）作为‘真人秀’的代名词；在美国，最常用的则是‘Reality TV’（真实电视）。”[②] 被公认的具备了所有真人秀基本元素的最早的真人秀节目是1973年公共广播公司（PBS）制作的《一个美国家庭》（*An American Family*）。“美国电视艺术与科学学院指出了真人秀的两个特征：一是在所谓‘真实’条件下发生的具有娱乐要素的戏剧性事件，二是具有游戏节目的特点。”[③] 一方面，真实与虚构融合成真人秀节目的形态，另一方面真人秀也与肥皂剧、纪录片甚至游戏节目之间存在着复杂的联系。

80年代末期特别是90年代以来，中国主流政治文化绝对强势地位衰

---

① 李宏宇．真人秀挑战中国国情．南方周末，2003－09－18.

② 张馨月．电视“真人秀”节目形态与本土化模式研究．东北师范大学硕士学位论文，2009.

③ Mark Andrejevic. *Reality TV：The Work of Being Watched*，Rowman & Littlefield，2004，p. 8.

落，与此同时精英文化也开始边缘化，与之相对的是大众文化的迅速崛起和蔓延，消费文化不知不觉中已经开始渗透到文化的创造和传播过程中，革命年代民众宏大的政治热情和理想开始被一种轻松、幽默的文化体验和诉求所包围。“正是在这种时代语境之下，‘快乐’和‘游戏’成为电视节目流行的标识。在消费社会的背景之下，文化消费成为一种越来越直接的需求。在这样的背景和趋势之下，真人秀节目在中国出现成为一种可能。”①

2000 年 8 月，改编后的《幸存者 I》在央视“地球故事”栏目中播出，拉开了我国真人秀电视节目的序幕。时至今日，真人秀已经成为国内娱乐节目的主流形态。湖南卫视于 2004 年开始举办的《超级女声》节目，平民化程度更强，观众的参与程度更大。节目中普通观众直接作为主角参与到节目中，受众关注的重点已经单纯由游戏转移到参与者，充分提供了中国现行政治体制下民众的媒介接近权。普通民众在节目中的地位达到了前所未有的高度，他们手中的投票权为中国的民主化进程进行了娱乐性质的实验。

真人秀节目目前在国内主要有四种形态：生存冒险类节目、工作求职类节目、才艺展示类节目和婚恋交友类节目。国内现有的真人秀节目主要以才艺展示类为主，其余三类真人秀也是各地方电视台的收视热点栏目，例如，山东综艺的生存冒险类节目《快乐向前冲》、江苏卫视的婚恋交友类节目《非诚勿扰》、天津卫视的工作求职类节目《非你莫属》等。央视、地方卫视的真人秀节目在吸收国外真人秀的同时也不断在进行或“山寨”或本土化的改造。

（二）*The Voice* 的产生及在中国的发展

The Voice 是一个跨国的歌唱比赛电视节目。该系列节目最初始于荷兰，是 Endemol 集团旗下的节目。Endemol 成立于 1994 年，是一家大型电视节目制作公司，公司名称由他们的创始人 Joop van den Ende 和 John de Mol 的姓氏合并而来。

2010 年由 John de Mol 和 Roel van Velzen 创造的《荷兰好声音》（*The Voice of Holland*）在荷兰 RTL4 电视台一经播出就吸引了占总人口 18.2% 的观众。2011 年，美国版好声音经 NBC 电视网播出，第二季的平均收视率达到 6.7%，这个节目模式迄今已经红遍了 37 个国家。

---

① 畅祎扬．解析“真人秀”在国内生态环境下的崛起和发展．现代商贸工业，2008（12）：148.

部分观众的参加者通过个人的歌唱展示，实现自己多年以来的某一励志理想，或者通过勇敢的尝试而改变了自己的命运，在节目中各个阶段被淘汰的选手，也会因为在 *The Voice* 这个舞台上展示过自己而得到部分观众的青睐，这正是个人主义价值观所推崇的——通过自我奋斗取得成功。“真人秀这一节目形态的产生，在一定程度上反映了一个社会文化、生活的现实状况，是一种意识形态的表层产物。”①

从荷兰引进的 *The Voice* 节目在中国被定位为“大型励志类专业音乐评论节目”，因提前录制的参赛选手励志故事和强大专业的导师团队加盟的优势，其第一季在浙江卫视播出后取得了巨大成功。

灿星制作在节目模板交易时就收到版权方提供的“产品说明书”。所有 Logo（标识）的形状、角度、海报设计、宣传片头、导师手握麦克风的姿势、现场背景，甚至旋转椅的整体包装和视觉元素都由 Endemol 公司人员亲自指导。对于四位导师，模板提供方要求要有两个国内一线大牌、一个年轻人非常喜欢的歌手、一个选秀歌手或是有坎坷经历的较其他三位年轻的歌手，所以那英、刘欢、庾澄庆和杨坤的导师组合应运而生；学员方面，版权方则要求采用五分制，三分声音，两分故事。此外，模板提供方还要求乐队必须是现场演奏，以增加节目的震撼力，所以才会有音乐总监——零点乐队贝斯手王笑东和音响总监——全总文工团舞美制作中心副主任、北京奥运会开幕式的音响总工程师金少刚以及键盘手刘卓、录音师李军的加盟。

经验丰富的制作团队，拥有省级卫视中最广覆盖面的播出单位，一流的参赛选手，由海内外一线歌星担任的导师和辅助导师，将《中国好声音》代表的中国真人秀节目提升到一个新的高度！

三、分析和评价

（一）模式创新

1. 新颖的规则设计：旋转椅

《中国好声音》给广大音乐爱好者带来了耳目一新的感觉。最大的亮点莫过于它新颖的规则方式中导师旋转椅这一环节。据了解椅子共分两个主要部分：第一部分是红色的真皮高椅背和椅垫，它能满足导师坐在椅子

---

① 张馨月．电视“真人秀”节目形态与本土化模式研究．东北师范大学硕士学位论文，2009.

上不戴耳机、背对学员，却能有最好的收听效果；第二部分是椅子的灯光设备及音效设备，它使舞台效果有视觉冲击力，当底座上的“I want you”亮起，导师会旋转过来与学员面对面，宣告将这位学员纳入旗下。每把椅子都是一个集成的概念，椅子的软件控制和音响、灯光都需配合到位，且转椅不是由一家供应商提供，但是经过安装之后椅子的操作非常简单，通过固定指令程序进行自由旋转。

目前已经有多家厂商在“山寨”这样的椅子，但是这把椅子不仅仅是《中国好声音》节目的特色和象征，还有可能带来社会生活的些许变革。在传统面试中，面试官往往面对着面试者，但是这个面试环节的设置可能带来面试者紧张的情绪，从而影响面试官对于面试者的印象分。而旋转椅采用面试官背身面试者的方式，仅靠有经验的面试官通过声音来识别面试者，面试者的心理压力、紧张情绪会相对减轻，这也增加了参赛选手公平竞争的成分。在一个民主的选拔程序中，参加者为保证公平，需要杜绝参选者和选拔者在参选前以任何形式私人接触的可能，选拔的过程中也应尽量避免将双方私人接触的影响力扩散到比赛中来，而转椅的设计就是杜绝这种情况的良好方式。

2. 隐形主持人 + 广告播放器——开创主持全新模式

2012 年第一季《中国好声音》的主持人是曾荣获十大新锐华语风采主持榜单“个性魅力风采主持”称号的浙江卫视知名主持人华少。

在《中国好声音》中，因为时间有限，华少的语速为每秒 8 个字。他因此被称为“中国好舌头”。根据笔者对每期《中国好声音》开头和结尾时华少广告播报时速的统计，大致在 40 ~ 48 秒之间（片尾的广告条数略多于片头），广告条数随着每期节目的进行呈现递增的趋势，在 2012 年 9 月 21 日晚的第十一期中，广告播报时间依旧为 40 秒，但是在 2012 年 9 月 29 日第十三期片头广告的播送时间已达到 1 分钟，在 9 月 30 日晚 22：00 举行的《中国好声音年度盛典暨总决赛》上，广告数目大致与十三期相等，但华少的语速已经爆发到惊人的 22 秒！

自从国内真人秀节目诞生以来，主持人绝对是一档节目的主导者，但随着观众兴趣多元化，演员表演内容的草根化、多元化，一档节目的主持人的人数也向越来越多和越来越少的两极发展，多则成为湖南卫视《天天向上》中的主持群，少则成为《中国好声音》中的隐形主持人庾澄庆。一档节目，如果脱离了主持人的串场、贫嘴，但还能吸引观众，只能说是节目内容本身有足够的吸引力。但是这些噱头也是必不可少的，导师庾澄庆在台湾曾多次主持综艺节目，口才绝佳，在《中国好声音》前五期的录制现场，他事实上担任了主持人的角色。

这种模式的出现实质是在政策压力下为了维持利益最大化而进行的一种努力。广电总局出台的“限娱令”，一方面是对娱乐节目实行总量控制，各电视上星综合频道在晚上19：30～22：00的黄金时段，每周娱乐节目不能超过两档，每频道每天在该时段播出的娱乐节目时长不超过90分钟；一方面也对节目广告播出时间进行了约束，在2009年9月10日出台的《广播电视广告播出管理办法》第十五条中规定：“播出机构每套节目每小时商业广告播出时长不得超过12分钟。其中，广播电台在11：00～13：00及19：00～21：00之间，商业广告播出总时长不得超过18分钟。”在广电总局的规定下，每一个小时的节目允许播出12分钟的广告，90分钟的纯节目可以做22分钟的广告。《中国好声音》正好满足22分钟的规定，已经没有空余的广告时间，但不断要求来投放广告的商家仍然络绎不绝。华少“广告播放器”搭配节目嘉宾“隐形主持人”的样式，既满足了电视台广告的收益最大化，也开创了中国综艺节目中主持人的一种全新模式。

3. 打造全产业链和明星导师捆绑式分红模式

此次《中国好声音》的制作方灿星制作把选手签约以及签约之后的商业演出等项目都收归自己所有，而包括音乐学院、演唱会、音乐剧和线下演出等在内的全产业链，明星导师们也共同投入，明星导师无疑也会利用自己的资源帮助全产业链的打造。这跟以往本土的节目制作过程相比是一种全新的尝试。

一直以来，我国综艺类节目做不长远，很大程度上在于单纯依赖广告收入，此次《中国好声音》从第一期开始，广告费水涨船高，已从每15秒15万元涨到50万元。据从浙江卫视官方网站上得到的消息，在《中国好声音》未登陆电视台之前，周五晚21：21～23：18的《我爱记歌词》节目插播广告的价格仅为15秒13.6万元，相比之下涨幅高达268%。

据悉，此次《中国好声音》中四位明星导师的收入模式主要是技术入股和彩铃分红，这也就开启了真人秀节目另一赢利模式——《中国好声音》将整个导师团队跟节目后期的市场开发捆绑在一起，没有单纯地支付劳务报酬，而是根据中国移动和灿星制作良好的合作关系把导师在这档节目中的参与和投入作为他们的投资。灿星制作尝试音乐类的后期开发，把所有学员的现场演唱制作成彩铃，提供给全国的手机用户下载。由于中国目前没有一个较大的付费音乐下载平台，通常彩铃业务采取下载收费，中国移动预估《中国好声音》中单个歌手能达到1 000万元人民币的下载额，用中国移动的市场占有率来估算，《中国好声音》将会有3.2亿的彩铃市场。此次灿星制作的尝试有望引导国内真人秀节目赢利模式的改变。

4. 制播分离

身兼数职的星空传媒（中国）制作总监、灿星制作总监、《中国好声音》宣传总监陆伟将目前为止中国各家卫视的制播分离分为三种模式：第一，最原始的、最基础的所谓制播分离阶段——劳务输出；第二种模式是目前最主流的"由某制作公司负责创意、理念、制作来独立完成一档节目，最后公司先拿出一个样片，交由电视台的审片委员会审查，也就是在这个时候，电视台才首次参与其中"；第三种模式就是现今浙江卫视和灿星制作所使用的——制作方和电视台共同投入、共担风险和共享利润。据悉，灿星制作和浙江卫视在合作之前曾签订过"一道线"内部协定——灿星保留收视率2.0的承诺，低于这道线，灿星赔偿，高于这道线则利润共享。事实上第二期的收视率就已经超过2.0，至此双方都是赢家。这种模式的优势在于"上不封顶"，节目收视率越高，获取的利润越大，双方分得的利润就越大。浙江卫视不会限制灿星制作的投入，灿星制作为了更高的收视率，必须提高节目的质量，培养专业的明星和制作人员。这种分红关系和合作关系必然会促进节目制作质量的提高，在现存的国内电视台和制作公司的合作关系下，这确实是一次大胆的尝试。

灿星制作曾提出与视频网站复制同样的合作模式，灿星制作为视频网站提供海量素材，视频网站负责素材的整合互动，但当时没有任何一家网站尝试。最终灿星制作以几十万一季的低价卖给了8家视频网站，并实现同步直播。《中国好声音》的网络渠道加速了节目的迅速蔓延，也引来众多寻求合作的广告商，爱奇艺每期节目的播放量都能达到几千万次，并收获千万元的广告收入。这种新型的制播合作关系也有望在作为播出单位的视频网站和制作公司中出现。

（二）功能与意义

1. 采用互动方式，改变了传受双方的地位

在电视播放黄金档收视率最高的栏目——电视剧中，电视媒体大部分情况下是单向传播，观众如得不到"发送A到×××支持你喜欢的选手"之类的短信参与互动机会，则很难达到双向传播的权利。真人秀节目是现阶段观众参与程度最高的电视节目，在《中国好声音》中，节目参选者和观众感同身受，同喜同悲，因此真人秀电视节目的传播特征是双向的、去中心化的。

传受双方的互动性和平等性在第一期节目中就收到了很好的效果，来

自辽宁省彰武县20岁的黄鹤在参加浙江卫视《中国好声音》的初选时，赤脚演唱了一首Adele（阿黛尔）的*Rolling in the deep*。那英更是被黄鹤的赤脚表演打动，主动脱掉鞋子，光着脚丫上台，和黄鹤共同演唱了自己的经典作品《征服》。那英上台成为选手的那一刻开始，现场和电视机、电脑前的观众强烈地感受到受众地位的变化，以往的传受界限更加模糊了。

2. "雅"、"俗"音乐的一次博弈

回顾在北京工人体育场举行的"1986国际和平年"纪念演唱会上穿着一件半长褂，两裤脚一高一低，貌似社会青年却突然爆发出"一无所有"歌声的崔健，被当时的国家体委主任荣高棠斥责为"牛鬼蛇神"！但时隔4年，美学家高尔泰却从崔健的声音里听到了这样的信息："也许崔健及其摇滚乐是中国目前唯一可以胜任启蒙的艺术形式了。中国需要启蒙。"

"高雅音乐"和"通俗音乐"之间的博弈异常激烈。其实从8年前的《超级女声》开始，大众对于通俗音乐的广泛接受已成为一种强势的审美观念。但是，长期以来精英阶层对于高雅音乐的认同，以及政府在政治层面对于高雅音乐的维护与肯定，使得音乐之"雅"依旧掌握着话语权。在《超级女声》最火热的阶段，央视《焦点访谈》节目和前文化部部长刘忠德都曾将批评的矛头直指《超级女声》，也正是因为"雅"、"俗"音乐的博弈，人们在如期举行的2005年"超级女声"总决赛中看到了一些"奇特"的场面：一些老艺术家们发表"寄语"，"超女"们唱起了久远的革命歌曲，由此可见少数精英依然是音乐评价的最终判断者。直到微博、短信平台等互动型大众传播媒体的出现，话语权争夺的主动权才有所转移。如果说《超级女声》是引发这场文化博弈的导火索，那么即便在这过程中出现的《××红歌会》等若干非常态音乐类选秀节目，拥有一线明星、制作精良的《中国好声音》也预示着这场博弈的终结。香港中文大学教授许子东指出："中国几千年来的传统儒家文化是要把精英思想教育给下一代，如今这个传统价值观受到了民主制度的挑战。民主制度就是由普通人来决定一切，再高雅也不能决定低俗的人的趣味……我认为通俗文化的体制化和产业化会成为一个趋势，因为它符合更多人的一般需求。"① 虽然《好声音》没能成为《超女》刚兴盛时被誉为的"民主试验田"，但四位意见领袖的出现恰恰是代表大量民意在对娱乐圈的新人进行评判，这也是代议制的雏形。由于社会平均智力水平和审美品位的提升，部分在若干年前被视为不伦不类的演唱也赢得了观众和导师们的青睐，社会生活、娱乐方式更

① 胡斐，周逸，胡尧熙．知道分子说"俗"论"贱"．新周刊，2005－07－04.

多元化，也更包容了。

3. 一次成功的媒介素养教育

伴随着各类选秀节目的热潮，部分地方电视台为了收视率，公然挑战人类情感与道德底线，导致了国内电视文化生态严重失衡。电视节目低俗化现象使非主流价值观疯狂传播，如拜金主义、婚外恋等，同时也减弱了人们对严肃问题的思考，满足于一种全民狂欢的幻景。

“在一个自由的传媒行业中应是优胜劣汰，适者生存。任何一种媒体都必然有其特殊的时间与空间上的生态位，亦即有其特殊的生存与发展土壤和条件，以及在这一状态下的特有行为和作用。在理解与遵循传播生态规律的基础上，公共政策应规范媒体行为，确保电视媒体在时间与空间上都有其特殊的生态位，从而引导电视媒介生态环境向良性方向发展。”①

2011 年 10 月 25 日，“限娱令”正式下发，国家广电总局在下发的《关于进一步加强电视上星综合频道节目管理的意见》中对各卫视娱乐、婚恋相关节目播出时间、档数等做出了一定的限制。这对热衷于娱乐节目的省级卫视以及已经习惯在不良媒介生态环境下消遣和打发时间的受众来说是一次正确的约束。

避免大众传播中低俗化的途径不仅仅局限于依照相关法规和媒介的社会责任，在整个社会范围内还要加强国民的媒介素养教育。此次的《中国好声音》就是一个绝佳的教育案例，四位嘉宾皆是海内外一线实力明星，区别其他选秀节目“毒舌”评委居高临下，挖苦甚至侮辱歌手，或因意见不同互飙评语，但在《中国好声音》中，四位导师从善意的帮助到相互间颇具风度的调侃改变了人们心中“评委毒舌”的印象。媒介素养教育可以培养出一批成熟的电视观众，不但真人秀的负面影响能够得到缓解，大众传媒带给受众的“娱乐至死”也会得到改善。媒介素养教育应当从政府文件和老艺术家寄语中跳出来，变成一种常态化的国民基本素质教育，并扩大到全社会。

（三）缺陷和展望

1. 缺乏海选阶段和现场直播，公平性遭到质疑

“海选”是中国农民在村民自治中创造的一种直接的选举方式。“海选”在当下也已用于代议制领域的选举。才艺展示类真人秀注重选手的参赛平等，人人都可以参加海选进行比赛，海选的参与者能够在海选阶段展

① 谢立文，欧阳谨文．媒介生态位与电视新闻栏目创新．电视研究，2004（12）．

示自己的才华，从而得到晋级复赛的入场券。其次是《超级女声》在全国多个城市进行“海选”，并将过程予以播放，实现了比赛参与的无差别性。这种比赛方式在满足了许多普通人在现代传媒影响下形成的表现欲望，“明星”作为一种稀缺资源，满足无数怀有此类诉求的人。但也正因为如此，主办方对选手进行参加人数的把关，所以呈现在观众面前的参赛选手多为职业歌手、音乐人或“选秀专业户”，根据笔者的了解，参赛者以那英团队为例，16 人中有 14 人受过正规音乐训练或参加过一次或多次各卫视举办的选秀，抑或直接是资深音乐人，完全没有接触过专业音乐培训或相关选修、从业经历的“草根”只有黄鹤一人。这场比赛已不仅仅是业余音乐爱好者的聚会。此举虽然相对增加了节目的观赏性和趣味性，导师和学员的私人交往仍然令受众和选举观察者产生诸多质疑。现场直播环节能将“内幕”摊在阳光下接受检验，“海选”会在缺乏权利的民众中得到支持，以上两个环节的缺失必然会影响受众对于《中国好声音》的认知。

2. 真人秀在中国存在的问题：原创能力差，同质化严重

学者通常把电视节目的版权称为“电视节目模板”，电视节目模板，是指由一系列有着内在联系的节目元素组成的，能够塑造和完成一个特定电视节目的独创性的结构或框架。目前随着电视业的发展，在世界范围内涌现出了大量的优秀电视节目模板，并随之衍生出一个利润巨大、前景广阔的电视节目模板产业。[①] 值得关注的是电视节目模板产业化过程中经历了无数盗版和官司。

在中国，由于电视节目制作主体版权意识淡薄所引起的电视节目版权纠纷也时有发生，但“抄袭”与模仿并没有限制国际电视节目模板产业的发展。因为全球电视节目模板交易，已经催生了一批致力于节目模板生产的公司。国内一线电视台和制作公司青睐购买电视节目的版权，首先源自于国际上一些电视节目模板的吸引力。很多电视节目的“版权”包括了电视节目制作的几乎所有细节，保证了收视率和广告收入，但大量的操作细节和技术技巧隐藏在幕后。一个更现实的诉求是，引进版权的节目由于有着在国外成功的先例，更受赞助商认可。此外，电视台的形象和声誉也是一个很重要的因素。一个热播节目突然间被版权方告上法庭，也会影响该节目甚至该电视台在观众中的形象和声誉。

随着世界电视节目模板产业的发展，我国对电视节目模板的研究和立法也势必会加速成型。《好声音》繁荣的电视节目版权买卖，必然成为国

① 刘强．从国外司法实践看我国电视节目模板保护．中国海洋大学硕士学位论文，2010.

内法律界关注的新课题。

3. 投票环节侵害了受众的媒介接近权和娱乐权

从《超级女声》开启的短信实验开始，通向民主娱乐实验的短信之路好像越来越窄，广电总局在2007年9月20日的《通知》中要求“不得采用手机投票、电话投票、网络投票等任何场外投票方式”，至此国家广电总局决定以“选秀节目禁短信圈钱”的名义禁止场外投票，据悉选秀节目人气选手依据每票一元钱的收费标准通常会制造动辄百万的场外支持金额，此举无异制约了主办方赢利甚至是电视行业的发展，也在传媒行业中关上了一扇“民主大门”。

此前，《中国达人秀》的全国总决赛也曾获得广电总局特批，不但全程直播，还进行观众短信投票，但广电总局对此有要求，可以投票，但不能公布票数的举动还是令观众质疑比赛“黑幕”。而《中国好声音》组内考核时的选拔方式采取导师、99家全国媒体代表共同决定的方式。决赛巅峰对决中，全国99家媒体代表和上海8万人体育场内观众投票决定最终的获胜者，而短信投票结果依旧没有公布，我们有理由对短信投票人数和代表权产生怀疑。此前《超级女声》的短信投票环节正是因为顺应了民主的趋势而获得成功，彼时受众作为一个整体，拥有一半的决定权，可以通过手机短信平台决定比赛的结果，这体现的是娱乐话语权的让渡。这种消解精英与大众权利差异的方式能够最大限度地发挥现代媒体的辐射力量，创造大量经济效益，中国民众在短信投票的参与上所表达出来的巨大的热情的确暗潮汹涌。将平民的娱乐权利完全还原到平民的手中，这将是一个值得推敲的民主进程。

（撰稿人　孙逾文）

"航母 Style" 为什么这样红

2012 年 11 月 24 日，中国首艘航母"辽宁舰"成功起降歼 - 15 舰载机，舰载机指挥员在起降过程中的手势动作引起中国网友的浓厚兴趣，他们摆出同样的姿势，并自拍下背影传到网上，一夜之间，"航母 Style"爆红网络。一个军事题材的内容为什么能引起如此多人的关注，并且在网络上走红，这是新媒体事件关注的重点。本文将从爱国热情、多种渠道传播以及网络消费文化等三个方面来分析"航母 Style"走红的具体原因以及其体现出来的新媒体特性。

一、"航母 Style" 的前世今生

（一）"航母 Style" 简介

2012 年 11 月 25 日，中国首艘航母"辽宁舰"成功起降歼 - 15 舰载机后，舰载机指挥员在起降过程中的手势动作引起中国网友的浓厚兴趣。航母起飞指挥员以半蹲为姿势，右手蜷缩伸出食指和中指，指向飞行甲板前端，代表"允许起飞"信号。起飞指挥员帅气、干净、有力的"起飞手势"成为最大亮点（图 1），受到网友的热情追捧和模仿。有网友分析了"航母 Style"动作要领是"侧屈腿，食指和中指指向飞机起飞方向，其余手指握拳，脸背对起飞方向"。后有网友给该姿势取名为"航母 Style"，又称为"起飞 Style"。

图 1 "航母 Style"原版姿势①

（二）"航母 Style"起源

1910 年 11 月 14 日，美国飞行员尤金·伊利（Eugene Ely）驾驶"柯蒂斯"双翼机从美国海军伯明翰号轻巡洋舰（USS Birmingham CS－2）上起飞。1911 年 1 月 18 日，他成功地降落在宾夕法尼亚号装甲巡洋舰（USS Pennsylvania ACR－4）上长 31 公尺、宽 10 公尺的木制改装滑行台上。这是飞机第一次从停泊的军舰上起飞，当时飞行员是没有手势指示系统进行辅助的。

1922 年，美国海军历史上的第一艘航空母舰"兰利"号服役。"兰利"号上一位名叫肯尼思·惠廷的军官用照相机记录下每次飞机降落，以评估飞机降落技术。在飞机不起飞的时候，他就在飞行甲板尾部角落观察飞机降落。而惠廷的姿势，飞行员在触底降落时仍能够看得清。于是，飞行员发现惠廷的身体语言很有帮助，并建议有经验的飞行员学习这些姿势，这就是舰载机起降中各种手势动作的雏形。"二战"期间，舰载机起降时已经广泛使用各种手势动作，并且随着航母和飞机的演进，逐渐形成了如今的一整套手势动作。

海军军事学术研究所研究员李杰指出，"辽宁舰"是我国的第一艘航母，飞行助理操作动作以欧美航母为基础，这套飞行示意姿势早被各国广为应用，但部分国家仍采用站立式。而相比站立姿势，蹲立起飞姿势更有

① 图片来源：百度。

助于飞行助理观察舰载机机身下方与甲板之间的情况，视野会更开阔。

（三）中国航母事业

中国辽宁号航空母舰是中国人民解放军海军的第一艘航空母舰，2012年9月25日正式服役。官方名称为中国人民解放军海军辽宁舰，简称辽宁舰，舷号为16号，原为苏联海军库兹涅佐夫级航母的二号舰瓦良格号。从2002年抵达大连造船厂，辽宁舰的现代化改造历经10年。相比原舰，辽宁舰不仅加装有源相控阵雷达，还拆除原型机的反舰导弹以扩大机库空间。辽宁舰交接入列后将继续开展相关科研试验和军事训练等工作。

之前，世界上共有美、英、法、俄等9个国家拥有航母。在联合国安理会5个常任理事国中，中国是唯一没有航母的国家。中国从改造、恢复一艘废旧的航母起步，从无到有，实现了中国航母“零”的突破。中国航母的服役将使中国海军的战斗力、常规威慑能力和核威慑能力大增，真正成为一个战略性军种。

二、“航母 Style”走红路线

2012年11月24日，中国首艘航母“辽宁舰”成功起降歼－15舰载机，首次上舰飞行均一次成功。此次训练成功，航母平台和飞机的技术性得到了充分验证，舰机适配性能良好，达到了设计指标的要求。

“辽宁舰”是中国的第一艘航空母舰，自2011年7月27日中国国防部发布消息称“中国正利用一艘废旧的航空母舰平台进行改造，用于科研试验和训练”后，航母一直备受国人关注。2011年8月10日，中国航母平台进行首次出海航行试验，到2012年8月27日，开始第十次海试。而此次成功起降更是吸引了全世界的眼光，美国彭博社11月26日对此报道称，中国自制战斗机在航母上成功起降，标志着中国取得了一个新的军事里程碑。

11月25日，中央电视台新闻频道播出题为“中国首艘航母‘辽宁舰’成功起降歼－15舰载机”的新闻，舰载机指挥员在起降过程中的手势动作引起中国网友的浓厚兴趣，其中，起飞指挥员帅气、干净、有力的“起飞手势”成为最大亮点。这一套动作在航母上的含义是“止动轮挡和偏流板放下，战机起飞”！

这个被称为“航母 Style”的姿势，迅速引起网友围观并纷纷模仿。网友纷纷表示：“戳中萌点，不幸中招，抚胸卧倒。”为了一表萌姿，大家随后开始以航母起飞指挥员为模仿对象进行狂热模仿。

从维基百科上得知，对“起飞手势”的模仿源起于超级大本营军事网，超级大本营军事网成立于2002年11月，是民间非营利性质的公益网站，也是目前最具影响力的中文军事论坛。11月23日，超级大本营军事网发布《2架歼-15在“辽宁”号航母着舰成功》的消息，消息中报道：“23日上午9时左右，2架中国海军航空兵歼-15舰载战斗机在‘辽宁’舰上成功着舰，飞行员为戴、孙两位英雄。这是继20日的单机着舰试验后的又一次重大突破，表明中国航母训练已经取得真正意义的阶段性成果。”在歼-15成功首飞的消息公布之后，当日就有不少网民在论坛、微博上传庆贺照片。

11月25日央视播出后，有超级大本营网友受到庆贺照片的启发，模仿舰载机起飞指挥员的手势动作，将之拍摄并上传于超级大本营军事论坛以及上传于新浪微博并@超级大本营军事论坛。在微博平台上，超级大本营军事论坛官方微博积极响应并转发庆贺及模仿动作的微博。网友“@科罗廖夫”在25日19：05发了这条微博：“这个pose要火！”并配上一套全国网友模仿航空母舰的起飞指挥员动作的组图。此微博发出不到一天的时间就被转发30 000多条，评论超过4 000条。截至12月25日，该微博已转发了50 000多次，评论超过8 000条。

和许多热点新闻事件衍生出的网络热词一样，“航母Style”一夜之间爆红网络。这个词对“辽宁舰”歼-5起飞引导手势进行了生动、贴切的概括，又加入了近期的网络热门元素，因而迅速被公众和媒体接受。12月19日《北京晚报》刊发文章《谁造了“航母Style”?》，文中提到：“在检索和‘航母Style’相关的各种信息时，最早的网络记录出现在相关新闻曝光的当晚，一个ID为‘金融界拆迁户’的网民在百度百科上创建了这个词条，这是一个23岁的年轻人，军事迷，热衷于在网络平台上创建和编辑词条。除了他之外，短短5天时间里，还有15个网民参与了这个词条的补充和修正，包括补充内容、增加图片、整理排版，甚至修改错别字——而这一切，全部都是基于个人兴趣的‘义务劳动’。”

2012年11月26日，“航母Style”登上了央视新闻联播。新闻联播提到：“我国国防军工事业的每一次尝试，每一次成功都牵动着亿万国人的心，即便是舰载机起降现场飞行助理一个指示战机起飞的动作，也被网友们纷纷模仿，他们将这个走你的姿势冠以‘航母Style’，并在网络上迅速蹿红。”在新闻中，引用了大量网络上的截图以及网友的评论，语言平实自然。“航母Style”走红的背后是祖国的日益强大和群众的自豪之情。

从11月26日开始，网上陆续贴出娱乐明星模仿“航母Style”的图片和新闻，例如京华网的“明星航母Style笑料百出，网友力荐上春晚孙俪领舞”；随后，正在拍摄新剧的文章也携剧照一起模仿“航母Style”，冯绍峰、谢楠、冯远征，体操运动员冯喆也加入了“航母Style”的行列，晒出了各种版本的“航母Style”。明星的加入引起了更多网友的关注和讨论，“航母Style”再掀高潮。

截至2012年12月26日，关于“航母Style”的相关微博搜索结果达到200多万条。

三、“航母Style”走红背后

（一）爱国热情的体现

随着歼-15在“辽宁舰”上起降飞行训练的画面在电视上反复出现，镜头里两名起飞助理很帅的指挥动作不仅成了军事迷们的谈资，也被许多普通网友所记住。他们纷纷发挥搞笑模仿的功力，摆出同样的姿势，并自拍下背影传上网。这股模仿热潮在几小时内席卷人人网、微博、高校论坛和军事论坛，被网友戏称为“走你”姿势或“航母Style”。

在搞笑背后，网友们都有一份为祖国强盛、海军发展的欣喜与自豪的心情。在清华的“水木论坛”上，一位航天航空学院的研究生上传了自己的“航母Style”照片，并撰文表达自己的心情：“这些天我一直处于一种莫名的亢奋状态，原来以为是红牛喝多了，今天突然看到别人的‘航母Style’，突然明白自己为啥高兴了！我为日益强盛的祖国自豪！”

“航母Style”的走红具有其深厚的社会文化背景：由于我国地缘政治和近期国际形势的复杂，国防科技领域的重大进展一直是全国民众的关注焦点。2010年9月7日，载有15名船员的中国拖网渔船“闽晋5179”在钓鱼岛附近海域捕捞作业时，遭遇日本巡逻船两次冲撞，并于中午被迫停船。日本以“涉嫌妨碍执行公务”为由抓扣渔船船长詹其雄。事发当天，中日即在外交层面针锋相对。2012年7月，日本首相野田佳彦发表声明称为了维持对钓鱼岛的“稳定管理”，将把其“收归国有”。先于政府和“土地权所有者”展开谈判的东京都知事石原慎太郎也已基本同意把钓鱼岛“国有化”。这使得钓鱼岛争端不断升级，购岛言论激怒了中国民众，反日情绪高涨，支持武力解决问题的言论也不在少数。

与此同时，中国南海问题也一直纠纷不断，南海四大群岛中，西沙、中沙群岛被中国实际控制，东沙群岛由中国台湾控制，而南沙群岛的情况最为复杂：越南非法占据了南沙西部海域多达29个岛屿，菲律宾非法占据了南沙东北部海域多达8个岛屿，马来西亚非法占据南沙西南部海域。

在这种严峻的国际形势下，中国首艘航母“辽宁舰”正式入列，歼－15舰载机成功起降，自然引发了国人的极大关注。尽管以前我国神舟飞船、蛟龙号深海探测器已经实现“可上九天揽月，可下五洋捉鳖”的梦想，但是，在联合国5个常任理事国中，我国是唯一一个没有航母的国家，这与我国日益增长的综合实力和国际地位极不相称。2012年9月25日，航母“辽宁舰”正式入列，标志着我国的海空军已逐步赶上世界先进水平，强大的国防力量让全国人民感受到了背后强大的支持。有外媒报道称，中国自制战斗机在航母上成功起降，标志着中国取得了一个新的军事里程碑。

英国独立电视台网站11月29日发表文章称，在歼－15成功从航母上起飞时，两名导航员的姿势牢牢抓住全国观众的眼球和情绪。中国人现在都争相模仿这个姿势，在办公室、家里、街道上，人们或单独或成群地“走你”，把一种网络时尚变成了爱国主义现象。“这全是为了搞笑，但在娱乐和脑残的背后，这些照片似乎也捕捉到了中国不断上升的民族自豪感。”文章说：“这个飞行员的动作也标志着这个国家自己正在‘起飞’。”

海军信息化专家委员会主任、著名军事专家尹卓少将在接受人民网记者专访时表示，“航母Style”表现出大家对我国国防力量、军队先进装备增长的自豪感，也说明年轻人对国防科技发展的敏感性。

（二）媒体多渠道传播

在本文第二部分中已经详细叙述了“航母Style”是如何走红的，即它的整个传播过程。不难看出，“航母Style”的传播不是单一地在传统媒体上进行，也不只是在网络媒体上进行，而是两者均包括其中，并且在这个过程中，两者互相影响，互相跟进，互动性很强。

最初对于“辽宁舰”成功起降歼－15舰载机的正式官方报道来源于中央电视台，在央视新闻频道播出了长约5分钟的新闻，其中在2分52秒的时候出现了舰载机指挥员在起降过程中的手势动作，大约持续了两秒钟。视频中两名身穿黄色工作服、背后写有“起飞”二字的指挥员做出了示意战机起飞的动作。而在12月25日上午06：53，中央网络电视台（CNTV）上传了此段视频，部分人通过电视收看此则新闻，也有相当多的人在网络上看到这个后来走红的“走你”姿势。

在观看了这段视频之后，便有人模仿这两名指挥员的手势，拍下照片，并且利用网络、手机等媒介将照片上传到军事论坛、微博及博客等地方，并配上文字说明。从这些照片上看到，上至中年大叔，下至幼儿园小朋友都学起了“航母 Style”，但主体人群还是大学生们。他们头戴工地安全帽或者摩托头盔，身穿类似航母起飞助理的黄色外套或者睡衣，还把写有“走你”二字的一张纸贴在后背上。地点则有大学宿舍、实验室、办公室甚至家里的床上。这些搞笑的照片迅速在网上传播，通过转发、评论使得更多的人知道这个姿势。与此同时，有网友结合前段时间爆红网络的“江南 Style”创造了网络热词——“航母 Style”。这是人们从电视上获取信息，利用新媒体进行二次传播的过程。

从 11 月 25 日到 11 月 26 日不到一天的时间里，“航母 Style”红遍了网络，许多传统媒体对这一现象进行了报道，最具有代表性的便是26 日晚中央电视台的《新闻联播》节目，《新闻联播》以“‘航母 Style’走红，祖国强大振奋人心”为题对此事进行了报道，在这则长为 2 分半钟的新闻里，以截图的形式引用了大量网友对“航母 Style”的评论。引用微博、博客中的评论直接播发在新闻中，对于《新闻联播》而言这是一个突破，因为《新闻联播》是中国最高级别的新闻，给人的感觉是不苟言笑的，能与新媒体与这种方式互动令很多人眼前一亮。正因为今年创造了“你幸福吗?”、“航母 Style”等热点舆论话题，《新闻联播》在由北京大学电视研究中心主办的“2012 中国年度电视掌声—嘘声”上获得了“年度掌声”。

《新闻联播》以视频方式披露“辽宁舰”舰载机首次起降的场景，使民众对国防消息的渴求得到了满足，同时“航母 Style”的突出特征使得民众获得了一个模仿娱乐、网络狂欢的机会，这一创新之举又在网络上引发了热议。11 月 27 日 04：39 网友“@科罗廖夫”在新浪博客上发表文章，标题为“哎呀嘛呀，窝上新闻联播了”并且配发了新闻联播的截图，这篇博文被阅读了 3 171 次，有63 条评论。在天涯论坛上，也有网友发帖子惊呼“航母 Style”竟然上了《新闻联播》，在天涯论坛上也引发了众多网友参与讨论。

如果总结一下本次事件的传播路径，便会发现事件的引爆点是单源头的，即央视的报道。之所以产生共鸣是传统媒体与新媒体互动的结果。随后多平台网络分媒传播起到推波助澜的作用，由此实现传播效应的峰值化。这样的传播方式一方面扩宽了传播渠道，另一方面也促进了传统媒体与新媒体融合的步伐。

（三）网络消费文化的推动

“航母 Style”的走红无疑会让人联想到前段时间爆红网络的“江南 Style”，而对于航母手势的命名也是模仿此而来。不同的是，韩国歌曲“江南 Style”以其独特的曲调和舞步展现出一种娱乐创意，而中国的“航母 Style”则是中国民众对军事实力增强的喜悦表达。但从一夜之间广大网民的熟知程度来看，这两种“Style”的走红都体现出网络消费文化的传播力。

中国互联网在过去十几年间飞速发展，网络与经济、政治、文化之间的联系日益紧密，作为一种传播媒介，以互联网为平台所形成的虚拟性、交互性和自主性的网络文化已经形成。网络文化展现了现代生活方式，使民众的文化消费方式发生了极大的变化，相对于传统大众传播而言，网络社会的受众体现出明显的消费自主性。目前，中国网络消费以信息获取、娱乐、社交及购物等为主，网络的高科技优势得到了充分的利用，与此同时，其消费性功能不断放大，网络已经成为网民休闲娱乐和文化消费最重要的媒介。

网络消费文化是以互联网为载体，以符号消费为主要方式，可以满足受众在信息搜寻、休闲娱乐、商务活动和互动交流等方面消费需求的文化形态。[①] 一个姿势、一首歌曲经由网络的发酵，便可以传递到数亿人的眼中，这是由网络消费文化的特征决定的。

首先，网络消费文化主体的自主性。在中国文化背景下，电视作为家庭消费媒介，家庭成员一起收看电视仍然是主导模式。网络的出现打破了这一传统模式，消费的受众变成单一的个体，他们一个人使用一台电脑，虽然在网络消费过程中，彼此之间的交流会形成特定的“群体”，但信息编码和解码者仍然是以个体形象出现。Twitter 创始人之一伊万·威廉姆斯认为，Twitter 为世界带来了一个“人人都能发声，人人都可能被关注”的时代。据《第 30 次中国互联网络发展状况统计报告》显示，截至 2012 年 6 月底，中国网民规模达到 5. 38 亿，互联网普及率为 39. 9%，在普及率达到四成的同时，中国网民增长速度延续了自 2011 年以来放缓的趋势，普及率较上年仅提升了 1. 6 个百分点；而我国微博用户达到 2. 74 亿，较 2011 年底增长 9. 5%，网民使用率为 50. 9%[②]。也就是说有一半的网民都在使用微博，这其中草根阶层占了很大比重，微博让草根阶层拥有自己的话语

---

① 蒋建国. 论网络消费文化的特征. 贵州社会科学，2012（12）.

② 第 30 次中国互联网络发展状况调查统计报告，第 19 页.

权，信息流通面更广。所以当航母在新闻里播出之后，博客、论坛和微博上会出现各种模仿“走你”姿势的照片，包括不同年龄阶层、不同职业。正是网络的匿名性，消费者才可以如此大胆地展示自己，网民创造性的生产和消费是网络消费文化不断发展的内在动力。

其次，网络消费文化主体与客体的互动性。网络消费不受时间、空间的限制，网民被赋予了极大的自由。与报纸、广播、电视等传统媒体的消费不同，网民在网络消费中不再是被动的信息接收者，而是具有信息生产者和消费者的双重身份。在“航母 Style”走红的过程中，一个很重要的媒介消费平台是微博。微博提供了关注、转发、评论、回复、私信及对话等互动功能，用户可以发布不超过 140 字的微博，包括文字、图片、视频等不同形式；也可以转发他人的微博并进行评论；还可以通过符号“@”的提醒和转发来实现各种形式的互动。微博转发机制还具有乘数效应，如某人有 200 个粉丝，他发了一条微博之后，他的粉丝中的其中 100 位转发了此条微博，而这 100 个人又有自己的粉丝，此微博又被不断继续转发，话语以乘数加速度的方式扩散，使得某一事件能在很短的时间内被很多人接收。例如，网友“@科罗廖夫”在 11 月 25 日 19：05 发的一条微博，截至 12 月 25 日就被转发了 56 525 次，此条微博总共被转发了多少次无法统计，但可想而知数量非常巨大。正是由于网络将无数消费者连接起来并提供让他们自由地生产信息的平台，航母指挥员手势才会在如此短的时间内被上亿的人所熟知。

最后，网络消费文化内容的消遣性。消遣是以自我为中心打发时间的一种方式，网络的虚拟性决定了网民可以逃避现实社会，在网络社会中寻找快感、表达自己及消遣时间。众多网民纷纷上传自己模仿“航母 Style”的照片，有的身穿工作服，有的身穿睡衣，还有自制的航母指挥员衣服，他们这么做的目的无非是在虚拟的网络世界中发出自己的声音，参与热点事件的讨论，通过这样的方式消遣时间，是众多网民的选择。网络消费文化表现为即时性、碎片化和无深度，这适合没有身份限制的网民的消费需要，对于追求现实快感的网民而言，消费就是满足感官上的快乐，消遣就是即时性遗忘。面对目不暇接的精彩“游戏”，消费主义心态要求网民尽快享受，面对充满诱惑的网络消费符号，“最重要的是不要将满足延迟，如果你能够即时获得满足，不管你追求什么，现在就努力得到它；因为你不能知道，今天你追求的满足明天还会不会是你的目标”[①]。因此，网络即

---

① ［英］齐格蒙·鲍曼．生活在碎片之中——论后现代道德．郁建兴等译．上海：学林出版社，2002. 96.

时的消遣性使得“航母 Style”成为众人争相模仿的对象，在自我娱乐中红遍了整个网络。

“航母 Style”的走红从本质上看彰显了中国民众对祖国国防事业日益强大的欣喜之情，他们通过这种模仿的方式表达自己的爱国热情，从新闻传播学的角度看，这是传统媒体与新媒体共同作用的结果。在新媒体的影响下，传统媒体正处于转型阶段，与以前单一媒体相比，加入了很多新媒体运作的因素，从“航母 Style”这一例子中，可以预见未来的媒体将呈现多元融合、相互促进的趋势。而网络形成的消费文化为这一切的发生提供了可能，网络消费文化作为当代文化的主要形态，对社会政治、文化、经济的影响日益深入，对网民生活方式和文化观念的影响也日益突出。

（撰稿人　田璐）

《屌丝男士》及其背后的“屌丝文化”探析

2012年下半年，搜狐视频自制系列喜剧《屌丝男士》爆红网络，受到了热烈追捧。《屌丝男士》的成功，固然得益于德国喜剧《屌丝女士》的巨大影响，但更为重要的是，它借助了当下甚嚣尘上的“屌丝文化”的热潮。屌丝文化是2012年里中国互联网上一个非常引人注目且又极为重要的文化现象：它既是对一类特定人群的代称，也是一套流行的网络语汇体系；既是一种对待现实生活的态度，也是一种自我诠释的方法。这是一场众多网友参与的集体自嘲，其中既流露着无奈与辛酸，也饱含着坚韧与希望。它植根于互联网文化的土壤，与一些历史文化现象颇有渊源，更与当代中国的社会现实息息相关。本案例选取《屌丝男士》作为年度视频阐述对象，意在探寻和分析以这部视频作品为代表的“屌丝文化”的具体内涵、文化根源和现实意义。

一、案例简介和背景阐述

（一）案例简介

《屌丝男士》是2012年搜狐视频自制的系列喜剧短片，第一季共6集，于2012年10月10日首播。该片由网络节目主持人董成鹏（大鹏）导演并主演，是一部“向德国电视剧《屌丝女士》致敬”的系列迷你喜剧集。截至2012年12月底，搜狐视频《屌丝男士》系列短片已被网友累计点击观看超过一亿六千万次。目前，该片第二季已在拍摄和制作当中，而剧场版《我们怎么活下去》也于2012年12月29日和30日在中国国家话剧院上演。

在《屌丝男士》中，主演大鹏以“屌丝男”的身份示人，饰演现实生活中的各种男性形象——歌手、乞丐、主持人、大侠、白领、学生或农民工等一些平民小人物。这些人物的共同点，就是都比较猥琐、犯二、要贱，但都以一种浑然不觉甚至理直气壮的状态坦然面对生活中的各种尴尬处境。

《屌丝男士》不是传统意义上的情景喜剧，而是一部具有鲜明网络特点，舞台感十足，整体没有剧情衔接，固定的演员演绎着并不固定角色的笑话集[①]。与早年经典的英国《憨豆先生》系列短剧的故事模式类似，《屌丝男士》的剧集内容也是以一个个短小精悍的笑料故事构成，每个小故事或者笑话都有一个特定的时空场景，剧情彼此断开，不需要相互呼应。在短则数秒钟长则一分钟的时间里，演员凭借不顾形象的神态、十分夸张的动作、极端荒谬的举止、少而精炼的对白及重口味或无厘头的风格，达到让观众捧腹的效果。

图1　《屌丝男士》剧照

（二）背景阐述

《屌丝男士》得以成功推出并迅速走红，另一部来自海外的作品 *Knaller Frauen* 可谓功不可没——中国网友们形象地将其翻译为《屌丝女士》。

《屌丝女士》第一、二季共 8 集，每集约 20 分钟，也全部是由互不关联的零碎小片段组成。由六度获得德国喜剧奖的女演员玛蒂娜·希尔（Martina Hill）[②] 独挑大梁，饰演主角"炸弹妞"——她时而化身为狼狈新娘，时而变成大肚产妇，时而充当家庭主妇，时而坐进高档写字楼，有时是寻求爱情的单身女性，有时是恋爱中的女朋友，有时只是路边的普通行人。

这些角色都是现实生活中的各种女性形象，不过她们对待人和对待事的反应与表现都非常特别，总是令人捧腹大笑。玛蒂娜·希尔的精湛演技以及疯癫荒诞的表演风格令中国网友拍案叫绝，被亲切地誉为"憨豆先生接班人"，其在中国的红火程度远远超过在德国。

《屌丝男士》正是以向《屌丝女士》学习和致敬的姿态，打造出一部"属于中国人的，带有强烈国人屌丝色彩的作品"。有《屌丝女士》在前面

① 摘自优酷网对该剧的剧集简介。

② 德国女演员玛蒂娜·希尔主要表演喜剧，她在柏林剧院工作室（Theaterstudio）学习后，主要在那里表演舞台剧。1998 年起她主要活跃于广播电台，2003 年出演广告后，开始活跃于电视。

铺垫的坚实观众基础和广泛影响力，《屌丝男士》想不那么受关注都难。

但是，《屌丝男士》推出后能够获得巨大的影响力和感召力，从根本上讲，则毫无疑问是与“屌丝文化”于2012年在中国大地刮起的现象及春风有关。在这股风潮下，全中国上下可谓无人不屌丝，无人不爱屌丝，人人言必称屌丝。

图2　《屌丝女士》剧照

忽如一夜春风来，“屌丝”俨然已经成为2012年一个不可忽视的文化现象。从最初的一个恶搞称谓，到爆红后迅速覆盖至网络的各个角落——从贴吧到论坛再到微博，最终延伸至现实生活，屌丝几乎开启了一个网络语言的新时代。而德国短剧《屌丝女士》和中国版《屌丝男士》的问世，则标志着无所不能的网络世界正在把屌丝的影响力推向新的高峰。

这个有些粗俗，带有浓烈嘲讽、揶揄和无奈意味的代词，已经无可争议地成了2012年中国互联网最具代表性的语汇之一。就连一向以严肃认真著称的《人民日报》也在“十八大特刊”的见报文章中使用了“屌丝”一词，引发读者广泛关注。

“屌丝”迎合了当下中国大部分人的心理。不难发现，在我们身边，似乎人人都在忙着将自己归划到屌丝大军的行列，并且乐此不疲、引以为荣——从那些表面上看完全符合屌丝特征的人，到那些几乎和屌丝八竿子打不着的人，都在争相认领这一称号。而当屌丝心态被以系列喜剧这种观众喜闻乐见的形式呈现出来时，自然会在很多人心中引起共鸣，受到热烈追捧也就毫不奇怪了。

那么，究竟什么是“屌丝”？它缘何而生又如何发展？它为何会有如此大的魔力让人们无法抗拒？本案例试图通过对这些问题的梳理和分析，展示“屌丝文化”的现象特征，寻找它的形成原因，分析它的现实依据。

二、案例过程记叙

（一）什么是“屌丝”

2012 年，一个新词横空出世，它遍布网络世界，进而风行整个中国，这个词就是：“屌丝”。提到屌丝就不能不提百度“李毅吧”，也称“D8”，其会员自称“毅丝不挂”，取自“李毅的粉丝”之意。“屌丝”一词最早是百度雷霆三巨头吧对李毅吧会员的恶搞称谓，用于嘲讽“毅丝”。但是李毅吧球迷“不以为耻，反以为荣”，就此领受下来，以“屌丝”自称——“屌丝文化”自此开始一路爆红网络。

“屌丝”是“非常苦 B 青年”的自称，多代表这样一群人：他们一般为年轻男性，出身卑微，相貌平凡，生活平庸，感情空虚，缺乏社会认同，对未来感到迷茫。

屌丝来自五湖四海，一般都是农村家庭或城市底层小市民家庭出身，他们称自己的工作为“搬砖”：有的大学生毕业工作后发现没有获得理想的效果，投入与产出不成比例，得不偿失；有的初中辍学，进城务工，从事着苦与累的工作，拿着并不丰厚甚至是微薄的报酬，在城市的繁华之中勉强分得一杯苦羹。

屌丝们自称“穷丑矮挫胖笨撸”，自称“见人就给人下跪”。他们也心怀梦想但却不见行动，想做而不敢做；他们内心虚荣，不屑“高富帅”而故作清高；他们是善良的，有时也是懦弱的；他们自卑、自贱却也自以为是；他们十分渴望获得社会的认可，但又不知道该怎么去做；他们不满足无聊的生活现状，但又得过且过，对改变现状缺乏热情。

每个屌丝都有自己的“女神”（女神是屌丝对心仪女生的专称），但他们注定只能成为女神的“备胎”——甚至连备胎都不是，只能苦苦追求成为其备胎的资格。当他们在网上鼓足勇气和女神搭讪时，却往往只得到“呵呵”、“睡了”或“洗澡去了”这样的回复，这一句“呵呵”甚至成了屌丝身份的判别式。

与“屌丝”相对的专有词汇是“高富帅”，顾名思义就是又高又帅又有钱的男人，形容男人在身高、财富、相貌上的完美无缺。这样的男人往往会博得众多女性的青睐，在恋爱、婚姻中获得成功。但是对于屌丝来说，“高富帅”是个心酸的词，因为无论外形、财富还是学历，屌丝都难望其项背。

上述性格特点、人生经历、生活境遇以及感情状况，实际生活中的大多数人都有或多或少的体验，它可能发生在我们身边，也可能就是我们自己，因此都可以形成共鸣，都会有所感触，都能找到熟悉的影子。屌丝表面上代指一类特定的人，实则已经成为一种心态、价值观和生活方式。它让我们在面对无可奈何的不公平以及早已无力吐槽的生活现实时，还能诠释自我，聊以自慰，为心灵寻得一丝归属感。

不过有必要指出的是，屌丝文化中也存在一些应该批判的成分，尤其是在对女性的态度上体现出的明显侵略性、标签化甚至流氓化的倾向，欠缺对女性的尊重：在屌丝的话语中，女性永远依附于高富帅的钱和物质，对穷人嗤之以鼻；用分数代指女性的外表，用颜色代指女性是否曾经有性行为。毫无疑问，在屌丝的语境中，女性已经被物化为男性的附属。这样的属性被描刻得露骨而不加掩饰，是不符合现实的，更是值得警醒和反思的。

（二）2012 年屌丝“占领”网络

屌丝一词于 2011 年年底首次出现在互联网，经过最初一段时间的发酵，以极快的速度被广大网民接受并使用。它首先表现为一场“语言的狂欢”，如所有网络热点都会自发形成一套完整的话语体系一样，知悉和传播屌丝文化的网友们，也逐渐开发出了一套暗语式的词库：出身卑微的屌丝们以“矮穷丑”自居的同时，还会将那些占有优质社会资源的男性抽象地称为“高富帅”，以此显示两个群体之间的身份冲突。除了身份区隔，屌丝的话语体系中还有“躺枪”（躺着也中枪）、“男默女泪”（男人看了会沉默，女人看了会流泪）、“逆袭”（在逆境中反击成功）等特有的语言。

“占领奥巴马”标志着屌丝文化影响力的第一次高峰。2012 年 3 月初，中国大陆地区忽然可以不用代理访问 Google +[①]，许多自称是“屌丝”的人在 Google + 上给美国总统奥巴马留言，一时间奥巴马页面上充满了中文留言，乍一看还以为是中文网页，此举被称为“占领奥巴马”，也有媒体称此举为“中国屌丝杀出国门”。

海外影视作品的引进并广受欢迎，推动形成了屌丝文化影响力的第二次高峰。2012 年 3 月，德国的喜剧集 *Knaller Frauen* 被网友译为《屌丝女

---

① Google + 是 Google 公司推出的一项社交服务项目，于 2011 年 6 月 28 日亮相。它将 Google 的在线产品整合，以此作为完整社交网的基础。Google + 的中心要点是朋友和熟人的“圈子（Circles）”，用户可以按不同的圈子组织联系人，如家庭成员、同事、大学同学等，并在小的圈子里分享照片、视频及其他信息。

士》后引入中国，在互联网上热播。此外，另一部片名为《桃花期》的日剧也被网友命名为《屌丝的逆袭》。

而紧接着国内影视机构的跟进和本土化创新，以及国内主流媒体的密切关注，将屌丝文化的影响力推向第三座高峰。

2012 年 10 月 10 日，搜狐视频推出《屌丝男士》系列短剧，以向德国喜剧《屌丝女士》学习和致敬的姿态，打造“属于中国人的，带有强烈国人屌丝色彩的作品”。

2012 年 10 月，优酷网“美好 2012 之优酷出品青年导演扶植计划”推出第一季“逆袭”系列微电影①。该系列共集结 16 位新锐导演，陆续推出了 16 部微电影作品，风格多样，个性鲜明，但都拥有一个共同的主题内容，那就是小人物（屌丝青年）命运的峰回路转、柳暗花明。

2012 年 11 月 3 日，一向以严肃认真著称的《人民日报》在第 5 版“十八大特刊”的文章《激发中国前行的最大力量》中使用了“屌丝”一词，引发读者广泛关注。文章指出：“回望 10 年历程，中国社会结构变化之深、利益格局调整之大、遭遇的外部环境之复杂，实属罕见。市场经济的冲击余波未了，全球化、民主化、信息化的浪潮又不期叠加。分配焦虑、环境恐慌、拼爹时代、屌丝心态，百姓、社会、市场、政府的关系进入‘敏感期’。”②

2012 年 12 月 21 日，华中师范大学国家语言资源监测与研究中心③发布“2012 年中国媒体十大网络用语”，与“屌丝”直接相关的用语独占四席，十分抢眼——“高富帅、白富美”、“躺枪”、“屌丝的逆袭”和“给跪了”分列第三、第六、第七和第十位。

（三）国外也有屌丝

其实屌丝并非中国大陆特产。在此之前，我国香港地区，以及分别经历经济低迷和金融风暴后的日本和美国，早就开始盛行“宅男”、“毒男”、“电车男”和“失败者”等称呼。尽管内涵不尽相同，但它们代指的人群都有一些共同点：都是在生活、工作、爱情和家庭中不如意的一群男人，是各自社会中男性的“弱势群体”。

---

① 优酷网．微电影专题．http：//www. youku. com/show_ page/id_ z24ecfc70177211e2a19e. html.

② 陈琨．激发中国前行的最大力量．人民日报，2012 - 11 - 03.

③ 国家教育部语言文字信息管理司牵头成立国家语言资源监测与研究中心，并陆续成立了五个分中心，它们分别是平面媒体分中心（北京语言大学）、网络媒体分中心（华中师范大学）、海外华语研究分中心（暨南大学）、教育教材分中心（厦门大学）和有声媒体分中心（中国传媒大学）。

发达国家和地区历史上都经历了工业化、城市化的快速发展期。在本国本地区经济迅速发展，并由此带来社会加剧转型和分层的过程中，社会成员中不适应变化的群体往往容易产生失落感。而近年来，世界经济状况总体不景气，主要经济体增长放缓，有些甚至戛然而止并出现倒退。那些原本对未来信心满满的年轻人，乃至整个社会，又会相应地产生集体焦虑感。

在香港，18 岁前从未拍拖、每年都自己一个人过生日、月薪低于6 000 元……这些物质和感情生活的状况是常见的屌丝标准。香港屌丝中，逃避社会是常见的表现，这些年轻人被称为“隐蔽青年”。在结束学业后，由于能力不足或缺乏信心，他们存有放弃找工作的念头、大部分时间留在家中，通过上网浏览网络社群，或玩电子游戏来慰藉自己。更有甚者则产生了厌恶社会的情绪，做出了自杀、犯罪等过激行为。[①]

在日本，总爱宅在家里、迷恋网络游戏、爱看动漫和不善于与人交流的“宅男”和“干物女”，显然都是屌丝一族。曾有中国网友发帖说，《哆啦 A 梦》中的野比大雄是最原始的屌丝形象。其实不管这个比喻是否恰当，我们都不能回避日本动漫“御宅文化”对中国屌丝文化的影响。它们始于日本，流行于两国年轻人中，最终在中国特色的国情下完成了本土化，最形象的文字传达出相似的社会文化生态。

屌丝文化最突出的一个表现就是对爱情的追求和无奈。屌丝们喜欢把自己爱恋的对象称为“女神”，因为女神是可望而不可即的。而这个词本身就带有浓郁的日本动漫色彩。自卑的日本御宅族会把自己深深迷恋的女性形象称之为“女神”。早在几年前，就不断有日本和港台的媒体热衷于评选所谓的“宅男女神”，而这也直接被过渡到了屌丝文化中。

在 20 世纪 60 年代的西方社会，经济发展遭遇瓶颈，战后出生的婴儿潮演变为“迷惘的一代”，他们同样面临信仰迷失、价值观重建等问题。在美国文化当中，Loser（失败者）是一个较严重的词，常指在工作和生活中缺乏能力的“输家”，这一称呼是对人莫大的轻视和打击，人们往往认为一个人可以接受失败，但决不能当失败者。[②] 不过，和中国的屌丝登堂入室一样，美国的年轻人也越来越自我，越来越不在乎，甚至主动去做一个 Loser。

---

① 朱绍杰. 吊丝，狂欢背后的焦虑. 羊城晚报，2012－03－24.

② 百度贴吧. 屌丝吧. http://tieba. baidu. com/p/1448465526.

三、案例分析及评价

（一）互联网为屌丝文化的诞生发展提供了土壤和平台

自信息技术应用导致互联网出现以后，网络文化现象层出不穷，很快发展为一种普遍性的文化现象。互联网技术以及网络文化的固有特征，为屌丝文化的诞生和发展提供了必不可少的土壤和平台。

自由性与开放性相结合。对网民而言，网络的运用具有比较大的自由度，不需考虑太多地理条件的限制；网络使用的门槛不高，对文化水平没有什么太高的要求；网络交往也一般是匿名的，这为网民个体自身体验的表达、感情的宣泄等提供了一个相对安全的空间，由此带来的风险规避效应，使得哪怕是平时最内向和腼腆的人也有可能在网上高谈阔论；网络的注册和使用对每个人都是平等开放的，没有穷富界限、没有学历审查、没有等级悬殊、没有权威限制，也没有年龄差异等，任何人都可以在网上发表自己的意见，阐述自己的观点。

自主性与交互性相结合。参与者是网络文化的主体，网络技术所提供的使用条件和活动平台大大提高了参与者的主体能力，具有强烈的自主性。这使得在传统现实社会中处于被动角色地位的人们，在网络世界中能够成为有生气、有活力的能动的人。① 网络文化传播的主要形式就是网络信息的沟通和互动——每一个参与网络生活的人都是主动的参与者，能够自由地通过网络所提供的各种形式来交流沟通，可随时发表自己的意见和想法，并同时得到他人的反馈。在自主创新与交互讨论中形成的网络聚合力，则把一个个分散的、碎片化的个体信息集合起来，汇聚成一股颇具影响的网络文化力量。

复制性与再造性相结合。网络流行的特点就是被不断复制，而复制往往具有再造性的功能，其过程是由简单的复制到创造性复制的转化，出现让人意想不到的效果。从对“李毅吧”粉丝的称呼，到现在所流行的“屌丝”，其含义在网络中不断被复制，在现实中不断被应用，在应用中不断被演绎和加入新的内涵。

虚拟性与现实性相结合。网络流行与现实流行密不可分，是新媒体时代流行文化的突出特点。屌丝文化就是网络流行与现实流传的有机结合

---

① 莫茜．大众文化与网络文化．北京：北京邮电大学出版社，2009. 122.

体。移动终端技术的快速发展，使得上网工具的便利性、快捷性日益显露，这与网络虚拟性的特点相结合，让网民们的自我表达往往表现为在网络虚拟平台与现实有机结合的立体式表达方式。屌丝之所以能够成为一种文化现象，而不只是一种恶搞的简单变异，正是因为网民们将它纳入到了自己的主观世界中进行了解构以及重新建构的结果。[①]

（二）屌丝文化的形成是一个发展变化的过程，有其历史文化根源

1. 屌丝文化与犬儒主义

有评论认为，屌丝文化是以价值多元为目的，以犬儒主义作为方法的。犬儒主义学派（Cynicism）[②] 是古希腊四大学派之一（犬儒主义学派、斯多亚学派、伊壁鸠鲁学派和新柏拉图学派），一般认为是苏格拉底的弟子安提斯泰尼创立的，另一人物第欧根尼则因为住在木桶里的怪异行为而成为更有名的犬儒主义者。

当时奉行这一主义的哲学家或思想家，他们的举止言谈、行为方式，甚至生活态度与狗的某些特征很相似，他们旁若无人、放浪形骸、不知廉耻，却忠诚可靠、感觉灵敏、敌我分明、敢咬敢斗。于是人们就称这些人为“犬儒”，意思是“像狗一样的人”。

犬儒学派的思想被概括为“三反运动”——反社会，反世俗，反现实。政治上，他们藐视一切权威；宗教上，他们怀疑神灵，批判宗教；他们鄙视金钱，摒弃世俗快乐，安贫乐道；他们自信、独立且强大，热爱生活，关注人生，不逃避、不苟且。

但是今天的“犬儒”和古代的犬儒主义在学理上已有很大不同，含义上也发生了一些变化，被简单地概括为“玩世不恭”和“愤世嫉俗”。今天的中国社会，处处充斥着这种心态，可谓犬儒主义当道：人们不喜欢谈论意识形态，不再严肃对待任何官方命题，而特别喜欢消遣严肃、讽刺崇高、排斥正统，这恰似屌丝文化中用自嘲消解主流文化的特点——选择用自己特有的话语方式诠释生活，针砭时弊。

不过，屌丝们至少有一点与古希腊犬儒主义哲学家们是一致的，那就是他们都从内心深处希望这个时代会更好。

---

① 王玉香．新媒体时代透视青少年屌丝文化现象．中国青年研究，2012（9）：86.

② 犬儒学派因其创始人安提斯泰尼（Antisthenes）在一个名叫居诺萨格（Kunosarges）的体育场中讲学而得名，因为 Kuno 就是希腊语“狗”的意思。

2. 屌丝心态与精神胜利法

有评论认为，屌丝是新时代的阿 Q。[①] 阿 Q 是鲁迅先生虚构的文学人物，他妄自尊大又自轻自贱，自我陶醉又自欺欺人，面对屈辱总会寻觅到反向的尊荣，遭遇失败却又能取得另类的胜利，其万能的精神胜利法成为身份卑微却又不甘沉沦的中国人自我麻醉和自我安慰的制胜法宝——那种短暂的精神超越，可以忘却现时的苦痛刺激。[②]

不过屌丝虽然貌似阿 Q 但却并不意淫：至少阿 Q 在遭受欺辱时还会梦想“银盔银甲”，幻想“我手持钢鞭将你打”[③]。阿 Q 一定会很介意别人对他的嘲讽，而屌丝则对此无所谓：不仅看起来认命了，甚至已经将阿 Q 的精神胜利法升级到无关尊严痛痒的自我矮化，而且是堂而皇之的，在高富帅面前，他们直说“跪了”；在别人夸耀成就时，他们嬉皮笑脸“求别说”；哪怕是屌丝用于励志的话，也是让人哭笑不得的“屌丝不哭，站起来撸”，可谓是充满了凄惨与悲凉。

自我嘲解源自对现实的无奈。崇高的理想和残酷的现实之间，充斥了过多的社会不公，令无数回天乏力的小人物在迷茫与无助中产生奋斗不能、沉沦不甘的纠结。因此这种抛弃了阿 Q 精神胜利法的自我矮化并非沉沦，而是以新的方式取得跟社会和自己的和解。[④]

3. 屌丝文化与自嘲文化

屌丝文化是自嘲文化发展到一定阶段的产物，而群体自嘲则是一种解构现实的武器。

就在屌丝一词甚嚣尘上的时候，不少文化人士都对此表达过看法。如有这样一条微博：“屌丝心态就是将个人能力不足导致的问题视为外界对个人本身的迫害。”后来微博的作者删去了这条微博，但并非是因为遭到了屌丝们的围攻，而是因为屌丝给她“跪了”。[⑤]

稍微观察一下就能发现，在这条对屌丝不太友好的微博的评论里，并没有屌丝破口大骂。相反，很多人高呼“女神”或“给女神跪了”这些姿态很卑贱的话。这些人显然是反对者，但是按照一般的网络习惯，反对者应该激烈地乱喷、大打口水战才对，怎么唯独在讨论“屌丝”的话题里，

---

① 阿 Q 的形象出自《阿 Q 正传》，这是鲁迅小说的代表作，写于 1921 年 12 月至 1922 年 2 月间，最初分章发表于北京《晨报副刊》，后收入小说集《呐喊》。

② 西窗飞雨．屌丝是阿 Q 与时俱进的升级版．2012－06－17.

③ 出自绍剧《龙虎斗》的唱词。

④《新周刊》杂志社选编．《新周刊》2012 年度佳作·屌丝传．桂林：漓江出版社，2013. 41.

⑤ 此微博出自媒体人、专栏作家、《那些有伤的年轻人》等畅销书的作者“@庄雅婷”。

普遍的都是卑微语态呢？

那些自称屌丝的人也许根本不算一个“失败者”，他们也许活得很好，甚至活得比大多数人都要滋润。但是从语境上讲，一旦自称“屌丝”，就会立刻进入自我降格的状态。

网络文化中的自我降格现象早已有之。从“贱”文化到无厘头恶搞①，从“2B 青年”到“伤不起”，网络精神的最核心部分之一往往在于敢于自嘲，以自嘲来消解正统，以降格来反对崇高。

自我提升和道貌岸然，是网民最厌恶的现象。一旦有人要严肃，就一定会遭遇网民的反抗，在以往是以骂战的形式出现，而现在则自称“屌丝”，变成了自我降格。屌丝文化在一定程度上是对主流文化或者精英文化的反讽，它虽然包含有自暴自弃的颓废，但也有蔑视主流的骨气。② 屌丝与常人的区别主要在心理而不是外表，不管是自愿屌丝还是被屌丝，在标签化的同时，都表明了一种拒绝主流的态度。

其实在网络文化里，要区分神圣与卑微、严肃与戏谑、伟大与渺小，本来是很麻烦的事情，因为它们常常以彼此混杂、互相冒充的形式出现。看似在夸你，实则在骂你；看似抬高你，却是在消解你；看似一本正经，实则在乱开玩笑；骂你“没有节操”，其实是夸你好玩；夸你“真正高帅富”，其实是在戏谑你。③

中山大学亚太研究院教授朱崇科认为：“‘屌丝’的传播具有庶民叙事的特征，由下而上地对主流话语、价值观进行反抗。自称‘屌丝’让很多人找到自我解嘲和宣泄压力的途径，这也是它传播快的原因。”

4. 自嘲与比惨的心理传统

屌丝在网络上的自嘲，亦有“比惨”之意。中国人有比惨的心理传统，好像历来都是在苦水中泡大的，大凡见面就要比惨。如果是两个学生见面，一个说考试结果不理想，另一个绝对不会说自己取得了好成绩。比惨是大致同一类的人或同一交际圈中，人们的一种追求心理平衡或让对方感到心理平衡的行为方式，从另一个角度说也是一种自我保护的方式。

比惨的心理基础是中国传统文化中倡导的自我谦虚的品德，以及“不

---

① “无厘头恶搞”是指那些故意将一些毫无联系的事物现象等进行莫名其妙组合串联或歪曲，以达到搞笑或讽刺目的的方式。“无厘头”是粤方言，本应写作“无来头”，因粤方言“来”字与“厘”字读音相近，故写作“无厘头”。

② 《新周刊》杂志社选编．《新周刊》2012 年度佳作·屌丝传．桂林：漓江出版社，2013. 44.

③ 《新周刊》杂志社选编．《新周刊》2012 年度佳作·屌丝传．桂林：漓江出版社，2013. 44.

患寡而患不均”的心态，这是中国人的一种传统心理积淀。在社会阶层分化日益显著的今天，贫富差距普遍存在，人们不能在物质上达到所谓的平均，就只好去寻求心理上平均的慰藉。而屌丝文化中用自嘲的方式公然比惨，本质上也是一种发泄和寻求心理的慰藉，那似乎是在宣称：“反正我就是这副屌样，再怎么差都无所谓了。”

（三）屌丝文化的兴起有其深刻的社会现实背景和鲜明的时代特色

屌丝文化表面看似一场网络文化的狂欢，背后却带有明显的失落情绪，反映出浓厚的集体焦虑。这不仅仅是一种单纯的文化现象，归根结底则是当代中国社会问题的折射，是现实社会矛盾不断堆积的征兆。

屌丝族群和屌丝文化既是在当下这个时代产生和发展起来的，也深深地反映了这个时代的特点。这是一个最好的时代，也是一个最坏的时代；这是一个光明的时代，又是一个黑暗的时代。① 而“屌丝”这个身份标签之所以能够激起众多网络围观者的共鸣，让他们产生一种惺惺相惜、抱团取暖的身份认同感，则也根源于我们所有人都处在这样一个加快转型的时代中。

经济社会发展不平衡，贫富差距日益扩大，阶层上升渠道不畅，社会生活中的不平等不公正现象普遍存在……在这个大时代下，小人物更显迷茫和无助，因为“高富帅”和“矮穷丑”在社会资源分配中从来都是不平等的。“屌丝”们要想获取成功，则必须付出比别人更多的艰辛。

没有人愿意自甘沉沦，屌丝成为这个时代类似于阿 Q 的标志性群体，是由于社会冷漠地忽略了他们的存在。在消费主义盛行的大背景下，物质财富的拥有被当做判断一个人成功的最主要标准，这给年青一代造成的现实压力，尤其是婚恋压力，则进一步加剧了这个群体的焦虑情绪。然而，社会发展到今天，这些身处社会底层的人们并没有采用任何激进的做法直接表达愤怒。长期以来，我们似乎已经习惯了社会不公，也已习惯了财富不均，在这种无法更改的社会表象面前，任何单独的个体都只能无奈地选择沉默和顺从。

人们在现实中沉默，但在网络上则一致选择了一种更加聪明而刻薄的做法来进行自我娱乐以及表达自己的价值判断——自嘲。这意味着中国人获得了更多诠释自己生活的权利和自由：现实生活不如意所以自嘲。这种对自己缺乏资源、缺乏向上流动机会和日益边缘化的生存现状的嘲弄，透

---

① 出自英国作家查尔斯·狄更斯所著的长篇小说《双城记》的开篇。

出的是一种无奈，掩饰的是一种愤慨。人们利用屌丝一词“自我设障”，降低成功期望，缓解巨大的社会压力：成功的话就会感觉很好，失败的话也没那么不舒服，可以让人活得不那么累，从而获得与底层生活状态相适应的暂时的精神快感。

而“屌丝的逆袭”则强调了努力的重要性，即贵在坚持，不抛弃不放弃，终有一天能够扭转不利局面，取得属于自己的成功。但是，一个健全的社会，需要的不是更多屌丝逆袭的梦幻传奇，而是种瓜得瓜、种豆得豆的真实机会，是民主法治、公平正义的现实期许，是独立人格、自由思想的文化共识。一个多元发展的社会需要文化包容的气度，而屌丝们真正需要的，是爱。

（撰稿人　王骏）

《那些年，我们一起追的女孩》
——台湾青春电影的文化探索

2012 年 1 月，在中国大陆正式上映的台湾电影《那些年，我们一起追的女孩》（以下简称《那些年》），作为一部发生在高中校园、主打初恋故事的电影，凭借青春爱情的巨大感召力和影片中追忆、怀旧的小清新风潮，自上映以来，便迅速地在全球华人地区引发观影狂潮，蜂拥的观众让《那些年》在各地创下票房奇迹，引起网络上关于青春情感的热议，并一举获得 2012 年第 31 届香港电影金像奖（Hong Kong Film Award）“最佳两岸华语电影”称号。在台湾青春电影的背后，电影所呈现的文化风向和电影文化的影响不容小觑。电影作为文化传播与交流的方式之一，揭示着人们深层的情感意识。不同于传统台湾青春电影浓烈的本土气息和边缘色彩，电影《那些年》将焦点聚在有关青春的正向感悟中，提供给正在悄然逝去青春的人们积极的正能量，引发观众对于电影中小清新风格、怀旧复古风潮的思考。

一、案例简介及背景阐述

（一）《那些年，我们一起追的女孩》电影简介

电影《那些年，我们一起追的女孩》根据导演兼编剧九把刀在 2007 年的自传体小说改编而来，自面世以来，便先后在台湾、香港等地创下票房奇迹。在中国台湾，《那些年》以 4.1 亿台币的票房，成为当地华语影史排行第三的电影。在香港，《那些年》的总票房达到 6 186 万港元，成为有史以来最卖座的华语电影。该片于 2012 年 1 月 6 日在中国大陆地区上映，首周票房就超过了 3 000 万人民币，至 2012 年 1 月 19 日，票房达到 7 580 万元，创下台湾电影在大陆最卖座纪录。[①] 在获得高票房的同时，这

① 九把刀．最美的，都是徒劳无功的．北京：朝华出版社，2012. 298.

部影片也赢得了良好的口碑。

电影《那些年》是典型的台湾小清新风格的青春电影。电影的海报背景是一群纯真少年坐在高高的围墙边，蓝天、白云和阳光为衬托，体现出一种小清新式的唯美。影片讲述的是一段关于光阴的故事。通过男主角柯景腾的青春，看到了每个人都曾有过的青春悸动：有关热血、梦想、坚持、狂妄、暗恋、恋爱、躁动和青涩……同一个故事，激起观众心中不同的涟漪，人们所关注的感动的画面，品味起来，苦涩中带着淡淡的美好。影片要表达的不仅仅是电影中人物行进中的青春，也同时提醒着拥有不尽相同青春的观影人，记忆里那些有点遗憾、有点幼稚和有点可笑却再也不可能回头的青春岁月。青春爱情虽然是这部电影的主线，但显然不能概括电影的全部。“那些年”其实比“女孩”更重要。

剧中的男女主角并没有选择已经占领市场的明星大腕儿，而是台湾的电影新人。九把刀的第一次独立导演和电影新人自然纯真的表演方式，将青春的跃动、无畏和忐忑表现得淋漓尽致。电影的场景发生在 1994 年的台湾彰化市精诚中学，男主角（柯景腾）像那个年纪的一般男生一样，对念书和考卷成绩嗤之以鼻，不喜欢读书，也并不理解读书的意义；把小打小闹的叛逆当成热血，满嘴的脏话代表自己的腔调；讨厌循规蹈矩，因为觉得规矩都不合理；有一群好朋友，喜欢讲义气，那些年的友谊没有目的。女主角（沈佳宜）是班上功课最好的女生，老师眼中的乖学生；觉得念书很重要，但实际上也只是因为考试比较厉害而已；也有过梦想，但也许是因为日复一日单调地准备考试，梦想显得那么不值一提。这种剧情似乎在每个人的青春里都发生过，电影将它表现出来，荧幕中的画面是我们都曾经历过的时间，原本干燥的回忆被影片中蛛丝马迹的念旧情怀濡润成美好，体现出青春的真实。

（二）背景阐述

电影《那些年》带来巨大的轰动效应，不仅是观众怀旧情绪的集体狂欢，更呈现出现代社会的文化追寻。在求新求变的社会进程中，追随新鲜事物是一种时尚和趋势；而回忆过去，追溯从前，则在另一种程度上体现了复古、怀旧潮流的复苏，成为当今文化中的一种表现形式。根据文化子系统在整体社会文化系统中的地位和影响，可以把文化分为主文化、副文化（亚文化）和反文化。所谓大众文化，就是指现代都市和大众消费社会里流行的文化类型（诸如流行音乐、娱乐消遣的影视片、世俗文学、广告文化等）。它是在工业社会产生，以都市大众为消费对象，并通过大众传媒无深度、易复制和模式化的特点，按照市场规律而批量生产的文化产品。同时，它也是当代竞争社会中从个人领域生长出来的一种新的消费文化。电影中呈现的复古、怀旧和小清新的文化现象，其产生、发展与成型，在一定程度上与当前社会的经济水平、媒介传播和文化思潮有关。现代社会文化多元发展，人们对于文化吸收的选择增多，这也让人无从选择，反而在社会文化中产生迷失。大众文化符合普通大众的基本需求，却不能完全满足每一个人。在文化分众愈发激烈的时代，人们看中的不是对大众文化的普遍追随，而是根据个人需要选择不同的文化来代表自己的个性特点。电影《那些年》里，自体式自传造成了一股集体式怀旧风潮，成为七年级生（出生于1981—1990年的群体）① 追捧的文化气氛，夹杂着青春尚未完全退却却又已经看似成熟的无奈痕迹。以一炮而红的电影《那些年》开始，发现了大陆、香港、台湾，以致华人文化圈社会的怀旧风潮，而社会中的怀旧现象已经超出了因电影辐射出的二次效应。怀旧是一种思念、向往与慰藉，人们在怀念中找到了曾经熟悉的感觉，并给人带来安全感。与此同时，怀旧也显出社会中让人失望的一面。在社会高度发展的今天，人们不得不从高压的现实中抽离出来，用怀旧的方式来寻找慰藉。

近几年的台湾青春电影题材，大都集中在与城乡生活有关的现实故事上，关注人物命运，探寻爱的本质，追求理想和人性，在中国传统文化的关照下，诠释全球化语境中青春电影的文化选择，在主题观念上，越来越多的呈现出多元文化、传统与现代、新与旧的碰撞和融合。因此，台湾青春电影所呈现出的文化探索，就不仅止于对文化的完全外放和暴露，而是用青春时期细密心绪布满的画面来一步步、一层层剥开电影内容之下的追求，即对怀旧、复古的微妙感受。台湾青春电影的怀旧情绪的产生，与当代的社会心理有极大关联，社会又是在一个传播的大摇篮里，借由时代来表现青春电影中的文化追寻。从电影《那些年》中，我们可以看到电影对于人们心理的影响，电影所传播的文化与社会、受众心理的互相关照。虽然电影的主人公在命运、身份、背景等方面各不相同，没有统一标准，但并不是没有共识可言，否则我们就无法解释为什么一些人物形象深入人心，并能够唤起人们共同的感受。电影《那些年》中，以柯景腾为代表的七年级男生，和以沈佳宜为代表的众星捧月的乖乖女，很好地刻画了在人们心目中普通的不成熟的男生，和出众的略显早熟的女生的形象。虽然每个人心中的主人公形象不尽相同，但演员所表现的纯真自然，无疑给戏份

---

① 中国台湾现在仍多以民国年计算，七年级生为出生于民国70—79年一族，相当于1981—1990年，约等于中国大陆所称的80后。

带来了更多看点，给予观众更多心灵上的碰撞。在看过这部电影的观众中，引起的强烈共鸣的是每个人心中都有一个“沈佳宜”，这个以现实生活中的沈佳宜为原型的女生形象，成为人们心中青春时期“乖乖女”的代名词。在影响人们形成审美共识的诸多因素中，文化共识也许是最重要的，它影响着人们的情感、道德、认知结构以及各种民风民俗，而这些又恰恰是在审美实践中无法绕开和回避的基本因素。综上所述，以电影《那些年》为案例，台湾青春电影所带来的文化传播价值值得探索和思考。

图 1　《那些年，我们一起追的女孩》电影海报

二、案例过程记叙

原味青春的每一帧——电影成功的过程

电影《那些年，我们一起追的女孩》以 2006 年 6 月诞生的同名原著小说为基础，2010 年 8 月 2 日正式开镜，至 2011 年 8 月 19 日在台湾地区全面上映，4 天票房便破亿。用导演九把刀的话说，幕前幕后都诞生了很多奇迹。《那些年》的制作团队虽然没有拍过电影，但是坚定的信念和演员们真实的表演，让这部青春电影拥有了打动人心的灵动感，让人笑中带泪，感怀中带着浓浓的美好，《那些年》给所有观众的心底留下一份温暖，观众感受到的是电影里蕴藏的爱。

电影除了票房上的巨大成功，还入围了东京影展，创下 6 分钟售完所有场次的纪录；获得 2011 年第 48 届金马影展的最佳女主角、最佳新导演、最佳电影主题曲和最佳新进演员四项提名，最终男主角柯震东获得最佳新进演员奖；电影被获选为 2011 年香港夏日国际电影节的开幕电影；在 2012 年，《那些年，我们一起追的女孩》获得第 31 届香港电影金像奖最佳两岸华语电影；2012 年 5 月 30 日，第十二届华语电影传媒大奖中，获十项提名。票房与口碑的双赢为电影带来相关产业链的发展和传播的契机。

1. 电影红火的时间契机

从 2011 年 12 月 18 日至 2012 年 12 月 17 日的百度指数来看，在 2012 年 1 月至 3 月，这部电影关注度最高，关注指数达到了 202 755，这与电影在大陆上映的时间密切相关。这段时间内，各大门户网站对电影进行宣传造势，线上线下通力合作，为影片在中国内地的上映做了充分准备，加之之前在中国台湾、中国香港、马来西亚及新加坡的大获成功，为观影者提供了一定的心理保证。各大门户网站对这部电影的情况也进行了追踪报道。2011 年 12 月 29 日，电影《那些年》正式启动在新浪的内地官网，导演九把刀、监制柴智屏、主演柯震东、陈妍希等，也通过一个首度曝光的视频花絮，畅聊“自己最浪漫的往事”，契合电影的青春“初恋”故事主题，为电影即将在内地上演加油打气，这也让观众对这部电影充满期待，因为九把刀在视频中说要带大家“夺回青春”。电影的线上活动还包括：新浪微博中“那些年，我们一起追的女孩”电影官方微博、豆瓣小站等，人民网的台湾网频道，在 2012 年 1 月 4 日，对电影的上映发布预告消息。电影档期在年初，又错开年前的贺岁档期，使电影更有赢得票房的可能。

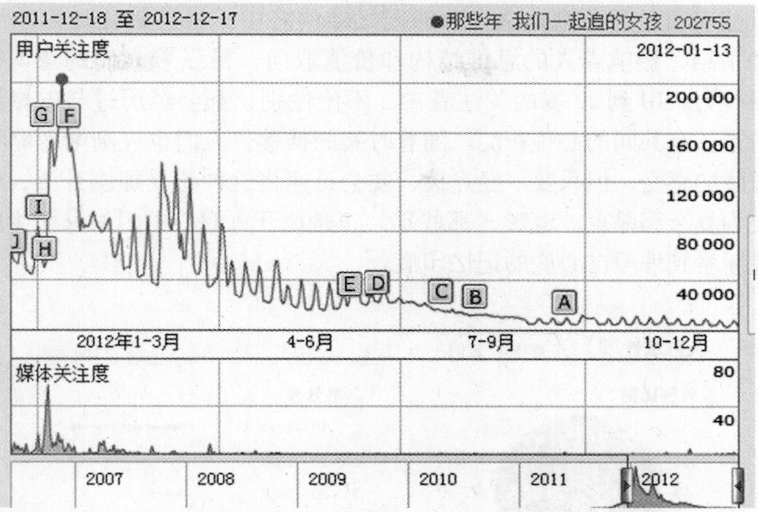

图 2　电影《那些年，我们一起追的女孩》2011. 12. 18—2012. 12. 17 百度指数

随后的月份，关注度逐渐降低，观众已然从影院走出，从电影的《那些年》回味自己的“那些年”。在 6 月到 7 月间出现了一个小的高潮，迎合暑假黄金档的空闲，虽然已经从中国大陆各大影院下线撤映，但网络和媒体依然对《那些年》的后效应跟进。如图所示，关注这部电影的绝大多数为 10 至 29 岁的青年人，年龄层符合电影中所提到的曾经或正在拥有“17 岁”青春情怀的人们。这一类人群，青春正在进行或将要慢慢离开，存在着对岁月的无奈和妥协，故作镇定和成熟。电影中的原型即为导演九把刀（原名柯景腾）的样态，青春在不屑与任性中悄悄流逝，突然发现去完成不屑一顾的事情也可以让人变得充满热血，逐渐选择顺应现实，挑战自己，在跌跌撞撞中走向成熟。关注电影《那些年》的人群中，男性比例占 60. 16%，高中、大学本科及以上学历占绝大部分。电影《那些年》符合这类人群的观影需求，在观看时容易产生共鸣，因为在这类人群中的记忆里，确实存在着这段青春岁月，并且也有过相同或类似的情感经历。电影与观众之间的共鸣建构在人性最基本的共性之上。在这样的基础上，文化、语言、种族甚至政治都无法成为电影传播文化的障碍。人类心理深处的某种共性、同一的生存经验让不同的人跨越了地域和背景的限制，对电影进行解读和分析，被电影中同一个人物、同一个情节甚至同一个表情所深深吸引和打动。人类现实生活中的种种经历体验都会在人的内心深处形成一种积淀，不论人们是否意识到它的存在，这种积淀都会伴随着人的成

长而日益丰富，并逐渐地融入人的记忆结构之中，潜移默化地影响着人的情感和情结，影响着人的思维结构和价值取向，操纵着人们的意识行为和非意识行为。10到29岁的关注者中，不论性别，都会经历过与电影剧中类似的情景，有共同的心理积淀。随着时间的推移，人们也许渐渐忽略了曾经那些朦胧的感受，但只要一经点拨，便会迅速将这种感受加剧升温，怀旧的感受更为复杂和厚重。电影《那些年》正是拨开人们心中因岁月而生成的云雾，重新看到埋藏在心底的记忆印痕。

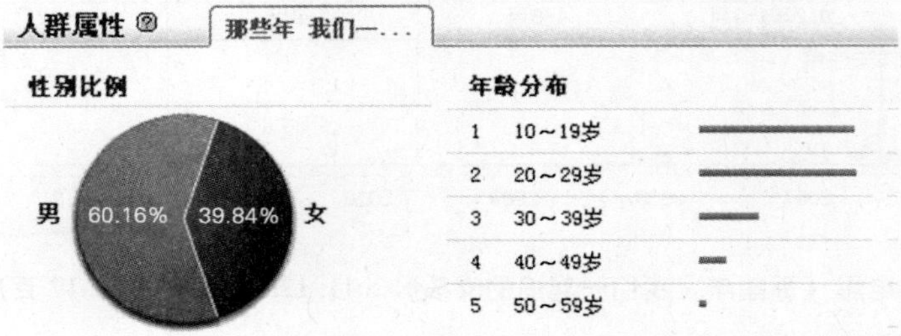

图3　电影《那些年，我们一起追的女孩》百度指数人群属性1

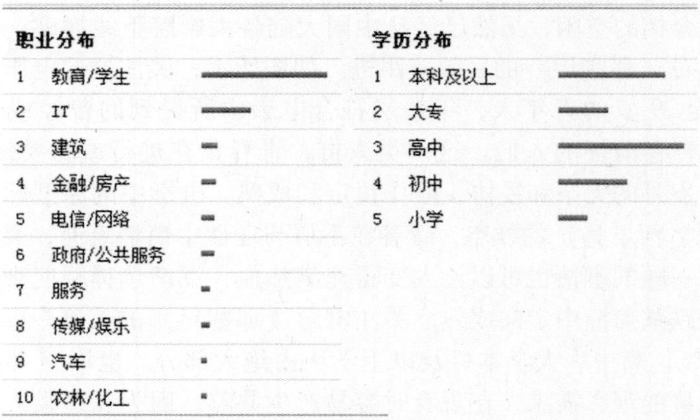

图4　电影《那些年，我们一起追的女孩》百度指数人群属性2

2. 制作团队的通力合作

在电影创作中，许多导演一直青睐于“青春”这个主题，青春电影的导演也成了这个主题的发言人。他们力图用光影的变幻来回顾成长的岁月，以灵动的镜头捕捉人生的记忆，立足于共同的生命体验，进行着文化创新和社会反思。导演九把刀在电影《那些年》中，尽情追寻着自己的青春记忆，真诚细腻地展现出成长的历程，对于那些曾经的快乐与忧愁、温情与残酷、迷茫与独立都坦然面对。一种“私青春＋私趣味＋处女作”的形式，为影片注入了成功的蜜糖。九把刀在《那些年》新浪内地官网的宣传视频里说：“我这一辈子做过最浪漫、同时也最疯狂的事情，就是我拍了《那些年，我们一起追的女孩》，献给17岁的我，献给17岁的我深爱的那个女孩。”搜狐娱乐对导演九把刀进行了专访：“谁能躲避青春这场雨”，更加深入了解导演的创作理念和过程。传统媒体中，《新京报》对电影导演九把刀进行了专题采访，导演九把刀说：“这部电影不是机械产品，它真实地代表了我，所以它的行为会被认同，伤感会被感觉。”[①] 在《扬子晚报》的访问中，导演谈到电影中的情节几度哽咽，说：“最美的爱情是现在时。”电影是导演创作意志的体现，电影《那些年》中，导演可谓是付出了自己的全部情感，导演着自己的故事。看着曾经的真实变成了荧幕中的画面，也了却了导演九把刀个人的人生意愿。原本要被卖掉的剧本，最后因为价钱上双方没有达到共识，“差一点点”，于是九把刀自己来担任导演。在导演的过程中，九把刀没有像很多传统导演在演员的演绎上亲自示范，而是告诉演员：“你们是在演我的青春，我想看到曾经的样子。”就是在这种并不严苛的，用“玩”的态度来对待演戏，对演员百分百信任，演员们流露出了真情实感，朴素自然，少了些做作，更多的是把自己融入到九把刀的青春故事，体会当时的心境。

除了导演在电影创作全过程中付出的真情实感，素有“偶像剧教母”、“神秘魔法师”之称的电视制作人柴智屏，在电影《那些年》中首次担当电影制片人，带领整个制作团队共同创造票房奇迹。柴智屏原本希望通过自己多年的经验来感化九把刀的导演手法，但后来发现，如果用自己的想法去干预导演，电影便会变味，不再是九把刀心中的“那些年”。于是，任他用自己的方式去教演员怎样演好。在角色选取方面，经验丰富的柴智屏对男女主角的挑选也颇为用心，这也让电影产生了一定的明星效应。她注重演员某一方面的特质，然后从中挖掘，并无限放大。男女主角并不是第一眼看上去就让人觉得惊艳，而是拥有自己的特质。看上去笨笨憨厚却故作聪明的男主角柯震东，恬静乖巧的女主角陈妍希，在影片中的表演值得肯定。年少时懵懂的爱恋，对青春年华的无限感激，都是他们表演最到位的地方，观众也为此深深感动。

---

① 九把刀，刘雅婧．对话九把刀：那些年，我们一起追的女孩．http：//star. news. sohu. com/20120116/n332285820. shtml. 2012－01－16.

图5 沈佳宜（陈妍希）（左）柯景腾（柯震东）（右）剧照

“每一个男生心中都有一个沈佳宜”的字幕出现在电影的其中一个宣传片中。正因为“沈佳宜”的形象在男生心中的神圣和弥足珍贵，影片更要对角色进行多方面考量。在演戏过程中，女主角陈妍希多次给导演九把刀提供表演的建议，演出了“每个女生都知道该怎么演的梦寐以求的角色”（九把刀语），“当所有男生都爱慕这个女生时，她就会知道应该怎么做”。讲戏时，女主角陈妍希数次落泪，被影片剧情感动，因为深深喜爱这个故事和自己所演的角色，才会在表演中竭尽全力。陈妍希和柯震东塑造的沈佳宜和柯景腾的人物原型，给观众带来极强的真实感和存在感，好像观众心中曾构想过的形象一下子出现在荧幕中，给人很强的心理共鸣。创作者通过自己的感知与认知活动，将各自潜意识中的原型激活，并组合成一个个鲜活逼真的人物形象，一幅幅丰富多彩的画面，一段段曲折动人的故事情节并传播给每一位受众。受众接收和理解这些信息的过程，也就是重新唤起自己潜意识中与之相关的原型（原始意象）所积累的种种储藏，并与之产生共鸣的过程。① 原本，在读过《那些年，我们一起追的女孩》原著的受众心中是没有具体的沈佳宜和柯景腾形象的，只是凭借个人的经验和推测，把人物进行粗略的归类和想象。导演九把刀在写这本书时就想一定要把它拍成电影，电影的上映激活了广大读者，以及没有读过原著却有过相似经历的人们心目中的“沈佳宜”和“柯景腾”形象。随着岁

---

① 《新周刊》杂志社选编.《新周刊》2012 年度佳作·屌丝传.桂林：漓江出版社，2013.44.

月的流逝，观念的发展，生活经验的丰富，每个人心目中的“沈佳宜”和“柯景腾”也许已经模糊了具体面孔，用一种朦胧的姿态呈现在不起眼的记忆里。通过电影，人们意识到那个朦胧的形象仿佛理应就是这样，无需争辩。影片角色的成功塑造，也成了电影的看点和卖点。

3. 广受追捧的主题风格

如果说人生中最美好的时光是什么，不是孩童学步的童年，不是风华正茂的中年，也不是垂暮之时的老年，而是学习成长、迈向成熟和浮光掠影的青春。无论欢笑还是泪水，青春都值得回味；无论内核是苦涩还是酸甜，一旦披上了青春的外衣，就充满生机，焕发朝气，让人欲罢不能。往往你在回味之时，青春就已经坐上离别的列车渐行渐远。电影《那些年》对过往的青春予以追寻和怀念。原以为负载满满的青春，被我们肆无忌惮挥霍了；努力用功念书，只为追求心仪的女孩；以为赢得血气方刚的格斗赛，就是最好的成熟证明。原本以为无意义的事情，就在那些年的一步步追随、一点点试探中，因为青春的光芒，赋予了它更真实的价值。这部电影以青春为主题，男女主人公的成长时间为脉络，给观众带来感动和回味。或许，那些年的男孩怀念的不是沈佳宜，而是那个青春的自己。就像影片中，男主人公柯景腾说：“我很喜欢当年那个喜欢你的我。”它完成了好几代人一起坐在电影院集体怀旧的梦想。每一帧画面，都隐藏着青春的影子，每一个细节，都投射着时光的过去。电影成功的原因，也就在于，人生最无法回避的主题就是青春。

除了沈佳宜、柯景腾两位主要角色，《那些年》中的其他人物形象也塑造得个性鲜明，他们的言语和行为都深深地刻上了人物的个性烙印。爱耍帅却老是情场失意的老曹，停止不了冲动的许博淳，想用搞笑制胜却总是失败的该边，胖界的夺爱高手阿和。加上这些无法忽略的电影配角，才让电影剧情更加丰满。“热血×欢笑×心跳×青春×初恋×感动”，海报的宣传词用“乘号”做联结，凸显出影片的多元诉求，影片的效果也产生了乘法效应。在台湾的海报中，还多了一个词“麻吉”，为台湾当地的俚语，意为要好、默契，常用来形容好朋友的关系。电影《那些年》从生动具体的生活中汲取养分，青春的欢闹和眼泪就在鲜活的画面中呼之欲出。

三、案例分析及评价

（一）文化视域下的台湾青春电影

青春电影（也称“青春片”）是当下电影创作的一个非常重要的类型。

有的学者说“所谓‘青春片’的基本特征，在于表达了青春的痛苦和其中的诸多的尴尬和匮乏、挫败和伤痛”。青春片一直是台湾电影的一大标志。从80年代初台湾新电影运动以来，青春电影便一直兴盛不衰。近年来的台湾青春电影热潮由2002年的《蓝色大门》掀起，引领台湾电影走出了90年代的低谷，甚至带动了地区旅游产业。杨德昌说：“台湾只有两类电影——青春片与非青春片”，可见青春电影在台湾所占比重之大。纵观近几年台湾的青春电影，求新争奇已经不再是电影创作的主要目的与动因。正因如此，台湾青春电影中温暖恬静的青春旋律，让观众过目不忘。

文化是人的本质力量的实现形式，在人类社会实践活动中，在主体与客体、人与环境、对象化与非对象化的矛盾不断解决过程中得以形成、积累、传递与发展，其最终结果是人与自然、人与社会以及不同族群、不同时代人们之间联结的重要中介物。把握个体生存的感性状态，把握人的生命活动的意义，为电影所传达的文化理念赋予了精神内涵和价值功能。电影《那些年》进入了人们的个人生命体验，成为以人的现实存在和感性存在活动为本体的精神哲学。

（二）怀旧情绪的集体狂欢

单车、早操、课堂、死党、篮球明星卡片、使出浑身解数追女孩、随堂测验、发奋读书……毕业、联考、升大学前的最后一个夏天、迎新舞会、排长龙煲电话粥、宅宿舍、约会、大学毕业后各奔东西……一直心爱的女孩结婚了，新郎不是我……《那些年》剧情中的一系列关键词，成为怀旧情绪的串烧。这似乎也是大多数男孩的成长轨迹，一个普通男孩的故事。即便将剧情抽空，这些关键词本身也将青春怀旧的干柴点燃。就算影片设置了多个男孩共同追女孩，但并没有钩心斗角和情敌的敌对感，反而因为共同的青春回忆，让爱情和友情更加温暖。很多观众说“看这部电影，会看到当年的自己”，“只要曾经发过光，就不会有烂结局”，“无遗憾，不青春”……在观众眼中，《那些年》构建出了关于青春怀旧的想象性公共空间。

怀旧（Nostalgia）的英文词汇来自两个希腊语词，Nostos（返乡）和Algia（怀想），是对于某个不再存在或者从来就没有过的家园的向往。现今的研究学者将怀旧定义得更为宽泛，视为一种情绪体验。随着社会的进步和经济的发展，城市人生活的步伐加快了。人们的生活更为多元，接收的信息更为丰富。我们依赖网络、电脑、手机进行沟通和交流。有人说，现在人们的聚会，都是人手一个智能手机，联络遥远的见不到的人，却忘记了在身边与你相见和可以与你说话的人。人与人之间虽然没有了联络和沟通的屏障，却开始有了心与心的距离。任何一种科技都无法直达你的内心。矛盾和超速的社会让人退而避之，想回到最简单的生活。

怀旧带有审美色彩。在电影《那些年》中，选取特定的有怀旧色彩的场景和画面：单车、校服、校园；用笔尖戳后背的小动作；对老师示威、打赌认输剃光头和扎马尾……这些看似平常的事情，用影视语言加以美化和加工，就变得弥足珍贵。观众对电影的认同，是根据自己的人生脉络（回忆、现今状况、审美趣味）与影片视域融合的结果。《那些年》犹如一块偶然坠入人心湖泊中的小石子，让人心的水面荡漾开涟漪。年少时的死党、魂牵梦萦的女神、青春期那些幼稚的小烦恼、某个味道恬淡的夏天和那首不会再唱的冬季恋歌。观众从电影中获得的文本愉悦各不相同，真正感动他们的或许是每个人心中的秘密花园。

（三）电影情景带动的怀旧之旅

社会活动的主要方式之一便是生产和消费形象，人们通过影像来感受、理解和把握这个世界，对于影像文化，人们也进行消费。电影《那些年》运用台湾本土风景画面来表达导演意志，演绎个人青春故事。影片的清新风格，不仅表现在校园剧情的单纯美好上，剧中的场景也让观众过目不忘，让观众想去彼时彼景探个究竟，从而引出了一条“那些年”的怀旧之旅路线，很多游客按图索骥，被影片中的场景深深吸引，前往当地采风，带动了旅游等相关产业的发展，引发怀旧消费的热潮，完成九把刀承诺为观众“夺回青春”的消费诉求。电影中一幕幕出现过的场景，可以在台中三貂岭至菁桐，沿着基隆河谷的一条长度仅有12.8公里的百年铁路上看到。搭乘这条铁路上古老的小火车，仿佛能把人们带回和电影的主角们一样青涩的少年时代。铁路一起延伸向远方的古朴又怀旧的情愫，也成为游客们争相探寻的秀美景色。影片中的男女主角告白的场景，是在平溪放天灯的胜地平溪石底桥上拍摄的。在影片中，虽然平溪之行只占了一小部分，但却为整部电影增添了不少浪漫的色彩。而平溪最为亮眼之处，就在于石底桥上放天灯的活动，影片为当地的风土人情把握得恰到好处。菁桐是平溪支线铁路的终点，车行至此，便不能再前进了。影片中男女主角曾结伴来到这里，在平行延伸的铁轨上前行。铁路虽有终点，故事却没有结局。电影的片尾处，主角们毕业旅行的目的地是台湾最北的海水浴场白沙湾，电影海报上的碧海蓝天水清沙幼的美景也取自这里。

图6　男女主人公在平溪放天灯剧照

图7　男女主人公在菁铜铁路行走剧照

图8　白沙湾毕业旅行剧照

（四）电影原声带的“继续纯情”

电影《那些年》借助爱情的隐喻和转喻，使抽象的感情变得细腻，画面在电影原声音乐的配合下，校园里纯情美好的爱情显得甜而不腻，哀而不伤，青春的清新香气扑面而来。《那些年，我们一起追的女孩》（又名 *You Are the Apple of My Eye*/O. S. T）作为同步发行的电影原声大碟，是为了这部电影量身制作的歌曲专辑，里面包含电影的主题曲、剧中的配乐和插曲。配乐对渲染电影氛围具有重要作用。与电影主题配合默契的电影音乐不仅为电影的画面加分，更为观众提供视听的双重感官体验（类似Music Video 的视觉效果），成为观众将情绪投入剧情的催化剂，配乐是电影传播中重要的听觉标识系统。电影《那些年》的主题曲《那些年》，也是九把刀作词，契合影片剧情，每当出现特定的情节和片段，配乐响起，恰好迎合当时观众观影的情绪氛围。在原声大碟发行后，有网友说：“听了这张专辑后，更想看《那些年》这部电影了”，电影所带来的正能量在主题曲、配乐和插曲的配合下无限传递，循环播放。

（撰稿人 徐嘉霖）

限娱时代的新型娱乐节目：《谢天谢地，你来啦》

2012年4月14日，央视综合频道在次黄金时段推出了一档全新的智慧型文化栏目《谢天谢地，你来啦》，取代了原来该时段电视剧唱主角的节目编排方式，成为该频道的周播节目。节目一经面世便引起了观众和媒体的极大关注，好评如潮。首播当日，收视率即达到0.55%，比上周同期增长40%，勇夺全国同时段节目收视榜首。如此骄人的成绩背后有着怎样的秘诀？本文从《谢天谢地，你来啦》的产生背景、节目理念、节目模式、节目内容及传播平台入手，通过全面解构和剖析，找出其成功的原因，从而为“限娱令”下的中国娱乐节目长足发展提供借鉴。

一、节目简介：一档大型明星戏剧表演真人秀节目

《谢天谢地，你来啦》是央视综合频道2012年新推出的一档大型明星戏剧表演真人秀节目。它的前身是2011年国庆期间正大综艺播放了四期的《正大综艺·谢天谢地，你来啦》。节目以情景喜剧为主线、逼真舞台为依托及明星表演为核心，每期邀请4位或5位明星嘉宾，在未知剧本、台词及身份的情况下，经过简单的造型设计通过一扇门进入特定的主题场景，场景中已经准备好的助演见到明星嘉宾的第一句话就是：“谢天谢地，你终于来啦！”并迅速将明星嘉宾、观众带入到设置的场景当中。在这个情境中，助演根据节目组事先制定好的剧本，不断地向明星抛出高难度问题。嘉宾在遭遇各种荒诞离奇的剧情设定时，无权回避，只能见招拆招。而助演在与嘉宾的互动过程中也要随机应变，使整个单元剧能够按原定剧情顺利发展。整个表演过程中，明星面对各种未知挑战表现出的机智反应给节目带来了不间断的笑点，而这也正成为该节目的最大看点和亮点。比如某期节目里，相声演员李菁负责扮演的角色是个服装设计师，但现场给他摆出来的代表作竟然是个西瓜。李菁瞪圆眼看了西瓜半天，哆哆嗦嗦憋着气开口：“西瓜……好，好啊！因为……它是个圆！”然后硬生生用“中

国人讲究圆满”的道理圆了场。

《谢天谢地，你来啦》如今已成为央视每周六晚22：28分播出的常态化节目。其制作班底强大，主持人是崔永元、王雪纯（会适时按响表示终止的红灯并对演员做出点评）。另一个亮点是每期都会请到观众非常喜爱的导演、演员和主持人等来作点评嘉宾：包括著名演员李立群、刘晓庆、王劲松、张瑜；豫剧表演艺术家小香玉；导演高希希、金韬、张惠中、江平、翟俊杰；著名媒体评论人梁宏达；作家阎肃；歌唱家蔡大生；培养了众多明星的齐士龙教授；相声演员丁广泉、周炜、博林等。

节目一经推出即赢得观众和业界的好评。2011年荣膺第五届《综艺》年度节目评选“年度电视综艺节目奖”。2012年成为央视综合频道常态化节目，并荣获广电总局颁发的“2012年广播电视创新创优栏目”大奖，其收视率在首期就比上周同时段增长了40%，网上搜索也一跃成为第四名，超过了同时段的《快乐大本营》和《非诚勿扰》。作为娱乐节目的革新之作，《谢天谢地，你来啦》成了“限娱令”之后中国娱乐节目制作的风向标。央视在娱乐节目制作上的改革和创新，也为中国娱乐节目的发展奠定了基调，做出了表率。

二、产生背景：两种动力助推节目诞生

一个节目的产生必然存在诸多原因。《谢天谢地，你来啦》之所以能够亮相央视并成为周播节目，主要得益于国内国外两种动力的推动。

（一）国外：发展成熟且创新不断的真人秀节目

电视真人秀，作为动态的具有目的性的线形叙事模型，是对自愿参与者在规定情境中，为了预先给定的目的，按照特定的规则所进行的竞争行为的记录和加工。它强调实时现场直播，既有纪录片的真实性，又有影视剧的戏剧性，还有竞技游戏节目的娱乐性和互动性，所以深受观众喜爱。真人秀发端于西方，最流行的说法就是20世纪90年代末期荷兰版的《老大哥》。进入21世纪，真人秀浪潮迅速席卷全球，创造了很多电视收视奇迹，如美国的《生存者》、法国的《阁楼故事》、德国的《硬汉》、瑞典的《求婚》等。它们独特的魅力吸引了众多眼球，使真人秀成为电视娱乐节目的主流形态。经过几十年的发展，真人秀无论在数量还是质量上都实现了质的飞跃，逐渐进入成熟轨道。目前西方的真人秀已进入产业化大制作阶段，涌现出大量优秀的节目模式。由于这些模式的设置非常讲究和细

致，往往相对稳定，成为一种能够被广泛复制的节目样式，从而促成真人秀的跨地区、跨国经营。相对于欧美等发达国家，中国的电视行业起步晚，在国外，一个成熟的电视模式动辄需要投入巨额资金、大量的人力和漫长的周期才能够成型并被市场认可，这对中国国情而言，显然并不是短期内可以达到的目标。因此，加入采购国外先进电视模式可以以最快的速度与国际上最先进的理念接轨，如果本土化改造恰当，才能够以最快的方式进步。

当前中国收视排前的真人秀节目大多都是从国外引进，然后加以本土化改造。比如东方卫视的《中国达人秀》与英国的 *Britian's Got Talant*、浙江卫视的《中国好声音》与荷兰的 *The Voice of Holland*、湖南卫视的《我们约会吧》与英国的 *Take Me Out* 等。

《谢天谢地，你来啦》是中央电视台首次引进版权的戏剧真人秀节目（与英国 Fremantle Media 公司签约购买）。原版节目名为 *Thank God, You're Here*，其版权公司为澳大利亚工作犬影视制作公司（Working Dog Productions）。该节目自 2006 年 4 月起在澳洲电视网（Network）频道 10 播出，迄今为止已有 6 季，发展十分成熟，版权分布 18 个国家，全球影响颇广。

而中央电视台引进这个节目有点偶然。《谢天谢地，你来啦》制片人过彤曾说："很多节目概念的缘起都来自于偶然，《谢天谢地，你来啦》也不例外。2000 年我在英国学习的时候偶然看到一档叫做 *Whose Line Is It Anyway*？的综艺节目。1 个主持人，4 个明星嘉宾，主持人现场命题让嘉宾编故事玩接龙游戏，里面有各种夸张表演、各种机智问答，完全是即兴，现场气氛超级搞笑，嘉宾表演惟妙惟肖，观众乐得前仰后合。当时我就惊诧于英国人那种用综艺节目形态包装情景喜剧的形式。从那时起我开始留心优秀的情景喜剧节目模式。很偶然的看片会上，我和搭档王雪纯看到了一档澳大利亚的节目 *Thank God, You're Here*，眼前一亮——这可能就是我们苦苦寻找的节目样板，它和其他娱乐节目最大的不同就是它是彻头彻尾'玩儿剧'的综艺节目。"①

（二）国内："限娱令"下电视媒体责任的回归

随着我国市场经济的快速发展，电视媒体转企改制的不断深入，许多电视节目为了获得更高的经济利益，不惜降低格调。娱乐节目过度化、同质化及低俗化等社会责任缺失的现象愈演愈烈。尼尔·波兹曼在《娱乐至

---

① 刘亚娟. 2011 年度综艺节目：正大综艺·谢天谢地，你来啦. 综艺报，2012-03-25.

死》中警示世人："有两种方法可以让文化精神枯萎，一种是让文化成为一个监狱，另一种就是把文化变成一场娱乐至死的舞台。"电视节目"泛娱乐化"现象给我国社会造成了巨大危害，各种拜金主义、婚外恋等错误价值观得到疯狂传播，受众的文化品位被拉低，社会责任感被削弱，极大损害了我国社会主义文化建设。

2011 年 10 月 11 日，针对我国上星综合频道娱乐节目泛滥，甚至出现低俗化倾向的问题，国家广电总局下发了《关于进一步加强电视上星综合频道节目管理的意见》，重申电视上星综合频道是以新闻宣传为主的综合频道，提出要扩大新闻、经济、文化、科教、少儿和纪录片等多种类型节目播出比例，对节目形态雷同、过多过滥的婚恋交友类、才艺竞秀类、情感故事类、游戏竞技类、综艺娱乐类、访谈脱口秀及真人秀等类型节目实行播出总量控制，防止过度娱乐化和低俗倾向；同时要重点加强思想道德建设栏目建设，各电视上星综合频道要开办一个弘扬中华民族传统美德和社会主义核心价值体系的思想道德建设栏目，以满足广大观众多样化、多层次和高品位的收视需求。这个主要对上星综合频道娱乐节目进行调控的国家广电总局文件，社会上称之为"限娱令"。

"限娱令"的发布使得电视媒体开始反思娱乐节目的发展之路。各地电视媒体纷纷调整战略，通过加大品牌节目建设、削减同质化节目、重视差异化经营，自觉地投入到新一轮节目转型升级中去。在这样的背景下，中央电视台推出了标榜为"全新智慧型文化栏目"的《谢天谢地，你来啦》，承担起作为主流电视台应当承担的社会责任。

三、节目解析：三大创新打造全新"智慧型文化"栏目

《谢天谢地，你来啦》是一档定位为"智慧型文化"的栏目，坚持"高品质、高品位、高品格"的要求，以传播文化价值为先，倡导智慧娱乐。它区别于如今大行其道的选秀、相亲等真人秀节目，主打"高智商"牌，力求通过节目理念的创新、模式的创新、内容的创新同低俗文化划清界限，最终实现节目由娱乐到文艺再到文化的"三级跳"。

（一）节目理念创新——差异化定位体现决策者智慧

"多思乃谋事之本，奇谋乃胜战之诀"，在市场竞争如此激烈的当下，同质化节目日趋严重的今天，只有创新理念，走差异化道路，制作出不同的、新颖的和无可替代的节目产品，才能在纷繁的节目中脱颖而出，赢得

市场。

受众定位上，《谢天谢地，你来啦》不同于湖南卫视、浙江卫视等地方卫视的年轻或泛人群定位，主动出击高端市场，将目光锁定都市白领，尤其是对话剧等文化艺术感兴趣的文艺受众。从百度指数的搜索来看图1、图2，《谢天谢地，你来啦》的网民主要是高学历、高收入及经济发达地区的中青年男性网民。北京、天津、上海等一线城市是对节目搜索数量最多的城市，这与综合频道的受众结构大相径庭。节目主持人崔永元也强调《谢天谢地，你来啦》并不是单纯的娱乐节目，而是“文化内涵特殊，语境表达高，IQ + EQ 互动之电视传播栏目”。节目脱离了简单的揭秘娱乐、身体娱乐、语言娱乐与行为动作娱乐，转向具有思想、文化价值的创造性活动之中，更加趋向于高智商娱乐。

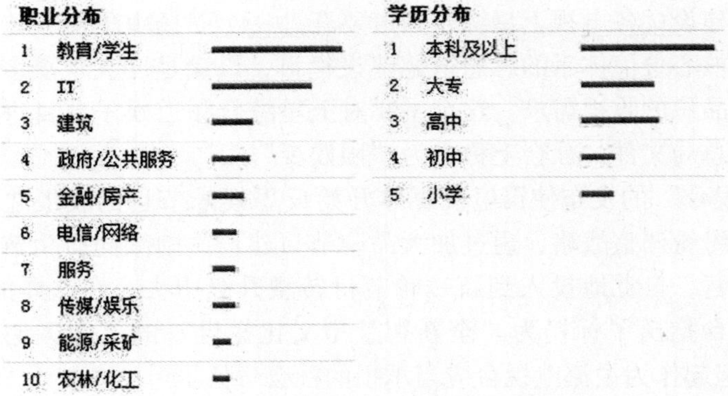

图1　《谢天谢地，你来啦》百度指数人群属性1

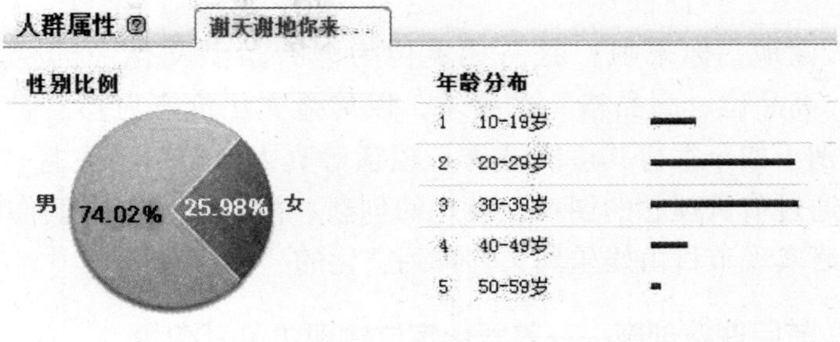

图2　《谢天谢地，你来啦》百度指数人群属性2

同时，节目还反其道而行，走与当前中国电视热衷的“草根明星化”

路线相区别的“明星大众化”路线，在国内越来越多的婚恋交友类、选秀类和游戏类节目中可谓一枝独秀。节目中明星嘉宾要不断地应对剧中演员设置的各种障碍。如在2012年5月1日第五期节目中，嘉宾郑昊与崔永元即兴表演的《新书推介会》中，郑昊变身知名作家，用“一斤棉花与一斤铁其实一样重”等句子为书名进行巧解，并应小崔要求和他一起念“无字天书”里的诗；而在嘉宾郝平即兴表演的《餐厅设计》中，则要求对餐厅的主题设计进行一番解释，一个个刁钻古怪的问题经常逼得明星们满头大汗、无所适从。崔永元说：“人们会在节目里发现，原来哪怕是外表光鲜的演员，每天也都在面对一些未知的状况——那么自己在生活和工作中遇到的那些困难，又有什么难以解决的呢?”

在节目中作为“精英”的明星，不仅仅是被欣赏的对象，而且还是被消费的文化产品，在自娱的同时娱乐大众。从受众的地位来看，未知的剧本，无情地将嘉宾置于被审判的舞台；开放式的场景，时时刻刻把名人嘉宾置于聚光灯之下。看着别人考试，从各个角度监视他人，此时形成了福柯式的全景监狱，受众地位得到空前提高，受众能看到公开空间里的私人话语，只不过这种私人话语并非我们一般意义上的私人生活话语，而是更能体现嘉宾个人能力的话语。[1] 以前横在精英与大众之间的明显界限被模糊、缝合，最终达成合谋，合二为一。

（二）节目模式创新——戏剧性真人秀凸显演员智慧

《谢天谢地，你来啦》的节目模式主要为“明星＋情境＋即兴喜剧”，是情景喜剧和综艺两种“老料”在高段位的创意催化下产生化学反应的结果。它采取拼盘型的整体结构，每期节目推出5位或4位明星嘉宾。这5个（4个）明星嘉宾构成5个（4个）板块，每个板块中有一出单元剧，板块与板块之间彼此独立，少有关联，观众既可以全看又可选择看，符合快节奏时代人们的收视习惯。演员表演结束后，主持人会进行简短访谈，评委、观众也会予以点评。在所有板块都结束后，主持人会根据观众的意见，对嘉宾的表演做出“评判”，给他们“颁奖”（此环节之前没有，2012年5月5日第5期才开始有）。

这种大型明星戏剧表演真人秀的节目模式十分新颖，央视在引进之后又根据我国本土特色对其进行了二次创新，移植了大量中国审美元素，在保留原版节目情景喜剧特色的同时，把话剧、小品、相声与歌舞剧等多种

---

① 荆丽娜．电视戏剧真人秀的创新姿态．今传媒，2012（11）．

形式有机地植入原节目形态中。尤其是节目中精心设置的大量冲突性戏剧情境，迫使明星在与助演的即兴表演过程中迸发出最真实的智慧，极大地增强了节目的感染力，也凸显了真人秀中人的“真”魅力。

黑格尔说：“充满冲突的情境特别适宜于用作剧艺的对象，剧艺本是可以把美的最完满最深刻的发展表现出来的。”《谢天谢地，你来啦》就创设了一个标新立异和颇具智慧含量的特殊情境。在节目中，明星嘉宾被要求参演一出单元剧，但直到化好妆、登上台，他们都不知道自己扮演的是什么角色，或是即将面对什么场景。在整个表演过程中，嘉宾会收到接连不断抛来的各种荒诞离奇的剧情设定，而他们却无权拒绝，只能硬着头皮“顺竿爬”，见招拆招。每一个单元剧假定情境的设置是节目展开戏剧表演的关键，特殊的时空创造了戏剧化的情节，嘉宾演员们都在假定的情境中进入表演实践。

表演的整个过程对演员的演技、应变能力和即兴发挥的创作能力要求极高，十分具有挑战性，这也正成为《谢天谢地，你来啦》的最大看点。12 月 15 日，刘仪伟表演的《金榜题名》中，助演陆续抛出了古文、对联、住房难及留守儿童等一系列高难度问题，而刘仪伟都能从容应答，机智的话语、逼真的表演不仅传达出演员个人的智慧，同时也增强了单元剧的舞台魅力。

（三）节目内容创新——“中国化”剧本彰显全民智慧

2001 年，联合国秘书长科菲·安南在获得诺贝尔和平奖后发表了一段演说，其中有这样一句话：“我们发现自己是文化、传统和记忆力的产物；相互尊重使我们可以向别的文化学习，同时我们也可以将本土化与外来文化相结合以获得新的力量。”新颖的电视节目模式可以在一个国家获得成功，但不一定能复制到其他国家，因为它受制于节目制作规则系统以及特定的民族文化心理和社会环境。想要获得成功，各国需根据本国状况进行本土化改造。《谢天谢地，你来啦》就是央视“超以象外，得其环中”的创新结果。它大胆地引进高端节目模式，对内容进行多方面创新，摒弃了国外原版中大量两性、恶搞等低趣味内容，通过挖掘传统文化中的营养和精髓，以及大众文化中的热点和亮点，力求把《谢天谢地，你来啦》打造成一档反映中国老百姓生活及价值观的全新智慧型文化节目，全面彰显中国特色和智慧。

1. 选题丰富：既有文化内涵又“接地气”

中国有着五千多年的悠久历史，文化底蕴十分深厚。挖掘传统文化，一方面能够大大增强节目的娱乐效果，让观众通过节目找到心理认同，引起共鸣；另一方面也是对文化的二次传播，承担起媒体传播先进文化的责任。《谢天谢地，你来啦》中的不少单元剧的灵感来自于经典的文学名著和影视作品，比如，12 月 22 日演员张立的单元剧就是以《西游记》中的真假美猴王片段改编的，还有诸如《梁山伯与祝英台》、《红楼梦》、《水浒传》、《泰坦尼克号》等经典桥段均被节目组搬上了屏幕。节目中明星们对其不同形式的演艺，既充满乐趣，又富有内涵。

亚里士多德说："戏剧是对现实世界的模仿。"戏剧表演类的真人秀也应该具备呈现、染化现实的作用。实际上，现实性、贴近生活是《谢天谢地，你来啦》的另一大看点。节目的剧本设计大多"接地气"，对现实生活进行干预和关注。《谢天谢地，你来啦》通过对情境的精心设计，将百姓的日常生活浓缩成一幕幕戏剧搬上舞台。如在 4 月 14 日的首播节目中，"土豆村长"单元剧是根据去年在网络上轰动一时的"微博卖土豆"事件改编的；"恋爱租赁"单元剧也是由社会上剩男剩女日渐增多而引发的创意；6 月 30 日的"球迷俱乐部"单元剧反映了欧洲杯的火热气氛；"劝酒"单元剧将视角对准了"酒驾"；"保安面试"取材于保安甘向伟的真实故事。节目的情节设计除了还原现实之外，还针砭时弊，具有现实批判性。如"夏令营"讽刺了现实生活中那些巧立名目以赚取营费为目的的"黑心夏令营"；"售楼中心"将矛头指向高房价和售楼人员的虚假销售；"电影院"则批判了那些在公共场所缺乏文明素养的人。将现实生活搬上舞台进行戏剧加工，将生活中的冲突和火花真切地呈现出来，给观众带来欢笑和思考，令观众捧腹大笑之后又会反思其蕴含的社会意义。这种对现实生活的折射和反映也彰显了媒介公共舆论场的作用。从官方微博、官网及贴吧中受众的反响来看，这种取材于现实生活及地气十足的"写实剧"显然更受青睐。

2. 内容创作：既具开放性又有互动性

《谢天谢地，你来啦》的内容创新还表现在节目的开放性和互动性上。节目秉持"全民参与"的宗旨，在剧本来源、形态设计及现场表演上处处体现开放性和互动性，充分尊重自媒体时代公民的传播者角色，发掘百姓的智慧。

《谢天谢地，你来啦》在官方微博和网站的显著位置专门开辟板块或栏目，刊登征集剧本启事，让受众参与到节目的创作之中。剧本一旦通过审阅并播出，就会在节目片尾编剧栏中署名，并为作者颁发荣誉证书和奖金。这样开门办节目的方针既充分调动了观众的参与热情，为节目与观众之间建立良性互动创造有利条件，同时也为源源不断地获得"合理、真实、有意义”的剧本奠定坚实的基础。

四、传播平台：“中央厨房式”台网一体化互动制作

“中央厨房式”是指将全部的素材，包括视频、文字、图片及音频等集中到一起，“厨师”们（频道和栏目）各取所需，添加不同的调料，做成风味各异、丰富多彩的菜肴。在全媒体时代，电视媒体应打造视频内容集成服务的开放式“中央厨房”。在这个大平台里，不仅生产制作电视台自身需要的海量内容，而且为其他电视机构、民营制作公司以及社会内容制作机构生产的内容提供开放式运营平台，甚至广大网民自制生产的原创内容也可以汇聚到“中央厨房”中，“中央厨房”再根据家庭电视、互联网电视、手机、户外大屏及车载电视等各种渠道终端提供特色化内容，甚至可以根据用户终端的需求提供定制内容、互动内容服务，成为视频内容生产、交易和对内外播出的综合集成服务商。①

《谢天谢地，你来啦》就是央视全面实施“中央厨房式”台网一体化互动制作传播的首个节目。在前期策划阶段即开始全方位制定并实施新媒体传播方案，重视对媒体业务的顶层设计，搭建集中开放的资源平台，重新划分板块，将网络和传统电视高度融合，对节目策划、宣传、制作和互动等各个环节按网络媒体和传统媒体不同的传播规律相应设计，并在传统业务流程中进行适应性改造。通过推出栏目官网、打造多种终端、开发周边节目和加强台网互动等措施，实现电视播出机构向“中央厨房”式内容集成服务商转变，台网松散联动向台网一体化互动发展转变。

（一）精心制作栏目官网，集纳丰富新鲜资源

为了应对新媒体的挑战，传统媒体主动拥抱新媒体，加强网站建设，打通传统媒体和新媒体两个平台，进行合力传播。在推出《谢天谢地，你来啦》时，栏目组高度重视网络平台建设，充分利用网络的特性和优势，精心设计版面、深度加工内容。

版面设计上，整个官网以蓝色为基调，栏头以崔永元照片和大号的节目 logo 为背景，既美观大方又很好地凸显了品牌标识。版面由十三个板块构成，包括最新一期节目回看、往期节目、嘉宾汇、精彩片段、搜索排行榜、嘉宾妙语、栏目动态、栏目介绍、高清图片、下期预告、专家点评、媒体点评以及微博私访。十三个板块按照主次之分先后排序，层次分明，

---

① 闫林．传统电视全媒体战略转型的对策分析．中国记者，2012（2）．

内容丰富，符合受众阅读节奏。

在内容建设上，《谢天谢地，你来啦》利用网络平台的海量性，一方面加大信息资源的二次加工，如“精彩片段”、“嘉宾妙语”和“高清图片”，集中展现了节目中最精华、最有趣和最具有吸引力的部分；另一方面开发新的内容，制作周边节目，满足受众的更多需求。如4月13日，中国网络电视台邀请节目主创任学安、过彤、王雪纯畅谈创作过程中台前幕后的故事；4月15日邀请北大、清华、中国传媒大学教授及业界专家点评。两场网络访谈受到网民关注。访谈期间，在线独立访问人数（UV）分别达到3.37万人与18.9万人。

（二）打造不同终端，实现“一云多屏”立体传播

“一云多屏”又称“一云存储、多终端报道”。“一云”是指内容，而“多屏”指的是多种终端，同样的内容在多种平台、多种终端上实现和消费者需求的链接。《谢天谢地，你来啦》为了抓住网络、手机和平板电脑等不同终端用户，促使内容产品与更多潜在消费者顺利连接，精心打造出针对电脑、手机、iPad等不同终端的客户端，在“一键观看”的基础上，根据不同终端的特点，制作适合电脑、手机、IP电视和户外大屏等不同时长的视频，分别分发推送，扩大了节目播放平台。

（三）密切台网联动，形成舆论造势合力

网络作为节目的传播平台，面对的是与电视不尽相同的受众，遵循与大众媒体不同的传播规律。在网络平台上提升影响力，显然不能只是作为电视媒体的一种装饰和补充，而应作为包括电视媒体与新媒体在内的全媒体顶层设计的重要组成部分。①

为了隆重推出《谢天谢地，你来啦》，中央电视台花重金在重点新闻网站和门户网站宣传推广。播出前，中国网络电视台在中央新闻网站及商业门户推荐节目预告稿及宣传片；播出当日，人民网、新浪、网易、腾讯和搜狐等网站在首页或娱乐、传媒频道推荐，上传两版宣传片；播后第二天，四大门户网站继续在首页推荐，形成强大的舆论势力。从图3中的用户关注度即可看出，播出当天的关注度猛升到60 000万左右，而媒体关注度中播出前后的多个峰值也显示出舆论造势的强度之大。

同时，节目还加强与微博、微信等社交媒体的互动。《谢天谢地，你来啦》的官方网站最下端专门开辟了版块“微博私访”，包括央视网微博、

---

① 晋延林，周滢．构建品牌节目的网络传播体系．电视研究，2012（7）．

新浪微博和腾讯微博三大微博平台。节目组每期会将预告、花絮、完整内容等视频、图片以及观众的评论发布在微博上，并@节目中的明星嘉宾，利用明星的强大粉丝团、微博的裂变性传播优势，扩大节目的影响范围。除此之外，节目还根据微博平台的特征制作差异化内容，如十月份推出的“谢天谢地”版《江南 Style》视频，一经推出便引起众多网民围观。首播当晚《谢天谢地，你来啦》新浪微博粉丝即增加上万，微博转发评论达数千条，节目名也占据新浪热搜榜第四位，超过了同天播出的《非诚勿扰》、《快乐大本营》等节目。通过图 4 中的话题关注度曲线便可看出，节目第 1 期、第 2 期播出时，微博关注也同时达到峰值，微博与节目品牌之间形成了良好的互动。

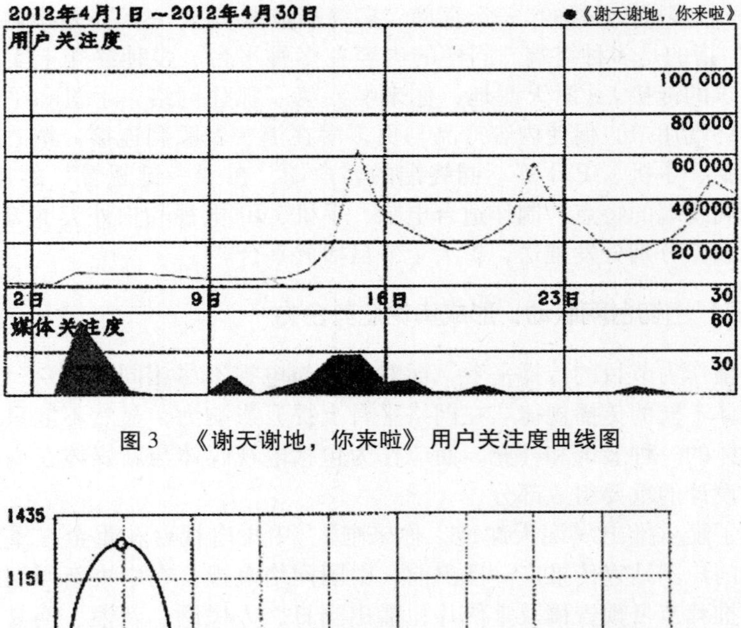

图 3 《谢天谢地，你来啦》用户关注度曲线图

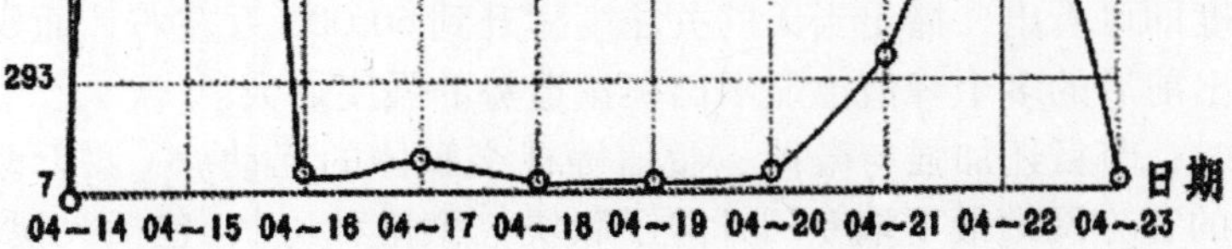

图 4 《谢天谢地，你来啦》话题关注度曲线图

2010 年《中国电视艺术发展报告》提出了中国电视节目“欣赏指数”——“愉悦程度”、“健康程度”、“品位程度”和“启迪程度”四个维度。四个维度共同构成了对电视节目的主观定性评价，其判断的不是电视节目的观看人数而是观看者的满意程度，其重点在于对电视节目的好感度、欣赏度[①]。最后就从这四个维度来整体总结下《谢天谢地，你来啦》这档节目，它既带给观众一种欣赏的愉悦感和亲和力，又具有文化品质和戏剧艺术元素，在传播先进文化的同时，又直击社会热点，引发人们思考，真正做到了“乐而不俗”、“乐有所为”，为“限娱令”下的我国综艺节目市场开辟出一条思想性与趣味性兼容的全新发展道路。

（撰稿人　赵颖虹）

---

① 尹鸿．重建中国电视节目价值评估体系——评《中国电视艺术发展报告首卷》栏目欣赏指数调研报告．中国电视，2011（5）．

优酷网自制节目剖析
——以《晓说 Morning Call》为例

2011 年始，各大视频网站进入白热化竞争阶段，电视剧网络版权市场盛况空前。一线剧集价格最高飙升至 180 万元/集，二、三线剧集也随之出现数倍涨幅。电视剧网络版权虚火旺盛，烧得视频网站坐立不安。不堪重负的视频网站随之加快了在“自制”之路上的前进脚步。2012 年 3 月 16 日，优酷网自制节目《晓说 Morning Call》（以下简称《晓说》）正式上线，2012 年 9 月 9 日又登录浙江卫视，成功实现了网络媒体反向输出电视台。目前，《晓说》第一季已经完美落幕，截至 2013 年 3 月 4 日，共播出 52 期节目，集均播放数约为 210 万次，总播放数（含正片、预告片、花絮）突破 1.3 亿万次。[①] 从形式上来说同电视台耗时长、投资多的大制作相比，也许《晓说》还略显单薄简陋，如何打破播出平台的桎梏以及拓展赢利渠道等方面尚需探索，但是它给整个传媒产业所带来的冲击不容小觑。本文从主持人、内容及受众三个方面对《晓说》进行分析，试图梳理出视频网站自制节目中一些带有规律性的经验。

一、高晓松及其个人风格

《晓说》中，高晓松鲜明的个人话语风格和指向明确的价值观奠定了节目独一无二的风格。其显赫的家世、丰富的阅历以及为之量身定做的节目样式，也是其成功的重要因素。

1. 显赫的家庭背景

提及高晓松，不可避免要说到的便是他的家庭背景。成长环境对一个人的性格、爱好和知识等方面的形成有着极大的影响。高晓松出生在一个中国最典型的高级知识分子家庭。外公张维是深圳大学的创办者，中国工程院、科学院两院院士和熟练使用四国语言的科学家；外婆陆士嘉是中国

① 优酷网．优酷特别策划：晓说这一年．http：//zy. youku. com/xs1year.

著名的流体力学家，世界流体力学权威普朗特教授唯一的女学生和中国籍留学生，并参与筹建北京航空航天大学，主持建设了中国第一个空气动力专业；爷爷高景德是清华大学的校长、中国科学院院士和电机工程学家；舅舅张克潜是著名的物理电子学与光电子学科学家，清华大学教授兼博导；母亲是著名的建筑学家张克群；父亲高立人，也是清华大学教授。①

如此显赫的家庭背景，造就了高晓松独特的社交圈。凭借着家人在北京庞大的人脉关系，再加上在北京四中、清华大学这些名校就读的经历，自幼时起，高晓松便有机会结识许多一般人根本不可能接触到的政坛、商界的名人家庭。而正是这些复杂而特殊的人脉关系，以及与他们交往的经历为高晓松在《晓说》中提供了许多不为人知的谈资。在《晓说》的第40期《开国将帅授衔秘闻（一）》，他就曾提到小时候母亲带他到粟裕大将家做客的事情，回忆起粟裕当年留给他的印象。高晓松在节目里说道："我因为从小在北京长大，再加上家里的关系，我其实认识很多将帅的孩子，所以我跟他们也经常在聊这些事情，包括他们自己的家庭。"

2. 丰富的人生阅历

成长在这样的书香世家，顺理成章的，高晓松高中毕业后便进入了清华大学攻读电子工程系雷达专业。让人意外的是，大三那年，他却选择了退学做音乐。

退学之后，他成立过摇滚乐队"青铜器"，考过北影研究生，开过广告公司，这些尝试或失败或成功，都没有持续很久。1994年，他迎来了人生最重要的转折点，由大地音乐发行的音乐专辑《校园民谣》正式面世，高晓松在其中担任了好几首歌曲的作词以及谱曲。凭借着这张专辑，高晓松敲开了中国音乐界的大门。当中《同桌的你》一曲获得当年度几乎所有流行音乐奖之最佳金曲、最佳作词和最佳作曲，包括全国观众评选的央视春晚最受欢迎节目一等奖，那张专辑更成为十年来销量最高的原创专辑。在他最新出版的书《如丧》中，他这样调侃道："为了纪念你丫手都没拉过的倒霉初恋，我写了首叫《同桌的你》的歌，有小半年差点成了国歌，狠狠搞来了一些名利，一直吃到现在。"② 自此之后，高晓松彻底走上了音乐创作的正规道路。1996年，他与从美国留学归来的宋柯一起成立了唱片公司"麦田音乐"，跻身中国一线音乐制作人，主打校园民谣的音乐风格。在1996年推出《高晓松作品集青春无悔》再次大火了一把之后，高晓松开始放缓创作脚步。他上起了正经的班，开会、拿方案及领工资，也忙着

---

① 百度百科. http://baike.baidu.com/view/22512.htm.

② 黄锐海. 高晓松：老婆的基本世界观都是我塑造的，我们很幸福. 南方都市报，2010-06-11.

周游欧美各国，写小说、编剧本及拍电影，间或为一些歌手写点歌，但都没有引起大的反响。由他创办的唱片公司在两易其主之后，发展为了中国内地规模最大的流行音乐公司“太合麦田”。这个时间段，也正是高晓松事业上升、人生积累最迅速的阶段，他移民美国，加入美国国籍，结交好莱坞大牌制作人。《晓说》中的“看美国”系列讲的就是他移居美国后对美国社会各个方面的观察。2009 年，高晓松又开始频繁地出现在电视上，从担任《超级女声》的评委开始，他不断接下选秀节目的邀请。《快乐男声》、《中国达人秀》、《向上吧，少年》以及《声动亚洲》这些国内一流的综艺选秀节目都邀请他来担任评委，他也以个性化的点评及一些口无遮拦的话语引起外界的轰动，并成为媒体关注的焦点。2011 年 5 月 9 日晚 22 时许，高晓松酒后驾车在东直门十字坡附近连撞多辆车，被判拘役 6 个月并处罚金 4 000 元，他成了中国酒驾入刑后被判入狱的第一个名人。这件事情再一次将高晓松推向了舆论的风口浪尖，讨伐的、杀戮的、同情的，各色人等纷沓而至，高晓松选择了沉默。出狱三个月之后，《晓说》正式上线。

3. 量身定做的节目样式

在第一季结束的最后一期里，高晓松谈到了自己为什么要来做这档节目。他坦承，自己遭遇了思想上的中年危机，觉得一年到头为钱奔波的生活与自己年少时候的理想相去甚远。总是想着能够为这个民族做点什么，因为他们那一代受到的教育就是这样的。2012 年，正好优酷找到了他，他就欣然接了下来。希望能够凭借自己这么多年读的书和经历的事，影响年轻一代，让他们从被强烈洗脑的价值观中挣脱出来，变成还算有一些理想和信仰的人。所以说，《晓说》这档节目得以诞生，有很大一部分的因素在于高晓松个人的热情。从一开始，优酷就着意于打造视频化的“高晓松专栏”，所有的节目元素都为他量身定做，旨在展现其强烈的个人色彩。具体体现为：没有固定台本以及编排顺序，内容由高晓松自由发挥，优酷只负责资料的收集以及节目后期的剪辑编排。选题策划部分也由高晓松主导，优酷提供部分参考意见，题材则涵盖历史、军事、娱乐等多个方面，只要是高晓松所擅长的又是观众感兴趣的都可以选择。节目每周五早 8 点准时上线，每期时长约 20 至 30 分钟。期间高晓松会围绕一个话题展开漫谈，如奥斯卡颁奖、朝鲜战争以及欧洲杯足球赛等，从亲身经历以及掌握的资料出发，和观众分享这些事情背后鲜为人知的故事。

纵观多年来高晓松的发展轨迹，我们可以发现他一直都走在一条文艺的康庄大道上。期间尽管有过诸多身份的变换，但他从未停止过写歌、出书及拍电影。有人说他泛而不专，所以他注定无法成为某一个领域能够让众人仰望的大师级人物。然而有得必有失，四十多年的跌宕起伏给他留下了精彩的故事，也造就了他丰富的阅历。从来没有哪个大师能够横跨影视、音乐、广告以及互联网这么多领域，且都做得相当出色。最重要的是，这个不是大师的全才，在遭遇了思想上的中年危机后，选择了回归理想，普及常识。《晓说》栏目的简介是这么写的："一不当公敌，二不当公知，一切只因闲来无事小聊怡情。上说星辰满月，下说贩夫走卒，动机绝不无耻，观点绝不中立。"这是《晓说》的宣传语，也是他为什么能够撑得起这一档节目的缘由。

二、《晓说》的传播内容分析

"受众关心这个事吗?"、"受众能看完这则报道吗?"受众的期望和接受习惯是市场化媒体报道什么和怎么报道的决定性因素，当然前提是符合法律和社会道德规范。《晓说》对热点、揭秘话题的处理，因符合受众心理和传播规律而大获成功。

1. 热点话题：及时发声

《晓说》之所以能够在如此短的时间内便掀起收视热潮，撇开高晓松个人的能力以及人们喜欢看明星、聊热门及表态度的心态不说，成功的很大一部分原因则在于对热点话题的准确把握。《晓说》既做到了让名人高晓松第一时间站出来谈想法，又不止于简单的评价判断，而是通过向观众分析事情背后的原因，增加节目的知识性。此外，为了充分发挥网络的互动性，及时跟进热点，贴合受众需求，《晓说》的节目的页面还特设有"话题解读"、"晓说花边"、"大家说"、"留言板"等板块，观众可以通过留言明确地传递出他们的想法和意见倾向。每期节目播出后节目组会关注网友留言并及时调整节目。在准确把握了人们关注的热点后，适时推出一期与此相关的节目，如此及时性和灵活性是电视媒体所无法比拟的。有需要的情况下，即使提前已经录好并安排好播出顺序的片子，只要有新的热点出现，且高晓松有时间录片子，那么就可以临时补录新片。下面举两个例子来说明。

一是针对2012年11月6号美国总统大选所做出的调整。原定11月2号播出的第34期应该是《淞沪抗战》系列的收尾篇。然而当时正值美国大选结果揭晓前夕，广大网友纷纷留言，要求高晓松谈一谈美国的选举。于是节目组就临时调整播出顺序，抓紧录制了以美国大选为主题的节目。

为了增强互动性，节目组还特意邀请了一个优酷的美女主播代表网友来提问，让高晓松来回答。高晓松从美国宪法的创立开始讲起，用通俗易懂的语言让大家明白美国的总统选举制度是怎么来的，它有哪些优缺点，并且在节目的最后对选举结果进行了预测。事后证明，这期节目的适时推出是完全正确的，它将那段时间一直稳定徘徊在 100 多万的点击率飞速提升了 3 倍，突破了 300 万。

二是配合欧洲杯足球热。2012 年 6 月 8 号上线了第 13 期《欧洲杯硝烟再起——“阴谋论”说赌球黑幕》，高晓松有这样一段开场白：“本来是已经录好了催人泪下、动人心弦的朝鲜战争，录了一大堆。其中谈到很多有意思的事，尤其是国内大部分历史课或者书都不会写到的朝鲜战争的战俘问题。我本来很高兴回家休息一下，结果突然又被抓回来说录一期欧洲杯，因为明天是欧洲杯开幕嘛，所以呢来应个景。他们想让我聊聊赌球呀，博彩什么的，我觉得挺有意思的。”这又是一个非常典型的为了配合人们热议的话题而临时录制节目的案例，而且在这一期里，《晓说》节目组剑走偏锋，让高晓松聊的是关于足球“赌球”这一块的内幕。完全舍弃了传统的介绍球队，预测成绩之类的套路，而是通过历届比赛实例，来解读足球俱乐部与三大世界顶级博彩公司之间的利益关系。例如，赌场是如何通过合法的途径来操控比赛的，俱乐部又是如何平衡国家荣誉与自身利益的。对于资深球迷们来说，这些内容平时在我国的体育节目转播里是完全不可能看到的，自身所能了解到的资料又着实有限，所以自然充满了吸引力。即便是不懂足球的观众，在欧洲杯开战期间，因为媒体的持续报道，也被动有了接触，形成了一些模糊的概念。所以受众趁此机会可以抛开那些所需要的足球知识积累，了解与足球有关的趣事，也是难能可贵的机会。因此这期节目创下了《晓说》迄今为止的第 5 高点播率，约 320 多万人次观看了这期节目。

2. 揭秘话题：屡屡涉及

在《晓说》第一季共 52 期的节目里，仅明确在标题中设置“揭秘”、“秘闻”字眼的节目就有 10 期，并且话题的选择也多偏向于科举制度、刺客及青楼等解密类型的边缘话题。这样的话题设置，正在于节目组抓住了人类与生俱来的天性——好奇心。如同新闻报道里的“新奇性”一样，观众对于自己平时难以接触到的内容带有较强的观看欲望。从《晓说》的第一期节目“奥斯卡评奖内幕”开始，到“朝鲜战争”、“看美国”系列再到最近的“开国将帅授衔”系列，这四个话题都是人们平时不能或者很难在电视节目上看到的。《晓说》之所以能够找准这个空当，并以此赢得受众，除了自身分寸的把握之外，关键在于以下两个因素：

一是传统媒体有心无力。一些题材不是传统媒体，尤其是重装备、高投入的电视媒体所能承受的，传统媒体没有机会深入挖掘并详尽地向观众报道。以奥斯卡的评奖为例，现今国内尚没有媒体派专门的记者深入挖掘奥斯卡的相关新闻。而高晓松则与好莱坞的一些编剧、导演有合作，有机会知晓内幕，这也就成了他极其珍贵的独有资源。“看美国”系列的播出，更是最大限度地将高晓松移居美国这么多年来的心得体会完完整整挖掘了出来。这个系列共对11个话题进行了探讨，内容涉及法律、医保、种族等各个方面，且多是从高晓松自身的真实经历出发，以小见大，从现象入手来分析其背后的深层原因。在讲美国的同时，也期望能够为中国现实社会问题的解决提供参考。

二是监管方面的原因。这也正是目前网络节目与电视节目竞争中更具有优势的一块阵地。如今中国电视节目的制作、播出已经有了相对成熟的运作流程，也诞生了严格的监管制度。加上电视影响的广泛性，所以一档节目在电视台播出前，要经过层层的审查，特别是政治上、价值观方面，一旦稍有差池，就有可能面临停播整改，严重者甚至会被禁播。比如江苏卫视的《非诚勿扰》，刚刚掀起收视热潮，就被勒令整改，令其“不得展示和炒作拜金主义等不健康、不正确的婚恋观”。① 与之相比，网络自制节目刚刚起步，尚处于摸索积累的阶段，虽然一度因为其低成本、低俗化而屡遭诟病，但跌跌撞撞中一直在前进。未来究竟会走向哪个方向，整个行业都在尝试。目前尚没有一个统一的管理规范出台，少了束缚的绳索，网络自制节目正好可以进行一些大胆的尝试。《晓说》中“朝鲜战争”这一期，就完全抛开了中国主流历史教科书上提及的部分，而是着重谈了朝鲜战争中中国志愿军付出的惨痛代价。退一步来说，就算是网络媒体做出来的节目不幸越线被毙，低投入造成的小损失也不会挫伤网媒尝试的积极性。

三、《晓说》的受众战略分析

作为传播环节的终端，受众既是自制节目的直接受益者，又是其质量高低、水平优劣的最佳检验者，同时，受众的需求指挥和影响着自制剧的革新方向。因此，成熟而恰当的受众策略也正是《晓说》迅速发展的重要

---

① 优酷网．优酷指数：晓说．http：//www.techweb.com.cn/internet/2012 - 03 - 31/1173885.shtml.

法宝之一。根据优酷指数统计，《晓说》的受众中男性占79.97%，女性占20.03%；本科学历及以上，20到40岁的年龄都各占学历以及职业统计中一半以上的比重；收看观众主要集中在北京、上海、深圳及广州四座城市。可以说，《晓说》是一档以面向高学历男性观众为主，注重知识性与趣味性相结合的脱口秀节目。正是因为《晓说》节目组有了这样明确的受众定位，深知唯有牢牢抓住固定的受众群，培养他们的收看习惯，才是节目能够长久存在的根本原因，所以他们尽最大可能制作出符合这一受众群兴趣的话题。

1. 高晓松自身与受众群的贴合

高晓松在一次采访中提到，自己作为北京饭局最受欢迎的段子大王，节目里所谈的话题都经受了各种饭局的检验，“我知道饭局上说什么，大家嘴里吃着，甚至有妞不泡，也愿意听你说”。其次，因为他看清楚了好多事，写的东西、说的话大家认同，而不是因为“局子里的那184天”。《晓说》的出炉也正是在一次和优酷网总编辑朱向阳的饭局上敲定的，朱向阳后来谈道：“晓松在饭桌上永远是滔滔不绝的主角，于是那次在饭桌上聊天，我说觉得他适合做脱口秀节目，他说这个可以有。”① 按照常理来推算，与高晓松在工作上有合作，经常在饭桌上相遇的人，多是中国现在四十多岁掌握话语权甚至更年轻的一代，他们都具有高学历、高收入的特征，而且必然是男性居多。高晓松个人的知识构成以及知识素养与这档节目定位的高度符合，注定了他在节目中所讲的东西必然得到这一群体的认可，而正是他们，成为《晓说》受众群中最大的一部分。

2. 以品质来抓住受众

这一点在《晓说》对话题的筛选中就已经很明显体现了出来，青楼、镖局、战争及军事等这些话题占据了已经上线节目中接近四分之三的内容，尤其是第50及第51期节目——《红色警戒中国邻国武力值大PK》，两期点播率加起来超过710万次，是目前点播排行榜上的第一名。《晓说》所面对的受众群大多具有较高的知识素养，一般的浅尝辄止是很难满足他们的胃口的，这就注定了节目不能止于表象，流于低俗，必须要有扎实的史料、背景做支撑，深入透彻解析事情背后的原因。因此对于节目的主持人要求也高，高晓松自己在节目中屡次提到“诚惶诚恐”这四个字，可见他压力之大。他称自己是代人读书，如果生在古代最大的愿望是做一名门客，衣食无忧，替人出谋划策。所以，虽然说节目制作过程中完全是由高

① 徐洁.《晓说》发迹史.今日早报，2012-06-29.

晓松一人即兴发挥，但是为了保证节目的知识性和可信度，他都会在优酷的协助下，查阅大量的背景资料，保证自己所讲皆有据可查。然而因此就将《晓说》定位为一档严肃深奥的节目又是不妥的。除了高晓松极具风格的个性化语言能将故事讲的深入浅出外，他也经常谈一些个人的理解来加强节目的趣味性，博观众一笑。例如，在聊足球内幕的时候，他在一开场就声明只是自己和朋友看球过程中的一些个人乐趣，自己是“阴谋论”球迷，至于选择信或者不信，还请各位观众自己掂量。

3. 有限度的迎合受众

在节目上线4个月后，点击率进入了一个平稳期，多数节目的点击率都停留在150万次左右，鲜有能突破200万次的。这时候就需要增加新的收看群体，为此节目中添加了一些吸引女性观众的元素。例如，最近一期《开国将帅授衔秘闻》，高晓松读了一份研究星座的人制作的关于十大元帅、十大将领中星座的分布规律的报告，以此来增加女性观众对《晓说》的关注度。且不论效果如何，优酷这样讨好受众，主动出击的策略当是一种有益的尝试。之前有评论认为，“限娱令”之后，网络自制节目会迎来一个更好的发展环境。由于网络自制节目的相关政策规范较少，很大程度上属于“没娘管的孩子”，因此低俗化的狗血节目也有可能越来越多。不过显然优酷并没有用一味的低俗来博人眼球，走上自取灭亡的“无秩序”道路。这一点确实难能可贵。

4. 以优带优的良性循环

互联网自制节目的发展前途应该反低俗、反狗血及反碎片化。以恶俗来赚取点击率，对视频网站长远发展并不是好的，优酷总编辑朱向阳曾经表示：“太过低俗的节目会影响视频网站的形象，而广告商也不会认同，资本市场也不会认同，大家都不喜欢脑残、影响自己形象的节目。”爱奇艺首席执行官龚宇也持同样观点：“其实低俗不是主流，不用广电总局来规管，靠纯用户选择就会淘汰那些低俗的节目，广告商也不会选择投放这样的节目。”[①]《晓说》所做的尝试，正是撇弃用低俗噱头吸引受众的路线，改为定位固定受众群，为他们量身定做符合他们观看品位的节目，并进一步用优秀品质的节目引导受众，培养他们的收视习惯。在形成稳定的观众群后，就可以进入资本市场和优秀的广告商以及电视台合作，建立优质可靠的资金链，最终带动网络自制节目的良性发展。目前来看，优酷的尝试是成功的，在2012年第18届上海国际电视节上，《晓说》得到了各大电

---

① 徐洁.《晓说》发迹史.今日早报，2012－06－29.

视台的青睐，“以6轮电视剧售价的低成本，卖出了2轮电视剧的价格”，成为网络自制节目反向输出的成功范例。现在已经有不少知名企业要求冠名《晓说》这档节目，但是节目组依然在谨慎的挑选过程中，希望可以选择一家符合《晓说》节目气质的品牌来合作。

四、结语

在梳理、分析了《晓说》的主持人、传播内容及受众定位后，可以得出这样的结论：传统媒体与新媒体竞争的新一波浪潮中，“内容”是制胜的关键，视频网站要摆脱过去一味迎合受众低俗趣味及以噱头来赢取点击率的发展模式，改走依靠准确定位受众、及时把握热点及以高品质来吸引受众的道路。市场的检验也证明，只有真正制作精良、格调高雅和寓教于乐的节目，才能在激烈的竞争中站稳脚跟。《晓说》的探索验证了这一点，它所取得的不俗成绩已成为优酷网的一张“王牌”。当然，风险与机遇并存，在规范制作、赢利模式等问题上，其尚待进一步解决与完善，但《晓说》为网络自制剧和视频网站的存续所提供的借鉴意义仍值得重视。

（撰稿人　王潇）